|第7版|

曼昆
《经济学原理：
微观经济学分册》
学习手册

付达院 主编

北京大学出版社
PEKING UNIVERSITY PRESS

图书在版编目(CIP)数据

《经济学原理(第7版):微观经济学分册》学习手册/付达院主编. —北京:北京大学出版社,2015.9

ISBN 978-7-301-26244-3

Ⅰ. ①经… Ⅱ. ①付… Ⅲ. ①微观经济学—高等学校—自学参考资料 Ⅳ. ①F016

中国版本图书馆 CIP 数据核字(2015)第 199027 号

书　　　名	《经济学原理(第7版):微观经济学分册》学习手册
著作责任者	付达院　主编
责 任 编 辑	王　晶
标 准 书 号	ISBN 978-7-301-26244-3
出 版 发 行	北京大学出版社
地　　　址	北京市海淀区成府路 205 号　100871
网　　　址	http://www.pup.cn
电 子 信 箱	em@pup.cn　　　QQ:552063295
新 浪 微 博	@北京大学出版社　@北京大学出版社经管图书
电　　　话	邮购部 62752015　发行部 62750672　编辑部 62752926
印 刷 者	河北滦县鑫华书刊印刷厂
经 销 者	新华书店
	850 毫米×1168 毫米　16 开本　23 印张　580 千字
	2015 年 9 月第 1 版　2021 年 7 月第 10 次印刷
定　　　价	42.00 元

未经许可,不得以任何方式复制或抄袭本书之部分或全部内容。
版权所有,侵权必究
举报电话:010-62752024　电子信箱:fd@pup.pku.edu.cn
图书如有印装质量问题,请与出版部联系,电话:010-62756370

编委会

主　编　付达院

副主编　鲁春义　李秋珍

编　委　王槐生　付达院　梁媛媛
　　　　　黄　栋　李秋珍　鲁春义
　　　　　王　瑜　沈　飞　柳　萍
　　　　　李　瑞　陈　曦　陈寿雨
　　　　　徐　丽　孙一得　朱艳玲
　　　　　陈　刚　左雪莲　金兴华

前　言

本书是与 N.格里高利·曼昆（N. Gregory Mankiw）的《经济学原理》（第 7 版）相配套的学习手册，本书编写的目的是真正创造一本来自国外而又适用于中国学生的经济学辅导教材。

《学习手册》的特色

N.格里高利·曼昆的《经济学原理》是当今世界上最流行的经济学入门教材，不仅其英文原版已被哈佛大学、耶鲁大学、斯坦福大学等世界顶尖大学采用，而且被翻译成二十多种语言并以其畅销性创下吉尼斯世界纪录，本书的中译本自 1999 年出版以来也一直是国内选用最多、最受欢迎的初级经济学教材之一。这本教材的最大优点在于其"学生导向"，与其他同类教材相比，它更多地强调经济学原理的应用和政策分析，而不是正式的经济学模型。这表现在作者不仅在大部分章节中提供了案例，而且加入大量的"新闻摘录"。但遗憾的是，这本教材不太可能做到对国内学生身边发生的新闻和案例的深入分析和解读。

《学习手册》最大的特色和亮点在于，不仅涵盖国内外通行教辅所包含的学习精要和课外习题及解答，还重点突出中国的新闻透视和案例研究，其中新闻透视部分遵循"新闻热点 & 评析透彻"原则，案例研究部分遵循"案例经典 & 解剖到位"原则，让学生懂得什么是本土化的经济学和生活中的经济学。

《学习手册》的结构

《学习手册》的每一章都与曼昆《经济学原理》的内容相对应。每一章又分为以下四个部分：

- **学习精要**：包括教学目标、内容提要、关键概念、拓展提示四个小部分。其中"教学目标"侧重从了解、领会、理解、熟悉、掌握等五个层次介绍本章学习目的。"内容提要"重点梳理和总结本章经济学原理的核心内容，可以起到提纲挈领的效果。"关键概念"提供本章所学的核心经济学词汇，以有利于学生复习和巩固关键术语和定义。"拓展提示"意在掌握教科书原理的基础上，进一步拓展学生的经济学视野，培养学生开放地思考和反馈的能力。
- **新闻透视**：从与中国当前密切关联的经济社会、时事热点、大众传媒等领域择取具有较强时效性和现实意义的新闻素材，结合本章核心原理，从经济学视角还原新闻全貌并解读事件真相。每章"新闻透视"的数量为 2—3 个，每个"新闻透视"均包含新闻内容、关联理论、新闻评析三部分内容。其中,新闻内容大多来自国内政府机关权威报道、重点报刊及媒体网络,关联理论展示能够解释新闻事件的核心原理,而新闻评析将实现新闻内容与关联理论的紧密结合,以培养学生解决实际问题的能力以及对现实的敏锐洞察力。

- **案例研究**:从与日常生活密切关联的经济事件、公共话题、社会实践等领域择取具有一定典型性、新颖性和启发性的案例素材,结合本章主要原理,挖掘经典案例背后隐含的经济学意蕴。每章"案例研究"的数量为2—3个,每个"案例研究"均包含案例内容、关联理论、案例解剖三部分内容。其中,案例内容大多摘自实践与创新及其相关领域,关联理论展示能够解释该案例的主要原理,而案例解剖将实现案例内容与关联理论的有效融合,以培养学生的自主思考能力及综合创新思维。

- **课外习题**:本部分精选术语解释、单项选择、判断正误、简答题、应用题、拓展思考题六大题型,包括5道"术语解释"、15道"单项选择"、10道"判断正误"、5道"简答题"、3道"应用题"、2道"拓展思考题"。术语解释、单项选择、判断正误和简答题四类习题侧重于对基础知识的理解,应用题和拓展思考题侧重于对理论应用能力的考查。《学习手册》对所有问题都给出解答,并特别就简答题、应用题、拓展思考题等习题给出考查要点和参考答案。

《学习手册》的使用

对于如何使用本手册,我们将为你提出以下建议:尽管本书最大的特色和亮点在于其新闻透视和案例研究,但并非让学生忽略其他部分。其原因在于,学习精要有助于学生巩固课本知识,并增进对经济学原理的进一步理解,课外习题有助于学生检验对课本内容和经济学原理的掌握程度。因此,建议在进入新闻透视和案例研究之前,先仔细阅读并理解学习精要,这一点非常重要。

《学习手册》的编写

这本《学习手册》是集体讨论和研究的成果,微观经济学分册各章的编写分工是:王槐生(第1章),付达院(第2、7、9、11、21章),梁媛媛(第3章),黄栋(第4章),李秋珍(第5、19章),鲁春义(第6、17章),王瑜(第8章),沈飞(第9章部分内容),柳萍(第10章),李瑞(第12章),陈曦(第13章),陈寿雨(第14章),徐丽(第15章),孙一得(第16章),朱艳玲(第18章),陈刚(第20章),左雪莲(第21章部分内容),金兴华(第22章)。全书由付达院担任主编,负责统稿、终审、定稿;鲁春义、李秋珍担任副主编,分别负责部分章节的初审。除作者外,本书编写过程中还得到多位老师的大力支持,他们是浙江大学赵伟教授、顾国达教授,南开大学周冰教授,上海大学顾卫平教授、吴解生教授,浙江财经大学王俊豪教授、卢新波教授、邱风教授、项后军教授,浙江越秀外国语学院徐真华教授、詹文都教授、单胜江教授、李建平教授、何建乐教授、任建华教授,在此深表谢意。同时,感谢曼昆写出的《经济学原理》经典教科书。最后,还要感谢北京大学出版社王晶和郝小楠两位编辑为本书所做的认真细致的工作,她们的辛勤劳动直接促成了本书的出版。

  作为2015年度浙江省高等教育教学改革项目(编号:jg2015199)以及2015年度浙江省哲学社会科学规划课题(编号:15NDJC245YB)的重要研究成果之一,这本《学习手册》中的所有内容均已经过多位评审者的多轮精心核对和修撰。但受编者水平和编写时间所限,书中难免存在一些不足。如果您发现书中错误或不当之处,抑或您对未来版本有任何意见和建议,请随时与我们保持联系(E-mail:fudayuan6190@163.com)。敬请读者批评指正,以求不断改进和完善。

付达院
2015年6月20日

目　　录

第1章　经济学十大原理 ································· (1)
　　一、学习精要 ··· (1)
　　二、新闻透视 ··· (3)
　　三、案例研究 ··· (7)
　　四、课外习题 ·· (12)
　　五、习题答案 ·· (14)

第2章　像经济学家一样思考 ··························· (17)
　　一、学习精要 ·· (17)
　　二、新闻透视 ·· (19)
　　三、案例研究 ·· (22)
　　四、课外习题 ·· (27)
　　五、习题答案 ·· (30)

第3章　相互依存性与贸易的好处 ······················· (34)
　　一、学习精要 ·· (34)
　　二、新闻透视 ·· (36)
　　三、案例研究 ·· (41)
　　四、课外习题 ·· (44)
　　五、习题答案 ·· (47)

第4章　供给与需求的市场力量 ························· (50)
　　一、学习精要 ·· (50)
　　二、新闻透视 ·· (52)
　　三、案例研究 ·· (55)
　　四、课外习题 ·· (60)
　　五、习题答案 ·· (62)

第5章　弹性及其应用 ································· (65)
　　一、学习精要 ·· (65)
　　二、新闻透视 ·· (68)
　　三、案例研究 ·· (71)
　　四、课外习题 ·· (74)
　　五、习题答案 ·· (77)

第 6 章 供给、需求与政府政策 (80)
- 一、学习精要 (80)
- 二、新闻透视 (82)
- 三、案例研究 (86)
- 四、课外习题 (90)
- 五、习题答案 (93)

第 7 章 消费者、生产者与市场效率 (96)
- 一、学习精要 (96)
- 二、新闻透视 (98)
- 三、案例研究 (102)
- 四、课外习题 (106)
- 五、习题答案 (110)

第 8 章 应用：赋税的代价 (113)
- 一、学习精要 (113)
- 二、新闻透视 (115)
- 三、案例研究 (118)
- 四、课外习题 (124)
- 五、习题答案 (127)

第 9 章 国际贸易 (130)
- 一、学习精要 (130)
- 二、新闻透视 (132)
- 三、案例研究 (135)
- 四、课外习题 (138)
- 五、习题答案 (142)

第 10 章 外部性 (146)
- 一、学习精要 (146)
- 二、新闻透视 (148)
- 三、案例研究 (151)
- 四、课外习题 (154)
- 五、习题答案 (157)

第 11 章 公共物品和公共资源 (160)
- 一、学习精要 (160)
- 二、新闻透视 (162)
- 三、案例研究 (167)
- 四、课外习题 (171)
- 五、习题答案 (175)

第 12 章 税制的设计 (179)
- 一、学习精要 (179)

二、新闻透视 …………………………………………………… (181)
　　三、案例研究 …………………………………………………… (185)
　　四、课外习题 …………………………………………………… (188)
　　五、习题答案 …………………………………………………… (191)

第 13 章　生产成本 ………………………………………………… (193)
　　一、学习精要 …………………………………………………… (193)
　　二、新闻透视 …………………………………………………… (197)
　　三、案例研究 …………………………………………………… (202)
　　四、课外习题 …………………………………………………… (206)
　　五、习题答案 …………………………………………………… (210)

第 14 章　竞争市场上的企业 ……………………………………… (214)
　　一、学习精要 …………………………………………………… (214)
　　二、新闻透视 …………………………………………………… (217)
　　三、案例研究 …………………………………………………… (221)
　　四、课外习题 …………………………………………………… (223)
　　五、习题答案 …………………………………………………… (227)

第 15 章　垄断 ……………………………………………………… (230)
　　一、学习精要 …………………………………………………… (230)
　　二、新闻透视 …………………………………………………… (233)
　　三、案例研究 …………………………………………………… (236)
　　四、课外习题 …………………………………………………… (242)
　　五、习题答案 …………………………………………………… (245)

第 16 章　垄断竞争 ………………………………………………… (248)
　　一、学习精要 …………………………………………………… (248)
　　二、新闻透视 …………………………………………………… (250)
　　三、案例研究 …………………………………………………… (254)
　　四、课外习题 …………………………………………………… (257)
　　五、习题答案 …………………………………………………… (261)

第 17 章　寡头 ……………………………………………………… (265)
　　一、学习精要 …………………………………………………… (265)
　　二、新闻透视 …………………………………………………… (267)
　　三、案例研究 …………………………………………………… (271)
　　四、课外习题 …………………………………………………… (274)
　　五、习题答案 …………………………………………………… (278)

第 18 章　生产要素市场 …………………………………………… (280)
　　一、学习精要 …………………………………………………… (280)
　　二、新闻透视 …………………………………………………… (283)
　　三、案例研究 …………………………………………………… (288)

四、课外习题 ……………………………………………………… (290)
　　五、习题答案 ……………………………………………………… (294)

第19章　收入与歧视 …………………………………………………… (296)
　　一、学习精要 ……………………………………………………… (296)
　　二、新闻透视 ……………………………………………………… (298)
　　三、案例研究 ……………………………………………………… (301)
　　四、课外习题 ……………………………………………………… (305)
　　五、习题答案 ……………………………………………………… (309)

第20章　收入不平等与贫困 …………………………………………… (312)
　　一、学习精要 ……………………………………………………… (312)
　　二、新闻透视 ……………………………………………………… (315)
　　三、案例研究 ……………………………………………………… (320)
　　四、课外习题 ……………………………………………………… (324)
　　五、习题答案 ……………………………………………………… (327)

第21章　消费者选择理论 ……………………………………………… (329)
　　一、学习精要 ……………………………………………………… (329)
　　二、新闻透视 ……………………………………………………… (333)
　　三、案例研究 ……………………………………………………… (337)
　　四、课外习题 ……………………………………………………… (339)
　　五、习题答案 ……………………………………………………… (344)

第22章　微观经济学前沿 ……………………………………………… (347)
　　一、学习精要 ……………………………………………………… (347)
　　二、新闻透视 ……………………………………………………… (349)
　　三、案例研究 ……………………………………………………… (351)
　　四、课外习题 ……………………………………………………… (355)
　　五、习题答案 ……………………………………………………… (358)

第1章
经济学十大原理

一、学习精要

(一) 教学目标

1. 知悉经济学是一门研究资源优化配置的学科。
2. 初步了解经济学十大原理。

(二) 内容提要

作为一本书的开篇,第一章惯例上首先从总体上向读者介绍这本书的主要理论和内容,让人获得一个总体的印象。然后,在以后各章中对这些理论再展开详细的论述和深化,本教辅亦是如此。本章主要介绍经济学十大原理,作为教科书其他部分内容的基础。经济学十大原理可以分为三大类:人们如何做出决策,人们如何相互影响,以及整体经济如何运行。

1. 人们如何做出决策
(1) 原理一:人们面临权衡取舍。
(2) 原理二:某种东西的成本是为了得到它所放弃的东西。
(3) 原理三:理性人考虑边际量。
(4) 原理四:人们会对激励做出反应。

2. 人们如何相互影响
(1) 原理五:贸易可以使每个人的状况都变得更好。
(2) 原理六:市场通常是组织经济活动的一种好方法。
(3) 原理七:政府有时可以改善市场结果。

3. 整体经济如何运行
(1) 原理八:一国的生活水平取决于生产物品与服务的能力。
(2) 原理九:当政府发行了过多货币时,物价上升。
(3) 原理十:社会面临通货膨胀与失业之间的短期权衡取舍。

(三) 关键概念

1. 稀缺性:社会资源的有限性。
2. 经济学:研究社会如何管理自己的稀缺资源。
3. 效率:社会能从其稀缺资源中得到最大利益的特性。
4. 平等:经济成果在社会成员中平均分配的特性。

5. 机会成本:为了得到某种东西所必须放弃的东西。

6. 理性人:系统而有目的地尽最大努力实现其目标的人。

7. 边际变动:对行动计划的微小增量调整。

8. 激励:引起一个人做出某种行为的某种东西。

9. 市场经济:当许多企业和家庭在物品和服务市场上相互交易时,通过他们的分散决策配置资源的经济。

10. 产权:个人拥有并控制稀缺资源的能力。

11. 市场失灵:市场本身不能有效配置资源的情况。

12. 外部性:一个人的行为对旁观者福利的影响。

13. 市场势力:单个经济活动者(或某个经济活动小群体)对市场价格有显著影响的能力。

14. 生产率:每单位劳动投入所生产的物品与服务数量。

15. 通货膨胀:经济中物价总水平的上升。

16. 经济周期:就业和生产等经济活动的波动。

(四) 拓展提示

1. 学习本章应从整体上把握教材的主要内容,对教材介绍的十大基本原理有一个概貌认识,并能建立一个逻辑框架。学习本章的难点在于所述的十大原理之间的内在联系并不显见,而各个孤立的理论是难以理解和记忆的。所以,学习本章要求学生在把握十大原理的内在联系上或逻辑结构上下功夫。

2. 经济学十大原理的内在逻辑可作如下表述:

人是消费和生产的对立统一体。人活着首先必须消费,而消费的对象是资源。由于人的消费欲望是不断增长而无限的,然而地球上的资源供给却是有限的,因而相对于人无限增长的消费欲望来说,资源是稀缺的。由此就产生一个经济学的本源问题,即如何优化稀缺资源的配置从而达到人们消费需求的最大满足。由于资源是稀缺的,因此人们不可能将资源全部覆盖到所有的需求之上,也就是说,人们只能满足一部分需求而不得不放弃另一部分需求,也即人们面临着不同目标之间的权衡取舍(**经济学原理之一**)。经济学就是一门关于资源优化配置的科学,最常用的选择方法之一是人们权衡各种方案的机会成本大小,机会成本是采取了任何一种行为而必须放弃另一种行为(机会)可以得到的好处(**经济学原理之二**)。人们在做出权衡取舍的选择时,通常不是黑或白的两个极端之间的选择,或者是要与不要之间的决策,而是在多大程度上要、要多少的问题,也即在数量上的决策,面对这种决策,人们常用的方法之一是边际分析,即对增量的成本与收益进行分析(**经济学原理之三**)。选择的标准是边际收益大于边际成本。很显然,边际收益与边际成本大小与相关的社会经济环境有关,一旦社会经济条件改变,边际收益与边际成本也会变化,从而会导致人们做出不同的选择,进而引起人们的行为改变,这就是激励效应(**经济学原理之四**)。政府在做出各种规定和政策时,必须考虑由此带来的激励效应,特别是会引起连锁的效应,一旦政府在没有做周详的考虑而轻率制定政策时,会产生意想不到的不良后果,与政策的出发点背道而驰。经常性的激励效应之一是人们相互交易会改变成本收益的变化,也就是人们通过交易使收益提高和成本降低,生活得以改善,交易双方均受益(**经济学原理之五**)。交易行为日益普遍和经常,众多的交易行为和关系形成了市场,市场在经济生活中的地位日益重要,人们发现市场是组织经济活动的一种好方法(**经济学原理之六**)。但是市场不是万能的,在组织经济活动中会存在一些缺陷,比如调节的滞后,不能解决经济外部性的问题,也不能解决财富分配的悬殊问题,为此需要政府对市场的缺陷进行弥补(**经济学原理之七**)。然而政府也有不足的地方,需要制度来约束。政府对经济的干预和调节不仅限于微观领域,更多是在宏观领域,即对一个国家整体经济的运行调节。一国经济的生产率是该国民福利增加的源泉(**经济学原理之八**)。政府对经济调节的主要手段之一是调节货币的发行量,当货币发行量过多时,会产生通货膨胀(**经济学原理之九**)。一般而言,通货膨胀率与失业率成负相关,也就是说,通货膨胀率高时失业率低,而通货膨胀率低时失业率高,即社会面临通货膨胀与失业之间的短期权衡取舍(**经济学原理之十**)。

二、新闻透视

(一) 新闻透视 A

求职者心态变化:70 后挣钱 80 后求变 90 后随缘

新春伊始,各大行业又迎来了人才招聘旺季。近日有媒体报道称,应届生找工作最关心的不再仅仅是工资,工作状态、工作环境以及未来的发展空间是这些求职者更关心的要素。那么 70 后、80 后、90 后在求职心态和择业情况上有了什么样的变化呢?

70 后重视工资待遇

在求职中你最看重的要素是什么?对于这个问题,多数 70 后的回答会是"薪水",因为他们比较重视工资待遇,不太考虑轻松和快乐。特别是部分由国家包分配的 70 后毕业生,带有计划经济痕迹,将政府机关、国有单位作为绝对的"正宗"。在工作之后,除非迫不得已,70 后一般不会轻易跳槽。

80 后重视变化发展

80 后大学生自己找工作的观念已经形成,进校后就有了择业方向。除了考虑择业单位的性质外,80 后在择业时开始重视工作是否愉悦。虽然政府机构和国有企业仍是 80 后择业的主要选择方向,但民营企业也逐渐进入选择范围。此外,80 后求变的想法更强烈,在工作的过程中随时可能跳槽、读研或出国深造。

90 后追求职业随缘

关键词 1——个人兴趣:随着 90 后求职者的持续涌入,好工作的标准已从"追求物质成功"逐步转向"工作是否幸福、生活是否快乐、能否相互尊重"等多元化格局。在 90 后的目光里,更多的是追求做自己喜欢的事情和尽力做就做好的健康心态。他们认为,除了实现就业目标之外,就业后在兴趣的基础上形成独立思考的能力,才更有利于个人的长远发展。

关键词 2——自由程度:"自由"也是 90 后求职者普遍强调的关键词。他们把工作视为生活的一部分,认为工作并不是人生的全部,对生活方式的理解有别于 70 后和 80 后。他们更重视工作的环境自由度、轻松度、快乐感,择业的灵活性也变得更强。对他们来讲,工作是享受人生,不应疲于奔命。

关键词 3——职业发展:相关数据表明,新生代求职者的求职观念已经发生改变。90 后求职者选择最佳雇主标准前五项分别是:"完善的福利待遇"、"企业具有良好的发展前景"、

"和谐的内部人际关系"、"公平公正的用人原则"和"提升个人核心能力的机会"。和他们的前辈70后、80后相比,90后已经不再看重高薪酬,为追求实现内在价值,他们可以随时换工作。同时,对待职业发展,他们强调"我的地盘我做主"。

资料来源:改编自 求职者心态变化,中国新闻网生活频道,2013年2月18日。

【关联理论】

人们面临权衡取舍——为了得到一件我们喜欢的东西,通常就不得不放弃另一件也喜欢的东西。这就要求我们在喜欢的东西之中进行比较,权衡各自的利弊,做出选择。由于不同的人有不同的决策目标,因而也就会有不同的选择。

【新闻评析】

在市场经济条件下,劳动者去哪里就业,有选择的自由,大学毕业即面临择业权衡取舍的难题。

社会上各行各业,因行业不同,企业性质不同,工作地点不同,其待遇千差万别。待遇不仅包括了工资水平的高低,还包括了工作环境的舒适程度,比如,露天工作还是室内工作。露天工作,寒冬酷暑,风吹雨打太阳晒,自然比不得室内工作舒服,但是室内工作也有很大差别,如室内工作又可分为在带有空调的安静的房间内工作,或者在高温、气浪、噪声严重的工厂中工作。再则是工作的危险性大小,有的工作具有高危性,如出租车司机,在交通事故频发的今天,就有相当的危险性,而办公室的文员,就几乎没有人身意外事故的伤害可能。还有所在企业的餐饮、住房条件、业余生活丰富与否,更重要的还包括职业发展的前景等。这些均构成了待遇,也是人们择业的机会成本。比如,有的工资水平高,其工作环境可能较差;有的工资水平一般,工作环境较好,但是发展的前景不太乐观。当人们选择了某一单位的某一个工作岗位后,既享受了这个单位这个岗位的好处,也承担了无法再去其他单位其他岗位就业的机会成本。

如何做出择业决策?这取决于择业者的价值观念、个人兴趣、家庭背景等,这些基本因素最终形成择业者的就业目标,也即选择就业单位和岗位的标准。70后、80后、90后三类就业者,由于其各自的历史背景和家庭背景不一样,也就产生了在择业标准上的不同。在他们的就业收益与机会成本的分析比较上有各自的评判标准——70后以薪水为主,80后以求变为主,而90后则是多元的目标,更复杂多样。

这则新闻从另一角度(激励效应)来看,招工单位也要懂得和理解不同就业者的择业目标,要针对不同就业者的择业目标,给予相应的待遇,以便能找到适用的人才。

(二) 新闻透视 B

俞敏洪谈故乡:回家乡养老几乎变成了不可能

"回家乡养老几乎都是不可能的了,因为那个环境已经不适合我回乡养老了。"在位于中关村新东方办公楼顶层的一间狭小会议室里,俞敏洪回忆起了自己的故乡。苏南自古富庶地,也是中国最先实现工业化的地区,但这里也最早品尝到无序工业化带来的苦果:村里的几条河沟,曾经是俞敏洪的天然泳池,但如今在工业化进程的改变下,这里的河水已经不再适宜游泳了。前些年,父亲去世后,他把母亲接到北京一起生活,除了每年回到老家父亲坟头前倒上一瓶酒外,俞敏洪已经很少再回家乡。

千里之外的家乡，如会议室窗外一样，开始被一个叫作"城市"的怪物所吞噬，先是1980年代的小钢铁厂，让这个鱼米之乡踏上了城市化，接着河里的鱼儿逐渐减少，不复往日的生机和清澈。后来，大树一棵棵被砍掉，村里白墙黑瓦的江南民居，被白瓷砖、蓝玻璃的水泥楼房替代，土地越来越紧张，就连过去的祖坟也渐渐被现代化的公墓所替代，密密麻麻挤着一排排墓碑。俞敏洪的父亲就葬在那里。

俞敏洪的故乡有两个，一个是他十四岁之前的乐土，"到处都是古树，一望无际的竹林，远处小山茂林修竹，我们有时间就爬到山顶看长江，因为那个山离长江很近，现在全没了，没事儿就到河里捕鱼捞虾。"另一个故乡，则是眼下这块迅速被工业化、城镇化所改变的土地。这里有着中国最常见的城乡结合部的模样，楼房林立，水泥路纵横交错，最老的树不过十年光景。

两件事彻底把俞敏洪的故乡"改天换地"。一个是"四人帮"。当时"四人帮"要平整土地，俞敏洪家后面的一片一片桑树林就被砍掉了，河两边的大树就被砍掉了，为的是增加土地的数量，这样做的结果是生态环境遭到非常大的破坏，粮食歉收，土地没增加，现在很多地还荒着。

另一件事则是改革开放之后市场的大手笔。村里原先有座七八十米高的山冈，爬到顶上，可以眺望远处的长江，浩浩荡荡。改革开放以后当地石头销路好，人们就近取材，于是曾经在村里存在了几千年几万年的山冈，从此彻底消失。

俞敏洪失去的不只是一个小山冈，一个眺望长江的角度，而是物理上的故乡，已经彻底被近几十年轰隆而过的工业化、城市化所消灭。曾经的故乡，如今只剩下一些七零八落的小碎片。

资料来源：丁蕊，中国企业家，2014年2月11日。

【关联理论】

市场失灵的原因之一：经济外部性——它是指一个人的行为对旁观者福利的影响。它包括正外部性与负外部性。环境污染是负外部性，一个人或企业的行为对周围生态环境造成了损害，影响了人们的福利，而这个人或企业并不对这种损害承担责任或成本。

【新闻评析】

俞敏洪不可能回故乡养老的原因是他的家乡在农村工业化和城镇化进程中产生了负外部性——生态环境的破坏。原先一个环境优美、安静恬逸的农村被工业化和城镇化所破坏，茂林修竹毁了，小河的水黑了。这正是市场失灵的表现之一，也就是市场不能解决经济活动的外部性。

外部性是指当一个人或企业从事某种活动时，对旁观者产生了影响，而此人或企业对这种影响既不用支付费用，也不能得到报酬。中国乡村工业化和城镇化的过程中存在着大量的这种外部性的问题。环境污染是其中之一。工业企业生产时必然会有大量"三废"排放，而这些企业并不对这种排放付出成本或负责，因而，必然导致这种排放无所节制，日益增加，最终造成对环境的严重污染。由于市场机制不能解决环境污染这种负外部性问题，结果是许多农村随着工业化的推进，环境污染日益严重。经济外部性的解决需要政府之手，可以由政府制定环境保护政策和法律，比如，设立环境税，做出排放指标的交易制度安排，将这种环境污染所造成的社会成本强制性地让企业负担，将这种外部性内在化，约束企业"三废"的排放，令其自觉地进行技术改造以减少"三废"排放，或改变生产工艺、采取多种环境保护措施等。这一内容将在第 10 章中深入学习。

(三) 新闻透视 C

袜都喜迎天下客　第十一届中国国际袜业博览会在诸暨开幕

昨日,第十一届中国国际袜业博览会在诸暨大唐隆重开幕。

"大唐袜机响,天下一双袜。"大唐袜业已形成以大唐镇为中心,辐射周边 12 个乡镇,吸纳从业人员近 20 万人的一大产业集群,被确立为全球最大的袜子生产基地和浙江省 21 世纪最具成长性的产业之一。"大唐袜业"荣膺浙江省首批区域名牌,现拥有中国名牌 3 个,中国驰名商标 11 个。

本届袜博会由中国国际贸易促进委员会、中国工业经济联合会、中国纺织品进出口商会、中国针织工业协会联合主办,诸暨市人民政府、中国国际贸易促进委员会浙江省分会联合承办。袜博会期间,共设摊位 2 000 多个,其中袜子摊位近 1 000 个、原料 700 多个、袜机 200 多个。有 150 余家境外采购商、250 家境内采购商参加。据悉,节会期间将有经济技术合作项目签约、中国袜业经济发展讲座、跨国采购暨"名品进名店"洽谈会、贸易展销会等活动推出。

今年大唐袜业亮点频现,总投资 3.5 亿元的中国针织原料市场,计划于年底结顶,总投资达 3.66 亿元的国际袜都财富中心也将于 12 月底竣工。今年 9 月,中国针织工业协会袜业研发中心落户大唐。据统计,前三季度,全市袜业产业实现产值 577 亿元,同比增长 17.7%。与以往节会不同的是,本届袜博会专门在大唐袜业整体形象和袜业产业文化推荐上做好文章,向大家演绎大唐土地上"共生"、"融入"等方面的蕴意:在开元西路,有 52 个当地、外来建设者的创业故事展现;在市场门口,16 块大型袜业视觉形象图给了市民一个惊喜;在袜业城内,有 100 个女工和万双袜子的精彩拼图;此外,还选取了 160 户当地家庭,做成精美家族相册,向大家讲述他们在 30 年风雨间的生动创业历史。

资料来源:张学敏,袜都喜迎天下客,绍兴日报,2013 年 10 月 19 日;第十一届中国国际袜业博览会在诸暨大唐举行,人民网浙江频道,2013 年 10 月 21 日。

【关联理论】

一国的生活水平取决于它生产物品与服务的能力——人们生活水平的差别源于人们生产率的差别。市场通常是组织经济活动的一种好方法,贸易可以使得每个贸易者专门从事自己最擅长的事,并用自己的产出交换其他有效率的生产者的产出。

【新闻评析】

改革开放以来,中国各地经济飞速发展,人民生活水平大幅度提高。诸暨市大唐镇就是其中比较典型的一个例子。大唐镇建立于 20 世纪 80 年代末,是以杭金线上两个小村联合起来为基础组建的。当年全镇工农业总产值不到 5 000 万元,农民人均纯收入不到 800 元。大唐人凭着坚忍不拔的毅力,一步一个脚印,硬是从一双小小的袜子做起,集腋成裘,终于在荒滩地上建起了闻名国内外的"国际袜都"。以大唐为中心的袜业生产基地年产袜子 206 亿双,占全国市场的 65%,占世界市场的 35%,2013 年,大唐镇实现国内生产总值 68.4 亿元,工业总产值 457 亿元,财政收入 7.5 亿元,农民人均纯收入 35 600 元。大唐袜业从前世到今生的发展历程正是"一国的生活水平取决于它生产物品与服务的能力"和"贸易能使每个人的状况都变得更好"等经济学原理的最好的诠释。

人们生活水平的差异源于生产率的差异,而生产率的提高取决于劳动分工。亚当·斯密在《国富论》中高度评价了分工的巨大作用。他说:"劳动生产力上最大的增进,以及运用劳动时所表现的更多的熟练、技巧和判断力,似乎都是分工的结果。"在列举了幼年时期见到的扣针制造例子后,亚当·斯密又说:"凡能采用分工制的工艺,一经采用分工制,便相应地增进劳动生产力。各种行业之所以各个分立,似乎也是由于分工有这种好处。一个国家的行业与劳动生产力的增进程度如果是极高的,则其各种行业的分工一般也都达到极高的程度。"中国农民过去是以农业为主的自给自足的自然经济,当时他们的劳动分工程度是很低的,再加上国家对农业的支持不足,农业劳动生产力更低,因此农民处于贫困的境地。改革开放后,农民挣脱了自然经济的束缚,走向以分工和交易为基础的商品经济,带来了生产力的巨大发展。

尤其是浙江以产业集群为基础的区域经济发展模式,以专业市场为纽带,建立起一个高度分工协作生产体系,其劳动生产力得到了巨大提高。目前尽管这种产业集群尚存在许多不足,如缺少著名品牌和强大的产品开发能力,技术上也尚落后于一些先进发达国家,但是产业集群通过深入细化的劳动分工和在同一个区域内进行分工协作,使生产成本和交易成本大大降低,不但获取了较好经济效益,而且其产品也有较强的竞争力。大唐袜业正是浙江省许许多多产业集群中比较成功的一个。如今的大唐袜业已经成为一个区域性的产业集聚体,形成集生产基地和轻纺原料、袜业、联托运、袜机机械、劳动力等五大市场于一体的立体发展格局,组成了以织袜为主,纺丝、加弹、染整、绣花等前后配套的社会化分工协作体系。大唐的任何一家织袜企业均可通过轻纺市场获得原料,通过劳务市场招得工人,通过机械市场获得生产设备,通过购买技师的服务获得设备的维修等技术支持,通过与同行的非正式交流获得各种信息。这个复杂而又完备的生产资料市场,使织袜企业节省了大量投资,大大降低了生产成本。大唐袜业中上万家家庭工厂和生产企业既严格分工又紧密合作,从容应对国际市场变化。

三、案例研究

(一) 案例研究 A

水资源的经济特性分析

作为自然资源之一的水资源,其第一大经济特性就是稀缺性。

经济学认为稀缺性是指相对于消费需求来说可供数量有限的意思。从理论上来说,它可以分成两类:经济稀缺性和物质稀缺性。假如水资源的绝对数量并不少,可以满足人类相当长的时期的需要,但由于获取水资源需要投入生产成本,而且在投入某一定数量生产成本条件下可以获取的水资源是有限的、供不应求的,这种情况下的稀缺性就称为经济稀缺性。假如水资源的绝对数量短缺,不足以满足人类相当长的时期的需要,这种情况下的稀缺性就称为物质稀缺性。

经济稀缺性和物质稀缺性是可以相互转化的。缺水区自身的水资源绝对数量都不足以满足人们的需要,因而当地的水资源具有严格意义上的物质稀缺性。但是,如果将跨流域调水、海水淡化、节水、循环使用等增加缺水区水资源使用量的方法考虑在内,水资源似乎又只具有经济稀缺性,只是所需要的生产成本相当高而已。丰水区由于水资源污染浪费严重,加之缺乏资金治理,使可供水量满足不了用水需求,也变成为水资源经济稀缺性的区域。

当今世界,水资源既有物质稀缺性,可供水量不足;又有经济稀缺性,缺乏大量的开发资金。正是水资源供求矛盾日益突出,人们才逐渐重视到水资源的稀缺性问题。

中国水资源总量居世界第六位,但是人均占有量只相当于世界人均的1/4。中国已被列为全球13个贫水国之一。据统计,目前中国农业缺水300亿立方米,城市缺水60亿立方米。到2000年,中国至少缺水600亿立方米。水的稀缺已经成为中国最大的忧患之一。

既然水资源稀缺性是与水资源价值密不可分的,其稀缺性就应通过价格反映出来。水价应包含水资源稀缺性因素。如进一步动态地分析,水资源在不同地区、不同丰枯年份、季节,其稀缺程度是变化的。那么水价也应是一个动态的、连续体现水资源稀缺变化的过程。例如,1991—2004年间,北京市曾进行了九次水价的调整,居民生活用水的价格从每立方米0.12元上涨至目前的2.8元。

资料来源:改编自 徐风,中国水利,1999年第5期。

【关联理论】

经济学是研究一个国家或社会如何克服稀缺性的学问。经济学所说的稀缺性是指相对的稀缺性,即从相对的意义上来谈资源的多寡的,它产生于人类欲望的无限性与资源的有限性这一矛盾,也就是说,稀缺性强调的不是资源的绝对数量的多少,而是相对于欲望无限性的有限性。一个人对任何一种物品的支付愿望都基于其边际收益,即物品产生的额外收益,反过来,边际收益又取决于一个人拥有多少这种物品。

【案例解剖】

稀缺性,在经济学中特指相对于人类欲望的无限性而言,经济物品或者生产这些物品所需的资源等的相对有限性。稀缺资源不能无限制地被人使用,例如,一个苹果被一个人吃掉了,那么另外一个人就吃不到了。可以说传统经济学理论的大厦就是围绕稀缺资源的概念而建立起来的。传统经济学理论认为:一种商品或者服务的价值与它的稀缺性直接相关。这里要注意的是,经济学上所说的稀缺性是指相对的稀缺性,也就是说,稀缺性强调的不是资源的绝对数量的多少,而是相对于人类欲望的无限性来说,再多的物品和资源也是不足的。但是,这种稀缺性的存在又是绝对的,这就是说,它存在于人类历史的各个时期和一切社会。稀缺性是人类社会永恒的主题。经济学的精髓在于承认稀缺的现实存在,并研究一个社会如何进行组织,以便最有效地利用资源。这一点是经济学独特的贡献。

经济学把满足人类欲望的物品分为"自由物品"和"经济物品"。前者指人类无须通过努力就能自由取用的物品,如阳光、空气等,其数量是无限的;后者指人类必须付出代价方可得到的东西,即必须借助生产资源通过人类劳动加工出来的物品,其数量是有限的。也可以说,经济学中的经济物品是指一切可以通过交换取得,但又不能充分满足各人欲望的商品或服务。空气是人需要的,但它的供应无限,因而也不必通过交换取得。淡水也是人需要的,对于守在大江大湖边上的人,淡水不具有稀缺性,但在大多数场合下,自来水要通过付费才能得到。

究其原因,还是在于一个人对任何一种物品的支付愿望都基于其边际收益,即物品产生的额外收益,而边际收益又取决于一个人拥有多少这种物品,即该物品的稀缺性。越是稀缺的东西越是具有更高的交换价值,而稀缺性却会因时因地而不同。但只要有一个市场存在,一件商品稀缺到什么程度就不是一个主观评价的结果,它会由市场上的价格来精确地做出回答。稀缺性强烈或者是因为供应有限,或者是因为需求太多。一般情况下,水对人的生命来说是不可或缺的,但增加一杯水的边际收益微不足道,因为水太多了。但是水资源一旦进入稀缺状态,水的价格的逐步上升必将成为一种趋势。

(二) 案例研究 B

鸿雁公司的利润最大化

鸿雁公司的甲产品具有一定的需求弹性。原定单位售价50元,每月销售100件,单位可变成本30元,固定成本总额1 000元。如果对该产品实行降价,逐步降至49、48、47、46、45、44元,预计销售数量可分别增加到110、130、145、160、170、175件。在产销量变动中,单位可变成本不变,固定成本则在产销量达到160、170、175件时分别增加到1 095、1 300和1 500元。试确定能得到利润最大的售价。

【关联理论】

理性人考虑边际量。在许多情况下做决策,并不是黑或白、有或无的选择,而是介于两者之间。也就是选择一个最佳的数量。选择的方法之一是边际分析,即比较边际收益与边际成本的大小。

【案例解剖】

按成本与业务量的变化关系,可以把成本分为可变成本和固定成本。可变成本是指原料、人工等与产量增长成正比的成本。如1件衣服用布3尺,则2件衣服用布6尺,1件衣服用劳动2小时,则2件衣服用劳动4小时。固定成本是指在一定产量范围内与产量增减无关的成本。比如机器的折旧、车间的照明用电等。但是一旦产量超出了这个范围,固定成本也是会变化的。产品总成本则是可变成本和固定成本之和。

计算公式:

销售收入 = 售价 × 销售量

销售利润 = 销售收入 − (可变总成本 + 固定成本)

边际收入 = 销售量变动增加的收入

如销售量从100件增加为110件,收入从5 000元增加到5 390元,则边际收入 = 5 390 − 5 000 = 390元

边际成本 = 销售量变动增加的成本

如销售量从100件增加为110件,成本从4 000元增加到4 300元,则边际成本 = 4 300 − 4 000 = 300元

增加的利润 = 边际收入 − 边际成本

根据上述所给定的资料,可计算不同价格及销量下的销售利润,如下表所示:

鸿雁公司各种成本、收入及利润一览表

售价	销售量	销售收入	可变总成本	固定成本	边际收入	边际成本	增加的利润	销售利润
50	100	5 000	3 000	1 000	0	0	0	1 000
49	110	5 390	3 300	1 000	390	300	90	1 090

(续表)

售价	销售量	销售收入	可变总成本	固定成本	边际收入	边际成本	增加的利润	销售利润
48	130	6 240	3 900	1 000	850	600	250	1 340
47	145	6 815	4 350	1 000	575	450	125	1 465
46	160	7 360	4 800	1 095	545	545	0	1 465
45	170	7 650	5 100	1 300	290	600	−310	1 250
44	175	7 700	5 250	1 500	50	350	−300	950

从表中可以看出,当单价下降、销售量扩大时,如果增加的边际收益大于边际成本,则利润增加,说明降价可以增加利润,如上述价格从50元降到49元,再降到48、47元,均有利可图。如果边际收益等于边际成本,则新增的利润为零,说明降价对企业没有经济意义,当然产销量扩大有社会效益。如果降价后边际收益反而小于边际成本,则降价造成新增利润为负,表明降价是不利的。如上述价格从46元降到45、44元,就是这种情况。从上表可以看出,企业获利最大的时候是边际收益等于边际成本。上述情况中价格为46元时,利润最大化,达到1 465元。在价格为47元时,销售利润也是1 465元,但是销量不如单价46元时的大,说明在单价46元时,企业的经济利益和社会效益同时达到最大。由此我们知道在进行边际分析时,理性决策者只有在边际收益大于边际成本时才采取行动,而在边际收益与边际成本相等时实现利益最大化。这一内容将在第14章中深入学习。

(三) 案例研究 C

观一叶可否知秋

微观行为与宏观结果可能是背离的吗?答案是肯定的。对此,萨缪尔森在他经典的教科书上曾打过一个精辟的比方。他说,好比在一个电影院看电影,有人被前面的人挡住了视线,如果他站起来的话,他看电影的效果将会改善,因此,站起来就微观而言是合理的。但是,如果大家都站起来的话,则大家看电影的效果都不能得到真正的改善,站着和坐着的效果是一样的,不过是徒然增加了一份"折腾"的成本而已。这个例子足以说明,在微观上合理的事情在宏观上未必合理,在个体是理性的事情在总量上未必理性。

类似于个体最优未必是集体最优的例子有许多,最著名的是"公地悲剧"。一块地属公共所有,大家在公地上放羊,每个人都想,我多放一头羊,对于这么大的一块公地来说影响应该是微乎其微的,个人收入却会提高许多,于是会产生不断增加牧羊数量的冲动。这在个人是理性的,但是否会导致放羊者集体总收入的提高呢?不会的。因为唯一结果是天下大乱,这块公地上的羊会增加到令土地无法承受的地步,集体福利也破坏殆尽。中国的草场退化、沙漠化,许多公地的破坏,以及国有企业、银行、证券等无形公地的破坏,可以说印证了这一点。

另一个例证是金融危机。当有人发现银行不稳,他的最佳办法就是将存款取出,以保全自己。但是否会导致全体的安全呢?恰恰相反,如果所有人都这么做的话,金融危机就会发生,个人也将受损。亚洲金融危机就是这样,有人看到本币不稳,纷纷抛售本币,购买外币,其结果是本币一落千丈,而且引发金融危机,全国人民都受损。

在北京坐车,我经常发现个体最优与集体失败的例子。前边有堵车现象,有的司机看旁边还有一条路,就闯了进去,结果这条路也被堵上,最后堵得严严实实,连清路的交警车也挤不进来。这就是个人最优让集体彻底失败。

因此，我们无法从微观现象简单推导出宏观结论。在宏观经济学方面，所谓"观一叶而知秋"的说法是靠不住的。

资料来源：改编自 赵晓，IT经理世界，2003年第17期。

【关联理论】

微观经济学以企业、家庭和单个市场作为研究对象，研究供求行为与价格之间的关系等经济行为；宏观经济学以整个经济为研究对象，研究一个国家整体经济运行及政府运用经济政策来影响整体经济等宏观经济问题。微观经济学解决的是资源配置问题，中心理论是价格理论，研究方法是个量分析；而宏观经济学解决的是资源利用问题，中心理论是国民收入决定理论，研究方法是总量分析。在微观上合理的事情在宏观上未必合理，对个体是理性的事情在总量上未必理性。

【案例解剖】

微观经济学是以单个经济单位为研究对象，着重考察和说明消费者和生产者的最大化行为。宏观经济学是以国民经济总过程的活动为研究对象，着重考察和说明国民收入、就业水平、价格水平等经济总量是如何决定、如何波动的，故又被称为总量分析或总量经济学。微观经济学是宏观经济学的基础，但在微观上合理的事情在宏观上未必合理，对个体是理性的事情在总量上未必理性。上述例子说明了这个问题。由于整体经济的变动产生于千百万个人的决策，因此，不考虑相关的微观经济决策而要去理解宏观经济的发展是不可能的。例如，宏观经济学家可以从个人所得税减少对整个物品与服务生产的影响进行分析。为了分析这个问题，他必须考虑所得税减少如何影响家庭把多少钱用于物品与服务的决策。又如，失业现象严重时，作为个人，除了一些佼佼者能谋到职业外，总有人没有就业岗位，作为厂商也不能无效率地吸收工人，所以失业问题是宏观问题，解决就业是政府的责任。尽管微观经济学与宏观经济学之间存在固有的关系，但这两个领域仍然是不同的。在经济学中，也和在生物学中一样，从最小的单位开始并向上发展看来是自然而然的。但这样做既无必要，也并不总是最好的方法。从某种意义上说，进化生物学建立在分子生物学之上，因为物种是由分子构成的，但进化生物学和分子生物学是不同的领域，各有自己的问题和方法。同样，由于微观经济学和宏观经济学探讨不同的问题，因此，它们有时采用相当不同的方法，并通常分设微观经济学和宏观经济学两门课程。

经济学一直以为自己是研究资源配置的学问（琼·罗宾逊），后来发现自己其实可以为提高社会福利出招（凯恩斯），再后来发现自己是研究"选择"的学问（贝克尔），并足以分析人类行为（非理性病变行为除外）。经济学每一次对自身的再认识，都带来经济学新的开疆拓土。20世纪30年代大萧条的一个具有深远历史影响的产物就是宏观经济学的兴起。正是因为有了宏观经济学，当时的人们才忽然"明白了"该怎么去对付经济波动和经济危机。凯恩斯创立的宏观经济学及其发展，在当时一举消除了经济学自身的学科危机，挽救了职业经济学的声誉。从那时起至今，80多年光阴弹指过去，经济学中几经"革命"与"反革命"，至今主流经济学仍坚定地徘徊在宏观与微观两大领域。虽然有许多经济学家反对这种宏微观分裂的局面（斯蒂格利茨），而且芝加哥学派的经济学家早就提出宏观经济学必须寻找微观经济学的基础，但是，宏观经济学与微观经济学再也没有合二为一。宏观经济学家反问道，为什么微观经济学不寻找宏观经济学的基础？还有经济学家则提出，宏观与微观作为总量与个体的差异，两者之间的关系极其复杂,从数学上的大数定律可以证明,微观潮汐变动很可能是互相抵消的,宏观经济学根本不可能寻找到微观基础。

四、课外习题

(一) 术语解释

1. 稀缺性
2. 机会成本
3. 边际变动
4. 激励
5. 外部性

(二) 单项选择

1. 研究社会如何优化资源配置的学科是(　　)。
    A. 经济学　　　　　B. 工程学　　　　　C. 物理学　　　　　D. 生物学
2. 下列说法错误的是(　　)。
    A. 买一辆汽车涉及权衡取舍　　　　　B. 上大学涉及权衡取舍
    C. 看一场电影涉及权衡取舍　　　　　D. 以上三者均不涉及权衡取舍
3. 人们之所以要优化资源配置是因为人们的欲望是无限的,而资源是(　　)。
    A. 无法有效利用的　　　　　　　　　B. 稀缺的
    C. 不能开发的　　　　　　　　　　　D. 利用的边际成本是无限上升的
4. 理性的经济人在做出决策时,总会考虑该行动是否(　　)。
    A. 符合社会道德标准　　　　　　　　B. 能给他人带来利益
    C. 使边际收益大于边际成本　　　　　D. 使边际收益小于边际成本
5. 政府在增加福利的同时往往增加税收,说明了(　　)。
    A. 效率与平等总是可以同时增加的　　B. 平等增加以效率降低为代价
    C. 平等减少以效率降低为代价　　　　D. 以上三者都不对
6. 小李星期天花一天时间上街买了一件100元的衣服,并买了5元的包子当午餐,请问小李买这件衣服的机会成本是(　　)。
    A. 100元　　　　　　　　　　　　　B. 100元加上一天时间价值
    C. 105元　　　　　　　　　　　　　D. 105元加上一天时间价值
7. 某国开展对外贸易,一般来说可以使(　　)。
    A. 交易双方获益,但获益不相等　　　B. 交易的一方获益,另一方受损
    C. 交易双方受损,但受损不相等　　　D. 以上三者都不对
8. 当市场上鸡的价格上升10%,而猪肉的价格下降20%时,我们可以预期(　　)。
    A. 买鸡的人增加了　　　　　　　　　B. 买猪肉的人减少了
    C. 买猪肉的人增加了　　　　　　　　D. 对买鸡和买猪肉均无影响
9. 企业和学校的活动都会产生外部性,但是(　　)。
    A. 前者只有负外部性　　　　　　　　B. 后者只有正外部性

C. 都有可能产生正和负的外部性　　　D. 以上说法都不对
10. 面对外部性,人们(　　)。
    A. 无能为力　　　　　　　　　　B. 通过市场机制得以彻底解决
    C. 通过政府的干预得到一定程度的解决　　D. 以上说法都不对
11. 计划经济与市场经济的主要区别在于(　　)。
    A. 计划经济以计划为基础配置资源,市场经济以市场为基础配置资源
    B. 计划经济中存在国有经济,市场经济中没有国有经济
    C. 计划经济是按劳分配,市场经济是按资分配
    D. 计划经济适用于社会主义国家,市场经济适用于资本主义国家
12. 发达国家工人的工资水平高是因为(　　)。
    A. 发达国家的物价水平高　　　　B. 发达国家的税率高
    C. 发达国家工人的生产率高　　　D. 以上三者都不是
13. 短期内通胀与失业的关系是(　　)。
    A. 成正比　　B. 成反比　　C. 无关　　D. 以上均不对
14. 青菜价格上升,提供的信息是(　　)。
    A. 告诉消费者多买青菜　　　　　B. 告诉消费者少买萝卜
    C. 告诉生产者多种青菜　　　　　D. 以上均是
15. 市场通常是组织经济活动的一种好方法,主要原因是(　　)。
    A. 有政府的干预　　　　　　　　B. 有先进的科技为支撑
    C. 有一只看不见的手　　　　　　D. 有一套管理经济的制度

(三) 判断正误

1. 通过税收调节高收入,并不断提高最低工资水平,从而激励人们更努力地工作,使社会变得更有效率。(　　)
2. 人们说"市场是一只看不见的手"是指市场机制能自动地对资源进行优化配置。(　　)
3. 经济外部性会导致人们的福利减少,所以必须加以抑制或消除。(　　)
4. 国际贸易使参与的国家受益,并且由于交易是平等的,因此受益程度也是相等的。(　　)
5. 政府在设计政策的时候,效率和公平的目标往往难以得到统一。(　　)
6. 机会成本的提出和分析,能使人们的决策更全面和科学。(　　)
7. 边际分析是一种增量分析法,它会使人们只关注小的增量而忽视全局的影响。(　　)
8. 货币增发能增加人们手中使用的货币量,增加对商品的购买力,从而提高人们的生活水平。(　　)
9. 机会成本只是一种决策时需要考量的成本,但并不是实际需要支付的成本。(　　)
10. 强调起点平等能提升效率,强调结果平等则降低效率。(　　)

(四) 简答题

1. 为什么人们常常面临权衡取舍?

2. 激励效应有没有前提条件,如果有,是什么?
3. 交易行为并不使商品数量增加或质量提高,反而会产生交易费用,但为什么能增加社会福利或者说对双方都有利?
4. 政府之手会不会失灵?
5. 货币发多了为什么会产生通货膨胀?

(五) 应用题

1. 在下列每一种情况下,请你帮助做出权衡取舍的分析。
(1) 张媛媛高中毕业后,家里安排其进一家企业工作,但张媛媛想上大学。
(2) 李婷的手机是几年前买的,虽然还可以用,但功能明显比其他同学的少了许多,样式也落伍了,现在李婷的大舅给其成绩好的奖励金 2 500 元,有了这笔钱后李婷在是否要更新手机上犯了难。
(3) 皮皮同学打算在暑假去超市打零工。
2. 目前国家对于失业保险金的领取时间有一定的期限,最长不超过 24 个月,凡超过一定期限的,虽然仍然失业,但也不能继续领取失业保险金。试分析这一政策对于失业者的作用。
3. 大四毕业生小明的一辆电动自行车因毕业离校不再需要,打算将其出售,按市场价可卖 1 000 元,但在若干部件更新后价格可以卖得更高,请问小明如何就更新与否做出权衡取舍的决策?

(六) 拓展思考题

1. 市场上价格、供求、竞争机制是如何联动来调节资源分配的?
2. 市场上商品价格上升或下降,为什么总是几家欢喜几家愁,请思考一下其中欢喜的是谁,愁的又是谁?

五、习题答案

(一) 术语解释

1. 稀缺性:社会资源的有限性。
2. 机会成本:为了得到某种东西所必须放弃的东西。
3. 边际变动:对行动计划的微小增量调整。
4. 激励:引起一个人做出某种行为的某种东西。
5. 外部性:一个人的行为对旁观者福利的影响。

(二) 单项选择

1. A 2. D 3. B 4. C 5. B 6. B 7. A 8. C 9. C 10. C
11. A 12. C 13. B 14. C 15. C

(三) 判断正误

1. × 2. √ 3. × 4. × 5. √ 6. √ 7. × 8. × 9. √ 10. √

(四) 简答题

1.【考查要点】 考查学生对于资源有限而需求无限的理解,懂得为了使有限资源得以最佳利用必须在使用上进行权衡取舍。

【参考答案】 因为人们能使用的资源总是有限的,人们为了使自己的需求得到最大程度的满足,就要让有限的资源得到最好的利用,因而就必须在资源的使用上进行权衡取舍,选取一个而放弃另一个。

2.【考查要点】 考查学生理解激励是从人们的利益上进行调节,出于对自己利益的关心和维护,才会产生行为的改变。

【参考答案】 激励效应是有前提条件的,它假定人们都是理性的人,即人们在做出决策时,总要进行成本与收益的对比,从利己的角度做出最优的选择。一旦经济条件改变了成本与收益的关系,人们就会做出反应,相应改变自己的行为,于是就产生了激励效应。

3.【考查要点】 考查学生了解分工与交易之间的相关性,交易的好处不是单纯由交易产生的,而是通过分工产生,但分工是以交易为前提的,没有交易也就没有分工,所以,分析交易或分工的好处必须联系两者来全面地考察。

【参考答案】 交易行为虽然不能使商品的数量增加或质量提高,但是交易行为促进了社会分工,而社会分工大大提高了生产效率,所以当分工的好处大于交易费用时,交易就使双方都得到好处。分工与交易是一枚硬币的两个面,相互依存。没有交易,社会无法分工,而没有分工,交易也不会发展。交易的基础是分工,分工的好处要通过交易来实现,因此,交易的好处不能单纯地从交易中来考察,而要把它与社会分工联系起来考察。

4.【考查要点】 考查学生对政府之手的全面理解,引导学生要全面地看问题。

【参考答案】 政府之手也会失灵。与市场不是万能的一样,政府也不是万能的,不仅政府之手的作用有限,而且政府也是经济人,也有自身的利益。政府作为社会利益的代表,它与社会的整体利益有很大的交集,但不是完全重合的,也有可能做出影响全社会利益的事情,因此对政府之手必须给以一定的限定,并对其行为加以监督。

5.【考查要点】 考查学生对货币本质及货币流通规律的理解。

【参考答案】 货币是交换的媒介,纸币本身没有价值,只是价值符号而已,它所代表的价值大小决定于流通中的货币需求量与流通中实际的货币数量之比例。当货币发行量大于流通中需要的货币量时,就会导致货币贬值,即通货膨胀。

(五) 应用题

1.【考查要点】 主要考查学生对权衡取舍的分析,掌握机会成本的定义及运用。

【参考答案】 (1) 张媛媛高中毕业后进企业工作,失去了上大学的机会,也就失去了通过上大学进一步提升自己文化技术素质的机会,进而失去从事更高层次工作的机会,这是参加工作的机会成本;但参加工作能得到经济收入,而且在工作中可以积累实践经验,增长社会阅历,这些好处则是上大学的机会成本。

(2) 李婷得到的2 500元奖励金可以用来买一只新的更好的手机,但是由此也就失去了用它来买衣服、买其他学习用品如笔记本电脑及电子词典、参加进修班,或者利用假期去旅游的机会等。总之,李婷可以在更多的目标上做选择,看看哪一项是自己最需要的,能满足自己最大需求的用途。

(3) 皮皮同学在暑假打零工,可以有经济收入,也可以积累工作经验,提升社会阅历。但由此也失去了利用假期进修或旅游的机会,这些都是打零工的机会成本。

2.【考查要点】 考查学生对于激励的理解和运用。

【参考答案】 规定失业保险金领取的期限,对于失业者的作用是促使其在失业中努力提高自己的技能,尽快寻找适合自己的工作,产生正向激励的作用。如果可以没有期限地领取失业保险金,则会鼓励失业者懒散,失业保险制度变成一种养懒人的制度。

3.【考查要点】 考查学生对于边际收益和边际成本的理解和运用。

【参考答案】 小明可以在更新成本和提高售价上进行对比,如果更新成本低于售价提高的金额,则可以更新部件,否则应立即出售,不用更新。这就是边际成本与边际收益的比较。更新部件是边际成本,提高的售价是边际收益。在边际收益大于边际成本的情况下,可以更新,否则,不应更新,应立即出售。

(六) 拓展思考题

1.【考查要点】 考查学生对于市场机制的深入理解。

【参考答案】 市场上存在着三大类竞争:生产者与生产者之间的竞争,消费者与消费者之间的竞争,生产者与消费者之间的竞争。在供大于求的情况下,生产者之间的竞争占主导,此时生产者为了提高产品竞争力,往往会降价销售,而且一个比一个降得低,这样价格就降下来了,而价格的下降使供给减少而消费增加,供求逐步趋向平衡,资源得以优化配置;当供不应求时,消费者之间的竞争占主导,消费者为了能买到产品,出价提高,于是市场价格得以提升,供给增加而消费减少,供求趋向平衡,资源得以优化配置。

2.【考查要点】 考查学生对于价格机制的深入理解。

【参考答案】 商品的价格直接关系着买卖双方的利益。商品价格的变动,使买卖双方的利益此消彼长。商品价格上升时,卖者的利益得以提升,此时卖者欢喜,而买者由于价格提高,买同样的东西要支出更多的货币,自然是愁了。相反,商品价格下降,买同样的东西可以少支出货币,买者欢喜了,而卖者的收入减少,自然是愁了。

第 2 章
像经济学家一样思考

一、学习精要

(一) 教学目标

1. 熟悉经济学家如何研究经济问题,学会经济学家的思考方式。
2. 了解经济学家如何运用科学方法来考察经济,领会经济模型的内涵以及假设在模型建立中的重要意义。
3. 掌握循环流量图和生产可能性边界等两个具体经济模型及其应用。
4. 理解实证表述和规范表述之间的关键区别,以及经济学家意见分歧的主要原因。

(二) 内容提要

本章是导言部分三章中的第二章。第 1 章介绍囊括经济学思想之精髓的经济学十大原理,第 2 章将让我们熟悉经济学家思考问题的方式,既包括经济学家如何运用科学方法和假设,也包括建立在假设之上的两个具体经济模型的应用,即循环流量图和生产可能性边界。

1. 作为科学家的经济学家

(1) 经济学家试图扮演两种角色,作为科学家,他们试图解释世界;而作为政策顾问,他们尝试改善世界。正如其他科学一样,经济学家使用科学方法,冷静地建立并检验有关世界如何运行的理论。理论与观察之间的相互作用也发生在经济学领域中,但经济学家面临的特殊障碍在于,由于不能仅仅为检验一种理论而操作经济,唯一可行的是在历史提供的自然实验中收集关键数据。

(2) 做出假设是为了使解释世界更为容易,经济学中的假设同样是为了简化问题。经济学家用不同的假设回答不同的问题,科学思考的艺术是做出什么样的假设是适当的。经济模型即为建立在假设基础上的经济现实的简单化,经济学家经常使用由图形和方程式组成的经济模型。

(3) 循环流量图是整体经济的一个简化模型,它表明了物品和服务、生产要素以及货币支付在家庭和企业之间的流动。一方面,家庭在生产要素市场上把劳动、土地和资本等生产要素出售给企业,以获取工资、租金和利润;另一方面,企业在物品与服务市场上把物品与服务出售给家庭,以获取收益并对生产要素进行支付。

(4) 生产可能性边界是一个最简单的经济数学模型,它表示在可获得的生产要素与生产技术既定时,一个经济所能生产的两种产品数量的各种组合。这一模型说明了以下经济学原理:

第一,如果经济在生产可能性边界上运行,资源得到充分利用,因而运行具有效率;在生产可能性边界以内的点,尽管完全可以达到,但没有效率;而在目前的要素和生产技术约束下,生产可能性边界以外的点,根本无法实现。

第二,如果经济在生产可能性边界上运行,则社会面临着权衡取舍。一旦达到生产可能性边界上有效率的各点,那么想得到更多的一种物品的唯一方法是减少另一种物品的生产。

第三,生产技术进步促使生产可能性边界向外移动(亦可能是单个端点向外移动),这可以作为经济增长的证明。

(5)微观经济学以企业、家庭和单个市场作为研究对象,研究供求行为与价格之间的关系等经济行为;宏观经济学以整个经济为研究对象,研究一个国家整体经济运行及政府运用经济政策来影响整体经济等宏观经济问题。微观经济学解决的是资源配置问题,中心理论是价格理论,研究方法是个量分析;而宏观经济学解决的是资源利用问题,中心理论是国民收入决定理论,研究方法是总量分析。

2. 作为政策顾问的经济学家

(1)实证表述试图描述世界是什么,而规范表述试图描述世界应该是什么。实证表述与规范表述之间的关键区别在于,实证表述可以通过检验证据加以证实或证伪,但规范表述则不能。

(2)经济学家在许多不同的领域中作为政府的政策顾问。在诸多非政府行政部门,经济学家也发挥着重要作用。除此之外,他们的研究和著作经常间接地影响经济政策。

3. 经济学家意见分歧的原因

(1)经济学家经常提供相互矛盾的建议,其原因在于两点:

其一,科学判断的不同,即他们可能对世界如何运行的不同实证理论的正确性看法不一致,譬如对不同理论的正确性或对衡量经济变量如何相关的重要参数的大小有不同的直觉。

其二,价值观的不同,即他们可能有不同的价值观,因而对政策应该努力实现的目标有不同的规范观点。

(2)经济学家之间的分歧不可避免,但不应夸大。经济学家的分歧是有趣的,但是经济学共识更重要。

(三) 关键概念

1. 科学方法:客观地建立并检验理论。
2. 经济模型:建立在假设基础上的经济现实的简单化。
3. 循环流量图:表示物品和服务、生产要素及货币支付在家庭和企业之间如何流动的经济图形。
4. 生产可能性边界:表示可得到的生产要素与生产技术既定时,一个经济可以生产的产品数量的各种组合的图形。
5. 机会成本:为了得到某种东西所放弃的其他东西。
6. 微观经济学:研究家庭和企业如何做出决策,以及它们在市场上如何相互交易的经济学分支。
7. 宏观经济学:研究整体经济运行及政府运用经济政策来影响整体经济等宏观经济问题的经济学分支。
8. 实证表述:世界是什么样子的表述。

9. 规范表述:世界应该是什么样子的表述。

(四) 拓展提示

1. 循环流量图提供了一种把家庭与企业之间发生的所有经济交易组织在一起的简单方法,简化的原因在于其省略了一些细节,如政府、对外贸易等。由于其简化,在考虑经济中各部分如何组合在一起时,记住这张图具有重要价值。

2. 生产可能性边界的斜率即为以一种物品来衡量另一种物品的机会成本。沿着生产可能性边界移动意味着将资源(比如劳动)从一种物品的生产转移到另一种物品的生产中。在没有对外贸易时,生产可能性边界同时也是消费可能性边界。

3. 生产可能性边界可以是直线或曲线。如果机会成本始终不变,那么生产可能性边界为一条直线。但在一般情况下,沿着一条生产可能性边界上的机会成本并非一成不变,而是随着一种物品或服务的生产数量的增多。由于资源的适用性(包括人力资源和自然资源),其机会成本越来越大,因而生产可能性边界外凸内凹。

4. 制定经济政策的过程在许多方面与经济学教科书上假设的理想化的决策过程完全不同。经济学家在政策制定过程中起到重要作用,但他们的建议仅仅是一个复杂环节中的一种要素,而政治过程就很可能成为一种不可消除的障碍。

二、新闻透视

(一) 新闻透视 A

支付宝事件:余额宝被指吸血鬼 媒体呼吁取缔

余额宝自2013年6月上线即受到市场热捧,不到20天的时间累计用户数就达到250多万,累计转入资金66亿元。截至2014年2月14日,余额宝规模已站到了4000亿元之上。从0到2500亿,余额宝用了200多天,而从2500亿到4000亿,余额宝只用了大约30天。马云曾说过,"银行不改变,我们就来改变银行",余额宝的蹿红掀开了互联网金融的大幕,随之而来的是关于其合法性、风险、监管等一系列问题的担忧和讨论。

央视评论员呼吁取缔余额宝。2014年2月21日,央视证券资讯频道执行总编辑兼首席评论员钮文新发表博文《取缔余额宝》,直斥余额宝是趴在银行身上的"吸血鬼",典型的"金融寄生虫",并称中国金融监管当局基本属于脑残,居然无动于衷。钮文新认为余额宝和货币基金未创造价值,而是通过拉高全社会的经济成本并从中渔利,冲击的不仅仅是银行,更是全社会的融资成本,是整个中国的经济安全。文章称:"当余额宝和其前端的货币基金将2%的收益放入自己兜里,而将4%到6%的收益分给成千上万的余额宝客户的时候,整个中国实体经济,也就是最终的贷款客户将成为这一成本的最终买单人。"

对于2%收益的说法,支付宝做出了回应:余额宝加上增利宝,一年的管理费是0.3%,托管费是0.08%,销售服务费是0.25%,总共的结果是0.63%,并非钮文新所称的2%。

余额宝已经在改变行业价值分配模式。"吸血鬼"、"金融寄生虫"言论一出即成为舆论焦点。大多数观点力挺余额宝,认为余额宝将散户资金聚集起来,做大了整个资金的蛋糕,通过货币基金使小散户变相参与了只有机构可以参与的银行间市场。余额宝及类似的互联网金融,以高质量的竞争,已经对银行产生了"鲶鱼效应"。金融服务者竞争的加剧,会让金融服务的需求者受益。如果说余额宝是吸血鬼,那它吸的也是银行的超额利润。

国泰君安董事长万建华对央广网财经记者表示,余额宝实质上是一个货币基金产品,投资者的回报较原来有了较大的提升,受益的是广大投资者。整个融资成本是提高了,因为整个平台提高了,会带来贷款的提高。融资成本提高,但如果贷款成本没有大幅度提高,整个贷款利差对社会来讲更多的是受益,所以还要取决于贷款提供机构会不会完全转嫁,应该来说不会完全转嫁,甚至不转嫁,那么会使整个社会受益。

消费者表示,即使取缔余额宝,资金也不一定都会流入银行。因为现在各种民间金融、借贷公司很多,况且很多中小企业在银行也贷不到款。兴业银行首席经济学家鲁政委认为,把"各种宝们"都取缔了也阻止不了存款向更高利率的地方流去。我国银行业的存贷差远高于西方国家平均水平,长期以来,银行业享受着巨额利润。银监会数据显示,2013年商业银行全年净利润累计1.42万亿元。随着金融改革的不断深入,银行间存贷利率的差距已经在减小。为了争夺中长期存款,多家银行都上浮了存款利率。2013年7月,央行放开贷款利率管制,下一步改革的目标是放开存款利率,而以余额宝为代表的互联网金融的发展或将"倒逼"利率市场化进程。

互联网金融不会颠覆金融体系因为其未触到本质。对于互联网金融的风险,国泰君安董事长万建华表示,互联网金融的创新不会带来整个金融体系的颠覆性效应,只会促进金融体系不断变革和发展。它带来的创新风险,只要不是有意违法乱纪,不是系统性,应该不会有问题,而且现阶段互联网金融主要是通过技术的进步,其运用带来的是恰恰是管理效率的提升,整个金融体系更好的发展,而不会是重大的风险甚至系统性风险,因为它没有接触到金融的本质,如果进行有效的监管应该没有大的问题。

资料来源:中国广播网,2014年2月25日。

【关联理论】

针对同一个经济事件,经济学家可能持有不同的观点或意见,其原因在于两点:其一,科学判断的不同,即他们可能对世界如何运行的不同实证理论的正确性看法不一致。其二,价值观的不同,即对应该努力实现的目标有不同的规范观点。确定什么是好政策或什么是坏政策不仅仅是一个科学问题,它还涉及我们对伦理、宗教和政治等的看法。

【新闻评析】

从以上新闻可以看出,目前经济界针对余额宝有三种不同的观点。其中,第一种观点认为余额宝和货币基金未创造价值,而是通过拉高全社会的经济成本并从中渔利,冲击的不仅仅是银行,而是全社会的融资成本以及整个中国的经济安全,因此余额宝这个"吸血鬼"自然应当被取缔。第二种观点认为余额宝实质上是一个货币基金产品,投资者的回报大幅提升,受益的是广大投资者。以余额宝为代表的互联网金融不会带来整个金融体系的颠覆性效应,反而或将"倒逼"利率市场化进程,促进金融体系不断变革和发展,因此余额宝应该受到保护。第三种观点认为,余额宝的迅速壮大证明其有强大的市场和客户群支撑,但余额宝可能存在法律和监管漏洞,从而埋下风险隐患,因而明确监管比吸血之争显得更为重要。

为何针对一个余额宝,经济界有着截然不同的三种观点,产生分歧的主要原因在于经济学家或普通公众可能对经济如何运行的不同实证理论的看法不一致,而且不同主体可能有着不同的价值观。几个世纪之前,天文学家为地球绕着太阳转还是太阳绕着地球转而争论不休。近年来，气象学家也在争论地球是否正在经历着"全球变暖"。科学是为了认识我们周围的世界所进行的研究。随着研究的深入，对经济学真理的认知会存在分歧，这不足为怪。此外，与实证表述相比，对规范表述的评价则涉及价值观。正因为规范结论并不能仅仅依靠实证分析，还牵涉价值判断，因此当你听到经济学家做出规范表述时，你就可以知道，他们此时已经站到政策顾问的立场上，而不是科学家的立场上了。

（二）新闻透视 B

补贴政策饱受诟病　泰国大米难换中国高铁

日前，泰国商业部宣布，中国企业北大荒已取消从泰国购买 120 万吨大米的合同，这一数量占泰国大米出口总量的 14%。泰国商业部部长认为："泰国反腐败委员会对英拉政府大米补贴政策的调查，是合同被取消的原因。"据了解，该合同是中泰两国"大米换高铁"计划的一部分。在 2013 年 10 月，中国国务院总理李克强访问泰国后，中泰两国政府达成协议：中国参与泰国高铁项目建设，泰国则以农产品抵偿部分项目费用。泰国商业部部长尼瓦塔隆·汶颂派汕表示，泰国反腐败委员会对大米价格补贴计划展开的调查惊吓了中方，中国退出了这笔大米交易，"中国对与我们继续做生意缺乏信心"，这或许是北大荒取消合同的直接原因。

泰国高价收米草草收场。据了解，泰国现行的大米收购政策是英拉政府在 2011 年竞选时期提出的，于 2011 年 10 月开始实施。按照这一政策，泰国政府以每吨 1.5 万泰铢（约合 500 美元）的价格向稻农收购大米，这一价格高出市场价 50%，泰国稻农因此受惠，但政府为此支付了大量补贴款。泰国总理英拉认为，把这些从农民手中买来的大米囤积起来，能推高国际市场的大米价格。但事与愿违，泰国出台的大米补贴计划效果极其糟糕。

在泰国实施高价收购政策之前，由于印度、越南等国限制大米出口，国际米价从每吨 300 美元飙升至 1 200 美元。但当泰国政府开始高价收购并大量囤积大米的时候，印度恢复了长期中断的大米出口，菲律宾等主要大米进口国开始生产更多大米。由于产量增加，国际大米价格迅速从每吨 1 000 美元滑落至 390 美元。由于泰国大米价格被政府人为推高，迅速失去国际竞争力，国内库存堆积如山。2012 年，泰国大米出口量大跌 35%，泰国也失去了雄霸 30 年之久的大米第一出口国的地位。国际货币基金组织对此表示，英拉政府的大米收购政策自 2011 年实施以来，已经累计造成 44.6 亿美元的损失，呼吁泰国取消每年花费数十亿泰铢的大米收购政策。而英拉政府为大米补贴计划进行辩护，称"该计划帮助农民增加收入"，指责"抗议活动导致对农民的支付延迟"。

由大米收购项目产生的欠款问题也持续困扰着英拉政府。目前，泰国反腐败委员会正在对英拉在大米收购项目中是否存在渎职行为进行调查，并可能以此为由提出针对英拉的弹劾案。而法新社称，针对大米补贴的反腐败调查 1 月就开始了，但中国取消大米采购合同让问题凸显。英拉政府原欲把中国购买大米的款项支付给部分农民，中国一旦取消买米，英拉政府将面对更大财政及政治压力。据悉，从 2014 年 2 月开始，被政府拖欠 1 400 亿泰铢大米款项的泰国农民开始进入曼谷，对政府形成巨大压力。

由此，"大米换高铁"遇到政治阻力。2013 年 10 月，中泰双方在曼谷发表了《中泰关系发展远景规划》。其中指出，中方有意参与廊开至帕栖高速铁路系统项目建设，以泰国农产品抵偿部分项目费用。泰方欢迎中方意向，将适时与中方探讨相关事宜。这一合作方式被形象地称为"大米换高铁"。据了解，泰国政府目前已经确定优先推动曼谷—清迈高铁计划，该计划将分两阶段实施,即首先修筑曼谷至彭世洛府高铁,然后再修建彭世洛至清迈高铁。英拉说,其中约耗资2 400亿泰铢的曼谷—彭世洛高铁计划的公众征集意见已经完成,目前已经进入环境评估阶段,正对彭世洛—清迈高铁计划召开公众征集意见会(听证会)。

泰国交通部运输与交通政策规划司司长朱拉·苏马诺日前表示,泰国政府目前有巨大的大米库存,而且大米补贴政策存在严重问题,想要出售并非易事,"大米换高铁"计划已经不可行。鉴于目前"大米换高铁"计划搁浅,朱拉表示,泰国政府应当寻求贷款来为高铁规划筹款,"贷款能够保证为泰国寻找到更为合适的高铁技术"。

不过,新加坡南洋理工大学拉惹勒南国际研究院研究员胡逸山对未来"大米换高铁"计划表示乐观。他说,目前,泰国陷入政治僵局,因此包括高铁建设在内的规划不大可能得以继续推动。但随着泰国政治斗争尘埃落定或者政局趋于平稳,中国仍然有希望参与其中。

资料来源:中国贸易报,2014年2月20日,中国高铁网转载。

【关联理论】

为什么一个好的经济政策不被政府所采纳?因为决策者在听取经济顾问最好的意见之后,他还要听取公关、新闻、法律、政治等其他顾问的意见,并给出一个折中的答案。有时候在经济政策的实施过程中,政治过程是一种无法消除的障碍。

【新闻评析】

在经济学十大原理的学习中,我们知道,两国之间的贸易可以使两个国家的状况变得更好。但本新闻中,为何泰国大米难换中国高铁?制定经济政策的过程在许多方面与经济学教科书假设的理想化的决策过程完全不同。什么是政府所要追求的最好政策?什么样的政策政府最终会予以采纳?教科书的说法好像是由一个全能的国王决定的。一旦国王选定了正确的政策,将这个政策付诸实施就不会有什么困难。但在现实世界中,选定正确的政策仅仅是一个领导人工作的一部分,有时还是最容易的一部分。即使经济学家在政策制定过程中起到重要作用,但他们的建议仅仅是一个复杂过程中的一种要素。有时候,可能是因为无法使普通公众相信这些政策是合意的,有时候是因为政治过程是一种无法消除的障碍。"泰国大米换中国高铁"遇到政治阻力,最终趋于破产,就将政策与现实的差距揭露无遗。

当然,在案例中,英拉政府的大米收购政策、泰国高铁融资途径、中泰两国贸易合作前景等问题均值得去深究,等我们学习好经济学原理后续内容,将逐步加以深入剖析。

三、案例研究

(一) 案例研究A

生活中的经济学案例一则:一种无效制度的典范

在大学呆久了,常会发现一些可笑的事,于是在空闲时就拿相机照了下来。面对这些照片,我想我们应该有话说。在制度经济学中,常会提到一个这样的话题,一种初衷是好的制度却导致了一种相反的结果,不仅制度得不到执行,而且产生了破坏作用。下面就是我们身边的一个典型案例。一块草场最开始建好时没有石板,也没有行人踏成的"小径"。但是,久而久之,按照"几何学原理"和鲁迅的"路的形成原理",这块草场的三角地带就形成了一条"天然小道",这是相当不雅观的。

于是为了改善此状况,政策制定者在"天然小道"上铺就一些石板,于是,形成了一条"人工小道"。这样一来,凡欲抄捷径的同志都走石板路了,这样于外观、于路人都有了一定的改善,看起来是一种"帕累托改进"。但久而久之,却成了"天然小道"和"人工小道"并存的格局,人们在石板路的旁边又开辟了一条鲁迅式的路。这是一个非常经典的制度变迁的案例,公共选择理论中的"用脚投票"在这里得到了充分的展示。原因何在?我想这里面的玄机各位非常容易得解,就不再赘述。

其实,说到底,我认为出现这种无效制度的原因在于政策制定者缺乏那种"以人为本"的理念。既然是铺路,就应该首先为过路人考虑,然后再考虑外观和铺路成本,因为路是让人走的,如果"行走成本"较高,路人很自然选择用脚投票。另外,很多政策制定者都不是政策的受益者,他们制定的政策或制度与他们自身的生活无关,即"铺路人不走自己铺的路",那么照片上出现的结果应该是可以理解的了。我想在日常生活中类似的案例也非常多。比如"交通紧张—增设动车组(票价过高)—交通仍然紧张","环境污染—必须引入排污技术或设备(成本过高)—环境依然污染"等。

资料来源:摘自 人大经济论坛—博德之门—真实世界中的经济学版,系网友 renyilow 原创,原帖见:http://www.pinggu.org/bbs/dispbbs.asp?boardID=29&ID=205661&page=1。

【关联理论】

理论与观察之间的相互作用也发生在经济学领域,善于发现生活中的经济学,将为你提供充分的发展和实践这种技能的机会。

【案例解剖】

据说17世纪著名科学家和数学家艾萨克·牛顿(Isaac Newton)有一天看到一个苹果从树上掉下来,好奇心油然而生。这一观察促使牛顿创立了万有引力理论。其后对牛顿理论的检验表明,该理论在许多情况下均适用。理论与观察之间的相互作用也发生在经济学领域。

在本案例中,作者善于发现生活中的经济学,"天然小道"和"人工小道"并存,让其悟出公共选择中的"用脚投票"理论,并将这一理论运用到交通紧张、环境污染的社会问题中。但要提醒的是,虽然经济学家像其他科学家一样运用理论和观察,但他们面临着一种障碍,即在经济学领域中,进行实验往往是相当困难,甚至是不可能的。研究万有引力的物理学家可以在他们的实验室扔下许多物体,以得到检验他们理论的数据。与此相比,研究通货膨胀的经济学家绝不会被允许仅仅为了获得有用的数据而操纵一国经济。为了寻找实验室实验的替代品,经济学家十分关注历史提供的自然实验。譬如当中东战争中断了原油运输时,就给经济学家提供了研究重要自然资源对世界经济影响的机会。

在这一点上,生活中的经济学更具有其实践价值。

(二) 案例研究 B

经济学是不是科学

经济学是不是科学?这是经济学的哲学所要研究的课题。考察这方面汗牛充栋的研究课题,至少可以得出三种答案,一是经济学是一门科学;二是经济学不是一门科学;三是经济学是不是一门科学基本上是个伪问题。

先说经济学是一门科学,之所以说经济学是一门科学,是因为它具有内在一致的概念体系和服从因果关系的逻辑结构,具有充分的条件符合满足科学定律的要求。从经济学发展史的角度看,有四位经济学大师为奠定经济学的科学地位做出了显著贡献,亚当·斯密以其缜密的思想为经济学设计了顶层塔尖;马歇尔以其系统的思维为经济学探索、发展了一套方法论工具;凯恩斯以其超越的眼光,把经济学从微观经济学扩展提升成宏观经济学,并提供了总需求—总供给的分析框架,使得经济学成为政府制定公共政策的必备工具;萨缪尔森这个百科全书式的经济学大家,则是经济学帝国的设计者,他与别人合著的《经济学》教科书,内容囊括了经济事务的方方面面。萨氏的经济学思想,是经济学发展史迄今最为高大的顶点。如今,与其他科学相比,经济学早已成为一门显学,几乎所有大学都开设有经济学专业科系。在公共领域,经济学家也是显要人物,经济学家是政府、企业、机构的关键角色。

赞同经济学是一门科学的论者,提出的理由比较集中、单纯,而反对经济学是一门科学的论者,提出的理由就显得杂乱无章、五花八门了,其中既有合理的科学性的理由,也有强词夺理,而以后者居多。历史上,反对经济学是一门科学最有力、貌似最有科学性的理由,是认为经济学无法满足一个或多个流行的实证主义或波普尔主义的评价"某一理论是否科学"的标准,但随着波普尔实证主义的衰落、失灵(即使在它更为适用的物理学领域也是风光不如以前),这些指责也日益被经济学界看得无关宏旨。还有一种反对经济学是一门科学的理由,是认为经济学没有预测功能,或者预测能力不强。他们说牛顿的经典力学、天体物理学可以预测星体运行过程,而经济学却不能预测经济活动的过程和结果。还有一种说法是,经济学是意识形态的一部分,是利益主体牟取不正当利益的工具,因而经济学不是一门科学。还有一种说法是,经济学披上了数学的外衣,滥用数学模型方程式,也改变不了伪科学的本质。

今天,我们到底该怎么来研判上述正方反方谁对谁错,或者说谁更对谁更错呢?笔者在此试着来理一理思路。这个问题其实可以从不同的角度来回答。要问经济学是不是一门科学,必须先定义明确科学究竟是什么。然而,哲学家早已认识到,迄今世界上还没有或者说人类还没有发展出一个有效的标准,来衡量确定某套理论是否科学。这就是说,"科学"还处于"泥菩萨过河自身难保"的状态。当然,这样讲也未免有些科学虚无主义的自误,所以我们最好还是从发展变化的角度来看问题。从科学是发展过程的角度看,经济学无疑具有科学性,不能因为它的预测功能不强而否认它具有科学性的一面,也不能滥用道德哲学话语,不能因为有人使用经济学工具和话语牟取利益而否认经济学的科学性。

在评论经济学是不是科学时,应该首先保持客观态度和中性立场,即不对经济学做道德评判,不做善恶定性和区分。无疑,经济学家自该讲道德,但在讨论经济学是不是科学这一问题时,却不能涉及道德评判,因为科学和道德是两个问题,科学的功能是探究、定义、定性真与假,道德的功能是区分、定义、定性善与恶。不能把科学和道德这两个问题混为一体或混为一谈,这就像不能把斧子是不是工具与斧子该不该被用来砍人混在一起一样。近250年来,从已经形成的经济学研究和文献看,在经济学领域,既有科学的成分,也有非科学的成分,甚至还有伪科学的成分,我们只能说它介于科学与非科学、伪科学之间,因此,我们只能运用其科学的成分,排除其非科学、伪科学的成分。

资料来源:胡飞雪,上海证券报,2011年3月30日。

【关联理论】

经济学拥有科学的资格,主要在于它能正确地描述经济世界和经济规律,能合理地解释经济行为主体的经济行为动机、行为过程和行为结果之间的因果逻辑关系,并为人们的经济决策及有效地从事经济活动提供有益的建议。

【案例解剖】

对初学者而言,声称经济学是一门科学似乎有点不可思议。尽管经济学家不用试管或望远镜进行研究工作,但是科学的本质是科学方法——冷静地建立并检验有关世界如何运行的各种理论。这种研究方法适用于研究一国经济,就像适用于研究地心引力或生物进化一样。正如阿尔伯特·爱因斯坦(Albert Einstein)曾经指出的:"所有科学不过是日常思考的不断完善而已。"

自1776年亚当·斯密的《国富论》发表至今,经济学经过数代人整理,历史上大致有四次高速发展的时期,一直到发展成现在的现代经济学。在不断的发展过程中,经济学内部精细划分为多个分支,十余个流派各施所长:西方经济学与马克思主义经济学从不同的思考方向对经济理论、事件等进行具体分析;经济学研究同时立足基于理论假设和事件分析;经济学内各分支学科都已具有较为完善的数学工具、表述完整的基础理论思想;最重要的是,它在直接指导国家的经济政策制定、直接影响企业发展战略的选择、每天为数亿人提供服务。从经济学原理发展历史来看,我们完全可以得出如下的结论:经济学正越来越接近于科学,经济学正越来越多地拥有了科学的品格。经济学是一门实用学科,同时也是一门实践意义与理论研究并重的、严谨精细的学科。经济学的这种进步发展,理应归功于所有在经济学世界努力的人们,我想这其中也包括反对经济学是一门科学的人们,他们对经济学的批判、指责甚至挑剔、嘲讽,都是经济学进步发展的动力。

(三) 案例研究 C

鲁滨逊的选择——谈经济学中的生产可能性边界

引入生产可能性边界这一术语,鲁滨逊漂流的故事就有了浓厚的经济学色彩。

在笛福的《鲁滨逊漂流记》中,酷爱航海的鲁滨逊在商船失事以后漂流到了一个荒无人烟的岛上。鲁滨逊凭着自己的选择,只身在荒岛上顽强地生存了下来。如果我们一旦引入生产可能性边界这一术语,鲁滨逊漂流的故事就有了浓厚的经济学色彩。

生产可能性边界是一条在纵轴和横轴分别表示两种产品的坐标系中的曲线,它表示人们在既定资源和技术条件下所能生产的两种产品的最大产量组合。对于处在孤岛上的鲁滨逊而言,他也仍然会面临这样一条生产可能性边界。现在的鲁滨逊虽然两手空空,但他毕竟来自于文明社会,他具备了一定的知识和技能,因此他还可以利用自己身上的人力资源进行生产自救。

假设鲁滨逊一天8小时的工作时间,或者用于爬树摘椰子,或者用于下海抓鱼。这样鲁滨逊首先就有了两种极端的选择,他可以将一天8小时全部用于抓鱼,这个数量表示在横轴标上;也可以将一天8小时全部用于摘椰子,这个数量表示在纵轴上。这是鲁滨逊的生产可能性边界的两个极端的点。当然,除这两点以外,鲁滨逊还有许多其他的选择:将一部分时间用于摘椰子,另一部分时间用于抓鱼,这又会有很多种组合。将这些点也都画出来,就得到了一条曲线,这条曲线就是鲁滨逊的生产可能性边界。

如果观察鲁滨逊的生产可能性边界,我们会发现这是一条向右下方倾斜并凹向原点的曲线。向右下方倾斜表明鲁滨逊在现有资源条件下要想多抓鱼就得少摘椰子。也就是说,通过鲁滨逊的选择,椰子可以转换为鱼,二者存在此消彼长的关系。凹向原点则表明,将椰子转换为鱼的过程中,转换的边际成本是递增的。当鲁滨逊拥有很多椰子的时候,生产椰子的效率几乎都发挥殆尽了,这时一定量的劳动通过转换,用于多抓一条鱼,只需要放弃较少的椰子,但是随着调整的进行,当椰子的数量变少时,椰子的生产效率反而会回到较高的状态。这时,同样用一定量的劳动多抓一条鱼,则要放弃更多的椰子。这是由边际生产力递减规律所决定的。

不管怎么转换,只要是沿着生产可能性边界运动,鲁滨逊在生产上就总是处于有效率状态,或者说他不会窝工。最简单的理由就是,当鲁滨逊的生产选择沿着生产可能性边界运动时,他要多抓一条鱼,就必须少摘一些椰子。如果鲁滨逊的选择不在生产可能性边界上,而是处于生产可能性边界的内部,这就说明鲁滨逊的生产是无效率的,或者说鲁滨逊的生产窝了工。因为在此状态下,鲁滨逊可以在不减少鱼的产量的前提下,增加椰子的产量,或者在不减少椰子的产量的前提下,增加鱼的产量,而重新回到生产可能性边界上。这说明原先的状态不是最好的。

尽管在生产可能性边界上从事生产都是有效率的,但鲁滨逊究竟会选择哪一点仍然是一个值得研究的问题。因为鲁滨逊的生产是为了自己的消费,所以,在这里是鲁滨逊的个人偏好决定了生产组合在生产可能性边界上的具体位置。假如鲁滨逊是个典型的素食主义者,他的选择就一定在纵轴上的那个点上;反之,如果鲁滨逊偏爱食鱼,那他的选择就一定位于偏向横轴的点上,当鲁滨逊这样选择时,资源就得到了优化配置,实现了微观经济效益。

对鲁滨逊来讲,生产可能性边界之外的那些点又意味着什么?当然是更多的鱼和更多的椰子,但由于这些点位于生产可能性边界之外,是鲁滨逊在现有的资源和技术条件下不可能达到的。如果鲁滨逊可以增加劳动投入,这就需要鲁滨逊每天工作超过8小时,他完全可以得到更多的鱼和椰子,这就意味着他的整个生产可能性边界向右移动。当然,鲁滨逊也可以在不增加劳动投入,而是改进生产技术的前提下,使生产可能性边界向右扩张。比如,鲁滨逊不再赤手空拳去抓鱼,而是造船结网,用渔船捕鱼;也不再爬树摘椰子,而是造采摘器在树下摘椰子。结果鱼和椰子的产量都比以前大大增加了。在这种情况下,鲁滨逊通过更加充分地利用资源,在宏观层面上实现了经济增长。

资料来源:海南新闻网,海南日报,2006年4月30日。

【关联理论】

生产可能性边界简化了复杂的经济,以便强调一些基本但极为重要的思想:稀缺性、效率、权衡取舍、机会成本和经济增长。

【案例解剖】

生产可能性边界为我们提供了一种思考稀缺性、效率、权衡取舍、机会成本和经济增长等问题的简单方法。而在"鲁滨逊漂流记"案例分析中,作者引入生产可能性边界这一术语,将上述问题和思想剖析得非常透彻。生产可能性边界是一个最简单的经济数学模型,它表示在可获得的生产要素与生产技术既定时,一个经济所能生产的两种产品数量的各种组合。我们需要记住的是,这一模型说明了以下经济学原理:

第一,如果经济在生产可能性边界上运行,资源得到充分利用,因而具有效率;在生产可能性边界以内的点,尽管完全可以达到,但没有效率;而在目前的资源和要素约束下,生产可能性边界以外的点,根本无法实现。第二,如果经济在生产可能性边界上运行,则社会面临着权衡取舍。一旦达到生产可能性边界上有效率的各点,那么想得到更多的一种物品的唯一方法是减少另一种物品的生产;多生产另一种物品时所放弃的一种物品量即为增加生产另一种物品生产的机会成本。第三,生产可能性边界只表示可以有选择——并不表示哪一点生产更好。学生在运用生产可能性边界时所犯的一个共同错误是:观察一条生产可能性边界,并认为接近于中间的某一点"似乎是最好的"。学生做出这种主观判断是因为中点似乎提供了两种物品的最大生产总量。实际上,在现实经济中,我们选择哪一点进行生产,关键取决于这两种物品的价格。

四、课外习题

(一) 术语解释

1. 经济模型
2. 循环流量图
3. 生产可能性边界
4. 实证表述
5. 规范表述

(二) 单项选择

1. 在下列哪一种情况下,假设最合理?( )。
   A. 在估算气球下落的速度时,物理学家假设它在真空中下落
   B. 为了分析货币增长对通货膨胀的影响,经济学家假设货币是严格的铸币
   C. 为了分析税收对收入分配的影响,经济学家假设每个人的收入相同
   D. 为了分析贸易的收益,经济学家假设只有两个人和两种物品
2. 经济模型是( )。
   A. 为了复制现实而创造的   B. 以假设为基础建立的
   C. 通常由木头和塑料组成   D. 如果它们是简单的,就没有用
3. 以下哪一项最有可能产生一种理论的科学依据?( )。
   A. 一个广播电台访谈节目主持人在收集资本市场如何对税收做出反应的数据
   B. 一个名牌大学的经济学家分析银行管制对农村贷款的影响
   C. 大众汽车雇用的律师分析安全气囊对乘客安全的影响
   D. 奥康皮鞋代言人分析皮鞋舒适度的影响因素
4. 以下哪一个关于循环流量图的表述是正确的?( )。
   A. 生产要素归家庭所有
   B. 如果小王为海尔工作并得到一张工资支票,这个交易发生在物品与服务市场上
   C. 如果海尔出售一台空调,这个交易发生在生产要素市场上
   D. 以上各项均不正确
5. 生产可能性边界上的点是( )。
   A. 有效率的   B. 无效率的
   C. 不能达到的   D. 规范的

6. 生产可能性边界向外移动描述了经济增长,以下哪一项不会使一国的生产可能性边界向外移动?(   )。
   A. 资本存量的增加
   B. 技术进步
   C. 失业减少
   D. 劳动增加

7. 以下哪一项与微观经济学相关?(   )。
   A. 货币对通货膨胀的影响
   B. 技术进步对经济增长的影响
   C. 预算赤字对储蓄的影响
   D. 石油价格对汽车生产的影响

8. 以下哪一项表述是规范的?(   )。
   A. 政府发行过多的货币就会引起通货膨胀
   B. 如果工资更高,人们会更努力工作
   C. 失业率应该降低
   D. 大量政府赤字使经济增长更慢

9. 在做出下列哪一项表述时,经济学家更像一位科学家?(   )。
   A. 减少失业救济金将降低失业率
   B. 失业率应该降低,因为失业剥夺了个人尊严
   C. 通货膨胀率应该降低,因为通货膨胀剥夺了老年人的储蓄
   D. 国家应该增加对大学的补贴,因为经济的未来取决于教育

10. 假设两位经济学家争论对待失业的政策。一位经济学家说:"如果政府可以增加500亿美元的政府支出,就可以使失业率下降一个百分点。"另一位经济学家反驳说:"胡说。如果政府增加500亿美元的政府支出,只能减少千分之一的失业,而且效果只是暂时的!"这两位经济学家(   )。
    A. 意见分歧是因为他们有不同的科学判断
    B. 意见分歧是因为他们有不同的价值观
    C. 实际上根本没有分歧,只是看起来有分歧
    D. 以上说法均不对

11. 对待失业和通货膨胀的政策,经济学家有不同的观点。一种观点认为失业是社会最大的不幸,另一种观点认为通货膨胀才是社会最大的不幸。这两种观点分歧是(   )。
    A. 因为经济学家有不同的科学判断
    B. 因为经济学家有不同的价值观
    C. 实际上根本没有分歧,只是看起来有分歧
    D. 以上说法均不对

12. 经济学研究(   )。
    A. 如何完全满足我们无限的欲望
    B. 社会如何管理其稀缺资源
    C. 如何把我们的欲望减少到我们得到满足时为止
    D. 如何避免进行权衡取舍

13. 以下哪一种表述是正确的?(   )。
    A. 自给自足是大多数国家的繁荣之路
    B. 自给自足国家的消费在其生产可能性边界之外

C. 自给自足的国家充其量只能在其生产可能性边界上消费
D. 只有在每种物品生产中都有绝对优势的国家才应该努力实现自给自足

14. 以下关于循环流量图的说法,不正确的是(　　)。
    A. 循环流量图涉及两大主体,即家庭、企业
    B. 循环流量图涉及两大市场,即物品与服务市场、生产要素市场
    C. 循环流量图提供了一种把家庭与企业之间发生的所有经济交易组织在一起的简单方法,其简化的原因在于省略了诸如政府、对外贸易等一些细节
    D. 循环流量图的外环表示投入与产出流向,内环表示货币流向

15. 以下关于生产可能性边界的说法,不正确是(　　)。
    A. 在生产可能性边界上的点能够达到并且是有效率的,因为资源都已经充分利用
    B. 在生产可能性边界以内的点虽然能够达到,但没有效率,可能是一些资源没有充分利用,比如出现工人失业、厂房闲置等
    C. 一旦达到生产可能性边界上有效率的各点,那么想得到更多的一种物品的唯一方法是减少另一种物品的生产
    D. 生产可能性边界阐释了权衡取舍与机会成本、效率与无效率、失业和经济增长等思想,曲线状的生产可能性边界意味着递减的机会成本

(三) 判断正误

1. 假设可以简化复杂的世界,使之更容易理解。(　　)
2. 当建立国际贸易模型的时候,假设世界只有一个人组成是合理的。(　　)
3. 经济学科学方法与一般科学方法的不同之处在于,经济学研究中实验的困难性,即不可能操纵一国经济。(　　)
4. 在我们的日常生活中,购买、销售、工作、雇佣、制造等活动由千百万人组成,为了理解经济运行方式,我们可以用循环流量图解释经济如何组织、参与者如何相互交易。(　　)
5. 如果一种经济在其生产可能性边界上运行,它肯定有效率地使用了自己的资源。(　　)
6. 生产可能性边界之外的点是可以达到的,但是无效率的。(　　)
7. 生产可能性边界向外凸出是因为任何两种物品生产之间的权衡取舍都是一成不变的。(　　)
8. 如果一种经济在其生产可能性边界上运行,它要多生产一种物品就必须少生产另一种物品。(　　)
9. 宏观经济学的基本假设是市场失灵,市场不完善,政府有能力。(　　)
10. 作为政策顾问,经济学家提供增进世界福利的建议。(　　)

(四) 简答题

1. 越现实的经济模型总是越好吗?
2. 汽车制造厂每个月向在装配线上工作的工人支付5 000元,在这一交易中,循环流量图直接涉及的部分是什么?
3. 为什么生产可能性边界的斜率是负的,即生产可能性曲线向右下方倾斜?
4. 当经济学家做出规范表述时,她更可能是科学家还是政策顾问?为什么?

5. 经济学家意见分歧的两个原因是什么？

(五) 应用题

1. 画出并解释一个生产牛奶与点心的经济的生产可能性边界。如果一场瘟疫使该经济中的一半奶牛死亡，这条生产可能性边界会发生怎样的变动？

2. (1) 实证表述与规范表述之间的差别是什么？各举出一个例子。

(2) 把下列每种表述分别归入实证表述或规范表述，并解释。

A. 社会面临着通货膨胀与失业之间的短期权衡取舍。

B. 降低货币增长率将降低通货膨胀率。

C. 美联储应该降低货币增长率。

D. 社会应该要求福利领取者去找工作。

E. 降低税率鼓励人们更多地工作，更多地储蓄。

3. 如果你是总统，你是对你的经济顾问的实证观点更感兴趣，还是对他们的规范观点更感兴趣？为什么？

(六) 拓展思考题

1. 现在上至国务院下至普通的老百姓都非常关心我国的 GDP 和人均 GDP，因为这两个数字前者代表一个国家的综合国力，后者反映老百姓生活的富裕程度。从实证角度看，这些数字的统计归纳过程就是实证分析的过程，如果对某些数据有怀疑还可以重新检验。具体数字是客观的，在统计过程中不涉及道德问题，只回答是什么。从规范分析的角度来研究，首先在我国目前的情况下确定一个合理的经济增长率，确定一个反映人民生活水平小康的标准。为了实现这一目标，国家就应该制定相应的产业政策、货币政策和财政政策。后者涉及了道德问题。对于后者问题，不同人站在不同角度得出的结论是不一样的。有人认为经济增长率提高是好事；有人认为经济增长率太快是坏事，应停止经济增长，这些都是主观的好坏判断，无法检验。请结合阅读材料论述：实证经济学与规范经济学的区别和联系是什么？

2. 设想一个生产军用品和消费品的社会，我们把这些物品称为"大炮"和"黄油"。

(1) 画出"大炮"和"黄油"的生产可能性边界。解释为什么这条边界的形状最可能是向外凸出。

(2) 标出这个经济不可能实现的一点，再标出可以实现但无效率的一点。

(3) 设想这个社会有两个政党，称为"鹰党"和"鸽党"。在生产可能性边界上标出"鹰党"会选择的一点和"鸽党"会选择的一点。

(4) 假想一个侵略成性的邻国削减了军事力量，结果"鹰党"和"鸽党"都等量减少了自己原来希望生产的大炮数量。用黄油产量的增加来衡量，哪一个政党会得到更大的"和平红利"？请予以解释。

五、习题答案

(一) 术语解释

1. 经济模型：建立在假设基础上的经济现实的简单化。

2. 循环流量图:表示物品和服务、生产要素及货币支付在家庭和企业之间如何流动的经济图形。

3. 生产可能性边界:表示可得到的生产要素与生产技术既定时,一个经济可以生产的产品数量的各种组合的图形。

4. 实证表述:世界是什么样子的表述。

5. 规范表述:世界应该是什么样子的表述。

(二) 单项选择

1. D 2. B 3. B 4. A 5. A 6. C 7. D 8. C 9. A 10. A
11. B 12. B 13. C 14. D 15. D

(三) 判断正误

1. √ 2. × 3. √ 4. √ 5. √ 6. × 7. × 8. √ 9. √ 10. √

(四) 简答题

1.【考查要点】 经济模型与假设的作用。

【参考答案】 不一定。经济模型建立在假设基础之上,而且是经济现实的简单化,因为简化的经济模型更容易让我们关注经济本质。

2.【考查要点】 循环流量图涉及的两个主体和两个市场。

【参考答案】 5 000元工资从企业流向生产要素市场,劳动投入从生产要素市场流向企业;劳动从家庭流向生产要素市场,5 000元收入从生产要素市场流向家庭。

3.【考查要点】 生产可能性边界的斜率的意义。

【参考答案】 如果经济在生产可能性边界上运行,则社会面临着权衡取舍。一旦达到生产可能性边界上有效率的各点,那么想得到更多的一种物品的唯一方法是减少另一种物品的生产。

4.【考查要点】 规范表述和实证表述。

【参考答案】 当经济学家做出规范表述时,她更可能是政策顾问。因为规范表述是关于应该是什么样子的论断,而且在某种程序上基于价值判断。

5.【考查要点】 经济学家的意见分歧。

【参考答案】 经济学家意见分歧的原因有两点,其一是不同的科学判断,其二是不同的价值观。

(五) 应用题

1.【考查要点】 生产可能性边界的移动。

【参考答案】 假设在正常情况下,将可能得到的所有资源用于生产点心,可以生产300千克,如果用于生产牛奶,可以生产1 000升。L_1表示正常情况下该经济的生产可能性边界。如果一场瘟疫造成该经济一半的奶牛死亡,生产可能性边界会向内移,即L_2线。因为在生产率不变的情况下,可用于生产点心和牛奶的经济资源减少了。

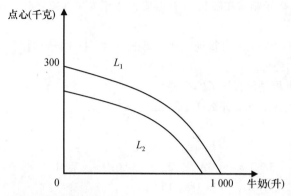

2.【考查要点】 实证表述与规范表述。

【参考答案】 (1) 实证表述是描述世界是什么的观点,是描述性的。规范表述是企图描述世界应该如何运行的观点,是命令性的。两者的主要差别是我们如何判断它们的正确性。从原则上讲,可以通过检验证据而确认或否定实证描述。而规范表述的判断不仅涉及事实数据,还涉及价值观的问题。举例:a. 实证表述:发放可交易的污染许可证可以有效地控制污染物的排放。b. 规范表述:政府应该向企业发放可交易的污染许可证。

(2) A、B属于实证表述,它们都描述了一种经济现象。C、D属于规范表述,它们是命令式的,在告诉政府应该怎样做。E属于模棱两可,它既描述了一种经济现象,又是在向政府提出应该怎样做的建议。

3.【考查要点】 作为政策顾问的经济学家与规范观点。

【参考答案】 实证观点是对某一经济现象的描述。规范观点企图对某一问题提出解决办法。如果我是总统,我对经济顾问的规范观点更有兴趣。因为我不仅要知道某个经济现象是怎样的,更重要的是,我必须听取各方面的建议,最终制定出解决经济问题的政策。

(六) 拓展思考题

1.【考查要点】 实证经济学与规范经济学的区别和联系。

【参考答案】 实证经济学与规范经济学的根本区别是对价值判断的态度。经济学的道德与不道德就涉及价值判断,因为价值判断是道德问题的基础。实证经济学排斥价值判断,也就不涉及道德问题,实证分析只认识事实本身,研究经济本身的规律。实证经济学与规范经济学是有区别的,但也不难发现二者也有联系。实证分析数字结果,为国家制定和选择适度经济增长政策提供了依据;而适合的政策环境又是达到和保障经济数量指标的保证。因此说实证经济学是规范经济学的基础;而实证经济学又离不开规范经济学的指导。也就是说,一些具体的定量分析都属于实证分析,较高层次、定性、带有决策分析的问题是规范分析。

2.【考查要点】 生产可能性边界上、外、内的点。

【参考答案】 (1) 假设该社会如果将全部资源用来生产"大炮",可以生产500门大炮;如果将全部资源用来生产黄油,可以生产2 000千克黄油。

图中的生产可能性边界最有可能性是向外凸出的。这是因为,根据大炮衡量的黄油的机会成本取决于经济中正在生产的每种物品的数量。当经济用它的大部分资源生产黄油时,生产可能性边界是非常陡峭的。因为甚至最适于生产大炮的工人和机器都被用来生产黄油,经济为了每千克黄油所放弃的大炮数量的增加相当可观。与此相比,当经济把其大部分资源用于生产大炮时,生产可能性边界非常平坦。在这种情况下,最适于生产大炮的资源已经用于大炮行业,经济为每一千克黄油所放弃的大炮数量的增加是微不足道的。

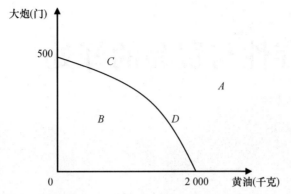

(2) A 点是经济不可能实现的一点。B 点是可以实现但无效率的一点。

(3) "鹰党"会选择 C 点,尽量多生产大炮而少生产黄油。"鸽党"会选择 D 点,尽量多生产黄油而少生产大炮。

(4) 用黄油产量的增加来衡量,"鹰党"得到更大的"和平红利"。在"鹰党"的政策下,经济用它的大部分资源生产大炮,甚至最适于生产黄油的工人和机器都被用来生产大炮,经济为了每门大炮所放弃的黄油数量的增加相当可观。因此,当"鹰党"决定少生产大炮时,黄油产量增加很大。与此相比,"鸽党"本来就把大部分资源用于生产黄油,经济为每千克黄油所放弃的大炮数量微乎其微。因此,再少生产一门大炮,所带来的黄油数量的增加也是很微小的。

第3章
相互依存性与贸易的好处

一、学习精要

(一) 教学目标

1. 了解专业化与贸易的好处。
2. 领会绝对优势与比较优势的含义及其不同,理解世界上所有人或国家即使没有绝对优势,也都会有比较优势。
3. 理解比较优势与机会成本之间的联系,掌握比较优势如何解释贸易的好处。
4. 掌握比较优势理论的运用,例如生活中的案例或是国家政策。

(二) 内容提要

第3章是导言部分三章中的最后一章,主要为了说明人们和国家如何在贸易中获益。全球化趋势下,各国居民对消费不同国家生产的物品已经习以为常。这些复杂多样的物品中可能会包含许多不同国家生产的组成部分,以至于这些物品可能没有单一的原产国。人们进行生产是因为他们希望相互交易,并得到一些东西作为报酬。贸易使得我们相互依存,贸易也会使参与交易的双方都变得更好。

1. 一个现代经济寓言

假设世界上有两个人,一个牧牛人养牛,一个农民种土豆,他们分别可以产出牛肉和土豆两种物品。可以比较如下三种情况:

(1) 当牧牛人与农民各自生产牛肉和土豆,然后进行交易,那么他们可以因为消费品种增加而获益;

(2) 当牧牛人与农民每个人既生产牛肉也生产土豆时,他们会发现,牧牛人更擅长生产牛肉,农民更擅长生产土豆,于是他们各自生产相对有效率的物品,然后进行贸易,并从中获益,专业化和贸易让每个人受益;

(3) 除以上两种情况以外,在有的时候,一个人可能会在两个物品上都比另一个人有效率,此时贸易的好处不那么明显,但贸易仍然存在。归根结底,贸易的好处来自比较优势基础之上的专业化生产,因为专业化增加了可以分享的总产量。为了更好理解贸易好处的源泉,我们必须了解什么是比较优势。

2. 比较优势:专业化的动力

(1) 绝对优势比较的是生产一种物品所需要的投入量。如果生产一种物品所需要资源较少,或者说生产的效率较高者,我们称之具有绝对优势。因此,绝对优势比较每个生产者的实际成本。

(2) 比较优势比较的是每个生产者的机会成本。某种东西的机会成本是为了得到它而放弃的东西，某个生产者生产同一种物品的机会成本较小，就说该生产者在生产这种物品上具有比较优势。

(3) 专业化和贸易产生主要在于比较优势，而不是绝对优势。因为生产者生产一种物品的机会成本低就意味着生产另一种物品的机会成本高，不可能在两种物品上都有比较优势。

(4) 贸易使社会上每个人都获益，因为它使人们可以专门从事他们具有比较优势的活动，而专业化生产增加了经济的总产量，并使得经济蛋糕变大了。只要他们进行贸易的价格在两种机会成本之间，对双方都是有好处的。

3. 比较优势的应用

(1) 比较优势适用的范围很广，既适用于个人又适用于国家。由于身高差异，和普通人相比，姚明在打篮球和修电灯上都具有绝对优势。但是仍然可以分析出，由于姚明花与修电灯相同的时间去打篮球，可以赚取比修电灯高得多的报酬，姚明只要以远远低于这一报酬的价格雇用一个人修电灯，他的状况就会变得更好。因此姚明应该专门打篮球，并与别人的服务进行交易。因为姚明修电灯的机会成本非常高，尽管他在两项活动中都具有绝对优势，但他在打篮球上具有比较优势，而在修电灯上具有比较劣势。

(2) 国际贸易同样遵循着比较优势原理。即使美国在生产粮食和汽车上都具有绝对优势，即生产率都比较高，但因为美国生产粮食的机会成本较低，因此美国应该生产较多粮食进而出口到日本，而日本应该生产更具比较优势的汽车。尽管贸易可以让美国作为一个整体的状况变好，但美国出口食品和进口汽车，对美国农民和汽车工人的福利是不同的。自由贸易壁垒的降低改善了进口国整体的福利，但并没有改善进口国生产者的福利，因而国内生产者可能会游说政府保持或提高自由贸易壁垒。

(三) 关键概念

1. 绝对优势：一个生产者用比另一个生产者更少的投入生产某种物品的能力。
2. 机会成本：为了得到某种东西所必须放弃的东西。
3. 比较优势：一个生产者以低于另一个生产者的机会成本生产某种物品的能力。
4. 进口品：在国外生产而在国内销售的物品。
5. 出口品：在国内生产而在国外销售的物品。

(四) 拓展提示

1. 绝对优势和比较优势的关键区别在于：绝对优势是指在生产产品或提供服务时劳动生产率较高，着重强调以各国生产成本的绝对差异为基础进行国际分工，它强调的是一种效率优势；而比较优势强调机会成本，生产产品或提供服务时机会成本较小，着重强调以各国机会成本相对差异为基础进行国际分工。

2. 机会成本概念把握要关注：着重强调在资源具有稀缺性、多用途和自由配置的前提下，资源配置唯一性所造成的丧失其他配置可能带来的预期收入。生产一种物品的机会成本的存在需要满足以下三个前提条件：(1) 资源是稀缺的；(2) 资源具有多种生产用途；(3) 资源的投向不受限制。

3. 自由贸易的动因在于:国际贸易使各国都可以消费本国和他国生产的物品和服务,国际分工提高劳动生产率,贸易使各国的处境变得更好。各国推动自由贸易的原因之一就是比较优势原理,其根源在于国际分工可以提高劳动生产率,提高社会总产出。

4. 比较优势决定了专业化和贸易。也可以说,贸易的好处来自比较优势基础之上的专业化生产,扩大了经济蛋糕的总量。只要贸易价格居于两国生产这种物品的机会成本之间,各国的消费就可能会超出原有的生产可能性边界。因此在这种意义上,贸易与技术进步同样具有相同的作用。

二、新闻透视

(一) 新闻透视 A

促进价值链提升　适应新比较优势

经历三十多年改革开放,我国融入全球竞争的程度越来越深,2013年我国4.16万亿美元的进出口总额,约占2013年全球贸易的12%,中国已经成为120多个国家的第一大贸易伙伴,并跃居全球货物贸易第一大国。与此同时,我国外贸面临"大而不强"的尴尬困局,企业赚取的只是微薄的劳务加工费,出口竞争主要靠低廉的价格取胜,在产品研发、销售渠道、品牌管理方面还需要进一步提升。

新比较优势逐渐形成

国务院发展研究中心党组成员隆国强1月25日在第十二届企业发展高层论坛上表示:"改革开放后,我国外贸数量和结构得到了巨大发展。"然而,随着我国的经济发展,传统的比较优势在慢慢地削弱、慢慢地失去,同时又有新的优势在涌现出来,这就是比较优势的转换。

"新的比较优势首先是大的本土市场和人口质量红利。"隆国强说,本土大市场是需求因素,会对竞争力产生影响。大市场可以产生规模经济,进而有助于研发和品牌建设。目前我国研发人员的单位成本大概只有发达国家的六分之一甚至八分之一,成本优势很明显。

"我们完善的基础设施、产业配套能力等,也成了我们下一阶段参与全球竞争的新优势。"隆国强表示,比较优势的转换要求我们调整对外开放战略的目标,从出口创汇转向价值链提升。全球生产价值链曲线反应了不同国家或地区因为处于价值链不同环节而导致的劳动生产率的巨大差别。相对于劳动密集环节,资本和技术密集环节的附加价值较高,研发设计、复杂零部件制造等处于微笑曲线的左侧,另一侧是信息和管理密集环节,如生产服务业、专业服务和市场营销等。在全球化背景下,产业升级主要表现为三个方向,一个是向上的,就是产业之间的升级,确实有传统产业到资本密集、产业密集之间的差别。但是更重要的是价值链的升级,从附加值较低的劳动密集环节向附加值更高的资本技术环节升级,或者向信息和管理密集的环节升级。

从进口替代转向开放发展

隆国强认为,加快培育参与和引领国际竞争新优势,推进价值链升级。

第一,要将我国的资本技术密集产业,从长期以来的进口替代发展的战略,转向开放发展的战略。直到今天我们的汽车、钢铁、石化等资本和技术密集的产业,还处在过度的保护之下,妨碍产业竞争力的提升。所以要转变发展的理念,要从进口替代战略转向开放发展的战略,逐步加快开放的步伐。

"第二,要加快服务业的开放,提升服务业的竞争力。"现在的制成品货物贸易中的40%是服务业的增值。所以,服务业的竞争力会直接影响到货物贸易的竞争力。另外,服务贸易本身占全球货物贸易的近四分之一,中国的服务贸易出口排在全球的第四、五位,进口排第三位,但是中国服务贸易的逆差却逐年增大,反映出我国服务贸易的竞争力不强。我国服务贸易竞争力的低下主要有两个基本原因,一个是对内管制过度,另一个是对外开放不足。这也导致了服务业竞争不足,新产品、新理念、新业态不能够得到应有的刺激,竞争力的提高相对缓慢。

"第三,要打造富有吸引力的投资环境,促进高端生产要素与产业活动对中国的集聚。"上海自贸区就不是靠政策,而是更多地依靠新一轮开放和涉外体制改革的实践。

"第四,要改革对外投资的管理体制,培育中国自己的跨国公司,让我们的企业能够更加顺畅地在全球去整合资源,提升自己的竞争力。"

资料来源:中国经济时报,2014年1月28日。

【关联理论】

英国古典经济学家大卫·李嘉图在其《政治经济学及其赋税原理》一书中提出了比较优势理论:在两国生产两种商品的情形下,其中一国在两种商品生产上均占绝对优势,另一国在两种商品生产上均处于绝对劣势,则优势国可以专门生产优势较大的那种商品,劣势国可以专门生产劣势较小的那种商品。通过专业化分工和国际交换,双方仍能从中获益。

【新闻评析】

比较优势比较每个生产者的机会成本。某种东西的机会成本是为了得到它而放弃的东西。比较优势指生产物品的机会成本较小的生产者所具有的优势。简而言之,比较优势的核心思想就是"两利相权取其重,两弊相权取其轻"。这一理论主张是以各国生产成本的相对差异为基础,进行国际专业化分工,并通过自由贸易获得贸易好处的一种国际贸易理论。

改革开放之初,我国生产资源、劳动力成本相对比其他国家便宜,因此通过生产纺织品及轻工业品等劳动密集型产品并参与国际分工获得了巨大的收益。但是,随着我国经济社会的发展和全球竞争的动态变化,这种优势相对于墨西哥、越南、印度等新兴经济体来说已经不明显。我国产业结构的格局导致目前我国参与全球分工尚处于"加工制造"等价值链低端环节,生产能力强,但是研发能力弱,创新不足。尽管模仿和"山寨"能力强,但是产品创新和附加值提升不足。虽号称"世界工厂"、"制造大国",却缺乏自主品牌,品牌经营管理的经验不足,品牌文化内涵和国际影响力不高。促进价值链提升适应新比较优势,已经成为我国产业结构调整、经济结构转型以及适应全球竞争的不可回避的严肃命题。因此,寻求新的比较优势成为我国经济转型升级的重要支撑。面对国内劳动力价格上涨、环境保护压力加剧、人民币汇率波动等一系列因素的影响,我国参与国际竞争旧的比较优势已经减弱,而新的比较优势显现,劳动密集型产业的竞争力逐渐降低。为了适应这种情况,我国应加快培育参与和引领国际竞争新优势推进价值链升级。

(二) 新闻透视 B

中国自由贸易区大布局全面提速

中国的自由贸易区布局与实施正全面提速。记者17日从商务部获悉,根据计划,中韩自贸区将于2014年年内完成全部谈判,争取2015年尽早签署协定。如果一切顺利,协定将有望在2015年下半年生效实施。同日(17日),中国国家主席习近平与澳大利亚总理阿博特在澳大利亚首都堪培拉举行会谈,双方共同确认实质性结束中澳自由贸易协定谈判。多位业内专家在接受记者采访时表示,近日连续敲定的自贸区谈判不仅有望倒逼中日韩自贸区谈判进程加速,更增加了中国在亚太自贸区整合中的谈判筹码。

据了解,中韩自贸区是我国迄今为止涉及贸易额最大、综合水平最高的自贸区。中韩两国作为双边贸易额超过2 740亿美元的世界第2和第14大经济体,"税目90%、贸易额85%"是相当高的货物贸易自由化水平。在自贸区谈判中,首次涉及以准入前国民待遇和负面清单模式开展服务贸易和投资谈判,这将在协定生效后两年内启动。另外,中韩还首次在自贸区谈判中涉及电子商务和地方合作内容,首次设立金融服务、电信服务单独章节等。

商务部部长助理王受文17日表示,中韩自贸区基本实现了利益大体平衡。在货物贸易领域,经过最长20年过渡期后,中方零关税产品将达到"税目91%、进口额85%";韩方由于最惠国税率已经为零的产品多于中方,最终零关税产品将达到"税目92%、进口额91%"。在服务贸易领域,双方承诺将对投资者和跨国公司内部往来人员给予两年期的就业和居留许可,并给予商务访客一年期多次往返签证。根据计划,下一步双方将就少数技术性问题进行工作层磋商,年内完成全部谈判。

11月17日,中国国家主席习近平与澳大利亚总理阿博特在澳大利亚首都堪培拉举行会谈,双方共同确认实质性结束中澳自由贸易协定谈判。会晤后,在两国领导人见证下,中国商务部部长高虎城和澳大利亚贸易与投资部长安德鲁·罗布,分别代表两国政府签署了实质性结束中澳自由贸易协定谈判的意向声明。

据悉,中澳自由贸易协定谈判于2005年4月启动,是继中韩自贸协定后,我国与亚太地区重要经济体结束的另一个全面、高水平的自由贸易协定谈判。协定范围涵盖货物贸易、服务贸易、投资和规则共十多个领域,包含了电子商务、政府采购等"21世纪经贸议题"。根据谈判结果,在开放水平方面,澳大利亚对中国所有产品关税最终均降为零,中国对澳大利亚绝大多数产品关税最终降为零;服务领域,彼此向对方作出涵盖众多部门、高质量的开放承诺。投资领域,双方在协定生效日起相互给予最惠国待遇,同时大幅降低企业投资审查门槛,增加企业投资的市场准入机会、可预见性和透明度。中澳自贸协定谈判实现了全面、高质量和利益平衡的目标,协定的签署将实现两国经济优势互补和互利双赢,促进双边经贸关系深入发展。

资料来源:经济参考报,2014年11月18日。

【关联理论】

贸易基于人们专门从事自己有比较优势的活动,而让每个人的状况都变得更好。比较优势原理支持各国间的自由贸易。自由贸易是指国家取消对进出口贸易的限制和障碍,取消本国进出口商品的各种优待和特权,使商品自由进出口,在国内市场上自由竞争的贸易政策。

【新闻评析】

中国自由贸易区是指在境内关外设立的,以优惠税收和海关特殊监管政策为主要手段,以贸易自由化、便利化为主要目的的多功能经济性特区。原则上是指在没有海关"干预"的情况下允许货物进口、制造、再出口。中国自由贸易区是政府全力打造中国经济"升级版"的最重要的举动,其力度和意义堪与20世纪80年代建立深圳特区和90年代开发浦东两大事件相媲美。其核心是营造一个符合国际惯例的,对内外资的投资都具有国际竞争力的国际商业环境。

中日韩作为东亚地区的三个大国,GDP 总量已达到 15 万亿美元,占全球 GDP 的 20%,占东亚 GDP 的 90%,已超过欧盟,但三国之间的贸易量只占三国对外贸易总量的不足 20%。如果中日韩三边真的能够完成自由贸易协定签订,会诞生占全球 GDP 20% 的巨大贸易圈。中韩自贸协定签订后,中韩产业合作将更紧密,两国将实现彼此之间产业链快速融合和提升。例如,韩企在进入中国市场时确实存在一些非关税壁垒,中韩达成自贸协定后,这些看不见的障碍就会消失,韩企进入中国市场会更加踊跃。经过一段过渡期,中韩两国的市场将逐步全面开放,现存彼此间的产业必将得到调整、转型和提升。这种产业链的调整和提升,对于整个东亚地区、亚太地区的产业链转移,也将起到很重要的推动作用。

中国自由贸易区是打造中国经济"升级版"的"聚焦点",正如加入世界贸易组织进一步激发了中国经济的活力,自贸区建设也将促进包括服务业在内的市场经济大发展。中国在进一步加大开放力度,从加入《曼谷协定》到规划"一带一路",从中韩自贸区再到中澳自贸协定谈判,为进一步推进中国自由贸易区大布局全面提速做好了铺垫。中韩自贸区谈判结束和中澳自贸区谈判结束的连续公布,意味着中国正在积极落实"以周边为基础,加快实施自贸区战略"的重要部署。

(三) 新闻透视 C

新的比较优势可能是服务贸易

针对当前入世红利减退的不利形势,中央经济工作会议在部署 2014 年经济工作的主要任务中提出,不断提高对外开放水平。要保持传统出口优势,发挥技术和大型成套装备出口对关联行业出口的带动作用,创造新的比较优势和竞争优势,扩大国内转方式调结构所需设备和技术等进口。注重制度建设和规则保障,加快推进自贸区谈判,稳步推进投资协定谈判。营造稳定、透明、公平的投资环境,切实保护投资者的合法权益。加强对走出去的宏观指导和服务,提供对外投资精准信息,简化对外投资审批程序。

毋庸讳言,随着资本项目可兑换改革的进一步深化,以及人民币汇率进入均衡区间,中国经济正步入对外开放的转型期。事实上,中央经济工作会议正透露出转型的意味。会议所指出的各项风险——在内,经济运行存在下行压力,部分行业产能过剩问题严重,宏观债务水平持续上升,结构性就业矛盾突出;在外,世界经济仍将延续缓慢复苏态势,但也存在不稳定、不确定因素,新的增长动力源尚不明朗,大国货币政策、贸易投资格局、大宗商品价格的变化方向都存在不确定性——都需要通过经济转型予以应对和化解。

令人在意的是,会议明确提出,"要在保持传统出口优势的同时,创造新的比较优势和竞争优势"——这种鱼与熊掌兼得的设想,究竟该怎样落地? 对于如何保持传统出口优势,会议中有一句话的论述,"发挥技术和大型成套装备出口对关联行业出口的带动作用",指出中国外贸出口中,技术和大型成套装备的优势依然稳固,需要进一步夯实。

其实,在 2013 年早些时候,决策层已经指明了未来中国外贸发展的方向。3 月底,国务院总理李克强在上海召开部分企业座谈会时指出,服务贸易将是下一步对外开放的重点,沿海要敢于先行先试,以开放促改革。此后,上海自贸区等一系列旨在深化服务业对外开放的改革陆续出台。由此来看,新的比较优势和竞争优势可能并不在商品领域,而在服务贸易中。

尤其考虑到未来投资门槛降低,中国企业"走出去"与外资企业"走进来"的速度还会加快,其中蕴含的服务出口机会十分可观。

从全球发达国家的形势来看,服务贸易在全球产业价值链分工中以低能耗、高效率获取利益。目前,服务贸易已经成为发达国家重要的经济增长点。根据世界银行的统计,世界主要经济体中,服务业在经济总量的占比超过或接近70%,而中国现在仅为43%。毫无疑问,中国服务贸易具有后发优势,潜力巨大,如果能得到更多的政策扶持,服务贸易将成为中国经济增长下一个发动机。

当然,在加快经济对外开放深入的同时,也面临着新的问题,比如在对外投资方面依然存在经验和效率不高等问题。虽然对外直接投资体量大,但是收益与投入并不成正比。相关数据显示,2012年中国企业海外并购的成功率仅为40%左右。中国对外直接投资失败的背后,有着无数的经验和教训,除企业的因素外,政府加强而非限制对企业的服务无疑也是重要因素。

由此可见,中国对外投资管理体制改革并非易事,需要与其他领域的改革系统配套推进。总之,中国开放对外投资是中国积极参与全球新一轮产业分工并为世界经济发展尽大国责任的举措,也是中国加快人民币国际化的重要一步,这对推动中国与美国、欧盟投资便利化谈判具有积极意义。

资料来源:周子勋,中国经济时报,2013年12月19日。

【关联理论】

比较优势比较的是每个生产者的机会成本。实质上,国际分工基于比较优势,即着重强调国际分工以各国机会成本的相对差异为基础。国际贸易使得世界产出增长的原因是:它允许每个国家专门生产自己有比较优势的产品,而专业化提高了整个世界经济蛋糕的总量。

【新闻评析】

某种东西的机会成本是为了得到它而放弃的东西,如果一个国家在本国生产一种产品的机会成本(用其他产品来衡量)低于在其他国家生产该种产品的机会成本的话,则这个国家在生产该种产品上就拥有比较优势。改革开放以来我国依靠低廉的劳动力成本、相对比较先进的技术拥有制造业优势,分享了世界经济发展的成果,逐渐成为制造业大国。面对新的全球竞争形势,我国下一轮的竞争优势应着力体现在服务贸易领域。

中国目前服务业在经济总量中所占的比重不足50%,与发达国家相比还存在较大的差距。服务业不仅体现在第三产业,更体现在一种新兴的智慧产业,随着物联网的发展和智慧城市的建设,新兴的智慧产业作为一种提高产业效率的行业,整体将会有巨大的发展空间,不仅为其他产业效率提升服务,推动产业进步,更能推动整个社会提高效能。在多层次、有针对性政策的支持下,中国服务贸易迎来新一轮发展机遇,这一"短板"有望逐步补足。在政策发力支持下,中国服务业的发展对外资的吸引力也明显增强,随着近年来经济结构调整,服务贸易发展环境优化提升,中国服务贸易有望迎来更快速增长的时期。此外,货物贸易规模的增长,也将带动运输、保险等与货物贸易密切相关的服务贸易增长。提高服务业的竞争力,不能闭门造车,要进一步开放服务业,推动服务业双向互惠开放。如今全球贸易规制逐步出现区域化的特征,各国谈判和扩大市场准入的对象从传统的商贸、旅游、运输扩展到新兴的信息、金融、保险等。为推动服务贸易发展,中国将有序放开金融、教育、文化、医疗等服务业领域,并在积极参与区域贸易合作过程中推动服务贸易质和量的并步前行。

三、案例研究

（一）案例研究A

中美轮胎特保案

2009年4月20日：美国钢铁工人协会宣布，依据美国1974年贸易法第421条款，向美国国际贸易委员会（ITC）提出对中国输美商用轮胎的特殊保障措施案申请，要求美政府对中国出口的用于客车、轻型卡车、迷你面包车和运动型汽车的2 100万个轮胎实施进口配额限制。

2009年4月29日：美国国际贸易委员会在联邦纪事上公告启动对中国轮胎产品的特保调查。这是时隔三年多之后，美国又一次对中国产品发起特保调查，而且涉案金额巨大。中国政府对此表示强烈不满并坚决反对。

2009年6月18日：美国国际贸易委员会对中国乘用车及轻卡车轮胎特保案做出肯定性损害裁决，认定中国轮胎产品进口的大量增加，造成或威胁造成美国内产业的市场扰乱。中国政府对此深表遗憾。

2009年6月29日：美国国际贸易委员会就对中国轮胎采取特保措施，提出了对乘用车、轻型货车用中国制轮胎征收3年特别关税的方案，第1年至第3年额外征收的关税分别为55%、45%、35%。

2009年8月7日：美国贸易代表办公室在华盛顿举行听证会，就"中国输美轮胎特保案"听取各方意见。这已是美方第二次就这一特保案进行听证。

2009年9月2日：美国贸易代表办公室将在咨询财政部、劳工部、商务部等部门意见后，向奥巴马提出相关建议。

2009年9月11日宣布，美国总统巴拉克·奥巴马决定对中国轮胎特保案实施限制关税，为期三年。白宫在一份声明中表示，第一年将对从中国进口的轮胎加征35%关税，第二年加征30%，第三年加征25%。

2009年9月13日，中国商务部依照中国法律和世贸组织规则，对原产于美国的部分进口汽车产品和肉鸡产品启动反倾销和反补贴立案审查程序。

随后，世界贸易组织（WTO）宣布，美国对从中国进口的轮胎采取的过渡性特保措施并未违反该组织规则。对于美国国际贸易委员会提出在2004—2008年间中国进口轮胎数量"迅速增加"导致轮胎行业受到冲击，WTO仲裁委员会认为这一说法成立。仲裁委员会提出，对于证明3年特保措施过度的举证责任应在中方，但中方并未提出足够证据；美方并无义务解释为何特保措施需要持续3年，也无义务从定量角度说明进口增加所造成的伤害以及区分此种伤害是否由其他因素所致。于此次仲裁，中美双方可在60天内提出上诉。

2011年5月24日：世界贸易组织发表的一份公报显示，中国已经通知WTO仲裁机构，决定对中美轮胎特保措施世贸组织争端案的专家组裁决提出上诉。

2011年9月5日：世界贸易组织上诉机构在日内瓦发布关于中美轮胎贸易纠纷案的裁决结果，判定美国对中国输美轮胎征收惩罚性关税符合WTO规则。中国驻WTO代表团当天发表声明，对这一裁决结果表示遗憾，认为美国这一举措扭曲国际贸易，意在转嫁国内政治压力。

资料来源：改编自 中美轮胎特保案专题，腾讯财经，2011年11月21日。

【关联理论】

自由贸易壁垒的降低改善了进口国整体的福利，但并没有改善进口国生产者的福利，因而国内生产者可能会游说政府保持或提高自由贸易壁垒。工作岗位论认为，与其他国家进行贸易消灭了国内的一些工作岗位。但自由贸易在摧毁进口部门无效率的工作岗位时，也在一国有比较优势的出口部门和行业创造了更有效率的工作岗位。不公平贸易论认为，其他国家为自己的行业提供了一些不公平的优势，诸如补贴、税收减免或轻松的管制环境。但进口国消费者的好处将大于该国生产者的损失，这对于一个国家的整体是有利的。

【案例解剖】

针对中美轮胎特保案，美方的主要观点中，除了中国输美轮胎扰乱美国市场之外，很重要的一点在于中国轮胎出口造成美国轮胎厂工人失业。美国一工会在请愿书中指出，从中国进口的消费用轮胎从2004年到2008年数量增加了215%，金额则增长295%，造成美国5 100名美国工人失业，如果这种状况持续，还会有3 000名美国工人失去工作。期间轮胎厂大陆马牌关闭了两家工厂，普利司通和固特异也各关闭一家工厂。但实际上，中国轮胎出口美国不是造成美工人失业的直接原因。美国轮胎行业的萧条由来已久，这是因为其产业正处于结构调整时期，金融风暴加剧了行业的重组，如果强行削减从中国进口，只会迫使美国经销商从其他国家选择类似产品，这不仅无助于保住美国轮胎业的就业岗位，还会损害美国经销商和消费者的利益。

而且，美国认为中国自己的轮胎产业提供了一些不公平的竞争优势，中国输美轮胎扰乱美国市场。2009年6月29日，美国国际贸易委员会以中国轮胎扰乱美国市场为由，要求对从中国进口的轮胎进行特殊保障措施调查。但实际上，中国输美轮胎与美国国产轮胎不存在直接竞争关系。美国国内生产的轮胎主要为美国汽车制造商配套，而中国的出口轮胎主要在美国的低端零售市场销售，彼此并不构成直接竞争。中国轮胎完全是被"拉进"美国市场的，这是因为美国轮胎制造商采取了产品升级战略，放弃了利润较少的低端轮胎市场。

从经济利益上来看，美对华轮胎特保案应该是场"误会"，这从代表美国汽车生产商、零售商、轮胎进口商等诸多行业利益的多个组织的明确表态中可见一斑。若是从保护主义的惯性来看，这又可以看成是一场"闹剧"。种种迹象已经表明，对中国产品采取限制措施不仅不会保护美国轮胎生产商和工人就业，反而会损害更多的与轮胎业相关的经销商利益。实行"轮胎特保"对中美两国来说可谓是两败俱伤，对世界经济复苏更产生消极影响。

（二）案例研究 B

格兰仕的成功基于什么优势

格兰仕是中国当之无愧的世界级品牌，其微波炉销量连续多年全球第一，远远将松下、LG等对手甩开后面，品牌竞争力胜出同侪一筹。格兰仕的品牌战略很简单，然而很有大智慧：聚集于局部，获取绝对主导权。格兰仕最初生产羽绒和服装产品，1993年发生战略转折点，开始将品牌聚焦于微波炉。1995年，格兰仕取得微波炉市场全国第一，自此开始了所向无敌的专业品牌打造。至今，格兰仕已在微波炉领域取得成本领先、技术领先、市场领先，任何一个对手不能与之比拟。

广东格兰仕企业（集团）公司（以下简称格兰仕）是世界最大的微波炉制造商。2002年格兰仕的微波炉产量为1400万台,是松下电器微波炉产量的7—8倍。从1995年至2002年,格兰仕在中国微波炉市场上连续8年蝉联第一。2002年格兰仕在中国市场占有率高达70%,全球市场占有率为30%。格兰仕位于中国家电生产基地广东省顺德市。公司总面积约60万平方米,有员工13 000多人,其中大中专毕业生占员工总数28%以上。格兰仕的前身是"广东省顺德市桂洲畜产品企业(集团)公司",于1992年6月更名为格兰仕,开始进入微波炉行业,目前,微波炉产品出口到五大洲的100多个国家和地区。

格兰仕的发展可以划分为以下三大阶段:其一是创业阶段,即生产羽绒、服装(1978—1991年)。1978年9月28日,格兰仕总裁梁庆德筹办乡镇企业"顺德桂洲羽绒厂",生产羽绒制品。同年实现销售额46.81万元,1991年该企业产值超亿元。其二是转型阶段:转向微波炉产业(1992—1995年)。1991年年初,格兰仕最高决策层认为:羽绒服装等其出口前景不佳,为保持该公司持续发展,应从纺织行业转移到一个成长性行业。鉴于广东省顺德市已经成为中国最大的家电生产基地,他们初步选定家电业为新的经营领域。考虑到中国大家电(冰箱、彩电等)企业的竞争较为激烈,他们决定以小家电为主攻方向。1992年经过论证分析,正式决定进入微波炉行业。1992年6月将原"桂洲畜产品企业(集团)公司"更名为"广东格兰仕企业(集团)公司",致力于高品位家电的生产和销售。格兰仕的英文"Galanz"在希腊文里指的是"富丽堂皇"的意思,如今格兰仕几乎成了微波炉的代名词。1993年,格兰仕批量生产微波炉1万台。1994年,实现产销量10万台的目标,获得销售额、利润"双超历史"的业绩。1995年,格兰仕微波炉销售量达25万台,市场占有率为25%,居国内市场第一位,销售收入3.84亿元,利润3 100万元。至此,通过4年的努力,格兰仕成功地从羽绒生产厂商转为微波炉制造商。其三是保值和增值阶段,即保持市场占有率(1998年至今)。微波炉行业的高利润,吸引了众多企业进入并导致市场竞争不断加剧。国内市场占有率稳居第一位,全球市场占有率扩大到40%以上。2000年年初经国家权威机构评估格兰仕的无形资产已高达101亿元,2001年格兰仕微波炉入选首批"中国名牌"。

资料来源:比较优势与发展优势理论(格兰仕案例分析),百度文库。

【关联理论】

绝对优势比较的是生产一种物品所需要的投入量。如果生产一种物品所需要资源较少,或者说生产的效率较高者,我们称之为具有绝对优势。比较优势比较的是每个生产者的机会成本。某种东西的机会成本是为了得到它而放弃的东西,某个生产者生产同一种物品的机会成本越小,就说该生产者在生产这种物品上具有比较优势。

【案例解剖】

绝对优势比较的是生产一种物品的实际成本,而比较优势比较的是生产一种物品的机会成本。比较优势适用的范围很广,既适用于个人又适用于国家。为什么格兰仕可以获得成功?从以下意义上来说,格兰仕的成功实际上也是来自比较优势,而不是绝对优势。

其一,中国的劳动力比较优势。劳动力成本低廉是格兰仕能够取得成功的根本,中国就是适合生产劳动密集型的产品,已经是不争的事实,也是中国企业可以利用的最便利的资本。同时,国内由于没有颁布有关劳动力工作时间限制的法规,劳动力可以得到最大限度的利用。格兰仕就是通过"机器不停,工人轮休"的方式,使机器的利用效率达到最优。

其二,中国的技术后发优势。中国还处于赶超时期。它的特点是起点较低,有许多产品和技术可供学习。比较而言,学习比创新要容易得多。格兰仕之所以有惊人的增长速度,一个重要原因是它们主要采取了领先国家已经发展成熟的产品和技术。现成的产品已被一定的市场检验,对这样的产品进行投资,就会有较小的风险,因而敢于进行大规模投资。

其三,中国的市场内生优势。一个拥有 13 亿人的国家,在 20 年的时间里人均收入以年均 8.4% 的速度增长,这是大多数国家的企业做梦都想不到的市场沃土。至少在家电领域,这个巨大市场可以养育以任何技术武装起来的大规模生产的企业。如此广阔的国内市场可以吸纳利用受让生产线生产出来的多余产品,是格兰仕成功的关键所在。

在某种意义上可以说,格兰仕就是在透析中国国情的前提下,最大限度地利用了基于中国现实的比较优势,包括劳动力比较优势、技术后发优势、市场内生优势等,才在微波炉领域取得骄人的成绩,从而为中国其他制造企业的发展树立了榜样。

四、课外习题

(一) 术语解释

1. 绝对优势
2. 机会成本
3. 比较优势
4. 进口品
5. 出口品

(二) 单项选择

1. 晚期重商主义也称贸易差额论,主要政策主张是(　　)。
   A. 禁止货币出口　　　　　　　　B. 禁止贵重金属外流
   C. 奖出限入,保证贸易出超　　　　D. 由国家垄断全部货币贸易
2. 假设中国生产每单位酒需要劳动人数比美国少 40 人,生产每单位呢绒比美国少 10 人,则下列错误的是(　　)。
   A. 中国在两种产品生产上都具有绝对优势
   B. 中国在呢绒的生产上具有比较优势
   C. 中国在酒的生产上具有比较优势
   D. 中国不可能在两种产品的生产上都具有比较优势
3. 中国生产手表需要 8 个工作日,生产自行车需要 9 个工作日,印度生产手表和自行车分别需要 9 和 10 个工作日,根据比较优势学说(　　)。
   A. 中国宜生产和出口手表　　　　B. 中国宜生产和出口自行车
   C. 印度宜生产和出口手表　　　　D. 印度不宜参加国际分工
4. 李嘉图的比较优势理论指出(　　)。
   A. 贸易导致不完全专业化
   B. 即使一个国家没有绝对成本优势,也可从出口绝对成本劣势相对较小的产品中获益
   C. 与没有绝对成本优势的国家相比,具有绝对成本优势的国家可以从贸易中获利更多
   D. 只有具备比较优势的国家才能获得贸易余额

5. 亚当·斯密和大卫·李嘉图主张的国际贸易政策是(　　)。
   A. 管理贸易政策　　　　　　　　B. 自由贸易政策
   C. 保护贸易政策　　　　　　　　D. 超保护贸易政策

6. 如果一个国家在生产一种物品上具有绝对优势,那么(　　)。
   A. 它可以以低于其贸易伙伴的机会成本生产该物品
   B. 它可以用少于其贸易伙伴的资源来生产该物品
   C. 它可以通过限制该物品的进口而获益
   D. 它可以专门生产该物品并出口

7. 如果一个国家在生产一种物品上具有比较优势,那么(　　)。
   A. 它可以以低于其贸易伙伴的机会成本生产该物品
   B. 它可以用少于其贸易伙伴的资源来生产该物品
   C. 它可以通过限制该物品的进口而获益
   D. 它一定是唯一有能力生产该物品的国家

8. 按照比较优势理论,大量贸易应发生在(　　)。
   A. 发达国家之间　　　　　　　　B. 发展中国家之间
   C. 发达国家与发展中国家之间　　D. 需求相似国家之间

9. 甲国生产单位布和小麦分别需要6天和9天,乙国为10天和12天,根据比较优势理论(　　)。
   A. 乙国进口小麦　　　　　　　　B. 甲国出口布
   C. 乙国出口布　　　　　　　　　D. 甲国出口小麦

10. 以下关于专业化和贸易的说法,错误的是(　　)。
    A. 专业化和贸易产生主要在于比较优势,而不是绝对优势
    B. 生产者生产一种物品的机会成本低就意味着生产另一种物品的机会成本高,不可能在两种物品上都有比较优势
    C. 贸易使社会上每个人都获益,因为它使人们可以专门从事他们具有比较优势的活动
    D. 专业化生产增加了经济的总产量,并使得经济蛋糕变大了。无论他们进行贸易的价格如何确定,对双方都一定是有好处的

11. 假设世界上由两个国家——中国和印度——组成,再假设只有两种物品——粮食和衣服。下列哪一种表述是正确的?(　　)。
    A. 如果中国在粮食的生产上有绝对优势,那么印度在衣服的生产上就应该有绝对优势
    B. 如果中国在粮食的生产上有比较优势,那么印度在衣服的生产上就应该有比较优势
    C. 如果中国在粮食的生产上有比较优势,那么它在衣服的生产上就应该有比较优势
    D. 如果中国在粮食的生产上有比较优势,那么印度在粮食的生产上也许也会有比较优势

12. 律师打字速度是打字员的两倍却雇用打字员打字,以下表述错误的是(　　)。
    A. 律师在打字上具有绝对优势　　B. 律师在律师咨询上具有比较优势
    C. 打字员在打字上具有比较优势　D. 打字员在打字上具有绝对优势

13. 韩国生产 1 辆自行车需要 4 个小时,生产 1 台彩电需要 8 个小时;日本生产 1 辆自行车需要 2 个小时,生产 1 台彩电需要 10 个小时。则( )在生产自行车上有绝对优势,( )在生产彩电上有比较优势。

  A. 日本 日本   B. 日本 韩国
  C. 韩国 韩国   D. 韩国 日本

14. 小红是一名注册会计师。她从事审计工作每小时收入 100 元,她每小时可以把 10 000 个字打入表中,她可以雇用一个每小时能把 2 500 个字打入表中的助手。下列哪一种表述是正确的?( )。

  A. 小红不应该雇用助手,因为助手打字没有她那么快
  B. 只要小红支付给助手的工资小于每小时 100 元,她就应该雇用助手
  C. 只要小红支付给助手的工资小于每小时 25 元,她就应该雇用助手
  D. 以上各项都不正确

15. 根据比较优势原理,以下说法正确的是( )。

  A. 在生产每一种物品上都有比较优势的国家不需要专业化
  B. 各国应该专门生产其消费的物品
  C. 各国应该专门生产其在生产中使用的资源小于其贸易伙伴的物品
  D. 各国应该专门生产其生产的机会成本小于其贸易伙伴的物品

(三) 判断正误

1. 李嘉图比较优势原理的核心思想可归纳为"两利取重两劣取轻"。( )
2. 斯密的绝对优势理论指出,在贸易中两个国家均能通过出口其比另一国劳动生产率更高的产品获益。( )
3. 李嘉图的比较优势理论指出,即使其中一个国家在所有产品上都具有绝对优势,各国也可以根据比较优势进行专业化生产,然后通过贸易获益。( )
4. 生产者生产一种物品的机会成本低并不意味着生产另一种物品所需的机会成本一定高,一个国家可能在两种物品上都有比较优势。( )
5. 比较优势是专业化分工的动力所在。( )
6. 比较优势不仅适用于个人、企业,还适用于国家。( )
7. 贸易可以使贸易双方的状况比发生贸易前变得更好。( )
8. 机会成本是指为得到某种东西所必须放弃的东西。( )
9. 专业化和贸易的好处不是基于比较优势,而是基于绝对优势。( )
10. 自由贸易壁垒的降低改善了进口国整体的福利,但并没有改善进口国生产者的福利。( )

(四) 简答题

1. 解释绝对优势和比较优势的不同点。
2. 对贸易来说,是绝对优势重要还是比较优势重要?
3. 比较优势原理适用于哪些方面?
4. 如果双方根据比较优势进行贸易并且双方都从中获益,则贸易的价格应该如何确定?
5. 为什么经济学家反对限制各国之间贸易的政策?

(五) 应用题

1. 阿根廷和巴西每个月都有 10 000 个劳动小时。在阿根廷,生产 1 磅咖啡需要 2 个小时,生产 1 瓶酒需要 4 个小时;在巴西,生产 1 磅咖啡需要 1 个小时,生产 1 瓶酒需要 5 个小时。哪个国家在生产咖啡上有绝对优势?哪个国家在生产酒上有比较优势?

2. 一个极好的外科医生也是打字最快的打字员,他该自己打字还是雇用一个打字员?为什么?

3. 一个生产每一种物品都比其邻国强的技术先进国家,有必要与其邻国进行贸易吗?为什么?

(六) 拓展思考题

1. (1) 贸易的好处来自哪里?请根据所学内容用一个短语或者一句话加以总结。

(2) 贸易的价格如何确定?贸易的利益如何在贸易双方之间分配?请依据所学内容进行拓展分析。

2. 中国更多地向美国出口玩具、家具、鞋和纺织品,并从美国进口集成电路及微电子组件、电机、电气设备、音像设备及其零部件。你认为这种贸易形式符合比较优势原理吗?为什么?

五、习题答案

(一) 术语解释

1. 绝对优势:一个生产者用比另一个生产者更少的投入生产某种物品的能力。
2. 机会成本:为了得到某种东西所必须放弃的东西。
3. 比较优势:一个生产者以低于另一个生产者的机会成本生产某种物品的能力。
4. 进口品:在国外生产而在国内销售的物品。
5. 出口品:在国内生产而在国外销售的物品。

(二) 单项选择

1. C   2. B   3. A   4. B   5. B   6. B   7. A   8. C   9. B   10. D
11. B   12. D   13. B   14. C   15. D

(三) 判断正误

1. √   2. √   3. √   4. ×   5. √   6. √   7. √   8. √   9. ×   10. √

(四) 简答题

1.【考查要点】 绝对优势与比较优势的基本含义。

【参考答案】 绝对优势比较的是每个生产者生产一种物品所需要的投入量。如果生产一种物品所需要资源较少,或者说生产的效率较高,我们称之为具有绝对优势。而比较优势比较的是每个生产者的机会成本。某种东西的机会成本是为了得到它所必须放弃的东西,某个生产者生产同一种物品的机会成本较小,就说该生产者在生产这种物品上具有比较优势。

2.【考查要点】 贸易的产生基于比较优势。

【参考答案】 专业化和贸易产生主要在于比较优势,而不是绝对优势。贸易使社会上每个人都获益,因为它使人们可以专门从事他们具有比较优势的活动,而专业化生产增加了经济的总产量,并使得经济蛋糕变大了。只要他们进行贸易的价格在两种机会成本之间,对双方都是有好处的。

3.【考查要点】 比较优势原理的适用范围。

【参考答案】 比较优势即为一个生产者以低于另一个生产者的机会成本生产一种物品的行为,因此比较优势比较的是每个生产者的机会成本。比较优势原理适用的范围很广,既适用于个人、企业,又适用于国家。国际贸易同样遵循着比较优势原理。

4.【考查要点】 贸易的价格及其确定。

【参考答案】 对从贸易中获益的双方而言,他们进行贸易的价格在两种机会成本之间。价格越靠近哪一方的机会成本,则这一方所获得的贸易利益越小,而对方获得的贸易利益越大。

5.【考查要点】 支持自由贸易的观点及其论据。

【参考答案】 每个国家都会在不同的物品或服务生产上具有比较优势。各国在生产上进行分工,专门生产自己具有比较优势的产品,可以使得世界经济的总产量增加,同时通过相互之间进行贸易,每个国家的消费者都可以消费更多地物品和服务,所有国家都可以实现更大的繁荣。因此经济学家反对限制各国之间贸易的政策。

(五) 应用题

1.【考查要点】 绝对优势与比较优势的区分。

【参考答案】 (1) 巴西在生产咖啡上有绝对优势:巴西生产1磅咖啡仅需要1个劳动小时,而阿根廷需要2个;(2) 阿根廷在生产酒上有比较优势:阿根廷生产1瓶酒的机会成本是2磅咖啡,因为生产1瓶酒需要4个小时,而4个小时可以生产2磅咖啡,巴西生产1瓶酒的机会成本是5磅咖啡。

2.【考查要点】 比较优势原理的应用。

【参考答案】 应该雇用一个打字员。外科医生应该专门做手术,并与打字员的服务进行交易。因为外科医生打字的机会成本非常高,尽管他在两项活动中都具有绝对优势,但他在做外科手术上具有比较优势,而在打字上具有比较劣势。因此外科医生雇用一个打字员打字对他来说是有利的。

3.【考查要点】 贸易的好处的来源。

【参考答案】 有必要与其邻国进行贸易。贸易的好处来自基于比较优势基础之上的专业化生产,并因此扩大了经济蛋糕的总量。只要贸易价格居于两国生产这种物品的机会成本之间,各国的消费就可能会超出原有的生产可能性边界。尽管一个生产每一种物品都比其邻国强的技术先进国家,可能会在每一种物品的生产上均具有绝对优势,但不可能在每一种物品的生产上都具有比较优势。

（六）拓展思考题

1.【考查要点】 贸易的好处以及贸易价格及其利益分配。

【参考答案】 （1）贸易的好处来自基于比较优势基础上的专业化生产。

（2）无论比较优势如何，如果生产者生产每种物品的机会成本不同，就应该专门生产其机会成本较低的物品，然后用自己生产的物品去交换其他物品。只要他们以介于双方机会成本之间的价格进行交易，他们都将获利。一般来说，价格越接近某一方的机会成本，则这一方获取的贸易利益反而越小。

2.【考查要点】 比较优势原理的应用。

【参考答案】 这种贸易形式符合比较优势原理。中国更多地向美国出口玩具、家具、鞋和纺织品，说明中国在生产玩具、家具、鞋和纺织品上一定具有比较优势；中国从美国进口集成电路及微电子组件、电机、电气设备、音像设备及其零部件，说明中国在生产集成电路及微电子组件、电机、电气设备、音像设备及其零部件上一定具有比较劣势。

第4章
供给与需求的市场力量

一、学习精要

(一) 教学目标

1. 知道什么是市场,什么是竞争市场。
2. 考察在一个竞争市场中影响需求量变化和需求变化的因素。
3. 考察在一个竞争市场中影响供给量变化和供给变化的因素。
4. 了解供给和需求是如何共同作用实现均衡的。
5. 掌握分析均衡变动的三个步骤,了解价格在资源配置中的关键作用。

(二) 内容提要

在市场机制能充分发挥作用的经济中,供给和需求决定了每种物品的产量和售价。本章主要研究供求的决定因素,如何形成均衡,外部事件如何打破原有均衡及在供求规律的作用下形成新的均衡,供求的变动如何改变价格,及如何改变经济中资源的配置。

1. 市场与竞争

市场是由某种物品或服务的买者与卖者组成的一个群体。买者决定需求,卖者决定供给。市场机制在竞争市场中能发挥作用。竞争市场是指有许多的买者与卖者,以至于每一个个体对价格的影响都微乎其微的市场。

2. 需求

(1) 需求曲线体现价格如何决定一种物品的需求量。需求量是买者愿意并且能够购买的一种物品的数量。一种物品的需求量由多种因素决定,但其本身的价格往往起到主要的作用。认为在其他条件不变时,一种物品的价格上升,该物品的需求量减少的观点,称为需求定理。

(2) 需求曲线是表示一种物品的价格与需求量之间关系的图形。当消费者改变他们在每一种既定价格上想要购买的量时,需求曲线移动。需求曲线向右移动表示需求增加,向左移动表示需求减少。使需求曲线移动的因素包括收入、相关物品的价格、爱好、预期、买者的数量等。

3. 供给

(1) 供给曲线体现价格如何决定一种物品的供给量。供给量是指卖者愿意并且能够出售的一种物品的数量。供给定理是指认为在其他条件不变的情况下,一种物品价格上升,该物品供给量增加的观点。

(2) 供给曲线是表示一种物品的价格与供给量之间关系的图形。根据供给定理,供给曲线向右上方倾斜。当生产者改变他们在每种价格上希望卖出的量时,供给曲线移动。供给增加时,供给曲线向右移动,供给减少时,供给曲线向左移动。使供给曲线移动的主要因素包括投入品价格、技术、预期、卖者的数量等。

4. 供给与需求的结合

(1) 供给曲线与需求曲线的相交点称为均衡点。当均衡实现的时候,买者愿意又能够购买的物品数量等于卖者愿意又能够出售的数量。当市场价格高于均衡价格时,出现物品的过剩,引起市场价格下降;当市场价格低于均衡价格时,存在物品的短缺,引起市场价格上升。在没有外力干预的情况下,这种自发的使供求达到平衡的市场机制称为供求定理。

(2) 市场的均衡是很脆弱的,一个外部事件会使原有均衡打破,但又会逐步形成新的均衡。分析一个外部事件对市场均衡的影响时,应遵循三个步骤:第一,确定该事件是使供给曲线移动还是使需求曲线移动,或是使两者都移动。第二,确定曲线移动的方向。第三,用供求图说明这种移动如何改变均衡价格和均衡数量。

5. 结论:价格如何配置资源

在市场经济中,价格是引导经济决策,配置稀缺资源的信号。对于经济中的每一种物品来说,价格能确保供给与需求达到平衡。

(三) 关键概念

1. 市场:由某种物品或服务的买者与卖者组成的一个群体。
2. 竞争市场:有许多买者与卖者,以至于每个人对市场价格的影响都微乎其微的市场。
3. 需求量:买者愿意并且能够购买的一种物品的数量。
4. 需求定理:认为在其他条件不变时,一种物品的价格上升,对该物品的需求量减少的观点。
5. 需求曲线:表示一种物品的价格与需求量之间关系的图形。
6. 正常物品:在其他条件相同时,收入增加引起需求量增加的物品。
7. 低档物品:在其他条件相同时,收入增加引起需求量减少的物品。
8. 替代品:一种物品价格的上升引起另一种物品需求量的增加的两种物品。
9. 互补品:一种物品价格的上升引起另一种物品需求量的减少的两种物品。
10. 供给量:卖者愿意并且能够出售的一种物品的数量。
11. 供给定理:认为在其他条件不变时,一种物品的价格上升,该物品的供给量增加的观点。
12. 供给曲线:表示一种物品的价格与供给量之间关系的图形。
13. 均衡:市场价格达到使供给量与需求量相等的水平时的状态。
14. 均衡价格:使供给与需求平衡的价格。
15. 均衡数量:均衡价格下的供给量与需求量。
16. 供求定理:认为任何一种物品的价格都会自发调整,使该物品的供给与需求达到平衡的观点。

（四）拓展提示

1. 供求定理表明,任何一种物品的价格都会自发调整,使物品的供给与需求达到平衡,任何一个市场总是持续地在失衡和新均衡的形成中交替。但要注意这一切实现的前提,即必须是在完善的市场经济条件下。在学习供给与需求时,不少学生的困难是辨别"需求变动"和"需求量变动",以及"供给变动"与"供给量变动"之间的区别。"需求变动"是指除物品本身价格外的其他一种或多种因素导致的成交量的变动,从图形上来看,表现为整条需求曲线的平行移动。而"需求量变动"是指由物品本身价格引起的人们对某种物品购买量的变动,表现为某一点沿着一条既定的需求曲线上下移动。

2. 如果供给和需求同时移动,并且我们不知道各自移动的幅度,那么价格和数量的变动必定有一个无法确定。比如,如果供给增加(供给曲线右移),需求增加(需求曲线右移),则均衡数量必定增加,但均衡价格变动无法确定。供给和需求变动的四种可能组合都是如此。

二、新闻透视

（一）新闻透视 A

杭州楼市降价蝴蝶效应:或波及青岛宁波等城市

杭州一起因楼盘降价引发的砸盘事件,让犹如惊弓之鸟的开发商、金融界和购房者感到阵阵寒意。对5万多家中国房地产开发商来说,发生在杭州的砸盘事件就像是个不祥的开端。2008年和2012年中国楼市的下行,都曾伴随着杭州地区令人惊悚的业主砸盘行为——通常都是房屋销量大幅下降,开发商信贷突然枯竭,一些新盘开始降价,"房闹"接着登场,中国楼市随即显露疲态,步入拐点。

越来越多的迹象显示,中国房地产市场延续一年有余的上行周期已接近强弩之末,房价涨势趋缓。打响中国楼市马年降价第一枪的,并不是杭州天鸿香榭里,而是同处于杭州桥西的另一个项目,德信北海公园。这家总部位于杭州的房地产开发商称,为了购买更多地块,清空库存,决定特惠促销北海公园,均价从每平方米人民币18 000元降至人民币15 800元,降价近两成。这个仅有12幢高层公寓楼的项目,犹如蝴蝶效应般波及杭州楼市,甚至震惊了整个中国房地产市场。第二天,仅一街之隔的天鸿香榭里,开盘直降三成。降价潮随即蔓延开来。阳光郡从均价17 500元/平方米降至13 800元,运河协安蓝郡从16 800元/平方米降至14 400元。协安紫郡、保利·梧桐雨、天阳半岛国际、万科·北宸之光等都在遮遮掩掩地打折暗降。绿城集团行政总裁寿柏年向《南方周末》记者称,杭州及周边城市出现的楼盘降价,表明中国楼市正在接近拐点。

浙江透明售房网的数据显示,到2014年1月底,杭州商品房库存已突破12万套,加上二手房库存10万套,如今杭州楼市库存达到了创纪录的22万套。而在2014年,还将有超过100个纯新盘上市,源源不断注入的新房源,让很多区域面临房子越卖越多的窘境。杭州市场过去两年的消化能力都为每年8万套左右,这意味着消化这些存量房源需要近三年时间。上海和北京市场的库存比仍保持在1左右,即存量房可供一年的新增市场消化。而在杭州土地市场,土地从众人追捧的香饽饽到开发商不再踊跃接棒,只用了一个春节的时间。2月18日,在杭州马年首场土地拍卖上,5幅土地仅成交4幅,其中两宗地块接近底价成交,出让现场显得较为冷清,并未出现高溢价的激烈竞争。不管是绿城还是滨江地产,均表示在2014年将谨慎买地。2013年,杭州土地从年初就一路上扬。全年土地出让总收入高达1326.9亿元,这个数字不但比2012年的611亿元翻了一番还多,同时也刷新了杭州近4年以来土地出让收入的最高纪录。由于太过火热,2013年10月,杭州国土资源局还曾一次性叫停6个地块的出让。

在一轮土地供应的高峰过后,必然是新一轮楼盘供应高峰的到来。一直唱多楼市的华远地产董事长任志强也口风一变:今年房地产市场增速将有所放缓。"去年的土地增长,供求关系已经发生变化了",他在2月22日的一次论坛上称,并提及2013年高达49295万平方米的商品房待售面积。当然,对于人口净流入的部分热点城市而言,供不应求的难题仍待解决。就在杭州、常州等地出现降价楼盘的同时,北京、上海仍在涌现"地王"和"日光盘",广州新近拍卖的土地也依然还在刷新地价纪录。而库存压力凸显的城市,则基本上以本地需求为主,外地购房者相对较少,或者因为限购造成外地需求难以释放,支撑不了这些城市的大量新增供给。广发证券一位分析师认为,杭州、常州降价的蝴蝶效应在未来将逐步体现,过剩的供应最终引发房价大幅回落,尤其是在三线城市,未来会有更多楼盘出现打折促销,这包括青岛、宁波、南昌、温州和无锡。

资料来源:改编自 青岛新闻网,http://house.qingdaonews.com/content/2014-03/03/content_10301857.htm,2014年3月3日。

【关联理论】

供求定理认为,任何一种物品的价格都会自发调整,使该物品的供给与需求达到平衡。供求定理发挥作用的前提是充分发育的市场机制。当供给量小于需求量时,市场价格就存在上升的压力,反之,当供给量大于需求量时,市场价格就会下降。

【新闻评析】

住房问题是关系国计民生的基本问题,房价涨跌直接影响着千家万户。近年来,由于房地产业的蓬勃发展,房地产市场发展不平衡现象日益出现,一些地区住房供求结构性矛盾较为突出,部分城市房价上涨过快,房地产市场服务体系尚不健全。随着城镇居民生活水平的显著提高,消费者对住房的需求从单纯的"数量型"向"质量并重型"转变。城镇居民对住房需求的影响因素既有数量上的,也有质量上的。数量型影响因素主要有住房价格、城镇家庭的可支配收入、购房消费贷款额度、城镇家庭户规模等;而质量型影响因素也称为随机因素,主要有消费者的预期心理、住房改革相关政策、交通是否便利、物业的好坏、价格是否合理、生活配套是否完善、小区配套设施是否齐全、与孩子学校的距离、园区周边环境、园区规划设计风格等,也已成为消费者购房时非常关注的问题。

任何商品的价格不是由其生产成本决定的,而是由供求的力量决定的。近段时间商品房价格下跌的背后是房地产市场供大于求的事实,房产存量的居高不下、短期需求的不足及限购等因素都是降价的推动因素。供求规律发挥作用不以人的意志为转移,本案例中杭州楼市降价蝴蝶效应,供求定理发挥着重要作用。杭州楼市危机亦是浙江房地产市场危机的延续。浙江人均居住面积水平较高,富人购房多为投资之用,故而更看重未来的增值,在楼市投资财富效应锐减甚至消失之后,他们投资意愿大幅降低,造成市场需求明显减少——泡沫最先在温州破裂,随后蔓延到宁波,直到浙江最后的避风港杭州也都沦陷,不足为怪也。

(二) 新闻透视 B

高薪能否缓解"用工荒"

年初八,春节后正常上班首日,企业陆续开工了,外来务工人员也陆续返城了,接下来,城市的紧张节奏将再度唱响。从初九开始,各级人力资源市场陆续开市,求职、招聘迎来了传统旺季。新的一年,工作好找吗?工资会涨吗?招人难吗?和往年一样,急于招人的一些劳动密集型企业,早在初六初七就出现在了劳动力市场上。

"小伙子,要找个什么工作?过来看看,我们企业不错的!4 000多元的工种很多的。"在杭州石桥路兴业街上,几家企业早早在路边搭好棚子开始招人。尽管工资比去年涨了一点,但来应聘的人却寥寥无几。一名负责招工的赵大姐说,一天下来,有六七个人来应聘,但只是填了个表格,到时会不会来还不知道,"厂里年初八就开工了,老员工这几天的工作就是现场客串招聘员,沿街拉人"。2月5日,大年初六,义乌人力资源市场门前,就出现了企业招聘人员举牌招工的情景。那时,义乌及周边县市大部分企业尚未开工,人力资源市场也还没开门,但一些订单任务重、用工缺口大的企业,却派员提前到人力资源市场门口"抢人"。

尽管节后求职、招聘两头需求都早早释放出信号,但在劳动力日益紧缺的现实背景下,很多务工者在求职过程中普遍持观望态度,希望找到待遇更高些的工作。

杭州市人力资源市场昨天开门后,涌进了不少务工者、企业招聘人员。市场里提供的各种职位多于往年。急于开工的企业为了尽快招到人,有的放低应聘标准,有的是老板亲临现场"拉人",表示可以先安排求职者去厂里看看,再签用工协议。

义乌市人力资源市场年初七就开门营业了。当天上午,就有3 000多名来自全国各地的务工者前来寻觅合适的工作,共有近200家企业入场招聘,现场招聘的企业有七成集中在餐饮和服务类行业。义乌及周边的企业在今年春节后的招聘中,除了涨工资外,还通过增加社会保险、商业保险及企业福利,提供夫妻套房等福利措施吸引更多应聘者。

农历新年后开门的温州市西山兴隆职业介绍所,招工信息多得只能被放在门前空椅子上。据温州市瓯海人才资源服务中心工作人员介绍,虽然一部分务工人员要在正月十五以后返城,但就目前情况而言,今年春节后求职者较往年少了不少,这将使得温州20万的缺工境况雪上加霜。尽管今年工人的工资平均比去年增加了15%以上,但工资、福利等待遇谈不拢,仍成为用工单位与求职者难以跨越的一道坎。

春节后,珠海"春风行动暨春风送岗位、就业创和谐"专场招聘会相继展开,其中金湾区设在三灶镇的专场招聘会上,就有158家企业参加招聘,提供岗位3 500多个,但应聘者只有2 700多人。该镇劳动就业部门相关负责人表示,目前金湾仅三灶镇就缺工近万人。为了招揽工人,企业之间打起"价格战",有企业招聘普工开出了4 000元的月薪,并扬言"连临时工、小时工也来者不拒"。

珠海毗邻澳门,历来是澳门劳工输出地。新春后大量澳门企业在珠海发布招聘信息,记者从珠海人力资源网获悉,这些招聘消息包括建筑、餐饮等多个行业。澳门某大型建筑公司招聘信息显示,地盘施工员月薪达2万澳门币(约1.5万元人民币),要求最少有2年地盘管理工作经验,懂墨斗及测量、懂粤语及英语优先,而土木建筑工程师月薪范围为1.17万—1.45万元澳门币。

"今年工厂的招工情况较稳定,员工流动不大。"万丰奥特人力资源总监接受记者采访时,还在返程的路上,他告诉记者,去年该公司人均工资有6万多元,一线的工人比较稳定,所以他对春节后的招工并不担心。

当然也有制造型企业早早做好产业调整布局,在招工问题上有了新的策略。"今年招工就顺其自然吧,因为大部分工厂已外迁到江苏、山东等地,在德清的公司,虽说是本部,但主要提供设计、打样等高附加值的职位为主。"德清安泰时装有限公司董事长钱安华透露,和往年相比,今年公司招人的心态要淡定得多,"在越南我们也开了工厂,以后,国内车间工人的招工比例会逐渐缩小",钱安华表示,将制造业外迁,或是近几年来一个趋势,"这样的产业布局,主要考虑到用工成本,同时也能延长产业链。"

资料来源:改编自 高薪能否缓解"用工荒"? 浙江在线—今日早报,http://jrzb.zjol.com.cn/html/2014-02/08/content_2527075.htm? div = -1,2014年2月10日。

【关联理论】

在需求不变或增加的情况下,当一种物品供给减少或不变时,该物品的价格必然上升。但反过来,提高该物品的价格却不一定能让供给增加。当由于资源约束或结构性原因使得该物品供给在短时间内无法有效增加时,提价对缓解供求矛盾的效果不明显。

【新闻评析】

中国社科院人口与劳动经济研究所副所长张车伟认为:"劳动力成本上升是必然现象,是经济快速增长的体现。"必须看到,劳动力成本上升是一种客观的、长期的趋势。随着劳动力成本的上升,沿海地区一大批劳动密集型企业面临的压力也会越来越大。这些企业正是依靠充足廉价劳动力带来的比较优势获得了快速发展。但随着中国劳动力供求形势以及劳动力结构的变化,这一经济发展模式正变得越来越不可持续。新生代农民工与老一辈农民工相比,在学历、思想和职业诉求上都发生了相当大的变化。他们对工作的诉求除了更高的收入外,还会考虑到社会保障、医疗等福利,以及工作之余的文化娱乐生活。这对企业来说意味着必须不断加大对劳动力成本的投入。

本案例中,杭州、义乌、温州、珠海等地劳动力市场供求状况,反映了一个共同的事实:即使企业提高工人工资和福利待遇,也仅仅只能缓解而不能完全解决"用工荒"难题。劳动力供求的结构性矛盾将更趋突出,这将给劳动力就业和企业人力资源配置产生重大影响。面对人力资源结构性矛盾,今后简单的劳动密集型产业发展空间肯定受限,根本出路是必须加快转型升级。企业应该提高劳动效率,转向用工更少、附加值更高的技术和资本密集型行业,进而推动整个产业升级与进步,德清安泰时装有限公司利用制造业外迁以延长产业链并调整产业布局的做法无疑为解决"用工荒"难题指明了出路。

三、案例研究

(一) 案例研究 A

原材料供应量减少 实木地板价格持续攀升

随着人们对于环保的要求愈来愈高,实木地板普遍受到消费者的欢迎,实木地板涨价的消息也是扑面而来,"橡木地板每平方米涨了20元,其他品种也有不同程度的上涨",昨天,义乌一名地板经销商向记者透露,这是今年实木地板的第二次价格上涨。

在此之前,3、4月份实木地板价格已涨过一次。进入9月,国内实木地板又掀起了新一轮的价格上涨潮,涨幅在5%—15%,主要原因在于原材料供应量减少。

涨价单接连不断

"上个月一共接了四张调价单,全是厂家发来的涨价通知,整体幅度在5%—15%之间。"老金是义乌石桥头室内装饰专业街的一名经营户,其店铺经营多类实木地板。他告诉记者,今年9月开始,各地板厂家掀开了本轮集中调价序幕。到了10月,店里基本上一星期能收到一张调价通知单。地板涨价的信息在本月初召开的义乌森博会上亦有体现。"这几年一直处在上涨趋势中,平均年涨幅至少有一成。"一名对森博会十分关注的地板商家称,无论是厂家还是经销商,实木地板报价均逐年上涨。

橡木等原木价格呈现上涨趋势

市场上的实木地板种类繁多,有柚木、香花梨、圆盘豆、非洲格木等,目前比较流行的是橡木、番龙眼等。橡木主要是指美国红橡木,这也是今年市场上价格涨幅最大的实木地板品种。"主要是原材料供应不足,导致地板价格上涨。"实木材料是稀缺性资源,涨价为全球性现象。有资料显示,全球大部分地区木材价格处于高位,其中阔叶木材第三季度平均价格上涨了1.51美元/立方米,达104.88美元/立方米,同比增幅5.8%。其中,受资源紧缺和油价上涨影响,非洲圆盘豆近期报价已从每立方米2 600元上涨到3 500元。

资料来源:中国建材机械网新闻中心,2013年11月20日。

【关联理论】

使供给曲线移动的主要因素包括投入品价格、技术、预期、卖者数量等。市场的均衡是很脆弱的,任何一个影响供给和需求的外部事件都可能会使原有均衡打破,但又会逐步形成新的均衡。分析一个外部事件对市场均衡的影响时,应遵循三个步骤:第一,确定该事件是使供给曲线移动还是使需求曲线移动(或是使两者都移动)。第二,确定曲线移动的方向。第三,比较新均衡与原来的均衡。

【案例解剖】

供给与需求共同决定市场均衡,市场均衡又决定物品价格,以及买者所购买和卖者所生产的该物品的数量。均衡价格和均衡数量取决于供给曲线和需求曲线的位置。当某些事件使其中一条曲线移动时,市场上的均衡就改变了,从而将在买者和卖者之间产生新的均衡价格和均衡数量。

在本案例中,实际涉及原木和实木地板两个市场的均衡分析。首先,针对原木市场而言,受气候、资源紧缺和油价上涨等原因影响导致原材料供应不足,原木的供给曲线向左移动,在原木的需求曲线不发生变化的情况下,原木价格上涨自在情理之中。原木材料是稀缺性资源,涨价为全球性现象。其次,再针对实木地板市场,橡木等原木是生产实木地板的重要投入品,投入品价格发生变化是导致供给曲线移动的主要因素。因此,原木价格上涨促使实木地板的供给曲线向左移动。在实木地板的需求不发生变化的情况下,实木地板价格就会持续攀升。

(二) 案例研究 B

《我是歌手》含金量有多高

《我是歌手》在第一季筹备之初,几乎所有一线歌手都拒绝了节目组的邀约,这个新节目陷入了"大咖不屑、小咖怕输"的尴尬境地。如今,《我是歌手》走到了第三季,成为歌手趋之若鹜的地方。

身价涨代言多全面吸金

参加《我是歌手》的录制,对于歌手而言,绝对不是简单地走一个通告这么简单,从选歌、编曲、进录音棚试音,再到彩排和最后的竞演,每周一期的录制节奏几乎占据了歌手的所有时间。孙楠在接受《信息时报》记者采访的时候就曾经透露,参与《我是歌手》的录制非常累,还开玩笑地建议其他歌手"没什么事还是不要来参加比较好"。此外,歌手们还要面临排名和被淘汰的压力。如此艰辛的征战之路,为什么还有歌手前仆后继呢?原来,这是一条踏上"钱途"的道路。

商演价码翻6—8倍,邓紫棋年收入半亿

从《我是歌手》第一季开始,黄绮珊、林志炫和杨宗纬的身价就翻倍增长。黄绮珊是第一季的最大黑马,从区区几万元的商演价格蹿升到50万元一场;林志炫的身价也随着节目的播出被指"每周的都不一样",从十几万飙升到50万;惨遭"一轮游"的杨宗纬,不但商演价格上涨五六倍,还传以1200万的天价加盟新东家。

《我是歌手》中吸金界的"大Boss"非邓紫棋莫属,她的经纪人在接受媒体采访时曾表示,参加《我是歌手》期间,邓紫棋每周的商演价格都不一样,从原本10万元升至80万元一场,去年有媒体统计邓紫棋年收入约为5000万元,"战斗力"惊人。

除了商演价格的飙升,商业广告的全面开花也显示了歌手地位的提升。虽然参赛已是一年前的事情,但邓紫棋目前在电视机里的某品牌彩妆广告和某品牌巧克力广告依然滚动播放。

尚雯婕在《我是歌手》中也实现华丽变身,时尚造型让人刮目相看。她在微博上提到:"在《我是歌手》播出后的第10天,接下了2013年第一个电视广告;在《我是歌手》播出后的第15天,与去年代言的法国品牌又续了一年半。"此外,她还代言了某网络游戏和某品牌服饰。

资料来源:《我是歌手》含金量有多高?邓紫棋年收入半亿,信息时报,2015年3月15日。

【关联理论】

供给和需求是经济学家最经常而且有充分理由使用的两个词。供给和需求是使市场经济运行的力量,它们决定了每种物品的产量及其出售的价格。如果你想知道任何一种事件或政策如何影响经济,你就应该考虑它如何影响供给和需求。供给与需求理论实际上就是为了说明市场经济中供给与需求将如何决定价格,以及价格又如何配置经济中的稀缺资源。

【案例解剖】

一位歌星一场演出的出场费往往高达几十万元人民币,是普通人几年或几十年的收入,老百姓难免有不平衡之感。实际上,道理非常简单。我们分析演出门票的价格,如果想看演出的人增加了,而歌手的供给不变,则门票的价格就会上升,由于演出举办方与歌手都能从高价格的门票中得到更多的收益,他们会增加演出的场次;同理,如果没有那么多歌迷,需求减少,门票的价格必然下降,他们会减少演出的场次。如果歌手增加,门票的价格也会下降,演出的场次增加;同理,歌手减少,门票的价格也会上升,演出的场次也会减少。这就是经济学分析的供求规律。

  在这几年的时间里,究竟发生了什么,让歌手们的态度发生了如此大的转变?自《我是歌手》第一季开播以后,这个从韩国引进的综艺节目在内地火速升温,参与节目的歌手也在"水涨船高"的效应下获取了极高关注度,他们有的实现了一夜暴红,有的沉寂多年后事业焕发新春。一时间,被邀请上《我是歌手》,成了很多歌手跻身乐坛一线的入场券。歌星的高收入是由歌星的供给和公众的需求决定的,这是市场机制作用的结果,既然对歌星的消费需求如此之大,而供给方又稀缺,也就是说,在市场上少数著名歌星有完全垄断地位,因此他们的高收入不仅是合理的也是公正的,少数歌星是竞争出来的。当看到一夜走红的歌星收入远远高于经过十几年寒窗苦读的中产阶层时,虽然有不平衡之感,但从经济学的理性来看,歌星的高收入是市场供求关系决定的,因此自然也是合理的。

(三) 案例研究 C

限价从来都是自欺欺人

  1973 年,阿拉伯国家发动石油攻势。石油价格一下子上涨了许多倍。当时的美国总统尼克松宣布美国进入"紧急状态"。此前,尼克松根据 1970 年的《经济稳定法》已经宣布冻结汽油价格。

  汽油限价导致的实际结果是令人尴尬的,对这个问题的深入分析可以开始于一个问题,消费者到加油站是想购买什么?那还用问吗,当然是去买汽油了。可是,实际答案并不这么简洁明快。消费者到加油站并不仅仅是去购买一种可燃液体,他们必定还要同时购买许多其他附属于汽油的有价值的属性,比如,是随到随买,还是需要排队等候;是全天 24 小时营业,还是只有白天营业;加油时是否提供其他服务,比如清洗风挡玻璃、添加润滑油;购买的是质量有保证的汽油,还是质量不那么好的汽油;等等。

  如果价格可以自由变化,加油站一般是不会出现严重排队现象的。如果出现排队,就意味着加油站老板可以借机提价。消费者虽然多花了钱,但实际上等于是购买了"随到随买"这种他需要的服务。限价令之下,不可以提价的规定等于实际上取缔了"随到随买"这种服务的供应。结果就是大家只好都排队,谁也没办法随到随买。于是,1973 年以后的美国,加油站前长长的队伍就成为一个到处可见的景观。

  那时,能不能加上汽油,成为无数美国人的心病。"请允许我发动我的汽车",这是当时美国报纸的一个头条标题。看来,很多人希望能购买到那种名为"随到随买"的服务,但政府阻止他们进行这种交易。

  限价令宣布前,市场中既有自助式的加油站——油价较便宜,也有提供全套服务的加油站——自然油价较贵。既有仅在白天营业的加油站,也有全天 24 小时营业的加油站。限价令一出,自助式加油站纷纷消失。他们的价格本已很低,现在既然不能提价,自然坚持不住。而提供全套服务的加油站虽然也不能改变价格,但他们可以通过取消所有服务来事实上提高汽油价格。同样,那些原来 24 小时营业的加油站很快就只在白天营业了,否则加油站老板就要承担额外的夜班成本。任何削减服务的手段都等于抬高了事实价格。政府可以控制名义价格,但绝不可能同时控制所有相关的因素。而所有那些政府无法控制的因素,都一定会被老板用来去提高事实上的汽油价格,一直达到市场均衡价格为止。

虽然一些有价值的服务消失了,但同时另一些服务却大幅增加了。比如加油站可以把润滑油和汽油搭配在一起销售。那些愿意在加油时一起添加高价润滑油的车主可以不必排队。汽油按政府定价,润滑油则大幅涨价,涨价的幅度一般是恰好可以弥补汽油限价造成的亏空。对此,经济学家巴泽尔讽刺地说道:"汽车在这一时期得到的润滑保养是有史以来最好的。"当然,车主们都知道,汽车得到周到细致保养的办法并不是仅有频繁更换润滑油这一种办法。多多维修也是一个好办法。结果,限价令之下,汽车好像更容易出故障了。更多的汽车被更经常地送去维修。其实并不是因为限价令造成了更多的事故和故障,而是因为每次维修以后,维修站都会把油箱加满。当然,这部分油价是计入维修费一起结算的。而政府并没有规定维修费不能涨价。

其他怪现象也层出不穷。比如,大油箱越来越多——加到油的机会难得,每一次都要尽量利用;而高级汽油越来越少——又不能提价,炼油厂费那个劲干什么。

那些主张限价令的人没有意识到,不仅是汽油,任何商品或者服务都是多属性的。消费者看起来只是购买了某种商品或者服务,其实,他购买的必定是围绕这种商品或者服务的属性集合。同样一瓶啤酒,在街边的小店购买只要两三块钱,而在高级夜总会可能就会贵上几十上百倍。原因就在于后者包含了许多其他属性。因此,限价令注定是自欺欺人的。欺人在于,限价令造成了虚假的价格信号,搅乱了市场自发调节的过程。供应和需求都得不到准确的信息,不知道是应该增加还是减少,更不知道增加和减少的数量。而自欺在于,颁布限价令的官员自以为控制了某种商品或者服务的价格,可实际上他们所控制的仅仅是名义价格罢了。他们怎么可能去控制那数量和搭配种类上可能都是无穷多的属性集合呢?

欺人的结果是阻碍了市场扩大供给和减少需求的过程,使得供应紧张的局面长期存在。而自欺的结果则是造成了各种扭曲和资源浪费。消费者本来需要的服务不复存在,而消费者不那么需要的东西却在市场上盛行。大家的状况都变得更糟。

1981年1月20日,新任总统里根的就职典礼在华盛顿举行。在仪式上,里根做了就职演讲,表明他要以解除对经济的种种管制为己任。就职典礼结束之后,在去宴会的途中,里根走进总统办公室,签署了一项法令:关于解除对石油和汽油价格控制的法令。那是他作为总统行使职权的第一件事。

资料来源:改编自 李子旸搜狐博客,http://liziyang.blog.sohu.com/66448671.html,2007年7月15日。

【关联理论】

供求规律是人类最古老和最顽强的行为规律之一。试图战胜和压倒这个规律是根本不可能的。我们只能尊重和利用供求规律。

【案例解剖】

从案例中得知,汽油的名义价格可被控制,但其他有价值的属性并不受控制。这些属性不可避免地按照市场供求关系进行了调整。其中许多对消费者来说非常重要的属性实际上从市场上消失了。消费者原来购买这些属性的花费都被用来弥补限价造成的名义价格与实际价格之间的差距。

其实,案例本身也反映了经济学的两大原理,一是市场通常是组织经济活动的一种好方法。价格的形成并不是某些偶然过程的结果,而是隐藏在供给曲线和需求曲线背后千百万企业和消费者决策的结果。价格有平衡供求从而协调经济活动的关键作用,当决策者通过立法方式确定价格时,就模糊了通常情况下指引社会资源配置的信号。另一大原理就是政府有时可以改善市场结果。决策者进行价格控制往往是觉得市场结果不公平,价格控制的目的是想帮助一部分人,而这样做也往往损害了这部分人的利益;如何在市场规律的指引下制定出更合理完善的政策以服务大众永远是政府的任务。

四、课外习题

(一) 术语解释

1. 需求定理
2. 正常物品
3. 低档物品
4. 供给定理
5. 均衡

(二) 单项选择

1. 下列哪一件事使手表需求曲线向右移动?(　　)。
   A. 手表的价格下降
   B. 手表的价格上升
   C. 如果手表是正常物品,消费者收入减少
   D. 如果手表电池与手表是互补品,手表电池价格下降

2. 如果蓝色牛仔裤价格上升引起白色网球鞋需求减少,那么,蓝色牛仔裤和白色网球鞋是(　　)。
   A. 替代品　　　　B. 互补品　　　　C. 正常物品　　　　D. 低档物品

3. 若篮球鞋价格上升引起网球鞋需求增加,那篮球鞋和网球鞋是(　　)。
   A. 替代品　　　　B. 互补品　　　　C. 正常物品　　　　D. 低档品

4. 如果笔记本电脑的需求曲线向右平移,其原因可能是(　　)。
   A. 笔记本电脑价格下降　　　　B. 预期笔记本电脑价格下降
   C. 台式电脑价格上涨　　　　　D. 以上原因都有可能

5. 市场上某种产品存在超额需求是由于(　　)。
   A. 产品价格超过均衡价格　　　B. 该产品是优质品
   C. 该产品供过于求　　　　　　D. 该产品价格低于均衡价格

6. 市场均衡要求(　　)。
   A. 政府平衡供求双方的力量　　B. 价格与数量相等
   C. 价格保持不变　　　　　　　D. 市场平衡供求双方的力量

7. 在两种互补品之间,其中一种商品价格上升,会使另一种商品价格(　　)。
   A. 上升　　　　　B. 下降　　　　　C. 不变　　　　　D. 不确定

8. 在一般情况下,供给曲线(　　)。
   A. 向左上方倾斜　　　　　　　　B. 向右下方倾斜
   C. 斜率为正　　　　　　　　　　D. 斜率为负
9. 在需求不变时,一种物品的供给减少(向左移动)将会引起(　　)。
   A. 均衡价格和数量增加　　　　　B. 均衡价格和数量减少
   C. 均衡价格上升,而均衡数量减少　D. 均衡价格下降,而均衡数量增加
10. 下列因素除哪一种外都会使需求曲线移动?(　　)。
    A. 消费者收入变化　　　　　　　B. 商品价格变化
    C. 消费者爱好变化　　　　　　　D. 其他相关商品价格变化
11. 假设个人电脑的供给和需求都增加,再假设个人电脑供给的增加大于个人电脑需求的增加。在个人电脑市场上,我们可以预期(　　)。
    A. 均衡数量增加,而均衡价格上升
    B. 均衡数量增加,而均衡价格下降
    C. 均衡数量增加,而均衡价格保持不变
    D. 均衡数量增加,而均衡价格变化无法确定
12. 如果一种物品价格低于均衡价格,则(　　)。
    A. 存在过剩,而且价格将上升　　B. 存在过剩,而且价格将下降
    C. 存在短缺,而且价格将上升　　D. 存在短缺,而且价格将下降
13. 在得出某种商品的个人需求曲线时,下列因素除哪一种外均保持不变?(　　)。
    A. 商品本身的价格　　　　　　　B. 个人爱好
    C. 其他商品的价格　　　　　　　D. 个人收入
14. 从20世纪80年代末开始,电脑行业的生产技术发生了根本性变化。集成电路技术的发展、硬件与软件技术标准和统一、规模经济的实现与高度专业化分工使电脑的生产成本迅速下降,而质量日益提高。近年来电脑普及程度和电脑需求量大幅增加,而电脑价格不增反降。你认为其中的主要原因是(　　)。
    A. 电脑的需求曲线向右移动,电脑的供给曲线向左移动,且需求曲线移动幅度更大
    B. 电脑的需求曲线向左移动,电脑的供给曲线向右移动,且需求曲线移动幅度更大
    C. 电脑的需求曲线向右移动,电脑的供给曲线向右移动,且供给曲线移动幅度更大
    D. 电脑的需求曲线向左移动,电脑的供给曲线向左移动,且供给曲线移动幅度更大
15. 完全竞争市场(　　)。
    A. 只有一个卖者　　　　　　　　B. 至少有几个卖者
    C. 有许多买者和卖者　　　　　　D. 有能确定自己价格的企业

(三) 判断正误

1. 如果咖啡需求减少,而供给增加了,那咖啡市场均衡价格、数量都下降。(　　)
2. 在竞争市场上,买者和卖者都是价格接受者。(　　)
3. 可口可乐价格上升,将引起百事可乐均衡价格和数量上升。(　　)
4. 从效率标准来看,规定春运期间火车票不能上涨是一种有效率的措施。(　　)
5. 市场价格总是要向均衡价格趋近的。(　　)
6. 市场在任何情况下都是组织经济活动的好方法。(　　)

7. 对于正常物品来说,它的替代品价格上涨时,它的需求曲线会向右移动。(　)
8. 降低价格一定会使供给量下降。(　)
9. 假定其他条件不变,某商品价格下降将引起需求量的增加和供给量的减少。(　)
10. 需求的变动是指商品本身价格变动所引起的该商品的需求数量的变动。(　)

(四) 简答题

1. 使供给曲线移动的因素有哪些?
2. 简述需求量变动与需求变动的不同。
3. 影响需求的因素主要有哪些?
4. 简述完全竞争市场的特征。
5. 分析均衡变动的三个步骤。

(五) 应用题

1. 分析需求和供给的变化对市场均衡的影响。
2. 说明下列事件对运动衫价格的影响(即价格是上升还是下跌)。
   (1) 天旱导致棉花减产
   (2) 夹克衫降价
   (3) 年轻人认为运动衫富有朝气
   (4) 发明了新的织布机
3. 请用供求定理提出你对治理城市交通拥堵的建议。

(六) 拓展思考题

1. 据报道,台风已登陆北部沿海,可能摧毁今年的苹果收成。于是,你的朋友建议购买大量苹果储存,以后出售时可赚一大笔钱。
   (1) 如果这种关于台风的信息可公开获得,大家都能预期到苹果价格将会上升,那么苹果的需求和供给及其均衡价格和数量马上会发生什么变动?
   (2) 你能利用公开获得的信息去帮助你廉价地购买某种东西,并迅速以高价卖出吗? 为什么?
2. 中国人在学习英语上花了很多精力,有人认为是巨大的浪费,他们提议英语退出高考或降分。你认为这种政策能把"英语热"降下去吗?

五、习题答案

(一) 术语解释

1. 需求定理:认为在其他条件不变时,一种物品的价格上升,对该物品的需求量减少的观点。
2. 正常物品:在其他条件相同时,收入增加引起需求量增加的物品。
3. 低档物品:在其他条件相同时,收入增加引起需求量减少的物品。

4. 供给定理:认为在其他条件不变时,一种物品的价格上升,该物品的供给量增加的观点。

5. 均衡:市场价格达到使供给量与需求量相等的水平时的状态。

(二) 单项选择

1. D 2. B 3. A 4. C 5. D 6. D 7. B 8. C 9. C 10. B
11. B 12. C 13. A 14. C 15. C

(三) 判断正误

1. × 2. √ 3. √ 4. × 5. √ 6. × 7. √ 8. × 9. √ 10. ×

(四) 简答题

1.【考查要点】 影响供给的因素。
【参考答案】 投入品价格、技术、预期、卖者的数量等。

2.【考查要点】 需求量变动与需求变动的概念区分。
【参考答案】 首先,二者变动的原因不同:需求量变动是由商品本身价格变动引起的;需求变动是由除商品本身价格以外的其他因素引起的。其次,二者的曲线变化的表现形式不同:需求量变动表现为在同一曲线上某一点的位置移动;需求变动是曲线的平移。

3.【考查要点】 影响需求的因素。
【参考答案】 收入,正常物品的需求和收入正向变化,低档物品的需求和收入反向变化;相关物品的价格,需求和替代品价格正向变化,和互补品价格反向变化;爱好,需求和爱好正向变化;以及预期、买者的数量等。

4.【考查要点】 完全竞争市场。
【参考答案】 完全竞争市场的条件主要有:产品是同质的;有很多的买者和卖者,他们都是市场价格的接受者。

5.【考查要点】 均衡变动的步骤。
【参考答案】 (1)确定该事件是使供给曲线移动还是使需求曲线移动,还是使两者都移动。(2)确定曲线移动的方向。(3)用供求图说明这种移动如何改变均衡价格和均衡数量。

(五) 应用题

1.【考查要点】 需求、供给与市场均衡。
【参考答案】 在供给和需求的相互作用下,市场会达到一个均衡的状态。当市场价格偏离均衡价格时,在市场机制的作用下,这种供求不相等的非均衡状态会逐步消失,自动回复到均衡价格水平。当市场价格高于均衡价格时,商品供给量大于需求量,出现商品过剩,一方面会使需求者压低价格,另一方面又会使供给者减少商品供给量,这样商品的价格必然下降到均衡价格水平。相反,当市场价格低于均衡价格时,需求量大于供给量,出现商品短缺,一方面迫使需求者提高价格,另一方面又使供给者增加商品的供给量,这样该商品的价格必然上升,一直上升到均衡价格的水平。(在其他条件不变的情况下,需求变动分别引起均衡价格和均衡数量的同方向变动;供给变动分别引起均衡价格的反方向的变动,均衡数量同方向变动。)

2. 【考查要点】 影响均衡价格的因素。

【参考答案】 (1) 价格上升　(2) 价格下降　(3) 价格上升　(4) 价格下降

3. 【考查要点】 供求定理的应用。

【参考答案】 (1) 首先阐释行政手段,比如限购。(2) 再阐释充分利用供求的规律,发挥市场的力量,利用经济杠杆,比如提高车辆购置税,对道路定价等。(3) 最后比较行政手段与经济杠杆之间的优劣。

(六) 拓展思考题

1. 【考查要点】 外部事件对旧均衡的破坏及新均衡的形成。

【参考答案】 (1) 在价格上升之前,由于卖者希望以后以高价出售苹果,卖者现在减少供给,由于买者希望现在购买苹果,买者需求增加。价格马上上升,而交易量无法确定。

(2) 不能。通常市场会迅速调整,以至于业余的投机者能进行购买之前,价格已经变动到其新的均衡值。

2. 【考查要点】 需求定理。

【参考答案】 英语是世界上使用最广泛的语言,全球大部分的资讯和研究成果都是以英语为载体的,大部分一流大学都广泛开设英语课程。只要社会对英语的要求和英语人才的需求不减,这种给英语"降温"的政策就是无效的。即使学校减少了课时,去社会培训机构报名的人数也会大增。

第 5 章
弹性及其应用

一、学习精要

(一) 教学目标

1. 掌握需求价格弹性的概念及其决定因素,会计算需求价格弹性。
2. 理解并掌握需求完全无弹性、缺乏弹性、单位弹性、富有弹性、完全有弹性这五种需求曲线图。
3. 能够用图表分析需求曲线的弹性与总收益之间的关系。
4. 理解并掌握需求收入弹性及需求的交叉价格弹性。
5. 掌握供给价格弹性的概念及其决定因素,会计算供给价格弹性。
6. 理解并掌握供给完全无弹性、缺乏弹性、单位弹性、富有弹性、完全有弹性这五种供给曲线图。
7. 理解并能运用供求工具分析现实生活中的一些真实案例。

(二) 内容提要

在上一章介绍供给与需求的基础上,本章将引入弹性的概念,并对供给和需求变动对均衡价格和数量的影响进行定量观察。弹性衡量买者与卖者对市场条件变化的反应程度。当研究一些事件和政策如何影响一个市场时,不仅需要讨论影响的方向,而且还需要讨论影响的大小。现实生活中,弹性可以应用于很多方面。

1. 需求弹性

(1) 需求价格弹性衡量的是需求量对价格变动的反应程度。如果一种物品的需求量对价格变动的反应很大,就说这种物品的需求是富有弹性的;如果一种物品的需求量对价格变动的反应很小,就说这种物品的需求是缺乏弹性的。

(2) 需求价格弹性的决定因素很多,主要有以下四个方面:

相近替代品的可获得性:有相近替代品的物品的需求往往较富有弹性,因为消费者从这种物品转向其他物品较为容易;

必需品与奢侈品:必需品的需求往往缺乏弹性,而奢侈品的需求往往富有弹性;

市场的定义:狭窄定义的市场的需求弹性往往大于宽泛定义的市场的需求弹性,因为狭窄定义的市场上的物品更容易找到相近的替代品;

时间范围:物品的需求往往在长期内更富有弹性。

(3) 需求价格弹性的计算公式为：

$$需求价格弹性 = \frac{需求量变动百分比}{价格变动百分比}$$

需求价格弹性有时为负数，但是一般都用其绝对值来表示。需求价格弹性越大，意味着需求量对价格越敏感。

如果想计算一条需求曲线上两点之间的需求价格弹性，可以采用中点法。即

$$需求价格弹性 = \frac{(Q_2 - Q_1)/[(Q_2 + Q_1)/2]}{[P_2 - P_1]/[(P_2 + P_1)/2]}$$

(4) 当弹性大于1，即需求量变动的比例大于价格变动的比例时，需求是富有弹性的；当弹性小于1，即需求量变动的比例小于价格变动的比例时，需求是缺乏弹性的；当弹性正好等于1，即需求量与价格同比例变动时，需求具有单位弹性，当弹性无穷大，即价格的极小变动会引起需求的极大变动时，需求完全有弹性；当弹性等于0，即无论价格如何变动需求量总是相同时，需求完全无弹性。

(5) 价格变动对总收益的影响取决于需求的价格弹性。

当需求缺乏弹性(价格弹性小于1)时，价格与总收益同方向变动；

当需求富有弹性(价格弹性大于1)时，价格与总收益反方向变动；

当需求是单位弹性(价格弹性正好等于1)时，价格变动，总收益不变。

(6) 沿着一条线性需求曲线，需求价格弹性并非一成不变。在价格低而数量高的各点上，需求曲线是缺乏弹性的；在价格高而数量低的各点上，需求曲线是富有弹性的。

(7) 需求收入弹性衡量一种物品需求量对消费者收入变动的反应程度。收入提高时正常物品的需求量增加，因此其收入弹性为正数；收入提高时低档物品的需求量降低，因此其收入弹性为负数。

$$需求收入弹性 = \frac{需求量变动百分比}{收入变动百分比}$$

(8) 需求的交叉价格弹性用来衡量一种物品需求量对另外一种物品价格变动的反应程度。替代品的交叉价格弹性是正数，互补品的交叉价格弹性是负数。

$$需求的交叉价格弹性 = \frac{物品1需求量变动百分比}{物品2价格变动百分比}$$

2. 供给弹性

(1) 供给价格弹性衡量的是供给量对价格变动的反应程度。这种弹性往往取决于所考虑的时间长短，在大多数市场上，供给在长期中比在短期中更富有弹性。

(2) 供给价格弹性的计算公式为：

$$供给价格弹性 = \frac{供给量变动百分比}{价格变动百分比}$$

(3) 当弹性大于1，即供给量变动的比例大于价格变动的比例时，供给是富有弹性的；当弹性小于1，即供给量变动的比例小于价格变动的比例时，供给是缺乏弹性的；当弹性正好等于1，即供给量与价格同比例变动时，供给具有单位弹性；当弹性无穷大，即价格的极小变动会引起供给的极大变动时，供给完全有弹性；当弹性等于0，即无论价格如何变动供给量总是相同时，供给完全无弹性。

3. 供给、需求和弹性的三种应用

(1) 农产品市场：在运用供求工具分析农业技术或农业政策的影响时，需要记住：对农民有利的不一定对整个社会也有利。农业技术进步对农民而言可能是坏事，因为它使农民逐渐变得不必要，但对能以低价买到食物的消费者而言肯定是好事。同样，旨在减少农产品供给的政策可以增加农民的收入，但必然会以损害消费者的利益为代价。

(2) 石油市场：在运用供求工具分析石油输出国组织 OPEC 的石油价格这一案例中，我们发现供给与需求在短期与长期的状况是不同的。在短期中，石油的供给和需求都是较为缺乏弹性的，而长期供给曲线和需求曲线都更富有弹性，因此，在短期中提高油价要比在长期中更容易。

(3) 毒品市场：禁毒减少了毒品的使用，但是也会增加与毒品有关的犯罪。由于禁毒的这一负面影响，有分析家提出决策者可以通过实行禁毒教育政策，努力减少对毒品的需求而不是减少毒品的供给。

4. 结论

供求工具可以被用于不同类型的市场，它帮助你分析影响经济的各种事件、政策。

(三) 关键概念

1. 弹性：衡量需求量或供给量对其某种决定因素的反应程度的指标。

2. 需求价格弹性：衡量一种物品需求量对其价格变动反应程度的指标，用需求量变动百分比除以价格变动百分比来计算。

3. 总收益：一种物品的买者支付从而卖者得到的量，用该物品的价格乘以销售量来计算。

4. 需求收入弹性：衡量一种物品需求量对消费者收入变动反应程度的指标，用需求量变动百分比除以收入变动百分比来计算。

5. 需求的交叉价格弹性：衡量一种物品需求量对另一种物品价格变动的反应程度的指标，用第一种物品需求量变动百分比除以第二种物品价格变动百分比来计算。

6. 供给价格弹性：衡量一种物品供给量对其价格变动反应程度的指标，用供给量变动百分比除以价格变动百分比来计算。

(四) 拓展提示

1. 在计算一条需求曲线上两点之间的需求价格弹性时，我们会发现从 A 点到 B 点的弹性似乎不同于从 B 点到 A 点的弹性，这时可以用中点法来计算弹性从而避免这一问题。无论变动的方向如何，中点法给出的答案都是相同的。无论计算需求价格弹性还是供给价格弹性，中点法都是很有用的一种方法。

2. 由于需求的价格弹性衡量需求量对价格的反应程度，因此它与需求曲线的斜率密切相关。拇指规则可以给我们有益的指导：通过某一点的需求曲线越平坦，需求的价格弹性就越大；通过某一点的需求曲线越陡峭，需求的价格弹性就越小。

3. 尽管线性需求曲线的斜率不变，但是弹性并不是不变的。因为斜率是两个变量变动的比率，而弹性是两个变量变动百分比的比率。线性需求曲线的例子说明，在一条需求曲线上各点的需求价格弹性不一定是相同的。

4. 由于企业的生产能力通常有一个最大值,因此,在供给量低时,供给弹性会非常高,而在供给量高时,供给弹性又会非常低。具体解释为:在供给量水平很低时,企业存在未被利用的生产能力(如厂房和设备等),价格的小幅提升使得企业利用这种闲置的生产能力是有利可图的。而随着供给量的增加,企业逐渐接近其最大生产能力。一旦生产能力得到完全利用,要想再增加产量就需要建立新工厂,要使企业能承受这种额外支出,价格就必须大幅提升,因此,供给就变得缺乏弹性。

二、新闻透视

(一)新闻透视 A

国际大米涌入打破平衡 破解新一轮谷贱伤农难题

早稻将陆续进入收割阶段。在南方的一些地区,为减少暴雨等自然灾害带来的损失,已经开始抢收。从夏粮的总体情况看,只要后期不发生大的自然灾害,夏粮丰收大局初定。

从粮食安全角度看,这无疑是好消息。但联系国内粮食市场的现状,对有可能发生的新一轮谷贱伤农难题不能掉以轻心。

近年来,随着国家加大对种粮的补贴,并逐年提高了粮食的收购价格,农民种粮的积极性不断提高,这也成为粮食"九连增"的基础。我国的大米供应整体处于宽松态势。

打破这种平衡的则是国际大米的涌入。由于国内外市场价格倒挂,企业从成本优势考虑,以进口替代国产的意愿增强。除合法进口的廉价大米之外,更有大量走私进来的"黑市米"。越南、巴基斯坦、泰国等国家的廉价大米甚至占到了一些省区市场份额的40%。

仅2012年,中国全年进口大米231.6万吨,同比增长达3.1倍,为2000年以来最高值。但2013年中国大米进口年配额更是高达532万吨。在稻谷再丰收的市场预期下,大米价格预计仍将低位徘徊。

需要注意到,随着进口量的增长,国际大米对市场的影响开始显现,市场上大米价格呈下降趋势。由此,国内的一些加工企业经营状况出现恶化。据有关报道,一些小型企业为了生存,将进口大米掺兑到本地米中,以降低自己的成本。

受到冲击的不只是加工企业,粮食收储企业处境同样尴尬。在市场上大米价格下跌的情况下,粮食收储企业降价卖粮也不具有吸引力。部分地区粮食收储企业已经出现压仓情况。价格的倒挂也加大了收储企业的负担。

不仅如此,随着早稻的开镰,我国面临着新旧粮食"市场撞车"的情形。上一年度收储的粮食未能投放,新一年的粮食收储即将来临。储备粮的轮换很难进行,也将影响新一年粮食收储的库容。更需关注的是,湖北、江西、安徽等省部分农民开始遭遇粮价下跌、卖粮难的问题。

资料来源:王仁贵,瞭望新闻周刊,2013年6月10日。

【关联理论】

"谷贱伤农"是指在农业生产活动中,存在着这样一种经济学现象:在丰收的年份,农民的收入却反而减少了,这在我国民间被形象地概括为"谷贱伤民"。背后的关联理论主要有两点:一是总收益由价格乘以销售量来决定,二是总收益的变动取决于需求的价格弹性。

【新闻评析】

农民粮食收割后到底能卖多少钱取决于两个因素:产量和粮价,粮食收入是二者的乘积。但这两个变量并不是独立的,而是相互关联的,其关联性由一条向下倾斜的对粮食的需求线来决定。也就是说,价格越低,需求量越大;价格越高,需求量越小。另外还要注意的是,粮食需求是缺少弹性的,也就是说,粮食的需求量对价格的变化不是很敏感。当粮价下跌时,对粮食的需求量会增加,但增加得不是很多。其基本的道理在于,粮食是一种必需品,对粮食的需求最主要的是由对粮食的生理需求所决定的。此外,当今对大部分人来说,粮食方面的花费在全部花费中所占比例已很小了,并且还会越来越小,这也导致人们对粮价的变化反应不敏感。

认识到粮食市场的这一特性后,就不难理解下面的现象:当粮食大幅增产后,农民为了卖掉手中的粮食,只能竞相降价。但是由于粮食需求缺少弹性,只有在农民大幅降低粮价后才能将手中的粮食卖出,这就意味着,在粮食丰收时往往粮价要大幅下跌。如果出现粮价下跌的百分比超过粮食增产的百分比,则就出现增产不增收甚至减收的状况,这就是"谷贱伤农"。在国际大米涌入打破平衡的大背景下,给国内农产品市场和农民经济利益的冲击可能会更大。

保障农民利益,不仅关乎民生,也是治国安邦的大事。没有粮农的利益,就没有国家粮食的安全。因此,怎样让"谷贱伤农"不再发生是摆在我们面前的一个重大议题。针对已经出现的市场动向,有关部门尤需未雨绸缪,在大面积出现上述情况之前,采取有力举措化解谷贱伤农难题。应加强对大米进口的调整,加大对大米进口走私行为的惩处力度,降低国外大米对国内市场的冲击,维护国内粮食市场的稳定。同时要着力解决国内大米积压的难题。在短期难以解决的情况下,需要启动临储收购,保证大米价格的基本稳定,维护种粮农民的利益,避免农民种粮积极性受挫影响粮食种植面积,进而威胁国家粮食安全。

(二) 新闻透视 B

研究显示:烟草税提高两倍 全球少死两亿人

据1月2日出版的《新英格兰医学杂志》报道,全世界烟草税提高两倍,将使本世纪的烟民数量减少三分之一,2亿人因此得以避免因肺癌或其他疾病过早死亡。

如此大的税率增长,将使某些国家的卷烟零售价格翻番,缩小最便宜和最昂贵卷烟间的价格差,这将鼓励人们从此与烟草告别,而不是转为吸食更便宜的烟草品牌,也有助于年轻人避免沾染这一恶习。

加拿大多伦多大学公共健康学院教授、圣·迈克尔医院全球健康研究中心主任普拉巴特·杰哈说,这一策略对低收入和中等收入国家特别有效,这些国家的烟民都能负担得起最便宜的卷烟,吸烟率得以持续上升。当然,这一策略对富裕国家同样有效,法国通过对烟草征收远高于通胀的税率,1990年至2005年间的卷烟消费量减少了一半。

在联合国大会和世界卫生组织2013年大会上,世界各国同意,到2025年将吸烟率降低约三分之一,由吸烟导致的癌症和其他慢性疾病过早死亡率降低四分之一。烟草每年导致20万名70岁以下的加拿大和美国烟民死亡。烟价翻番将可避免7万人过早死亡,并给政府的医疗保健花费提供新的收入来源。

该项研究的共同作者、英国牛津大学理查德·皮托教授说,在世界范围内,大约有5亿名35岁以下的儿童和成人已经或将要成为吸烟者,很少人会在目前的模式下戒掉烟瘾。各国政府正想方设法阻止人们开始吸烟并帮助已吸烟者放弃吸烟。

该项研究表明,烟草税是一个非常有力的杠杆,并具有"三赢"潜力:减少吸烟人数、降低因吸烟造成的过早死亡率、增加政府收入。所有政府可定期将烟草税提高至高于通胀率,并在第二年的预算中使用临时性的大幅加税措施。年轻的成年吸烟者如果因为烟价高企而戒烟,他们会因此延长大约十年寿命。

此外,控制烟草营销也是帮助人们戒烟的关键。英国一项独立评估得出结论,全烟害警示包装会降低卷烟的吸引力。澳大利亚从2011年起已正式实施烟害警示包装措施,新西兰也计划仿效此一措施。

资料来源:人民网国际时事栏,2014年1月6日。

【关联理论】

需求弹性的例子在日常的经济生活中随处可见,政府有时会根据需求弹性的相关理论来制定并实施相关政策,通过征税来抑制相关产品的消费更是较为常见。不可否认商家通过提高价格将所征收的税收转移到消费者身上,这在一定程度上达到了政策制定者的目的,但是如果具体衡量征税对消费的抑制程度是多少是个很难回答的问题,因为这不仅得考虑商品本身的特性,还得考虑一个国家的社会环境。

【新闻评析】

人人均知吸烟有害健康,但是国家并没有全面停止香烟的生产和销售。其实国家不完全禁烟的原因比较复杂,比如现有从业人员的安置问题,禁烟后大量烟民的管理问题,还有最重要的原因是影响到国家的税收来源。

征收烟草税一方面能够提高国家的财政收入,这在很多国家都一样。如加拿大最新财政预算案提出即时提高烟草税,每条10包200支的卷烟税,增加4加元至21加元,政府预计可为国库带来7亿加元税收,并形容这项措施是"恢复烟草产品税项的效用"。而在烟民众多的中国,2012年烟草行业实现工商税利8 649.39亿元,占全国税收收入的7.86%。

当然征收烟草税并不是单纯为了增加财政收入,还有很大一部分原因,正如上述新闻里面所讲的,是希望通过征收烟草税来抑制香烟的消费、提高烟民的身体素质。毕竟对于大部分普通消费者而言,价格对烟酒的销量还是有很大的影响的。这非常容易理解,如果一个人有1 000元,一条香烟500元的时候,可以买两条,当价格涨到1 000元每条的时候,就只能买一条了。但是,征收烟草税能在多大程度上达到后一目的很难衡量。一方面对烟酒消费上瘾的那部分消费者而言,其价格调整对他们的影响较小,因为他们会从其他方面抑制消费来弥补香烟价格上涨带来的额外支出。

(三) 新闻透视 C

需求交叉弹性对航空产品价格制定的现实意义

高铁的迅速发展对航空公司机票价格来说是一个不小的冲击,尤其是短航线上。从经济学的角度看,这是市场需求交叉弹性对产品价格的影响。所谓需求交叉弹性是指一种商品的需求量,对另外一种商品价格变动的反应程度。也就是说,当一种商品可替代性强,其价格增高会引起消费者的需求向可替代商品上转移,形成需求交叉弹性。例如,哈尔滨到大连的高铁开通以后,从12月2日起,航空公司开始推出哈尔滨去大连特价机票共计440元,而在12

月1日前飞大连的航班票价全价1 030元。据南航黑龙江分公司相关负责人说,如果动车在两地运行时间在4个半小时内,就会给民航带来巨大冲击,是否缩减两地间的航班,还要再观察和等待一段时间。而大连方面的部分航空公司已开始取消高铁途经线路的航班:大连机场取消了飞往沈阳的航班,南航大连分公司取消了大连飞长春的航班等。这些都说明了需求交叉对航空公司产品价格的影响。

从高铁与航空公司的博弈中我们看到,当民航产品涨价时或价格高于高铁时必然会产生需求交叉的弹性,必定会将部分需求推到铁路运输上。反过来,民航产品如果降价也会对铁路产生影响,但这种影响非常小,小到几乎可以忽略不计。

通过对需求交叉弹性理论的阐述,我们有了一种思路:在制定产品价格或调整价格时,必须充分考虑到需求交叉弹性。

面对高铁对民航市场的冲击,需求交叉弹性理论对航空公司定价具有十分重要的现实意义。航空公司应该运用科学的价格决策来维护自己的市场份额或盈利点。

资料来源:顾胜勤,民航资源网,http://news.carnoc.com/list/238/238758.html,2012年12月4日。

【关联理论】

市场是有规律的。市场需求交叉弹性告诉我们航空产品价格的任何变化,客观上都会影响消费者对航空产品需求的增加、减少或转移,它是一把双刃剑。因此,我们在制定或调整价格时必须尊重市场规律,并充分运用这一规律来指导运价。作为民航企业不仅要意识到这一经济规律的作用,而且应该充分发挥自己的主观能动性,运用这一规律,使自己成为市场上的"自由人"。

【新闻评析】

现实生活中,各行业需要充分利用需求价格弹性来调节市场需求。需求在市场中总是一直处于不断的运动中,呈现出波动状态,其中原因之一就是需求价格弹性的作用。因此,民航企业应该利用需求价格弹性来指导产品价格的制定与调整。这一指导作用表现在两个方面:一方面,当某种产品出现非饱和性滞销时,一般来讲这不是产品绝对过剩,而是相对过剩,其原因可能是价格过高,超过消费者所能接受的界限导致需求的下降。此时,可以充分利用需求价格弹性来刺激消费引起需求的增长。从我国航空市场的发展状况来看,随着国家的经济发展与国民收入的增长,人们生活水平进一步提高,对航空产品的需求会更高。另外,由于国土面积幅员辽阔,东西南北城市之间距离跨度大,蕴藏着丰富的航空市场需求。民航企业可以充分运用需求价格弹性规律来刺激市场需求。另一方面,当市场需求不足呈现疲软时,民航企业同样可以利用需求价格弹性理论来指导价格的制定与调整。面对市场状况,我们更应该着力研究市场,遵循市场经济规律,充分利用需求价格弹性理论来刺激市场需求,提高客运率,增加销售收入,比如,空地联运等。

三、案例研究

(一) 案例研究A

换季服装打折背后的需求价格弹性理论

商场是换季的温度计,8月7日立秋过后,商家都已然进入"清货"模式。记者走访发现,服饰、美容、运动等多个领域新品和促销各半边天。全场5折,低至2折,买一送一……各种优惠力度非常大。此外,超低价格的反季商品也遭到抢购。

酷暑天,商场里的毛呢大衣、羽绒服等都遭到疯抢,这是某周末发生在利和广场拉夏贝尔服装店的一幕。当天,该店举行了反季销售4折优惠,标价799元的毛呢大衣,如今只要200多元,吸引了大批市民前去抢购。据该店的销售人员介绍,当天店内销售的秋冬款有新品也有去年的过季产品,而4折的都是去年的旧款。

近日,记者走访发现,目前各大商场都贴出了换季优惠活动,其中服装的优惠力度最大,服装普遍打出5折优惠。当然,不少商家也纷纷推出新品,薄款长袖衬衫、毛衣、卫衣等秋装都已陆续上架。"半个月前,我们已经推出了优惠活动,全场低至5折,新品9折优惠。"大信新都汇艾格的销售人员说。

四季交替之际,走到很多城市的服装商场或商业街,可以看到不少换季服装都在"上演"集体大减价,吸引消费者购买。为什么随着季节变换,服装大多会进行打折销售,而且折扣的力度还很大呢?而其他一些商品,比如大米、食用油等,却不会换季打折呢?这就需要从商品的需求价格弹性原理中求解。

换季的服装之所以会经常打折,就是因为它们的需求富有弹性,而且需求价格弹性非常大。因此,对其进行降价销售,一般能起到极大地提升商品销售量的效果。相反,像大米、食用油这类商品属于生活必需品,不管价格上涨或者下跌,人们都必须消费,因而需求价格弹性非常小。

资料来源:改编自 换季时节 商场服饰频打折清库存,南方日报,2014年9月2日。

【关联理论】

需求价格弹性是经济学中一个使用极其广泛的概念。它指的是在一定时期内,商品需求量变动对于该商品的价格变动的反应程度,也就是商品的需求变动量与价格变动量的比值。如果某商品的需求变动量与价格变动量的比值大于1,那么就可以说该商品是需求富有弹性的商品;如果比值小于1,就说明该商品是需求缺乏弹性的商品。而总收益则会受到价格需求弹性的影响。当需求缺乏弹性(价格弹性小于1)时,价格与总收益同方向变动;当需求富有弹性(价格弹性大于1)时,价格与总收益反方向变动;所以研究不同消费者的需求情况而制定相应的价格可以增加商家的总收益。

【案例解剖】

按照供求定理,其需求与价格一般呈负相关关系,也就是说,商品价格的下降会带来商品需求量的增加。因此,如果是需求富有弹性的商品,那么价格的削减会促使该商品的销售量大幅度提高;而对于需求缺乏弹性的商品来说,价格的变动对市场需求量的影响并不大。换季打折促销这种活动,是针对不同消费者的需求定价的方法。服装等产品富有价格弹性,小幅度的价格变动,会带来较之更大幅度的需求量变化。假设服装打8折,若是富有价格弹性,服装的销售量涨幅将会超过20%。若是单看价格,会以为该商家利润减少,但其实对富有价格弹性的商品降价,不仅不会使其减少营业收入,反而会吸引那些本不想购买服装的消费者前来购买,反而增加了收益。

就企业而言,对商品采取降价销售策略还是涨价销售策略,关键在于分析商品的需求是否富有弹性。比如,一些国际知名品牌的产品几乎从来不打折,采取高价销售策略,正是因为其产品需求比较稳定,打折销售并不是实现利润最大化的最优策略。中国也有一些电商公司开始做特卖,是因为其产品富有弹性,通过价格弹性优势,为自己寻找盈利空间。比如电商公司唯品会,其COO洪晓波对福布斯中文网表示,唯品会率先实现盈利主要是因为精确成本控制下的规模扩大效应。其名牌折扣网上限时特卖场的模式,决定了公司的成本能比普通电商低一点,规模扩大后可令毛利率提升,物流费用和市场费用占比逐步下降。而在节流控损方面,唯品会将仓储能力扩大到全国四大仓库,并将全国物流转移到本地的低成本物流,简言之就是自建仓储、缩短物流半径、降低外包配送成本。他所说的规模效应,主要就是指降价后带来的产量大幅增长优势,实现销售额增长。因此,认真研究消费者心理,了解市场需求,针对本行业特点,制定出适合自身的价格策略,一定会给企业带来丰厚利润。

(二) 案例研究 B

TCL 王牌彩电的初期营销

TCL 王牌彩电推出市场时,我国彩电市场的消费需求正处在从小屏幕向大屏幕转变时期,无论是已经有彩电的家庭还是准备新添置彩电的家庭,都希望拥有一台二十五英寸以上的大屏幕彩电。当时市场上占主导地位的大屏幕彩电都是进口产品,这些牌子的彩电质量与性能都较好,但价格也相当高,令许多家庭、尤其是工薪阶层和刚富裕起来的农民还难以接受。对于许多人来说,拥有一台大屏幕彩电,还只是可望而不可即的梦想。TCL 王牌彩电推出市场时价格仅相当于同类型进口彩电的一半价格,质量和性能则非常接近,消费者的选择目光纷纷投向物美价廉的 TCL 王牌彩电,很快使其能在国内家电市场上走俏起来。经过两三年时间,其销量已跃居全国同行业前列,很快成为北京几家大商场销量最大的大屏幕彩电,超过了几个名牌进口彩电。

当然,仅靠价格低廉,TCL 王牌彩电不可能与质量较高的进口彩电竞争,夺得自己的市场。生产 TCL 王牌彩电的决策者们清楚地意识到这一点,他们在提高产品质量方面狠下功夫,现在 TCL 王牌彩电的开箱合格率一直列居国产彩电之首。他们还根据国内市场消费者的需要,不断改进设计,使 TCL 王牌彩电的外观不逊色于进口彩电,具备的各种功能也与同类型进口彩电相近。这样中国普通老百姓家庭能够用少于进口彩电一半的价钱圆了拥有大屏幕彩电之梦,许多要配置大屏幕彩电的宾馆、卡拉 OK 厢房也堂而皇之摆上了 TCL 王牌彩电。正是这种较高的质量、性能价格比,使 TCL 王牌彩电不仅站稳市场,还不断扩大市场,在短短的时间内成为国内家电市场令人骄傲的国产名牌。

【关联理论】

需求的交叉弹性在市场竞争中的应用。当两种商品之间存在着替代或互补关系时,一种商品的价格变动会对另一种商品需求量产生交叉影响,我们把一种商品的需求量对于另一种商品价格变化的反应程度叫作需求的交叉价格弹性,通常用一种商品需求量变动的百分比除以另一种商品价格变动的百分比来计算。

【案例解剖】

需求的交叉价格弹性分析告诉我们,当商品 A 与商品 B 互为替代关系时,A、B 之间任何一种商品的价格发生变动,不仅使其本身的需求量发生变化,也会引起具有替代关系的另一种商品的需求量发生变化。如果 B 商品的价格较低,就会增加对 B 商品的需求量。这其中包括使部分原先对 A 商品的需求量转移到 B 商品中来,这样就可以提高 B 商品在市场上的竞争能力。B商品对A商品的替代性愈强，A商品的垄断地位就愈容易被削弱。生产TCL王牌彩电的决策者们清楚地意识到这一点，根据国内市场消费者的需要，不断改进设计，使TCL王牌彩电的外观不逊色于进口彩电，具备的各种功能也与同类型进口彩电相近。正是这种较高的质量、性能价格比，TCL王牌彩电不仅站稳市场，还不断扩大市场，在短短的时间内成为国内家电市场令人骄傲的国产名牌。

　　从TCL王牌彩电的成功我们还可以得到两点启示。其一，对一个新产品上市的厂商来说，要想从已经被外国名牌产品占据的市场上争得自己的空间，很重要的一点就是要在市场上形成消费者对自己产品的需求，能否形成需求关键又是自己的产品是否具有替代性，而替代性又表现在性能、质量价格比是否具有明显的优势。对于新厂商来说，就是要提高自己产品在市场上的竞争力。其二，当自己的产品的质量性能与名牌产品接近时，如何定价也是很关键。如果认为自己的产品与名牌产品的质量、性能接近，就把价格定得非常接近，希望以此获得更多的利润，这并不是一种很好的策略。当需求的价格弹性较大的时候，作为替代性的商品保持较低的价格，与被替代的商品保持较大的价格距离，自己的优势就能明显体现出来，需求量也会有较大幅度的增加，也就提高了自己产品在市场的销量。另外，从生产原理看，如果定价较高，需求量较低，厂商的生产未能达到规模收益不变阶段所需的产量水平，生产要素的效益未能充分发挥，厂商也不可能获得最大的利益。

四、课外习题

（一）术语解释

1. 弹性
2. 需求价格弹性
3. 总收益
4. 需求收入弹性
5. 供给价格弹性

（二）单项选择

1. 一般来说，需求曲线越陡峭，越可能的情况是（　　）。
   A. 富有价格弹性　　　　　　　　B. 缺乏价格弹性
   C. 单位价格弹性　　　　　　　　D. 以上各项都不对
2. 病人对药品（不包括滋补品）的需求的价格弹性（　　）。
   A. >1　　　　　　B. =1　　　　　　C. <1　　　　　　D. =0
3. 以下哪一种物品的需求可能是最缺乏价格弹性的？（　　）。
   A. 肯德基　　　　B. 光明酸奶　　　C. 火锅　　　　　D. 食品
4. 如果两种物品之间的交叉价格弹性是负的，那么，这两种物品很可能是（　　）。
   A. 奢侈品　　　　B. 必需品　　　　C. 互补品　　　　D. 替代品
5. 如果一个渔民在鱼腐烂之前要以他能得到的任何一种价格把他当天捕到的鱼卖出去，一旦捕到了鱼，渔民的鲜鱼的供给价格弹性就是（　　）。
   A. 0　　　　　　　B. 1　　　　　　C. 无限大　　　　D. 不能判断

6. 假设某商品的需求曲线为 $Q=3-5P$,市场上该商品的均衡价格为 4,那么,当需求曲线变为 $Q=5-5P$ 后,均衡价格将(　　)。
   A. 大于 4　　　　B. 小于 4　　　　C. 等于 4　　　　D. 无法确定
7. 若价格从 3 元降到 2 元,需求量从 8 个单位增加到 10 个单位,这时卖者的总收益(　　)。
   A. 增加　　　　B. 保持不变　　　　C. 减少　　　　D. 无法判断
8. 使农产品供给向右移动的农业技术进步倾向于(　　)。
   A. 减少农民整体的总收益,因为食物的需求缺乏弹性
   B. 减少农民整体的总收益,因为食物的需求富有弹性
   C. 增加农民整体的总收益,因为食物的需求缺乏弹性
   D. 增加农民整体的总收益,因为食物的需求富有弹性
9. 需求价格弹性系数的公式是(　　)。
   A. 需求量与价格之比
   B. 价格下降的绝对值除以需求量增加的绝对值
   C. 需求量变化的相对值除以价格变化的相对值
   D. 需求量变化的相对值乘以价格变化的相对值
10. 如果一种物品的需求收入弹性是负的,它必定是(　　)。
    A. 一种奢侈品　　　　　　　　B. 一种正常物品
    C. 一种低档物品　　　　　　　D. 一种富有弹性的物品
11. 在下列商品中,可以采用"薄利多销"的方法通过降价来增加总收益的商品是(　　)。
    A. 化妆品　　　　B. 面粉　　　　C. 药品　　　　D. 以上都是
12. 如果消费者认为一种物品很少有替代品,那么该物品(　　)。
    A. 供给将是富有价格弹性的　　　　B. 供给将是缺乏价格弹性的
    C. 需求将是富有价格弹性的　　　　D. 需求将是缺乏价格弹性的
13. 当消费者的收入增加 80% 时,某商品的需求量增加 40%,则该商品极可能是(　　)。
    A. 必需品　　　　B. 奢侈品　　　　C. 低档商品　　　　D. 吉芬商品
14. 当出租车租金上涨后,对公共汽车服务的(　　)。
    A. 需求下降　　　B. 需求增加　　　C. 需求量下降　　　D. 需求量增加
15. 对大白菜供给的减少,不可能是由于(　　)。
    A. 气候异常寒冷　　　　　　　B. 政策限制大白菜的种植
    C. 大白菜价格的下降　　　　　D. 化肥价格上涨

(三) 判断正误

1. 如果一种物品的需求量对该物品价格的变动敏感,可以说需求缺乏价格弹性。(　　)
2. 用中点法计算弹性,如果一包花生米的价格由 5 元上升到 10 元,需求量从 50 包减少到 25 包,那么,铅笔的需求是单位价格弹性。(　　)
3. 对手机的需求应该比对苹果手机的需求更缺乏弹性。(　　)
4. 这个月中成药的需求应该比今年中成药的需求更富有弹性。(　　)

5. 需求价格弹性的定义为某种物品价格变动的百分比除以该物品需求量变动的百分比。（　）

6. 如果两种物品之间的需求价格弹性是正的,这两种物品可能是互补品。（　）

7. 如果一种物品的需求缺乏价格弹性,那么,其价格上升将增加到那个市场上的总收益。（　）

8. 高血压药这类必需品的需求往往是富有弹性的。（　）

9. 如果需求曲线是线性的,沿着这条曲线的需求价格弹性是不变的。（　）

10. 如果学校食堂的需求收入弹性是负的,那么,学校食堂的菜肴就是低档物品。（　）

（四）简答题

1. 如果需求是富有弹性的,价格上升会如何改变总收益？解释原因。

2. 王羲之字画的供给弹性是多大？

3. 供给价格弹性在短期中更大,还是在长期中更大？为什么？

4. 弹性如何有助于解释为什么禁毒可以减少毒品供给量,但可能增加与毒品相关的犯罪？

5. 需求价格弹性有哪五种情况？

（五）应用题

1. 一种高级冰激凌价格为9元人民币时需求量为11吨,价格为11元时需求量为9吨。求需求价格弹性。

2. 某种商品的需求函数为 $P = 200 - 10Q$,求当 $Q = 5$ 时的弹性？

3. 价格变动引起一种物品的需求量减少了30%,而这种物品的总收益增加了15%。这种物品的需求曲线是富有弹性还是缺乏弹性？解释原因。

（六）拓展思考题

1. 1990年美国国会通过法令对高档消费品（豪华汽车、游艇等）征收消费税,目的是通过这种税实现劫富济贫。但其结果是,富人纳税没增加多少,生产这些高档消费品的工人却受害了。于是不得不在1993年取消这种对高档消费品征收的消费税。问：政府为什么会取消这种税？

2. 请阅读以下案例材料,结合本章相关理论回答文后三个问题。

买得起打印机买不起墨盒

在打印机市场上,彩色喷墨打印机和墨盒的定价很反常,彩色喷墨打印机一台售价仅为300元人民币,低价很诱人,使得很多有计算机的用户购买了一台这样的打印机,买到打印机后再考虑买墨盒,发现一个墨盒的价格是200元人民币。墨盒的消耗量很大,消费者如果使用打印机,购买墨盒就是经常的。事实也就是这样买下后才发现更换一种色彩的油墨用完,不换墨盒就不能保证画面质量,而换四个墨盒的价格比一台彩色喷墨打印机还贵。因此消费者才感到买得起打印机买不起墨盒。

还比如你看人家经营一种商品十分赚钱,你也做起同样的生意来,这就是经营别人产品的替代品,这样势必加剧了市场竞争。恐怕竞争中被淘汰的就是你。其实,经营畅销产品的互补品不失为一种很好的思路,有的中小企业,靠着与汽车配套的思路,生产车用地毯、车灯、反光镜等配件,结果取得了良好的经营业绩。珠海中富集团一开始是十几个农民建立的一家小企业,最初为可口可乐提供饮料吸管,后来生产塑料瓶和瓶盖。可口可乐在哪里建厂,中富就在哪里建配套厂。靠这种积极合作的策略,中富如今已发展成为年销量过十几亿元的大公司。

如果两家公司生产替代品,大维西服和衫衫西服都是国内的知名品牌。对消费者来说大维西服与衫衫西服提供的效用是相同的,它们是互相替代的产品。众所周知,为了提高市场占有率他们都不惜投入大量的金钱做广告,进行非价格竞争。但如果只注意非价格竞争而忽视价格竞争也会失去市场。如大维坚持高价格政策,衫衫采取"薄利多销"的低价格策略,西装属于富有弹性的商品,因此消费者就会由于衫衫西装价格下降增加对衫衫西装的购买,大维就会失去一部分市场份额。因此,大维应根据交叉价格弹性的特点正确判断自己的市场定位,制定合适的市场价格,预防不利于自己生存和发展的情况发生。

讨论题:
(1) 什么是需求交叉弹性?
(2) 什么是生产性互补商品及生产性替代商品?
(3) 交叉弹性原理的微观意义。

五、习题答案

(一) 术语解释

1. 弹性:衡量需求量或供给量对其某种决定因素的反应程度的指标。
2. 需求价格弹性:衡量一种物品需求量对其价格变动反应程度的指标,用需求量变动百分比除以价格变动百分比来计算。
3. 总收益:一种物品的买者支付从而卖者得到的量,用该物品的价格乘以销售量来计算。
4. 需求收入弹性:衡量一种物品需求量对消费者收入变动反应程度的指标,用需求量变动百分比除以收入变动百分比来计算。
5. 供给价格弹性:衡量一种物品供给量对其价格变动反应程度的指标,用供给量变动百分比除以价格变动百分比来计算。

(二) 单项选择

1. B 2. C 3. D 4. C 5. A 6. A 7. C 8. A 9. C 10. C
11. A 12. D 13. A 14. B 15. C

(三) 判断正误

1. × 2. √ 3. √ 4. × 5. × 6. × 7. √ 8. × 9. × 10. √

(四) 简答题

1. 【考查要点】 总收益与需求价格弹性之间的关系。

【参考答案】 如果需求是富有弹性的,价格上升会使总收益减少。因为需求富有弹性,价格上升引起需求量减少的如此之多,以至于大到抵消了价格上涨所带来的收益,即需求量下降的比例大于价格上升的比例。

2. 【考查要点】 供给价格弹性的几种情况。

【参考答案】 王羲之字画的供给价格弹性为零。因为不管字画价格怎样变动,画商们不可能再生产出这种字画,只能提供一个固定的数量。

3. 【考查要点】 供给价格弹性的影响因素。

【参考答案】 长期中供给价格弹性更大。因为在短期中,企业不能轻易改变它们的生产规模来增加或减少一种物品的生产。因此,在短期中供给量对价格常常不敏感。在长期中企业可以扩大生产规模或进行产品调整,开发新产品,并且企业可以选择进入或退出市场。因此,在长期中供给量可以对价格做出相当大的反应。

4. 【考查要点】 弹性在日常生活中的应用。

【参考答案】 (1)禁毒政策实施会影响毒品的供给曲线,导致毒品的供给曲线向左移动,在毒品的需求曲线不发生变化的情况下,导致毒品的价格上升,而毒品的均衡数量下降。(2)由于毒品的需求很可能缺乏弹性,毒品价格上升将导致吸毒者总支出增加。因此,那些以盗窃或者抢劫来维持吸毒习惯的瘾君子,会变本加厉地犯罪。

5. 【考查要点】 需求价格弹性的分类。

【参考答案】 (1)当 $E_d = 0$ 时,需求对价格是完全无弹性的,即需求量与价格无关,则需求曲线为一条垂直于 Q 轴的直线,其需求函数为 $Q = a$(a 为一常数);(2)当 $E_d = 1$ 时,需求对价格为单位弹性,即价格变化的百分比与需求量变化的百分比相等;(3)当 $E_d = \infty$ 时,需求对价格是完全有弹性的,需求曲线为一条垂直于 P 轴的直线,其需求函数为 $P = a$(a 为一常数);(4)当 $0 < E_d < 1$ 时,需求对价格缺乏弹性,即需求变化的百分比小于价格变化的百分比;(5)当 $1 < E_d < \infty$ 时,需求对价格是有弹性的,即需求变化的百分比大于价格变化的百分比。

(五) 应用题

1. 【考查要点】 需求价格弹性的定义和公式。

【参考答案】 需求价格弹性:$E_d = -[(11-9)/(9-11)][(11+9)/(9+11)] = 1$

2. 【考查要点】 需求定理、价格弹性的定义。

【参考答案】 当 $Q = 5$ 时,$P = 200 - 10 \times 5 = 150$,由 $Q = 20 - 0.1P$,$dQ/dP = -0.1$,$E_d = -dQ/dP \times P/Q = -(-0.1) \times (150/5) = 3$

3. 【考查要点】 总收益与弹性之间的关系。

【参考答案】 该物品需求量减少的原因是其价格上涨了,而这种物品的总收益增加了 15%,由于总收益=价格×数量,因此该物品价格上升的比例(64.29%)大于需求量减少(30%)比例,所以,该种物品的需求曲线缺乏弹性。

(六) 拓展思考题

1.【考查要点】 税收与需求弹性和供给弹性之间的关系。

【参考答案】 根据经济学原理,对消费品征收的税可能由消费者承担,也可能由生产者承担。谁承担得多取决于这种物品的需求弹性与供给弹性。高档消费品需求富有弹性,即增加税收价格上升后,需求量会减少得多(改为消费其他不加税的消费品),但供给缺乏弹性,即生产者无法迅速地大量减少生产。这样,税收主要由生产者承担,生产这些物品的企业不堪重负,只好减少生产甚至关门,工人收入减少甚至失业。想帮助穷人的政策反而害了穷人,正是因为不了解经济学中关于税收与需求弹性和供给弹性之间关系的结果。如果洪水后小麦价格上升,那么农民群体会由于洪水而受益,因为小麦是缺乏需求弹性的物品。但是,如果占的比重过大,使小麦市场价格上升的幅度小于小麦供给量减少的幅度,那么农民群体就会由于洪水而受害。

2.【考查要点】 需求交叉弹性及互补品和替代品。

【参考答案】 (1)需求交叉弹性是指在一定时期内一种商品的需求量的相对变动对于它的相关产品的价格相对变动的敏感程度,它是该商品的需求量的变动率和它的相关商品价格的变动率的比值。

(2)生产性互补品是指必须和某商品一起生产的另一种商品。生产性替代品是指可以替代某种商品进行生产的另一种商品。如案例中的彩色喷墨打印机和墨盒是互补产品,大维西服和衫衫西服是替代产品。

(3)如果基本品打印机定价低,配套品墨盒定价高,根据交叉弹性的定价原理,面对基本品——打印机,消费者完全处于主动位置,需求弹性较大,只有定价低才能吸引消费者购买,一旦基本品买下,配套品的选择余地就小了,消费者往往处于缺乏替代的被动地位,此时定高价就能获取较高利润。如果反过来基本品定价高结果导致消费者寥寥无几,那么配套品定价再低也失去了意义。懂得需求的交叉弹性对企业决策和个人投资有很大的帮助。总之,企业在制定产品价格时,应考虑到替代品与互补品之间的相互影响。否则,价格变动可能会对销路和利润产生不良后果。

第6章
供给、需求与政府政策

一、学习精要

(一) 教学目标

1. 了解税收负担如何在买者与卖者之间分摊,及税收归宿的决定因素。
2. 领会税收对买者支付的价格、卖者得到的价格和销售量的影响;对一种物品的买者或者卖者征税时结果是否相同。
3. 掌握价格上限政策和价格下限政策对市场结果的影响,及其成为限制性约束的必要条件。

(二) 内容提要

第 4 章提出供求模型,第 5 章通过提出弹性的概念以提高供求模型的准确性。本章将在供求模型的框架内分析价格控制和税收两种政府政策,分析政府如何运用政策去努力改善世界。政府政策有时会产生意想不到的结果。

1. 价格上限

(1) 价格上限是某种物品或服务的法定最高价格。

(2) 若确定的价格上限高于均衡价格,它就没有限制性。即价格上限对市场没有影响,此时价格可以不受限制地变动到均衡价格。

(3) 如果确定的价格上限低于均衡价格,它就是一种限制性约束,因为它不允许市场达到均衡。此时,限制性价格上限引起需求量大于供给量,即短缺。由于存在短缺,因此就需要在大量买者中配给少量供给,并导致无效率的结果:愿意排队等待或者排在队伍前面的买者可能会得到该物品;卖者根据个人偏好配给物品,如其亲戚、朋友、本地人等。

(4) 在汽油和租房市场上价格上限普遍存在。限制性租金政策引起租房短缺。短期中租房的需求和供给都是缺乏弹性的,因此产生的短缺并不大。但是,在长期中,租房的供给和需求变得更富有弹性,于是,短缺就很明显了,而且导致排队、贿赂房东、所租的房子不清洁、住房质量降低等。正如经济学家的评价"租金上限是毁灭一个城市的最好方法"。

2. 价格下限

(1) 价格下限是某种物品或服务的法定最低价格。

(2) 如果确定的价格下限低于均衡价格,它就没有限制性。即价格下限对市场没有影响,此时价格可以没有限制地变动到均衡位置。

(3) 如果确定的价格下限高于均衡价格,它就是限制性约束,因为它不允许市场达到均衡。此时,限制性价格下限引起供给量大于需求量,即过剩。为了消除过剩,卖者会要求买者关照,并卖给家人或朋友。

(4) 劳动力市场存在价格下限,即最低工资。最低工资对年轻工人和不熟练工人的劳动力市场具有限制性约束。即在年轻工人和不熟练工人的劳动力市场上,最低工资高于其市场均衡工资,劳动的供给量大于需求量,即失业。研究表明:最低工资上升10%使青少年工人的就业减少1%至3%,最低工资还引起青少年找工作并退学。

3. 税收

(1) 政府用税收筹集收入。一种物品的税收将影响其销售量以及买者支付的价格与卖者得到的价格。

(2) 向买者征税如何影响市场结果:如果向买者征税,需求曲线向下移动每单位税收的大小。因此,销售量减少,买者支付的价格上升,而卖者得到的价格下降。

(3) 向卖者征税如何影响市场结果:如果向卖者征税,供给曲线向上移动每单位税收的大小。因此,销售量减少,买者支付的价格上升,而卖者得到的价格下降。

(4) 无论向买者征税还是向卖者征税,结果都是一样的:销售量减少,买者支付的价格上升,而卖者得到的价格下降。在对一种物品征税之后,买者所支付的和卖者所得到的之间的差额是每单位的税收,被称为税收楔子。无论向谁征税,一旦市场达到新均衡,都是买者和卖者分摊税收负担。

(5) 税收归宿是税收负担在市场参与者之间进行分配的方式。税收归宿并不取决于是向买者征税,还是向卖者征税。税收归宿取决于供给与需求的价格弹性。税收负担更多地落在缺乏弹性的市场一方。这就是说,税收负担更多地落在当价格变得不利时不愿意离开市场的一方身上。

(三) 关键概念

1. 价格上限:出售一种物品或服务的法定最高价格。有限制性约束的价格上限会引起供不应求,即短缺。在汽油和租房市场上价格上限普遍存在。

2. 价格下限:出售一种物品或服务的法定最低价格。有限制性约束的价格下限会引起供过于求,即过剩。价格下限的一个重要例子是最低工资。

3. 税收:政府要求买者或卖者每买进或卖出一单位物品所支付的一定数量的货币。政府可以用税收筹集收入,一种物品的税收将影响其销售量以及买者支付的价格与卖者得到的价格。

4. 税收楔子:在征税之后买者支付的量和卖者得到的量之间的差额。

5. 税收归宿:税收负担在市场参与者之间进行分配的方式。税收归宿并不取决于是向买者征税,还是向卖者征税,而是取决于供给与需求的价格弹性。

(四) 拓展提示

1. 只有确定的价格上限低于均衡价格时才会引起短缺,只有确定性的价格下限高于均衡价格时才会引起过剩。

2. 市场通常是组织经济活动的一种好方法,价格是隐藏在供给曲线和需求曲线背后的千百万企业和消费者决策的结果。价格有平衡供求从而协调经济活动的关键作用。当决策者通过立法方式确定价格时,他们就模糊了指引社会资源配置的信号。决策者进行价格控制是因为他们认为市场结果是不公平的,但价格控制往往损害了那些它本想要帮助的人。譬如最低工资可以帮助那些在最低工资时找到了工作的人,但伤害了那些由于最低工资而失业的人。租金控制可以帮助低收入的群体租得起房子,但降低了住房的可获得性和住房的质量。

3. 税收会引起需求曲线与供给曲线向上(或向下)垂直移动,这种思维逻辑是有益的。向买者征税会导致需求曲线向下移动,向卖者征税会导致供给曲线向上移动,移动的幅度即为每单位税收的大小。

4. 在香烟市场上,由于吸烟者有瘾,需求可能比供给更缺乏弹性。因此,香烟的税收往往使买者支付的价格上升得比卖者得到的价格下降得更高,结果,香烟的税收负担更多地落在香烟买者的身上。就工薪税(社会保障和医疗税)而言,由于劳动供给的弹性小于劳动需求的弹性,大部分税收负担由工人承担,而不是像立法者规定的那样五五平分。

二、新闻透视

(一) 新闻透视 A

烟草局限制天价烟:卷烟价格不能超1 000元/条

据南方周末报道,2013年春节前夕,中央连续发出改进工作作风"八项规定""六项禁令"后,一份新的紧急通知在烟草系统内部传阅。国家烟草专卖局在春节后一个月内连续两次下发紧急通知加强"天价烟"管理,核心是卷烟价格控制在1 000元/条以内。在业内,1 000元/条正是天价烟和普通烟的分界线。

据悉,在国务院一些部门,目前财务已严格控制公款消费烟草。"如果开的是购烟的发票,那是报销不了的。"国务院一部委办公厅人士透露。

事实上,限价自2012年春便已开始。南方周末记者获得的一份国家烟草专卖局于2012年3月16日发布的《国家烟草专卖局关于开展"天价烟"和卷烟过度包装专项治理工作的意见》显示:"对发现社会零售商户有明码标价或实际零售价超过1 000元/200支的销售行为,烟草商业企业立即停止相关卷烟牌号规格供货。"

国家烟草专卖局副局长赵洪顺亦在一次内部会议上透露,国家局曾组织6个检查组,对全国58个城市的3 361户零售店展开明察暗访。

此后,各地纷纷响应。以长沙为例,2012年9月,长沙市物价局、长沙市烟草专卖局联合下发文件,称卷烟标价或实际零售价不得超过1 000元一条或100元一包;连续3次以上违规的,湖南省长沙市烟草部门可取消该零售户卷烟统一货源供应。

以享誉天价烟市场的主流品牌——"黄鹤楼1916"为例,贵州凯里一位烟草经销商介绍,2011年,"黄鹤楼1916"每条价格在1 800元左右,后来跌到1 200元,如今几乎被腰斩。

"以前也限价,但从没有这么严。"云南省一位烟草行业内部人士透露。

资料来源:中国经营网,http://news.xinhuanet.com/2013-04-26/c_124634541.htm,2013年4月25日。

【关联理论】

价格上限是出售一种物品或服务的法定最高价格。当市场价格达到价格上限时,根据法律不能再上升,市场价格必定等于价格上限,从而导致商品的供给量小于需求量,即产生市场短缺。在限制性价格上限政策实施情况下,市场一旦被捆绑住了,依靠价格调节配给物品的自由市场作用发挥失效。此时,更需要政府采取某种额外手段来改善市场结果。

【新闻评析】

经济学家认为市场通常是组织经济活动的一种好方法,因为市场经济下的家庭和企业的决策通常会使社会经济福利最大化。而政府的价格控制政策限制了价格,如同把市场经济"看不见的手"绑起来了,使市场经济无法实现社会经济福利最大化的结果。但由于存在市场失灵或机制不完善,市场并不一定可以达到社会最优的结果。譬如此新闻中提到的,由于国家烟草专卖局对烟草拥有全国性的垄断和控制权,内地一条烟的价格高达数千元。而高档烟往往是用公款购买,不仅充当身份象征,还经常被当成礼品并便于转手或拿到当铺换钱,从而成为滋生腐败的温床。为了改善不合意的市场结果,中国政府不得已采用限制性的价格上限控制政策。

但限制性价格上限的实施又会带来新的问题,即会产生供不应求和市场短缺,此时若不采用排长队的配给机制,就可能面临着卖者必须在大量潜在买者中配给稀缺物品的不合意的结果。上述新闻中提到,政府为了打击隐藏在天价香烟销售和转卖过程中的猖獗腐败,而对香烟实行价格上限政策的同时,采取相关配套措施保障该政策的最终落实。这些相关配套保障措施无非是从香烟的需求和供给两方面入手:一方面,试图打破国家烟草专卖局对烟草所拥有全国性的垄断和控制,从而真正地把天价烟的价格降下来;另一方面,采取行政手段或经济手段,严厉打击公款香烟消费。通过两方面措施的结合,加大高档香烟的供给,并减少高档香烟的需求,从而使得高档香烟的供给和需求达到平衡状态。在这个过程中烟草行业的发展将会受到一定影响,烟草行业的从业人员的就业也将面临严峻的考验,但这是烟草行业生产和消费走上正常轨道过程中必须经历的阵痛。

(二) 新闻透视 B

业内谈取消机票价格下限:将归市场管的还给市场

机票价格下限取消政策的出台,受到航企和旅客的普遍欢迎。价格低廉的飞机票已经越来越多。"合肥—北京1.5折165元、合肥—上海最低1.7折84元机票、厦门—武夷山0.4折只要30元的机票……"这样优惠的折扣和低价的机票着实令人心动。"双11",不仅是电商卖家的"狂欢节",航空公司显然也不甘落后。

11月11日当天,南方航空公司推出了国内机票110元起、国际机票100元起的限时疯抢活动;中国国航在特价票秒杀的基础上,实行国内全航线折后再减30%的优惠;东方航空则推出了"一元抢券"活动——以1元的价格换购东航电子升舱券等。

11月7日,民航局和发改委下发取消国内航空机票价格下限限制的通知——这一政策的出台为各家航空公司大力促销机票的降价行为找到了合法化的注脚。规定中称,对旅客运输票价实行政府指导价的国内航线,均取消票价下浮幅度限制,航空公司可以基准价为基础,在上浮不超过25%、下浮不限的浮动范围内,自主确定票价水平。而在此之前,中国各航空公司机票价格不得超过基准价的1.25倍,不能低于基准价的60%。

"民航局只是把各航空公司都在做的事情合法化,"一位民航业内人士对新金融记者说,其实在政策出来之前,各航空公司的机票价格折扣早就突破民航局的规定了,"既然管不了,又没道理对航空公司进行处罚,自然应该将本该归市场管的交还给市场。"

"对于三大航来说,飞一趟国际航线亏损都在上百万元,但民航局对国际航线的票价没有限制;最赚钱的国内航线却要限制票价打折的下限,这会流失一部分旅客资源给高铁,"上述人士进一步说,"保留价格上限是为了防止当机票资源紧张时航空公司坐地起价,这是出于对消费者权益的保护。"

新金融记者在对多家航空公司的相关负责人进行采访时了解到,尽管政策还是保留了价格管控的上限,但在定价销售方面给航空公司更强的自主性和灵活性,便于为各层次消费群体提供各类特色产品,国内航空公司对于此次出台的政策普遍持正面态度。

有业内人士预计,未来各航空公司的票价调整幅度却并不会因此出现太大改变。国航的一位人士对新金融记者表示:"三大航的票价制定早就形成了较为成熟的体系,一般会由市场部、销售部、网络收益部等部门根据市场需求联合提出方案,经公司商务委员会或营销委员会共同决定机票价格,不会因政策出来就随意推出低票价。"

资料来源:王钰,新金融观察报,http://www.cs.com.cn/xwzx/cj/201311/t20131117_4210170.html,2013年11月17日。

【关联理论】

一旦政府实行有限制性的价格下限政策,即设定法定最低价格,不允许价格下降至这一价格之下,那么卖者就不能按照市场价格卖出他们想卖的所有东西,就会导致商品的供给大于商品的需求,从而引起过剩。相反,一个自由市场通过无形的价格体系发挥作用,从而优化资源配置。供过于求价格下降,供不应求价格上升,从而引导资源流向最需要的地方去。如果政府没有考虑到这一点,盲目实行价格下限政策反而会引起无效率的结果。

【新闻评析】

一旦政府实行有限制性的价格下限政策,就会导致商品的供给大于商品的需求,从而引起过剩。在以上新闻中反映的情况即为如此,对航空机票实行价格下限政策,会导致飞机乘客数量减少,而航空服务的供给不会发生太大变化,因而极易导致民航服务的过剩,即航班上座率不高。当航班上座率不高,达不到飞行成本的时候,航空公司也必须遵守规定不能继续降低票价招徕更多的顾客,并不得不让飞机亏本飞行,对航空业和消费者均带来不利影响。简而言之,航空业和消费者的利益均遭受政府价格下限政策的侵蚀。政府没有考虑到这一点,盲目实行价格下限政策反而会引起无效率的结果。

取消机票价格下限,将归市场管的还给市场,不仅给消费者带来实惠,也给民航业,乃至整个大交通带来生机。

其一,针对消费者,正如新闻中提到"11月11日当天,南方航空公司推出了国内机票110元起、国际机票100元起的限时疯抢活动;中国国航在特价票秒杀的基础上,实行国内全航线折后再减30%的优惠;东方航空则推出了'一元抢券'活动——以1元的价格换购东航电子升舱券等",让普通消费者享受到低廉的航空服务。

其二,针对民航业,取消机票价格下限,民航公司对机票就有了更大的定价权,这有利于提高民航业相对于高铁等运输方式的竞争力。从航空公司因为"票价低"被罚款,到取消机票价格下限,政策松绑为低成本航空市场发育带来潜在支持。由于国内民航业还存在不少垄断,民航公司竞争活力就受到一定的不利影响。中国民航业能否在与地面主要交通运输方式的竞争中胜出,关键是提高自身竞争力,而赋予民航企业机票自主定价权,激发民航公司的竞争意识和服务意识,是其中的关键环节。

其三,针对整个大交通,取消机票价格下限的政策,可能会倒逼高铁做出积极反应,不排除还会刺激公路客运和水运调整票价,或许也将会激活整个大交通市场。民航业的一次"小动作",激活整个交通市场,可谓由政府管制回归市场调节之经典。

(三)新闻透视 C

"向钱葱"横空出世　呼唤农产品价格保护机制

继"豆你玩"、"蒜你狠"、"姜你军"后,"向钱葱"闪亮登场。今年以来,很多地区大葱市场零售价涨到了每斤 5 元,京穗等地 10 元仅能买 2 根大葱,涨价后,大葱的风头甚至盖过了肉禽。

根据《国际金融报》3 月 19 日的报道,北京蔬菜批发市场的大葱批发价格达到了每斤 4 元以上,而去年同期,每斤才合几分钱。新华网 3 月 19 日也报道,太原市河西农副产品批发市场大葱零售价从春节期间的 1 元多一斤涨到现在的 4 元一斤,不到两个月翻了两番。

笔者 2011 年 4 月 25 日发了《如何维护农民利益》一文,当时山东农民大葱五分钱一斤都卖不出去,有的论亩卖,一亩 300 元。不到一年,大葱价格火箭般蹿升上来。只是大葱,这几年不少农产品价格犹如过山车,频繁地上蹿下跳,问题究竟出在哪儿?

农产品价格波动大的原因,主要有以下三个因素:

第一是产量的变化。农产品大多属于日常生活必需品,缺乏弹性,即消费量受价格影响较小,并不因为价格上涨就不消费或少消费,也不因为价格下跌就多消费。如果某种产品产量减少,需求大于供给,市场这只无形的手就会把价格调高。种植面积、天气以及病虫害都会影响到农产品的产量,而能以人的意志决定产量的就是种植面积。中国农业缺乏合作组织,政府提供的信息服务有限,农民仅凭市场价格变化决定种植面积,这是导致农产品价格忽高忽低波浪式弹跳的一个主要原因。我们还以大葱为例,2009 年,大葱行情很好,一斤能卖到 2 元钱,这就刺激了农民种植大葱的愿望,2010 年大葱种植面积大幅增加,产量激增导致当年大葱价格暴跌。由于去年大葱价格过低,很多农户因种大葱倾家荡产,农民"谈葱色变",退出了大葱种植,今年种植面积锐减,产量急剧下跌又导致大葱价格暴涨。新华社 3 月 18 日的报道证实,山东大葱主产地章丘等今年的大葱种植面积较去年减少了 50%。

第二个因素就是成本因素。包括生产环节成本和运输、批发、零售环节成本。一方面,如果农业生产资料涨价,生产成本提高,农产品的价格必然就要提高。另一方面,如果农产品价格过低,不足以弥补其生产成本,农民也必然会放弃某些作物的种植,产量下降,农产品价格上涨。此外,由于中国的税制是以间接税为主体,任何产品在生产和流转过程中,都不断加入增值税、营业税等名目繁多的税,而这些税都要摊到价格里,最终由消费者承担,不科学的税制也增加了成本。中国必须尽快进行税制改革,把以间接税为主体的税制改为以直接税为主体。

除此以外,炒作是农产品价格波动大的一个不可忽视的因素。在市场经济下,货币资本眼观六路,耳听八方,哪里有利润,它就流向哪里。如果商人大量收购农产品,囤货沽价,就会把这种产品的价格抬高。

中华人民共和国成立后,中国经济发展政策一直是"抽农补工"。今年"两会"期间,温家宝总理坦言"政府欠农民很多",现在是政府对农民进行补偿的时候了,要尽快建立和完善农产品价格保护机制,缩小农民与市民的收入差距,维护农产品价格的稳定。

资料来源:刘植荣,新金融观察,2012年3月26日。

【关联理论】

当决策者认为一种物品或服务的市场价格对买者或卖者不公平时,政府通常会实施价格控制,尽管价格控制本身也会带来副作用。农产品价格保护机制可以认为是由价格上限、价格下限及其相关政策的结合体,当然这些政策有时会与农业补贴制度等一起使用。

【新闻评析】

农产品价格的最大特点是具有较大的波动性和不稳定性。在传统计划经济体制下,社会全部产品价格变动不大,农产品价格的波动性也很难显现出,随着改革开放的不断深入,农产品价格的大幅波动业已成为经济生活中的一个重要现象。

农产品价格波动的原因主要有以下四个方面:一是农产品生产的自然属性,农业在相当程度上还是靠天吃饭,气候等自然条件的变化不确定,农业生产将出现波动,导致农产品价格波动。二是农产品生产周期长,大多数是以年为生产周期,有些农产品如果木、牲畜等需要三年、五年或更长时间的生长期。从长期看,农产品供给是有弹性的,但从一个较短时间来看,农产品供给则缺乏弹性,农民不可能在一天或一个月内根据市场信号来调整农产品供给,有时市场价格下降还会增加某种商品的供给。比如,生猪价格下降,农民会把更多的生猪出售以减少母猪存栏量。三是农产品需求弹性较小。对于大多数农产品来说,价格变动并不会改变消费者的购买量。例如基本食品,无论价格上涨或是下跌,人们的消费量不会增减多少。但是如果供不应求,价格就会大幅上升,供给过多,价格又会大幅下降。四是农产品生产和消费市场的分散性。农产品市场结构接近完全竞争模式,单个农户仅仅是价格的接受者。农业生产的这种高度分散性,导致农产品价格容易大幅度波动。

针对农产品价格出现波动的极大可能性,必须充分利用价格上限、价格下限及其相关政策,以及农业补贴等相关制度和措施,发挥引导生产、稳定市场、规避风险的作用。国家发改委《全国农村经济发展"十二五"规划》指出,将完善农业支持保护制度,建立投入增长稳定机制,健全农业补贴制度和农产品价格保护制度。完善粮食最低收购价政策,根据粮食生产成本及市场供求情况,逐步提高粮食最低收购价,引导粮价平稳上升,保持粮价合理水平。充分发挥市场机制的作用,探索建立以目标价格为核心的反周期补贴制度。完善主要农产品的价格形成机制,建立健全重要农产品供求和价格监测预警体系,完善市场信息会商、发布制度。充实粮棉油糖等主要农产品储备,适时启动主要农产品临时收储,支持企业增加商业收储,形成国家储备与商业储备相结合、中央储备与地方储备相结合的主要农产品储备体系。优化农产品进出口调节和储备吞吐调节机制,灵活运用国际市场调剂国内品种余缺。健全生猪市场价格调控预案。加强农资产销调控,充分发挥化肥淡季储备作用,保障市场供应。

三、案例研究

(一) 案例研究 A

税收的归宿

"丘也闻有国有家者,不患寡而患不均,不患贫而患不安。"这是两千多年前孔子的训诫,至今还时常为人们所引用,历久而弥新,证明着其所表达的理念深入人心。这其实也并不奇怪。因为它所道出的,是一种普遍的社会心理,古今一也,中外一也。虽然在不同的时期、不同的国度,人们所能理解和承受的"不均"程度并不相同。

因为如此,古往今来,"劫富济贫"一向是侠义之举,为人们所称扬。"天之道,损有余而补不足。"尤其是在中国,富人的形象历来相当负面,面目相当可疑,劫富济贫既符天道,又合人理,拥有"广泛的群众基础",是理所当然的。在现代社会的经济领域,"劫富济贫"的方法很多,其中最常用的一种,就是税收。

在正处于"进行时"的全国"两会"上,一位富人——一家企业的董事长放言:"向我加税,放百姓一马",赢得了满堂喝彩。自然,这是情理之中。这位富人的表态,一方面使自己站在了道德的制高点上,是无懈可击的"政治正确";另一方面也迎合了一般民众的心理:既然是富人,就应该比穷人承担更多的税收负担。如何使富人承担更多的税收呢?一个最直接的办法无疑是,向富人征税。

事情真是如此简单么?在回答这一问题之前,我们先看一个真实的案例。这是发生在美国的一件事情。1990年,美国国会针对游艇、私人飞机、皮衣、珠宝和豪华轿车这类物品通过了一项新的奢侈品税。显而易见,奢侈品税目标明确,理由充分:一般而言,只有富人才能买得起这类奢华的东西,因此对奢侈品征税看来是向富人征税的一种合理方式。但付诸实践的事实却出人意料:不是消费这些奢侈品的富人,而恰恰是生产这些奢侈品的企业和工人承担了更多的税收负担。于是,到了1993年,大部分奢侈品税被废除了。

在一般人看来,向谁征税,谁就承担税收负担。向消费者征税,消费者就承担税收负担;向生产者征税,生产者就承担税收负担。对人们的这种思想,经济学家有一个形象的比喻,说税收负担就像粘蝇纸上的苍蝇,被粘在它落脚的地方,他们戏谑地称之为税收负担的粘蝇纸理论。但事实并非如此。上述真实的案例明白地表明:不是向谁征税,谁就承担税收负担。因为这里涉及一个税收归宿的问题。

税收归宿云者,是指税收最终的负担分配。且举例说明罢。现在,政府决定对市场上的一件物品征税。向谁征税?向消费者征税。因为向消费者征税,其最初而且直接的影响是需求,而供给不变。不难明白,征税影响的是整条需求曲线,因为征税之后,消费者付出的代价提高了,需求减少,需求曲线向左移动,与供给曲线相交形成处形成新的均衡价格。与没有征税时的均衡价格相比,新的均衡价格下降了。这意味着,在新的均衡时,卖者得到的价格下降了。这是说,因为征税,买者买得少了,卖者卖得少了,这一物品的市场规模萎缩了。虽然表面上消费者支付了全部税收,但卖者实际上分担了这种税收负担。反过来,如果对生产者征税,其过程也是一样的。结论是,无论是对谁征税,最终的结果是一样的:买者和卖者分担税收。

作为消费者,我们总希望政府向生产者收税;作为穷人,我们总希望政府向富人收税;作为员工,我们总希望政府向企业收税……总而言之,倘若要征税,最好是掏别人的口袋里的钱,而不是自己口袋里的。自然,这也是人情之常。但是,正如上述的分析所表明的,政府可以决定的是税收来自谁的口袋,但不能决定税收负担真正落在谁的头上。一旦征税,无论向谁征收,最终的结果必然是买卖双方共同负担,谁也无从逃避。其间的区别,只不过是谁承担得更多一些。而这,则取决于供给与需求的力量对比。还是一句老话说得好:人民支付一切税收。

资料来源:华说,税收的归宿——税收问题浅说之三,http://blog.sina.com.cn/yuzhonghuashuo。

【关联理论】

作为税收负担在市场参与者之间进行分配的方式，税收归宿并不取决于是向买者征税，还是向卖者征税。无论向谁征税，一旦市场达到新均衡，都是买者和卖者分摊税收负担。税收归宿取决于供给与需求的价格弹性，税收负担更多地落在缺乏弹性的市场一方，即更多地落在当价格变得不利时不愿意离开市场的一方身上。

【案例解剖】

无论税收是向哪一方征税，都是由买者和卖者分摊税收负担，但买者与卖者分摊的税收负担并不平均。谁承担的税收负担更多，取决于需求和供给的价格弹性。当需求非常有弹性而供给缺乏弹性时，则买者分摊的税收负担少一些，而卖者承担了大部分税收负担；当需求缺乏弹性时而供给非常有弹性时，则买者承担了更多的税收负担，而卖者则分摊了小部分税收负担。也就是说，税收负担将更多地落在缺乏弹性的市场一方。为什么这样？内在的原因其实很简单：弹性大意味着有足够的替代品——替代品越多、越相近，弹性越大，一旦某一物品因为征税而价格上升，买者或者卖者可以随时转向替代品。而这个时候，缺乏弹性的一方因为不容易离开市场，不得不承担更多的税收负担。

根据以上分析，我们可以解开前面所提到的向富人征收奢侈品税事例的困境所在。不错，购买游艇、私人飞机、皮衣、珠宝和豪华轿车的人，都是有钱人，都是富人。但对这些富人而言，这些物品大抵是有弹性的，他们往往有其他的物品可以替代。当游艇、私人飞机、皮衣、珠宝和豪华轿车因为征税而价格高昂时，富人们很容易转向，比如去国外度假，去打高尔夫球等。与此相比，生产这些奢侈品的企业则不容易，或者在短期内不容易转产。这样，因为需求富有弹性而供给缺乏弹性，税收负担更多地由供应者承担，也就是生产这些奢侈品的企业和工人所承担。

（二）案例研究 B

价格控制政策的利与弊

支持价格也称最低价格，是指政府对某些商品规定的价格下限，防止价格过低，以示对该商品生产的支持。

长期以来发达国家对农产品实行这种价格，使它们的农业非常发达，以美国为例。2002年5月13日上午，布什总统在白宫正式批准了当月上旬美国国会参众两院的新的农业政策。根据新法案，美国政府将在今后6年内为农业和畜牧业提供517亿美元的补贴，每年的补贴幅度在64亿美元。我国现在对农业实行的"保护价敞开收购"实际也是一种支持价格。支持价格的作用，以农业为例，从长期看支持了农业的发展，调动了农民种田的积极性。使农产品的供给大于需求，对过剩的农产品政府只有大量收购，使政府背上了沉重的债务负担。靠保护成长起来的事物是缺乏生命力的，加入WTO后我们还有几年的减缓期，如果仍用这种支持价格，就不能从根本上改变我国农业的落后状况。另外，政府解决收购过剩的农产品方法之一就是扩大出口。这就引起国家与国家之间为争夺世界农产品市场而进行贸易战。

限制价格也称最高价格，是指政府对某些商品规定最高上限，防止价格过高，控制通货膨胀。

我国在计划经济时期，很多生活必需品都实现限制价格，小到柴米油盐大到住房都有补贴。限制价格有利于社会平等,但从长期看,价格低不利于抑制需求,也不利于刺激供给,使本来就短缺的商品更加短缺。为了弥补供给不足部分,政府往往会采取配给制。例如我国住房长期以来实行配给制和低房租,这种政策固然使低收入者可以有房住,但确使房屋更加短缺,几十年住房问题解决不了,改革开放以来,随着我们逐步地放开公产房的房租和住房分配政策的不断改变,商品房的价格由市场调节,调动了开发商建房的积极性,解决了多少年来住房需求的短缺局面。

【关联理论】

价格上限是某种物品或服务的法定最高价格,如果价格上限低于均衡价格,则需求量大于供给量。由于所引起的短缺,卖者必须以某种方式在买者中配给物品或服务。相反,价格下限是某种物品或服务的法定最低价格,如果价格下限高于均衡价格,则供给量大于需求量。由于所引起的过剩,必然要以某种方式在卖者中配给买者的物品或服务需求。当决策者认为一种物品或服务的市场价格对买者或卖者不公平时,政府通常会实施价格控制。但无论实行哪一种价格控制政策,都是既有利也有弊的。

【案例解剖】

市场机制是通过市场价格的波动、市场主体对利益的追求、市场供求的变化来调节经济运行的机制,是市场经济机体内的供求、竞争、价格等要素之间的有机联系。市场机制是一个有机的整体,它的构成要素主要有市场价格机制、供求机制、竞争机制和风险机制等构成。亚当·斯密在《国富论》(1776)中指出,家庭和企业在市场上相互交易,它们仿佛被一只"看不见的手"所指引,并导致了合意的市场结果。

当市场失灵的时候,政府有时可以改善市场结果。本着这一目标,当决策者认为一种物品或服务的市场价格对买者或卖者不公平时,政府通常会实施价格控制。譬如欧美等国家都有农产品价格保护机制,由议会确定每年的农产品最低保护价和补贴标准,如果市场价格低于保护价,政府立即启动价格保护机制。当价格下跌过快时,政府大量收购该农产品储存,拉升价格;当价格上涨过快时,政府再把储备的农产品投入市场,加大供给量,促使价格回落。有的国家则把差价直接补贴给农民,例如,美国 2004—2007 年小麦最低保护价为每蒲式耳 3.92 美元,如果市场价格是每蒲式耳 3.50 美元,政府先补贴差价 42 美分到最低保护价,然后再补贴 52 美分,即每销售一蒲式耳小麦获得补贴 94 美分。如欧美国家一样,世界上大多数国家都对农产品市场进行干预,从而防止出现"谷贱伤农",以使农民收入保持稳定。但与此相反,对农产品实行价格下限等保护性价格机制时,也会带来开放经济背景下争夺世界农产品市场而进行贸易战的不良后果。

在我国计划经济时期,生活必需品实行限制性价格上限政策,小到柴米油盐大到住房都有补贴,尽管有利于社会平等,但相反也不利于抑制需求,也不利于刺激供给,使本来就短缺的商品更加短缺。20 世纪 50 年代中期至 90 年代初期,粮票与钞票一样重要,当时物资短缺,城市人口发的定量票证从粮、油、肉、蛋、鱼、豆腐、糖到布、针织品和日用品,总共有十多种。1992 年 10 月,党的十四大确立了我国经济体制改革的目标是建立社会主义市场经济体制之后,全国各地先后放开粮食及其他产品价格,实行购销同价,促进粮食产销与市场接轨。粮价放开后,激活了其他商品的流通,促进了农民生产积极性,粮食产量显著增长。直到 1993 年,粮油才实现敞开供应,粮票已无用武之地并被停止使用,长达近 40 年的"票证经济"才宣告落幕。

四、课外习题

(一) 术语解释

1. 价格上限
2. 价格下限
3. 税收归宿
4. 税收楔子
5. 税收

(二) 单项选择

1. 为了使价格上限成为一种对市场的约束性限制,政府应该使它(　　)。
   A. 高于均衡价格
   B. 低于均衡价格
   C. 正好在均衡价格上
   D. 在任何一种价格时,因为所有价格上限都是限制性约束

2. 约束性价格上限引起(　　)。
   A. 短缺　　　　B. 过剩
   C. 均衡　　　　D. 短缺或过剩取决于确定的价格上限在均衡价格之上还是之下

3. 市场的哪一方更可能为价格下限而游说政府?(　　)。
   A. 想要价格下限的既不是买者也不是卖者　　B. 买者与卖者都想要价格下限
   C. 卖者　　　　　　　　　　　　　　　　　D. 买者

4. 下列哪一种情况是价格下限的例子?(　　)。
   A. 租金控制
   B. 当汽油的均衡价格是每升 7 元时,把汽油的价格限制为每升 5 元
   C. 最低工资
   D. 以上各项都是价格下限

5. 约束性价格下限引起(　　)。
   A. 短缺　　　　B. 过剩
   C. 均衡　　　　D. 短缺或过剩取决于确定的价格上限在均衡价格之上还是之下

6. 政府为扶持农业,对农产品规定了高于其均衡价格的支持价格,政府为维持支持价格,应该采取的相应措施是(　　)。
   A. 增加农产品的税收　　　　　　B. 实行农产品配给制
   C. 收购过剩的农产品　　　　　　D. 对农产品生产者予以补贴

7. 政府把价格限制在均衡水平以下可能导致(　　)。
   A. 黑市交易　　　　　　　　　　B. 大量积压
   C. 一部分买者低价买到了希望购买的物品数量　　D. A 和 C 都对

8. 限制价格是政府为了限制某些生活必需品的物价上涨而规定的这些产品的(　　)。
   A. 最低价格　　　B. 最高价格　　　C. 均衡价格　　　D. 垄断价格

9. 支持价格是政府为了保护某些行业收益的（　　）。
   A. 最低价格　　　　B. 最高价格　　　　C. 均衡价格　　　　D. 垄断价格
10. 假设房租的均衡价格是每月1 000元,而政府规定租金控制是700元。由于租金控制,下列哪一种情况是不可能发生的?（　　）
    A. 住房短缺　　　　　　　　　　　B. 房东可以对公寓租赁者进行歧视
    C. 为了租到公寓要向房东行贿　　　D. 公寓的质量将提高
11. 当向市场上的买者征税时（　　）。
    A. 买者承担税收负担
    B. 卖者承担税收负担
    C. 买者与卖者的税收负担与向卖者征税时相同
    D. 税收负担主要落在买者身上
12. 在下列哪种情况下,税收负担会更多地落在市场上的卖者身上?（　　）。
    A. 需求缺乏弹性,而供给富有弹性　　B. 需求富有弹性,而供给缺乏弹性
    C. 供给和需求都缺乏弹性　　　　　D. 供给和需求都富有弹性
13. 在下列哪种情况下,税收负担会更多地落在市场的买者身上?（　　）。
    A. 需求缺乏弹性,而供给富有弹性　　B. 需求富有弹性,而供给缺乏弹性
    C. 供给和需求都缺乏弹性　　　　　D. 供给和需求都富有弹性
14. 对一种消费者必需的物品征税,很可能使税收负担（　　）。
    A. 更多地落在买者身上　　　　B. 更多地落在卖者身上
    C. 在买者与卖者之间平等地分摊　D. 完全落在卖者身上
15. 以下哪一种物品的税收负担更可能主要落在卖者身上?（　　）。
    A. 食品　　　　B. 娱乐业　　　　C. 服装　　　　D. 住房

（三）判断正误

1. 如果每升汽油的均衡价格是7元,而且,政府把每升汽油的价格上限定位8元,结果是汽油短缺。（　　）
2. 高于均衡价格的价格下限是一种限制性约束。（　　）
3. 低于均衡价格的价格上限将引起过剩。（　　）
4. 现在没有限制性的价格上限,当未来需求增加,均衡价格上升到高于规定的价格上限时,就会引起短缺。（　　）
5. 一个市场的价格下限总会引起该市场上的过剩。（　　）
6. 对手套征收10元税收总会使手套的买者支付的价格高10元。（　　）
7. 税收的最终负担会主要落在缺乏弹性的市场一方。（　　）
8. 如果药品是必需品,对药品征税的负担可能更多地落在药品买者的身上。（　　）
9. 向买者征税和向卖者征税,影响效果是相同的。（　　）
10. 最低工资有助于所有青少年,因为他们得到的工资高于没有最低工资时得到的工资。（　　）

（四）简答题

1. 如果价格上限确定为高于均衡价格,对市场价格和数量有什么影响? 为什么?

2. 如果价格上限确定为低于均衡价格,对市场价格和数量有什么影响?为什么?
3. 如果价格下限确定为低于均衡价格,对市场价格和数量有什么影响?为什么?
4. 如果价格下限确定为高于均衡价格,对市场价格和数量有什么影响?为什么?
5. 如果向珠宝征收消费税,谁的税收负担可能更大一些?是珠宝的买者还是卖者?为什么?

(五) 应用题

1. 根据下图,回答下述政策对 U 盘市场的影响:
(1) 价格上限为 90 元。
(2) 价格下限为 90 元。
(3) 价格下限为 120 元。

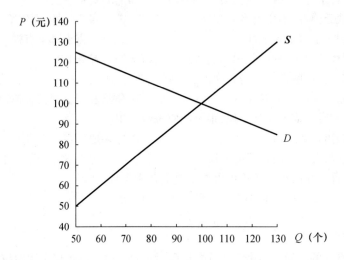

2. 电动自行车的需求表和供给表如下:

每辆自行车的价格(元)	需求量(万辆)	供给量(万辆)
5 000	1 000	15 000
4 000	2 000	12 000
3 000	4 000	9 000
2 000	6 000	6 000
1 000	8 000	1 000

(1) 电动自行车的均衡价格和均衡数量是多少?
(2) 如果政府实行比均衡价格高 2 000 元的价格下限。新的市场价格是多少?可以卖出多少辆自行车?
3. 如果政府对豪华游艇征收 3 000 元的税收,那么消费者所支付价格的上涨幅度是大于 3 000 元、等于 3 000 元,还是小于 3 000 元?解释理由。

(六) 拓展思考题

1. 请结合价格控制相关理论,回答以下两个问题:
(1) 应该如果评价最低工资这种价格控制政策?这种政策是完美的吗?
(2) 你是一个租房者,如果政府对房租实行价格上限,那么这项政策对你有何影响?为什么?

2. 请结合弹性及税收归宿相关理论,回答以下两个问题:
(1) 假定向豪华轿车征收汽油消耗税。谁的税收负担可能更大?是豪华轿车的生产商还是消费者?
(2) 如果政府通过对食物征税的方式来筹集收入,并且只向食物的卖者征收,最终的税负是否只加在商家的身上,而不是落在贫困的消费者身上呢?为什么?

五、习题答案

(一) 术语解释

1. 价格上限:出售一种物品或服务的法定最高价格。有限制性约束的价格上限会引起供不应求,即短缺。在汽油和租房市场上价格上限普遍存在。

2. 价格下限:出售一种物品或服务的法定最低价格。有限制性约束的价格下限会引起供过于求,即过剩。价格下限的一个重要例子是最低工资。

3. 税收归宿:税收负担在市场参与者之间进行分配的方式。税收归宿并不取决于是向买者征税,还是向卖者征税,而是取决于供给与需求的价格弹性。

4. 税收楔子:在征税之后买者支付的量和卖者得到的量之间的差额。

5. 税收:政府要求买者或卖者每买进或卖出一单位物品所支付的一定数量的货币。政府可以用税收筹集收入,一种物品的税收将影响其销售量以及买者支付的价格与卖者得到的价格。

(二) 单项选择

1. B   2. A   3. C   4. C   5. B   6. C   7. D   8. B   9. A   10. D
11. C   12. B   13. A   14. A   15. B

(三) 判断正误

1. ×   2. √   3. ×   4. √   5. ×   6. ×   7. √   8. √   9. √   10. ×

(四) 简答题

1. 【考查要点】 价格上限。
【参考答案】 没有影响。因为此时的价格上限是非限制性的约束,市场的结果是均衡。

2. 【考查要点】 价格上限。
【参考答案】 有影响。需求量增加,供给量减少,并引起短缺。

3.【考查要点】 价格下限。

【参考答案】 没有影响。因为此时的价格下限是非限制性的约束,市场的结果是均衡。

4.【考查要点】 价格下限。

【参考答案】 有影响。需求量减少,供给量增加,并引起过剩。

5.【考查要点】 税收归宿。

【参考答案】 卖者将承担更多税收。因为税收归宿取决于供给与需求的价格弹性,税收负担更多地落在市场上缺乏弹性的一方身上,而珠宝是奢侈品,其需求富有弹性。

(五) 应用题

1.【考查要点】 价格上限和价格下限对市场结果的影响。

【参考答案】 (1) 价格降低到90元。买者的需求量是120,而卖者的供给量是90,导致短缺(确定的价格上限低于均衡价格)。

(2) 均衡价格高于价格下限,因此价格下限没有限制性。$P=100$ 元,$Q=100$。

(3) 价格上升到120元。买者的需求量是60,而卖者的供给量是120,导致过剩(确定的价格下限高于均衡价格)。

2.【考查要点】 价格上限和价格下限对市场结果的影响。

【参考答案】 (1) 2 000元,6 000万辆。

供求量相等时(6 000万辆)的价格是均衡价格(2 000元)。

(2) 4 000元,2 000万辆。

确定的价格下限高于均衡价格,引起过剩。

3.【考查要点】 税收归宿。

【参考答案】 小于3 000元。因为税收由买者和卖者分摊。税收归宿是税负在买者与卖者之间分摊,并不取决于是向买者征税,还是向卖者征税。税收归宿取决于供给与需求的价格弹性。税收负担更多地落在缺乏弹性的市场一方。

(六) 拓展思考题

1.【考查要点】 价格下限及价格下限。

【参考答案】 (1) 出售一种物品或服务的法定最低价格。限制性约束的价格下限引起供给量大于需求量,或者过剩。价格下限的一个重要例子是最低工资。最低工资是年轻和不熟练工人市场上的一种限制性约束。当确定的工资高于市场均衡工资时,劳动的供给量大于需求量,后果是失业。市场通常是组织经济活动的一种好方法。价格控制往往伤害了那些政策本想给予帮助的人——通常是穷人。最低工资可以帮助那些在最低工资时找到了工作的人,但伤害了那些由于最低工资而失业的人。

(2) 出售一种物品或服务的法定最高价格。限制性约束的价格上限引起需求量大于供给量,或者短缺。在租房市场上价格上限普遍存在。限制性租金控制引起住房短缺。短期中住房的需求和供给都是缺乏弹性的,因此最初的短缺并不大。但是,长期中,住房的供给和需求变得更富有弹性,于是,短缺更显而易见了。这引起排队等待公寓、贿赂房东、建筑物不清洁而且不安全,以及住房质量降低等。

2.【考查要点】 弹性及税收归宿。

【参考答案】 (1) 生产商将承担更多税负。因为奢侈品的需求极富有弹性,当买者支付的价格由于税收而上升时,消费者可以很容易将购买转向其他物品,而生产者因对市场有依赖而不能很快地降低产量,因此负担落在缺乏弹性的一方身上。

(2) 最终税收归宿不仅仅落在商家身上。税收归宿并不取决于是向买者征税还是向卖者征税,而是取决于供给与需求的价格弹性。因为食物是必需品,需求缺乏弹性,因而一旦由于征税导致食物价格上涨时,消费者由于不能离开市场而承担大部分税负。

第7章
消费者、生产者与市场效率

一、学习精要

(一) 教学目标

1. 了解福利经济学的研究对象。
2. 领会支付意愿与需求曲线之间的联系,学会用支付意愿表推导需求曲线。
3. 掌握消费者剩余的基本概念及内涵,理解价格变化对消费者剩余的影响,认识到消费者剩余是买者福利的好的衡量标准。
4. 领会生产成本(销售意愿)与供给曲线之间的联系,学会用生产成本表推导供给曲线。
5. 掌握生产者剩余的基本概念及内涵,理解价格变化对生产者剩余的影响,认识到生产者剩余是卖者福利的好的衡量标准。
6. 掌握总剩余的基本概念及内涵,理解自由市场均衡的资源配置为什么是有效率的。

(二) 内容提要

在第4—6章中,我们始终在供给与需求的实证框架中,探究市场的均衡数量和均衡价格及其变动问题。而本章由实证转为规范,提出福利经济学,并探讨为什么由自由市场决定的资源配置是合意的。

1. 消费者剩余

(1) 支付意愿即为买者愿意为某种物品支付的最高价格,市场上每个潜在买者对一种物品都有某种支付意愿。如果把价格再提高一点就首先离开市场的买者称为边际买者,因而需求曲线的高度可以衡量边际买者的支付意愿。

(2) 消费者剩余是买者的支付意愿减去其实际支付的量,因此消费者剩余可以用来衡量买者从参与市场中得到的利益。由于需求曲线的高度即为边际买者支付意愿的衡量,因此市场上的消费者剩余可以用需求曲线以下和价格线以上的面积来衡量。

消费者剩余 = 买者的评价 − 买者支付的量

(3) 当一种物品的价格下降时,消费者剩余由于两个原因而增加,其一是原有买者可以减少支付量而得到更多剩余,其二是新的买者因为现在的价格低于他们的支付意愿而进入市场。如此相反,当一种物品的价格上升时,消费者剩余也会由于两个原因而减少。

(4) 我们提出消费者剩余的目的是对市场结果的合意性做出规范性判断。如果决策者想尊重买者的偏好,那么消费者剩余不失为消费者经济福利的一种好的衡量标准。经济学家普遍认为,除非吸毒等例外情况,通常假设买者是理性的,买者的偏好应该受到尊重。

2. 生产者剩余

（1）从机会成本角度，生产成本可以解释为生产者为了生产一种物品所必须放弃的所有东西的价值，包括生产者的直接支出及其对时间的评价。在某种意义上，生产成本可以看作是卖者为了生产物品所愿意接受的最低价格。如果把价格再降低一点就首先离开市场的卖者称为边际卖者，那么供给曲线的高度可以衡量边际卖者的生产成本。

（2）生产者剩余是卖者出售一种物品实际得到的量减去其生产成本，因此生产者剩余可以用来衡量卖者从参与市场中得到的利益。由于供给曲线的高度衡量边际卖者的生产成本，因此市场上的生产者剩余可以用价格线以下和供给曲线以上的面积来衡量。

（3）当一种物品的价格上升时，生产者剩余由于两个原因而增加，其一是原有卖者可以增加得到量而得到更多剩余，其二是新的卖者因为现在的价格高于他们的生产成本而进入市场。如此相反，当一种物品的价格下降时，生产者剩余也会由于两个原因而减少。

3. 市场效率

（1）由于消费者剩余是买者从参与市场活动中得到的利益，而生产者剩余是卖者从参与市场活动中得到的利益，因此总剩余可以作为社会经济福利的衡量指标。如果资源配置使所有社会成员得到的总剩余最大化，则这种资源配置表现出效率。

$$总剩余 = 消费者剩余 + 生产者剩余$$

（2）市场中的总剩余可以表示为买者支付意愿衡量的对物品的总评价减去卖者提供这些物品的总成本。从图形上来看，总剩余是需求曲线以下和供给曲线以上的面积。

$$总剩余 = 买者的评价 - 卖者的成本$$

（3）自由市场均衡状态的资源配置能够使总剩余实现最大化，是基于三个关于市场结果的观点：其一是自由市场把物品的供给分配给对这些物品评价最高的买者；其二是自由市场将物品的需求分配给能够以最低成本生产这些物品的卖者；其三是自由市场生产出使消费者剩余和生产者剩余的总和最大化的物品量。

（4）如果社会计划者努力靠自己而不是依靠市场力量去选择有效的资源配置，几乎是不可能完成的。只有市场这一只看不见的手才能考虑到有关买者与卖者的所有信息，并指引买者与卖者达到使得总剩余最大化的资源配置，从而达到按经济效率标准判断的最好结果。

4. 结论：市场效率与市场失灵

在现实世界中，市场失灵可能存在，其主要原因有以下两点：其一是市场可能非完全竞争，即可能存在市场势力，导致价格和数量背离供求均衡，从而使市场无效；其二是可能存在外部性，这种外部无论是正的，还是负的，都会导致市场福利不仅仅取决于买者的评价和卖者的成本，因而市场均衡从整个社会角度来看可能是无效率的。

（三）关键概念

1. 福利经济学：研究资源配置如何影响经济福利的一门学问。
2. 支付意愿：买者愿意为某种物品支付的最高量。
3. 消费者剩余：买者愿意为一种物品支付的量减去其为此实际支付的量。
4. 成本：卖者为了生产一种物品所必须放弃的所有东西的价值。
5. 生产者剩余：卖者出售一种物品实际得到的量减去其生产成本。
6. 总剩余：消费者剩余和生产者剩余的总和，可以表示为买者支付意愿衡量的对物品的总评价减去卖者提供这些物品的总成本。

7. 效率:资源配置使社会所有成员得到的总剩余最大化的性质。
8. 平等:在社会成员中平均分配经济成果的性质。

(四) 拓展提示

1. 当一直沿着数量轴移动时,买者的支付意愿越来越低,而需求曲线的高度衡量边际买者的支付意愿,因此需求曲线向右下方倾斜;当一直沿着数量轴移动时,卖者的生产成本越来越高,而供给曲线的高度衡量边际卖者的生产成本,因此供给曲线向右上方倾斜。

2. 存在消费者剩余和生产者剩余的原因是在竞争市场上只有一种价格,而且所有参与者都是价格接受者。当许多买者和卖者相互作用决定唯一的市场价格时,个别买者的支付意愿会高于价格,而个别卖者的生产成本低于价格,因而一些买者得到了消费者剩余,而另一些卖者得到了生产者剩余。

3. 特别注意:要得出市场有效率的结论,必须满足一些关于市场如何运行的基本假设。因为在存在市场势力或外部性等市场失灵的情况下,市场将不能有效地配置资源。

二、新闻透视

(一) 新闻透视 A

2014 年暑期出境游价格普涨 20%,欧洲游火爆

修学游、毕业游、亲子游……进入暑期,福州的旅游市场跟天气一样同步"热"起来。昨日,记者从福州多家旅行社了解到,暑期出境长线游报名已全面开启,价格普涨 20% 左右。其中,福州市场的欧洲游今年格外火爆,虽然价格上涨,但提前两个月已满额。

"今年暑期的出境游欧洲格外火,8 月出发的团队现在就已报满,相比往年提前了不少时间,这有点意外。"福建康辉旅行社出境部人士称,其实,欧洲游最佳的出行时间是每年的 4、5 月份,性价比也高。相比淡季,暑期欧洲团队游上涨了 2 000 多元。暑期旺季,出境长线游报价普遍上涨 20% 左右。例如欧洲六国游,6 月的报价 15 500 元,到了 8 月,则会上涨至 18 000 元,上涨了 2 500 元,而美洲、澳洲的团队游也普遍上涨 1 000 元左右。福建省中旅相关人士也表示,暑期是一年当中的旺季,即便价格上涨,报名参加欧洲游的人数比去年同期仍上涨了两三成。长线游方面,美洲、澳洲的报名情况也不错。

除了提前升温的出境长线游外,今年备受冷落的东南亚短线游有一些回暖迹象,不过与往年的火热相比差距甚远。随着泰国局势趋缓,近期福州赴泰游人数开始上升。"前两天,一天就发了 5 个团,人数有 100 多人,暑期预计会有更多人前往。"福建康辉旅行社人士表示,往年一天会发 7—8 个团,还是和往年有距离。此外,前往菲律宾的团队游依旧冷清。

而今年东南亚旅游的遇冷,反而成全了日韩旅游的迅速上升。福州一些旅行社以增加酒店采购、机位甚至包机的形式来应对暑假赴日韩旅游的客流高峰。"暑期赴韩国的邮轮游,目前报名已接近 80%。"福州建发国旅相关人士坦言,日韩游前一两年也因为如钓鱼岛事件一度吹起"冷风",当时游客纷纷转向东南亚市场,现在是倒过来,市场情况都是一阵一阵的。有业内人士认为,日本、韩国游报价在 3 000—5 000 元,价格和东南亚游相差不大,加上目前政局稳定,预计暑期会受到不少游客的青睐。

资料来源:旅游咨询,重庆中国青年旅行社渝中区新华国际分社,欣欣旅游网,2014 年 6 月 16 日。

【关联理论】

市场上每个潜在买者对一种物品都有某种支付意愿,这种支付意愿是买者愿意为某种物品支付的最高价格。而消费者剩余指的是买者的支付意愿减去其实际支付的量,在福利经济学中,可以用其来衡量消费者从参与市场中得到的利益的大小。假若商品的价格不发生变化,一旦买者的支付意愿提高,买者就可以获得更多的消费者剩余。但在买者的支付意愿提高的情况下,卖者也可能会相应提高商品价格,从而想方设法地把消费者剩余转化为卖方利润。由此我们可以深入理解消费者剩余的去向。

【新闻评析】

消费者剩余理论在现实经济生活中具有广泛的应用。透过上述新闻,我们不禁要问,为什么暑期出境游价格会普涨20%?进入暑期,在修学游、毕业游、亲子游等旅游市场中,顾客对欧洲游的支付意愿明显提高。按道理,如果旅行社不提高旅游服务价格,游客的消费者剩余就会增加。然而在暑期旅游旺季,多家旅行社在提高旅游服务价格,不仅欧洲团队游上涨2 000多元,美洲和澳洲的团队游也普遍上涨1 000元左右。由于对游客支付意愿了如指掌,旅行社在将消费者剩余转化为卖方利润的同时,仍然不用去担心报名参加欧洲游人数下跌的问题。而现实确实如此,即便价格上涨,报名参加欧洲游的人数比去年同期仍上涨了两三成。长线游方面,美洲、澳洲的报名情况也不错。总而言之,这则新闻说明了一个原理,即在买方支付意愿提高的情况下,卖方可能通过提高商品价格的方式"剥夺"一部分消费者剩余。

其实,商家想方设法将消费者剩余转化为利润的例子在日常生活中比比皆是,即使小商贩也不例外。譬如某消费者在水果摊看到刚上市的草莓,新鲜饱满的草莓激起她强烈的购买欲望,并且这种欲望溢于言表。水果的小贩看到消费者看中了他的草莓,就可能会考虑报出较高的价格。从理论上分析,消费者对草莓的较强的购买欲望表明他愿意支付更高的价格,从而有更多的消费者剩余。当消费者询问价格时,卖者可能会故意提高价格。由于消费者剩余较多,或许消费者对这个高价还比较满意,于是毫不犹豫地买下草莓。结果,消费者剩余转化为水果摊主的利润。相比之下,就对买者支付意愿的判断而言,卖草莓的小商贩主要基于察言观色,而欧洲游的旅行社则基于长期的旅游人数的统计和分析,仅此而已。

(二) 新闻透视 B

中国人体器官市场需求量巨大　催生活体器官黑市

由于我国当前还没有完善的器官捐献体系,面对"供体少,患者多"的现实,一方面,很多患者不得不在痛苦的等待中逝去;而另一方面,一些"黑中介"应势而生,架起了"患者"与"活供体"之间的桥梁。"活供体——中介——患者",巨大的市场需求催生出了活体器官买卖的"黑市"。

这里我们首先来听一个从活供体到中介的故事。一开始,刘宇也是一个供体、受害者。"我不想偷、不想抢,又骗不来,又没有文化。听别人说,卖器官可以换钱,就去网上搜了一下。"3月25日,25岁的刘宇在看守所里见到《方圆》记者后如是说。事情发端于2008年10月中旬。因家里要用钱,四川男子刘宇通过百度搜索到了一家收购肝、肾的中介公司的联系电话和QQ号。对方自称"高真",询问了刘宇相关的身体状况后,口头承诺45 000元买刘宇的肝。接完高真电话,刘宇2008年12月份到了北京,一个自称是高真"小弟"的男子小李与刘宇接上了头。小李带刘宇在北京某三甲医院做完了身体检查后,安排刘宇住进了医院。手术前,小李反复叮嘱刘宇,在所有表格上的签名必须是"杨某某",与患者的关系是"父子"。自己60%的肝脏在之后被切走,刘宇如愿得到了45 000元钱。出院时,患者出于感激送别刘宇,刘宇也给这位患者留了手机号,随后在北京调养身体。这次卖肝的经历,使刘宇了解了买卖器官的全过程,他开始琢磨起这个行业的"门道"。渐渐地,刘宇约好幼时好友"黄波"和"文杰",认识了在河南淇县专养供体的"阿阳",完成了从活供体向中介的转变。

采访中,阿阳详细解释了地下器官买卖链条。记者注意到,国务院2007年3月21日通过的《人体器官移植条例》(以下简称《条例》)中第十条规定:"活体器官的接受人限于活体器官捐献人的配偶、直系血亲或者三代以内旁系血亲,或者有证据证明与活体器官捐献人存在因帮扶等形成亲情关系的人员。"《条例》还明确要求:从事人体器官移植的医疗机构及其医务人员摘取活体器官前,应"查验活体器官捐献人同意捐献其器官的书面意愿、活体器官捐献人与接受人存在本条例第十条规定关系的证明材料"。显而易见,活体器官移植,供体与患者之间必须是"亲属关系"或是"因帮扶等形成的亲情关系"。而在刘宇的四笔"买卖"中,供体与患者根本不相识,"供体"如何变成"亲属"?又怎样通过医疗机构的审查?"医院只认手续,手续齐全就做手术,手续不全就不做。"刘宇告诉记者,"一般先由患者家属到户籍所在地派出所开一个证明,证明内容为某某和患者之间是亲属关系;然后在身份证上做手脚,或者在身份证复印件上想办法。医院只需要患者和供体的身份证复印件;完成了以上两步,供体就可以冒充亲属填写完成医院的一系列表格"。"医院大多只做形式上的审查,这就使得不法中介有空子可钻。"结合办案实践,北京市海淀区检察院检察官邱志英透露,除刘宇、阿阳等人的案件外,该院还办理着其他三起涉及器官买卖的案件,"有的中介,不仅仅提供活体器官,还为患者办理一条龙式服务的整套假手续,刻假印章、办假身份证、伪造假证明、伪造假公正书"。

来自卫生部的数据显示,我国每年约有150万人因器官功能衰竭需进行器官移植,但每年仅有1万人左右能够得到移植治疗。各类移植需求者和供体间的比例大致为100:1。业内人士指出,由于目前我国没有完善的人体器官移植分配网络体系,供需矛盾过大之下,器官移植市场乱象环生,器官买卖或变相交易的违法行为时有发生。

资料来源:记者 汪文涛、通讯员 吴静,方圆,2010年4月5日。

【关联理论】

如果资源配置使总剩余最大化,我们可以说,这种配置表现出效率。经济学家普遍支持自由市场就是因为它是有效率的,市场中亚当·斯密的"看不见的手"指引买者和卖者达到使总剩余最大化的资源配置。一般来说,如果买者和卖者之间交易的一些潜在的利益如果还没有实现,这种资源配置必定无效。但除了效率之外,公共政策还会关心平等,即市场上的各个买者和卖者是否具有相似的经济福利水平。

【新闻评析】

这则人体器官黑市交易的报道引起各方关注,残酷的事实让人触目惊心。然而,有关器官买卖已经不是什么新鲜的话题。在医院和网络上随处可见的买卖器官的广告面前,中国特色的卖血现象已经相形见绌。围绕这个问题,自利的个体主义基础上的市场交易和互惠的利他主义基础上的生命捐助,是两个基本的范式。在中国,《人体器官移植技术临床应用管理暂行规定》(2006)、《人体器官移植条例》(2007)都明确提出人体器官不得买卖,器官捐献应当遵循自愿、无偿的原则。活体器官接受者与活体器官捐献者之间仅限于夫妻关系、直系血亲和三代以内旁系血亲。然而悖谬之处在于,现实中器官短缺创造了巨大的市场需求。据称中国的器官移植供求比例达到1:150。中国移植器官的数量仅次于美国,开展人体器官移植的医院数量已远超美国。几年前,跨国的"人体器官移植旅游"曾兴盛一时。

就公共政策而言,我们的社会会认为人们出卖自己的器官是非法的。从本质上说,在人体器官市场上,政府实行零价格上限。正如任何一种限制性价格上限一样,结果导致该物品短缺。对此有两种截然相反的观点:其一是部分经济学家相信,允许人体器官自由市场的存在会产生巨大的利益,因为倒卖市场,甚至是人体器官市场,也会使总剩余最大化;其二是另一些经济学家会考虑到福利在社会成员中分配的公平性问题,即自由市场会把物品的供给分配给对这些物品评价最高的买者,这对于那些穷人就是不公平的。人体器官市场以损害穷人的利益为代价而使富人受益,因为器官只会配置给那些最愿意购买而又买得起的人。实际上由这样一种整体性的立场出发,在某些方面,人体器官究竟是作为捐赠还是商品,也并非全然对立。比如,目前的血液银行之类,一定程度上克服了这个问题。这类设置与其说是器官银行,不如说是道德银行。当然仅此远远不够。从社会的角度来看,更关键的任务在于如何消除疾病和贫困,如何积极倡导一种积极的生命捐助的文化,在大众参与、社会福利和公民责任等基础之上,重构器官移植的透明、高效、公正的公共政策体系。

(三) 新闻透视 C

国产轿车服务和质量尚未达到用户期望值

中国质量协会、全国用户委员会2013年12月1日公布的测评结果显示,国产轿车的产品和服务质量都与用户期望存在一定差距。2013年度全国轿车行业用户满意度指数(CACSI)测评结果,比去年略微提高了0.3分,达到71.4分。但这一数值与美国轿车行业平均78—80分的水平相比,仍有明显差距。其中,用户对国产轿车的期望指数均高于感知产品质量和感知服务质量指数。这说明,国产轿车在产品及服务质量两方面,都未能达到用户的期望值。而在产品及服务质量方面,最让用户不满意的当属维修收费的合理性。

用户满意度指数是一种新的质量测评方法。它以用户满意为质量标准,根据用户在购买和使用产品过程中的具体感受,将用户对产品质量的印象、预期和感知价值等诸多因素进行分析而得出结论。目前,这种测评方法已被世界50多个国家采用,广泛用于生产、服务等领域。中国用户满意度指数方法,是在学习和借鉴美国用户满意度指数方法(ACSI)的基础上,根据我国国情而建立的。中国质量协会和全国用户委员会已是第二次采用这一方法,对轿车行业整体质量水平进行评价。

全国用户委员会主任叶柏林指出,国产轿车的质量差距并不单纯体现在产品质量一个方面,而是综合体现在产品、服务、性价比、品牌、可靠性、售后服务等各个方面。从本次调查结果看,维修服务仍是用户最不满意的环节,也是影响全国轿车满意度指数的主要因素。在市场高速增长的同时,售后服务体系能否同步发展应引起各轿车企业的高度重视。纳入本年度测评对象的,共有上海大众、一汽大众、长安铃木、上海通用、神龙汽车、天津夏利、广州本田、吉利汽车、东风日产、安徽奇瑞、东风悦达起亚、一汽轿车等12个企业的20个车型,分别比去年增加了3个企业和7种车型。这些车型2002年的销售量,占我国轿车总销量的85.6%。测评结果还显示,用户满意度的变化与产品市场占有率的变化相一致。同时,用户的品牌偏好存在显著的地域差异,产地、地区经济发展水平、流行趋势等成为用户选择品牌的地域差别因素。

资料来源:中国汽车报,2013年12月19日。

【关联理论】

用户满意度指数是根据用户对企业产品和服务质量的评价,通过建立模型计算而获得的一个指数,是一个测量顾客满意程度的经济指标。消费者剩余是买者的支付意愿减去其实际支付的量,它可以用来衡量买者从参与市场中得到的利益。用户到底是否满意,关键看消费者剩余的多少。如果获得的消费者剩余越多,用户满意度指数越高;相反,如果获得的消费者剩余越少,则用户满意度指数越低。

【新闻评析】

多年来,包括整车制造与零部件生产的中国汽车业的发展很大程度上依赖于政府的保护政策,比如较高的关税壁垒与进口配额制,这种保护导致行业竞争力的不足。随着中国加入WTO,国家保护政策不断削弱,中国汽车制造企业逐渐暴露于国际竞争大环境中。汽车的价格将由市场决定,进口车的关税下调后,进口汽车的价格将与同类的国产车的价格逐渐趋同,市场成为决定国产轿车是否畅销的主要原因。从《中国汽车报》的这则新闻可以发现,国产轿车在产品及服务质量两方面,都未能达到用户的期望值。因此,要提升用户满意度指数,就必须从提升国产轿车消费者剩余着手。

如何在保证生产者剩余的前提下提升国产轿车消费者剩余呢?无非是采取两种方法,其一是提升国产轿车消费者可觉察的价值借以提升消费者剩余,包括提高国产轿车的性能和提升国产轿车的服务质量。首先,中国整车制造企业要真正在与国外整车制造企业竞争中占有一席之地,中国汽车技术应该借鉴日本、韩国等发达国家整车制造企业的发展道路,走自主发展与引进技术相结合的道路,设计和制造迎合中国汽车消费者需求的轿车造型。其次,化劣势为优势,建立良好的国产轿车售后服务体系。国产轿车的售后服务虽然从总体上讲不如国外厂家的服务,但是国产轿车的一个有利条件在于,其生产企业在全国各地设立销后服务点是可行的。其二是降低轿车的生产成本借以提升消费者剩余。国产轿车生产企业要从降低成本入手,而不是依靠以较高的价格,来达到在保证生产者剩余的前提下,提升国产轿车消费者剩余的目的。

三、案例研究

(一) 案例研究 A

消费者剩余的故事

我在海口时很想买一个电子辞典,逛了数码商城之后,相中了一款"名人310"。逛了几家发现这一款价格都在600元以上,而且打折的余地很小。我虽然很喜欢这部电子辞典,但由于价格不够理想,因此还不能下决心购买它。

到上海学习期间,我住的地方不远处也有一家数码城,有一天下午我逛街时就进去了,在电子辞书的专售柜台果然有"名人310"在出售,标价580,比海口便宜一点,看了机器之后我便开始了讨价还价,售货员是一个二十出头的姑娘,人虽然很热情活泼,但价格却咬得很死。我坚持的底线是530元,当我最后报出来后,小姑娘的态度有了一定的变化,她说:"这个价格实在太低了,我得请示一下。"她打电话不知跟谁说了几句之后就对我说:"好了,就做给你吧!"小姑娘态度的突然转变反使我产生了一丝犹豫。因为一是我还没有货比三家,二是根据买东西的经验,小姑娘有故弄玄虚之嫌,就像有些卖主嘴里说着"您再添点吧,这价钱实在太低了,没法卖",但手里已经在给你整理东西的时候,他已经向你发出了想卖的信号一样,都是想让顾客感到自己得到了很大便宜的一种姿态而已。但我不会上当。正在不想买的当头,商场看门的大爷不耐烦地嚷嚷到:"早就下班了,要关门啦!"我正好顺水推舟地说:"唉,时间来不及了,明天再说吧!"却见柜台里的小姑娘面露遗憾之色,嘴里还说着:"不要紧的,我马上给你开票,很快的!"但我已溜之大吉。

第二天一大早,我坐公交车到比较远的地方多看了几家数码商城,发现价格和昨天那家都相差无几,还有个别商场的价格赶上了海口的水平。最后我来到了一家叫"大润发"的规模很大的超市。一进超市,首先看到了一条很醒目的提示标语:"如果您在周边地区购买了比我处更便宜的同类商品,请持有关证明,大润发无条件为您补差!"看到这条承诺,我心里一下子轻松了,看来可能不虚此行。找到了数码柜台,果然看到了"名人310"。更使我惊喜的是,上面赫然标价378元!这是我从来没有见过的低价,而且是在一家有信誉的大超市。物美价廉,我还犹豫什么?立马决定买下。当售货员拿出机器后,我发现这不是我喜欢的颜色,而且再没有别的颜色了。我问售货员:"下午还会有别的颜色吗?"她说不清楚,因为下午不是她的班。我只好遗憾地回去了。中午休息后,我突然萌生了再去一趟"大润发"的念头。到了"大润发"后,我发现柜台换了一位小伙子,我问他:"名人310有没有淡绿色的?""有啊!"果然他拿出了我最喜欢的那一色调。这回大功告成,我终于如愿以偿。

资料来源:李仁君,消费者剩余与买东西的乐趣,海南日报,2004年8月25日。

【关联理论】

消费者剩余是指消费者为购买一种商品所愿意支付的货币量减去消费者实际支付货币量。实际上,我们可以把消费者剩余理解为消费者愿意支付的心理价格与购买商品的实际支付价格之差。买者在购买商品中到底满足感如何,关键取决于消费者剩余的多少。如果消费者剩余越多,则消费者的满足感越强烈。因此,这一指标可以很好地衡量买者从参与市场中得到的利益和感受。

【案例解剖】

在绝大多数市场上(除非吸毒等例外情况),消费者剩余很好地衡量了买者的经济福利。消费者剩余受到个人经济能力和支付能力的影响,同样的商品在不同消费者的心里可能有不同的支付意愿,从而形成了不同的消费者剩余。

按照消费者剩余的基本概念,可以很容易理解:在本案例中,该消费者对"名人310"电子辞典的支付意愿是530元,即它愿意支付的最高价格,亦可以称为支付的底线。在买者评价确定的条件下,根据消费者剩余的计算公式(消费者剩余 = 买者的评价 – 买者支付的量),买者实际支付的价格越高,则消费者剩余越少。买者实际支付的价格越低,则消费者剩余越多。如果这个消费者在电子辞书专售柜台与小姑娘讨价还价之后,以530元的价格购买了"名人310",则他获得的消费者剩余是零。在心理满足感低下的状态下,该消费者选择寻找借口进而溜之大吉。通过到比较远的地方搜寻其他数码商城,货比三家,发现"大润发"超市"名人310"的价格仅为378元,远低于他的支付意愿,并且有其最喜欢的色调。为什么该消费者感到如愿以偿地快乐,原因在于他通过购买"名人310",得到152(530 – 378)元的消费者剩余。

(二) 案例研究 B

你所购买的东西值不值

【片段1:拍卖猫王首张专辑】 假设在拍卖会上,有一张崭新的猫王首张专辑进行拍卖,你和三个猫王迷(张三、李四、王五)出现在拍卖会上。你们每一个人都想拥有这张专辑,但每个人为此付出的价格都有限。你愿意用1 000元,张三愿意用750元,李四愿意用700元,王五愿意用500元。卖者为了卖出这张专辑,从100元开始叫价。由于你们四个买者愿意支付的价格远远高于100元,价格很快上升。当卖者报出800元时,你得到了这张专辑。要注意的是,这张专辑将归对该专辑评价最高的买者。你用800元买到这张专辑,得到什么收益呢?其余三个人呢?

【片段2:商场上衣砍价】 你在商场里看中了一件上衣,100元的价格,你在购买时肯定要向卖衣服的人砍价,问80元卖不卖,卖衣服的理解消费者的这种心理,往往会同意让些利,促使你尽快决断,否则你就会有到其他柜台看看的念头。讨价还价可能在90元成交。在这个过程中消费者追求的是什么?在现实生活中,消费者并不总是能够得到消费者剩余的。在竞争不充分的情形下,厂商可以对某些消费者提价,使这种利益归厂商所有。更有甚者,有些商家所卖商品并不明码标价,消费者去购买商品时就漫天要价,然后再与消费者讨价还价。消费者要想在讨价还价中获得消费者剩余,在平时就必须注意浏览和观察各种商品的价格和供求情况,在购买重要商品时至少要货比三家并与其卖主讨价还价,最终恰到好处地拍板成交,获得消费者剩余。

【关联理论】

如果把消费者剩余理解为消费者为购买一种商品所愿意支付的货币量与消费者实际支付货币量之差,那么在某种意义上,消费者剩余应该是消费者的一种主观的心理评价。在竞争不充分的情况下,消费者有可能无法获得消费者剩余。

【案例解剖】

在片段1中,你本来愿意为这张专辑出1 000元,但实际只付出800元。你得到了200元的消费者剩余。而其余的三个人在参与拍卖中没有得到消费者剩余,因为他们没有得到专辑,也没有花一分钱。我们每一个人都是消费者,在买东西时对所购买的物品有一种主观评价,由此我们可以得出:消费者剩余=消费者愿意支付的价格 - 消费者实际支付的价格。在片段2中,消费者追求的是效用最大化吗?显然不是,这实际是你对这件衣服的主观评价而已,就是为所购买的物品支付的最高价格。如果市场价格高于你愿意支付的价格,你就会放弃购买,觉得不值,这时你的消费者剩余是负数,你就不会购买了;相反如果市场价格低于你愿意支付的价格,你就会购买,觉得很值,这时就有了消费者剩余。

总之,消费者剩余是主观的,并不是消费者实际货币收入的增加,仅仅是一种心理上满足的感觉。消费者剩余为负的感觉也不是金钱的实际损失,无非就是心理上挨宰的感觉而已。就是我们对所购买的东西说值不值的含义。

(三) 案例研究 C

加强政府对垄断性行业的价格干预　增加消费者剩余

一切社会经济调节行为的最终目标是社会福利的最大化。社会福利的主要衡量指标是消费者剩余与生产者剩余之和——总剩余。在现实社会经济生活中,许多行业由于各种原因,消费者剩余往往被人为剥夺。在市场经济条件下,消费者剩余被人为剥夺往往通过价格来实现。经济学中的消费者剩余是指消费者购买商品时愿意支付的最高价格和实际支付价格之差。比如,对一件衣服,消费者认为应该值500元,而它实际标价是400元,那么消费者购买这件衣服的消费者剩余是100元。显然,对于消费者来讲,消费者剩余越大越好。生产者出售一种商品得到的收入减去成本就是生产者剩余,它衡量生产者从参与市场中得到的利益。比如生者生产一辆自行车的成本是150元,可售价是300元,那么生产者剩余是150元。显然,对于生产者来讲,生产者剩余越大越好。从上述的分析可以看出,在市场交换过程中,对于消费者来说,商品价格越低越好,商品的价格越低,从商品交易中获得的消费者剩余就更多。对于生产者来说,商品价格越高越好,商品的价格越高,从商品生产和交易中获取的生产者剩余就更多。因此价格就成为问题的焦点。

在生产者垄断的市场条件下,企业可以通过对产量和价格的控制来实现超额利润。通过垄断定价,使消费者剩余向生产者剩余转移,导致消费者剩余减少,且减少的消费者剩余大于增加的生产者剩余,从而导致社会总剩余的减少,并造成社会性损失;另外,当市场价格抬高以后,市场对产品的需求量就会减少,有的消费者面对高价只好减少消费量,有的甚至只好放弃消费,这会造成净社会福利损失。目前,我国的水、电、油等三大行业,带有明显的垄断色彩,而这三个行业却直接关系着消费者的生活,国家对这三个行业的定价也是相当关注的,并且都有一定的干预措施。但就目前情形来看,依然问题重重,水、电提价已多次,国际油价下跌,而国内油价却持续上升。另外,市场竞争中还出现了一些竞争中形成的新形式的垄断,如技术垄断、区域市场垄断等。所有这些垄断企业的定价,都直接影响消费者剩余,其中大部分是减少消费者剩余,最终导致社会总剩余减少,社会福利损失。因此,政府对垄断企业的价格还要进行适当干预。

社会主义的生产目的是最大程度地满足人民日益增长的物质文化生活需要。而在垄断性行业,却往往奉行"生产者主权"原则,围绕着生产者怎么样做文章,政府部门在对价格进行调控时,经常会忽视消费者的利益,消费者的利益几乎都是为生产者的利益而被牺牲了。政府对市场的调控也往往更注重生产者的立场,就像上面提到的垄断产品的提价问题就是在更注重生产者利益基础上产生的。另外,就我国目前市场情况而言,消费者一般情况下都处于弱势地位,生产者、消费者博弈双方的力量对比极不均衡,在价格问题中受伤的基本是消费者,类似电信、移动等收费问题,吃亏了的消费者连讨个说法都很难。因此,作为政府部门,应该首先注意保护消费者利益,或者说,应更重视消费者剩余。政府应通过适当的价格干预来增加消费者的福利,保证消费者剩余。

资料来源:改编自 蓝叶瑾,加强政府对垄断性行业的价格干预　增加消费者剩余,丽水学院学报,2007(6)。

【关联理论】

要得出市场有效率的结论,必须满足一些关于市场如何运行的基本假设。因为在存在市场势力或外部性等市场失灵的情况下,不受管制的市场将不能有效地配置资源。其中,市场势力的出现意味着非完全竞争,导致价格和数量背离供求均衡,从而使市场无效。此时,公共政策有可能纠正这些问题,提高经济效率,并优化消费者剩余和生产者剩余的社会配置状态。计算消费者剩余和生产者剩余的关键在于买者支付的量(即卖者得到的量),也就是商品的价格,因此在市场失灵状态下的价格干预,理所当然成为产业或行业管制的"重心",以及调整消费者剩余和生产者剩余的"天平"。

【案例解剖】

根据现代经济学的观点,在完全竞争市场条件下,市场的力量能有效地使资源的社会利用达到帕累托最优和社会福利最大化,任何价格干预只会降低社会福利。如果市场处于完全竞争条件,政府就无须进行价格干预。完全竞争市场状态的条件是:生产者和消费者的力量是平等的,双方都不能单独决定某种商品的价格;所有生产者生产的同一种商品的质量和价格毫无差别;各种生产资源可以自由地进入和退出该行业;双方都能准确无误地把握市场信息,两者之间没有任何秘密。显而易见,完全竞争市场是经济学家缔造的理想国,对于许多行业来说,往往是生产者垄断的市场。但我国部分垄断性行业获得的"超额"生产者剩余,不是竞争的产物,而是垄断的结果,是以牺牲消费者剩余为代价的。就当前的生产者与消费者关系来说,消费者处于弱势地位,政府部门要充分重视消费者剩余,加强价格干预,促进全社会福利最大化。

加强政府价格干预,增加消费者剩余,可以从以下四个方面入手:其一,建立健全价格干预机制。要对价格进行科学有效地干预必须建立并完善价格干预机制,为增强价格的调节功能打下坚实基础。其二,选择适当的干预手段、时机和切入点。任何干预手段都会给市场带来负面效应,当政府对干预手段、干预时机、干预切入点的选择不当,对干预力度的把握出现偏差、干预手段实施滞后,甚至于严重违背市场运行规律时,给市场带来的是效率的低下、资源配置的劣化、市场机制的失灵、市场信号的失真,严重时会减少社会总剩余。其三,建立反应灵敏、沟通顺畅的价格信息渠道。要对价格做出适当的干预,就必须及时掌握市场价格信息,尤其对于垄断产品和与居民生活密切相关的商品价格进行监测,建立重要商品价格资料数据库,确保监测数据的连贯性、可比性;建立信息畅通、反应灵敏、决策及时的预警监督机制,不断提高价格监测和预警水平,提高应对价格异常波动的能力。

四、课外习题

(一)术语解释

1. 消费者剩余
2. 生产者剩余
3. 总剩余
4. 效率
5. 市场失灵

(二) 单项选择

1. 消费者剩余是消费者的( )。
   A. 实际所得　　　　　　　　　　　B. 主观感受
   C. 没有购买的部分　　　　　　　　D. 消费剩余部分

2. 以下关于需求曲线和支付意愿的说法中错误的是( )。
   A. 市场上每个潜在买者对一种物品都有某种支付意愿
   B. 需求曲线的高度衡量边际买者的支付意愿
   C. 当一直沿着数量轴移动时,买者的支付意愿越来越高,因此需求曲线向左下方倾斜
   D. 需求曲线以下和价格线以上的面积可以衡量一个市场上的消费者剩余

3. 消费者剩余是( )。
   A. 在需求曲线以上和价格线以下的面积
   B. 在需求曲线以下和价格线以上的面积
   C. 在供给曲线以上和价格线以下的面积
   D. 在供给曲线以下和价格线以上的面积

4. 生产者剩余是( )。
   A. 在需求曲线以上和价格线以下的面积
   B. 在需求曲线以下和价格线以上的面积
   C. 在供给曲线以上和价格线以下的面积
   D. 在供给曲线以下和价格线以上的面积

5. 一种物品的价格沿着一条不变的需求曲线下降,将( )。
   A. 增加消费者剩余　　　　　　　　B. 减少消费者剩余
   C. 减少买者的物质福利　　　　　　D. 提高市场效率

6. 一种物品的价格沿着一条不变的供给曲线下降,将( )。
   A. 增加生产者剩余　　　　　　　　B. 减少生产者剩余
   C. 减少卖者的物质福利　　　　　　D. 提高市场效率

7. 总剩余是( )。
   A. 在需求曲线以下和供给曲线以上的面积
   B. 在需求曲线以下和价格线以上的面积
   C. 在供给曲线以上和价格线以下的面积
   D. 以上说法都不对

8. 如果一个买者对一辆福特汽车的支付意愿是 200 000 元,而她实际以 180 000 元买到了这辆车,她的消费者剩余是( )。
   A. 0 元　　　　B. 20 000 元　　　　C. 180 000 元　　　　D. 200 000 元

9. 如果一个卖者对一辆大众汽车的生产成本是 160 000 元,而其实际以 180 000 元卖出了这辆车,则该卖者的生产者剩余是( )。
   A. 0 元　　　　B. 20 000 元　　　　C. 180 000 元　　　　D. 200 000 元

10. 假设可以购买三个相同的足球。买者 1 愿意为一个篮球支付 300 元,买者 2 愿意为一个篮球支付 250 元,买者 3 愿意为一个篮球支付 200 元。如果价格是 250 元,将卖出多少篮球? 这个市场上的消费者剩余值是多少? ( )。

A. 将卖出1个篮球,消费者剩余为300元
B. 将卖出1个篮球,消费者剩余为50元
C. 将卖出2个篮球,消费者剩余为50元
D. 将卖出3个篮球,消费者剩余为0元

11. 假设一只新款手机的价格是4 000元。小王对一只新款手机的评价是5 000元。卖者生产一只新款手机的成本是3 000元。如果小王购买这只新款手机,整个市场的总剩余是(   )。
A. 2 000元　　　　B. 3 000元　　　　C. 4 000元　　　　D. 5 000元

12. 假设一辆新自行车的价格是300元,你对一辆新自行车的评价是400元,卖者生产一辆新自行车的成本是200元。如果你购买一辆新自行车,总剩余值是(   )。
A. 100美元　　　　B. 200美元　　　　C. 300美元　　　　D. 400美元

13. 亚当·斯密"看不见的手"的概念表明,竞争市场的结果(   )。
A. 使总剩余最小化　　　　　　　　B. 使总剩余最大化
C. 引起社会成员的平等　　　　　　D. B和C都对

14. 自由市场均衡状态的资源配置能够使总剩余实现最大化,是基于以下哪一个关于市场结果的观点:(   )。
A. 自由市场把物品的供给分配给对这些物品评价最高的买者
B. 自由市场将物品的需求分配给能够以最低成本生产这些物品的卖者
C. 自由市场生产出使消费者剩余和生产者剩余的总和最大化的物品量
D. 以上都是

15. 房东对粉刷每套公寓的评价取决于房子本身的质量。假设一位房东对粉刷她的五套公寓房的评价如下:对粉刷第一套公寓的评价是5 000元,对粉刷第二套公寓的评价是4 000元,对粉刷第三套公寓的评价是3 000元,对粉刷第四套公寓的评价是2 000元,对粉刷第五套公寓的评价是1 000元,如果其公寓房粉刷的价格是每套5 000元,她将粉刷(   )套,她的消费者剩余是(   );如果其公寓房粉刷的价格降至每套2 000元,她将粉刷(   )套,她的消费者剩余是(   )。
A. 1,0;3,5 000　　　　　　　　B. 1,0;4,6 000
C. 2,1 000;3,5 000　　　　　　D. 2,1 000;4,6 000

(三) 判断正误

1. 消费者剩余是买者的支付意愿减去其生产成本。(   )
2. 如果你对一个面包的支付意愿是3元,而面包的价格是2元,你的消费者剩余是5元。(   )
3. 生产者剩余衡量市场上生产者未销出的存货。(   )
4. 如果买者是理性的,消费者剩余是对买者利益的一种良好衡量。(   )
5. 竞争市场上的均衡使总剩余最大化。(   )
6. 小丽用120元购买了一个手提包,并得到80元的消费者剩余,则她的支付意愿是200元。(   )
7. 小芳对一本精装图书的支付意愿是150元,若图书的价格是250元,她的消费者剩余是0。(   )

8. 存在消费者剩余和生产者剩余的原因是在竞争市场上只有一种价格,而且所有参与者都是价格接受者。（　　）

9. 在任何情况下,市场都可以有效地配置资源。（　　）

10. 由于消费者剩余是买者从参与市场活动中得到的利益,而生产者剩余是卖者从参与市场活动中得到的利益,因此总剩余可以作为社会经济福利的衡量指标。（　　）

（四）简答题

1. 买者的支付意愿、消费者剩余和需求曲线有什么关系?
2. 卖者的成本、生产者剩余和供给曲线有什么关系?
3. 四个消费者对理发的支付意愿分别如下：甲：7元；乙：2元；丙：8元；丁：5元。四家理发店的生产成本分别如下：A：3元；B：6元；C：4元；D：2元。每个理发店只能为一个人理发。站在效率角度上,应该给几个人理发？哪个理发店应该理发,哪个消费者应该理发？可能的最大总剩余为多少？
4. 当一种物品价格发生变化时,消费者剩余和生产者剩余会发生什么变化？为什么？
5. 自由市场均衡状态的资源配置能够使总剩余实现最大化,是基于哪三个关于市场结果的观点？

（五）应用题

1. 在一个大热天,小周感到口渴难耐,想买瓶装水喝。他对瓶装水的评价如下：第一瓶水的价值为7元,第二瓶水的价值为5元,第三瓶水的价值为3元,第四瓶水的价值为1元。如果一瓶水的价格为4元,小李会买几瓶水？小李从他的购买行为中得到多少消费者剩余？为什么？

2. 假若其他条件不变,因为某种因素发生变化,导致对面包的需求大幅增加,请问在面包市场上,生产者剩余发生什么变动？在面粉市场上,生产者剩余发生什么变动？请画图加以说明。

3. 假设猪肉的供给和需求如下：供给：$Q^s = 4P - 80$；需求：$Q^d = 100 - 2P$；其中 Q 的单位是千克,P 的单位是元/千克。（1）画出供给曲线和需求曲线。均衡价格和均衡数量是多少？（2）计算均衡时的消费者剩余、生产者剩余和总剩余。

（六）拓展思考题

1. 某瓶装水生产厂有一台抽水机。由于抽大量的水比抽少量的水困难,随着抽水越来越多,生产一瓶水的成本增加。下面是生产每瓶水的成本：

第一瓶水的成本	1元
第二瓶水的成本	3元
第三瓶水的成本	5元
第四瓶水的成本	7元

(1) 根据以上信息推导出瓶装水生产厂的供给表。画出该厂的瓶装水的供给曲线。
(2) 如果一瓶水的价格是4元,瓶装水生产厂会生产并销售多少水？瓶装水生产厂从这种销售中得到了多少生产者剩余？在你的图形中标出瓶装水生产厂的生产者剩余。
(3) 如果价格上升为6元,供给量会有何变化？该瓶装水生产厂的生产者剩余会有何变化？在你的图形中标出这些变化。

2. 在中国北方许多大城市,由于水资源不足,居民用水紧张,请根据边际效用递减原理和消费者剩余理论,设计一种方案供政府来缓解或消除这个问题,并回答与这种方案有关的下列问题:(1)对消费者剩余有何影响？(2)对生产资源的配置有何有利影响？(3)对城市居民的收入分配有何影响？是否有什么补救的办法？

五、习题答案

(一) 术语解释

1. 消费者剩余:买者愿意为一种物品支付的量减去其为此实际支付的量。
2. 生产者剩余:卖者出售一种物品实际得到的量减去其生产成本。
3. 总剩余:消费者剩余和生产者剩余的总和,可以表示为买者支付意愿衡量的对物品的总评价减去卖者提供这些物品的总成本。
4. 效率:资源配置使社会所有成员得到的总剩余最大化的性质。
5. 市场失灵:市场不能进行资源优化配置的一种状态。

(二) 单项选择

1. B 2. C 3. B 4. C 5. A 6. B 7. A 8. B 9. B 10. C
11. A 12. B 13. B 14. D 15. B

(三) 判断正误

1. × 2. × 3. × 4. √ 5. √ 6. √ 7. √ 8. √ 9. × 10. √

(四) 简答题

1.【考查要点】 支付意愿、消费者剩余和需求曲线的相关性。

【参考答案】 (1)支付意愿即为买者愿意为某种物品支付的最高价格。如果在价格和数量的坐标系中画出第一单位的支付意愿值,再画出第二单位的支付意愿值,以此类推,就得到了一种物品的市场需求曲线。(2)如果把价格再提高一点就首先离开市场的买者称为边际买者,那么需求曲线的高度可以衡量边际买者的支付意愿。(3)消费者剩余是买者的支付意愿减去其实际支付的量,需求曲线以下和价格线以上的面积可以衡量一个市场上的消费者剩余。

2.【考查要点】 卖者的成本、生产者剩余和供给曲线的相关性。

【参考答案】 (1)成本可以看作是卖者为了生产物品所愿意接受的最低价格。如果在价格和数量的坐标系中画出第一单位的生产成本,再画出第二单位的生产成本,以此类推,就得到了一种物品的市场供给曲线。(2)如果把价格再降低一点就首先离开市场的卖者称为边际卖者,那么供给曲线的高度可以衡量边际卖者的生产成本。(3)生产者剩余是卖者出售一种物品实际得到的量减去其生产成本,因此生产者剩余可以用来衡量卖者从参与市场中得到的利益。由于供给曲线的高度衡量边际卖者的生产成本,因此市场上的消费者剩余是价格线以下和供给曲线以上的面积。

3.【考查要点】 消费者剩余与生产者剩余的理解。

【参考答案】 (1)站在效率角度上,应该给3个人理发,分别是丙、甲和丁;(2)应该有3个理发店理发,分别是D、A和C;(3)可能的最大总剩余为:(7+8+5)-(3+4+2)=11元。

4.【考查要点】 物品价格与消费者剩余、生产者剩余。

【参考答案】 (1)当一种物品的价格下降时,消费者剩余由于两个原因而增加,其一是原有买者可以减少支付量而得到更多剩余,其二是新的买者因为现在的价格低于他们的支付意愿而进入市场。与此相反,当一种物品的价格上升时,消费者剩余也会由于两个原因而减少。

(2)当一种物品的价格上升时,生产者剩余由于两个原因而增加,其一是原有卖者可以增加得到量而得到更多剩余,其二是新的卖者因为现在的价格高于他们的生产成本而进入市场。与此相反,当一种物品的价格下降时,生产者剩余也会由于两个原因而减少。

5.【考查要点】 自由市场均衡的评价。

【参考答案】 (1)自由市场把物品的供给分配给对这些物品评价最高的买者;(2)自由市场将物品的需求分配给能够以最低成本生产这些物品的卖者;(3)自由市场生产出使消费者剩余和生产者剩余的总和最大化的物品量。

(五) 应用题

1.【考查要点】 消费者剩余的理解和计算。

【参考答案】 (1)小李会买2瓶水,因为小李对瓶装水的支付意愿即他愿意为瓶装水支付的最高价格,只有当瓶装水的实际价格低于其支付意愿时,才会发生购买行为;(2)小李买第一瓶水的消费者剩余为:7-4=3元,买第二瓶水的消费者剩余为:5-4=1元,因此获得的总的消费者剩余为4。

2.【考查要点】 生产者剩余及其变化。

【参考答案】 (1)由于对面包的需求大幅增加,在其他条件不变的情况下,面包的价格会上升,市场上的生产者剩余增加;(2)由于面包产量上升,它的生产要素面粉的需求量也会上升。在其他条件不变的情况下,面粉价格上升,市场上的生产者剩余增加。图形略。

3.【考查要点】 消费者剩余、生产者剩余和总剩余。

【参考答案】 (1)均衡价格是30元/公斤,均衡数量是40公斤;(2)均衡时的消费者剩余是400元,生产者剩余是200元,总剩余是600元。

(六) 拓展思考题

1.【考查要点】 消费者剩余、生产者剩余和总剩余。

【参考答案】 (1)根据以上信息推导出瓶装水生产厂的供给表如下:

价格	供给量
7元或以上	4
5—7元	3
3—5元	2
1—3元	1
1元以下	0

第 7 章 消费者、生产者与市场效率

(2) 如果一瓶水的价格是 4 元,该瓶装水生产厂会生产并销售 2 瓶水。该厂从这种销售中得到的生产者剩余为 4 元。

(3) 如果价格上升为 6 元,供给量为 3 瓶水。瓶装水生产厂的生产者剩余增加 9 元。

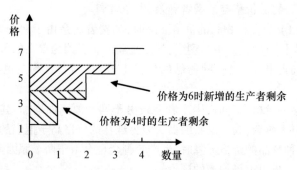

2.【考查要点】 综合运用边际效用递减规律与消费者剩余理论。

【参考答案】 可用提高自来水使用价格的方法来缓解或消除这个问题,因为如果自来水价格提高,一方面,用户会减少(节约)用水;另一方面,可刺激厂商增加自来水的生产或供给。其结果将是自来水供应紧张的局面得到缓解或消除。(1) 自来水使用价格提高后,用户实际支付的货币总额增加,反映消费者愿意支付的货币总额与实际支付的货币总额之间差额的消费剩余将会减少。(2) 对生产资源配置的有利影响是节约了用水,可使之用于人们更需要的用途上,从而使水资源得到更合理更有效的利用。(3) 如果城市居民收入不变,因自来水价格提高所引起的支出的增加必然会降低居民的实际收入。补救的方法,可选择给居民增加货币工资或给予价格补贴。

第8章
应用:赋税的代价

一、学习精要

(一) 教学目标

1. 了解赋税的政治和经济意义。
2. 熟悉赋税的福利效应,即税收如何影响消费者剩余,生产者剩余和总剩余。
3. 理解赋税带来的无谓损失以及决定无谓损失的因素,掌握税收变动对无谓损失和税收收入的影响。

(二) 内容提要

本章将运用第7章所学到的福利经济学内容来分析在第6章已经涉及的赋税问题,包括赋税的无谓损失、决定无谓损失的因素,以及税收变动时的无谓损失和税收收入等重点内容。也可以说,本章是把前两章学过的内容结合起来,分析赋税对福利的影响。

1. 赋税的无谓损失

(1) 税收相当于在买者支付的价格和卖者得到的价格之间打入一个楔子。由于这种税收楔子,买者支付的价格上升,卖者得到的价格下降,销售数量或者说市场规模缩小。

(2) 税收无论是向买者征收,还是向卖者征收,其效果都一样。政府不能决定由谁来承担税收负担。税收负担最终是由买者承担,还是由卖者承担,取决于商品的供给弹性和需求弹性的大小。如果商品的供给弹性较大,意味着生产者退出市场更容易,则税收负担将更多落在消费者身上;如果商品的需求弹性较大,意味着消费者退出市场更容易,则税收负担将更多落在生产者身上。比如向奢侈品消费者征税,由于奢侈品的消费富有弹性,最终的税收负担实际上落在了生产奢侈品的普通工人身上。

(3) 假若市场上买者得到的利益用消费者剩余来衡量,卖者得到的利益用生产者剩余来衡量,社会从税收得到的公共利益用政府税收收入来衡量,因此可以使用消费者剩余、生产者剩余和政府税收收入的变化来衡量福利变动。

(4) 税收会导致消费者剩余减少,生产者剩余减少,税收收入增加,但买者和卖者遭受的损失大于政府筹集到的税收收入,也可以说政府筹集到的税收收入不足以补偿由征税而引起的买者和卖者的福利损失,从而导致整个社会的总剩余减少,因此税收会给整个社会总体福利带来无谓损失。

(5) 之所以会产生无谓损失,实质是因为税收使买者和卖者不能实现某些贸易的好处。税收使消费者支付的价格高于没有税收时的市场均衡价格,因而减少了消费量;同时税收使生产者得到的价格低于没有税收时的市场均衡价格,因而减少了供给量。市场交易量的减少使买者和卖者无法获得充分的利益,从而引起整个社会的净福利损失。

2. 决定无谓损失的因素

(1) 由于无谓损失是由市场交易量减少所引起,而在税收规模一定的前提下,市场交易量的变化程度取决于供给和需求的价格弹性,因此无谓损失的大小取决于商品需求和供给的价格弹性。

(2) 在税收规模一定时,商品需求和供给的价格弹性越大,一旦征税导致买卖双方面临的价格不利,生产者或消费者越容易退出市场,从而引起市场交易量减少得更多,则税收的无谓损失也就越大。

3. 税收变动时的无谓损失和税收收入

(1) 随着税收规模(税率)的增加,无谓损失也在随之增加,但无谓损失增加的速度更迅速。当需求曲线和供给曲线均为线性时,无谓损失的增加将为税收增加倍数的平方。

(2) 随着税收规模(税率)的增加,税收收入先增加,然后再减少。原因在于税收收入是税率与交易量的乘积,因此税收收入取决于两个因素:税率和交易量(税基)。在开始阶段,税收规模增加从每一单位中得到的税收收入大于它减少的销售额,但在某一时点之后这种情况正好相反。拉弗曲线展现了税收收入随税收规模(税率)变动而变动的情况。

4. 结论

税收以两种方式给市场参与者带来成本:

(1) 资源从买者和卖者转向政府;

(2) 税收扭曲激励及市场结果。

(三) 关键概念

1. 税收:指政府为了提供公共服务及公共财政,依照法律规定,对个人或组织无偿征收货币或资源的总称。

2. 福利经济学:研究资源配置如何影响经济福利的学问。

3. 无谓损失:市场扭曲(例如税收)引起的总剩余减少。

4. 地下经济:一些人从事非法经济活动,或从事可以逃税的暗中支付工资的工作,经济学家把这种情况称为地下经济。

5. 拉弗曲线:由美国经济学家阿瑟·拉弗于1974年提出。该曲线表明,随着税收规模的扩大,税收收入先是增加,但随着税收规模越来越大,市场收缩也非常大,以至于税收收入开始减少。

6. 供给学派经济学:20世纪80年代,美国总统里根将减税作为其施政纲领。他认为,税收如此高,以至于不鼓励人们努力工作。减税将给人们适当的工作激励,这种激励又会提高经济福利,甚至或许可以增加税收收入。由于降低税率是要鼓励人们增加他们供给的劳动数量,因此,拉弗和里根的观点就以供给学派经济学而闻名。

(四) 拓展提示

1. 税收是经济学中十分重要的议题。其实质是将居民收入转化为政府收入。历史上,税收常常引起政治动荡。英国国王不受限制的征税权引发国内资产阶级革命,向美国殖民地征收印花税引发美国的独立战争。中国历史上的朝代更迭常常也是因苛捐杂税引起。但在现实中,税收对国民经济也有至关重要的影响。如对某种商品或活动课税,会影响微观经济主体行为,影响产业的发展;关税水平会影响对外贸易和国际关系;对外资企业的税收政策会影响国际投资;个人所得税水平会影响居民可支配收入,影响消费需求;税收决定政府的财政收入,而其收支状况会影响宏观经济政策;等等。

2. 税收不仅会改变社会成员间的福利分配,其对消费者福利的影响取决于商品的需求弹性,对生产者福利的影响取决于商品的供给弹性。除此之外,税收会通过减少交易量导致净福利损失,这种损失即为税收的无谓损失。无谓损失的度量可以由减少的消费者剩余和减少的生产者剩余之和减去政府得到的税收收入来计算得到。

3. 税收是维持政府运行、保持社会秩序所必需的;同时税收的种类和规模会在很大程度上影响社会不同群体的利益,改变人们的经济激励,从而影响社会的经济潜能发挥。税收扭曲激励主要体现在:税收提高买者支付价格,从而减少需求量;税收降低卖者得到价格,从而减少供给量;市场缩小至最优水平之下,卖者不能生产并销售对买者利益大于生产者成本的所有物品量。赋税因此常常成为政治争论的焦点,甚至引起政治变革。

4. 政府征税时通常会确定何种税率最优,即能使税收收入最大化的税率。对政府增加税收收入而言,税率不是越高越好。由于税收收入是税率与交易量的乘积,因此它取决于两个因素:税率和交易量(税基)。由于税率提高会减少交易量,因此税率并不是越高越好,而是有个适度值,在这个水平上会使得税收收入最大化。

5. 供给学派认为,由于过高的税率会阻碍经济活动,因此某些情况下减税甚至可以经由鼓励人们更多工作来扩大经济规模,从而增加政府税收收入。理论上,当经济处于拉弗曲线的右侧,即极高的税收严重抑制了经济和交易活动时,减税是可以达到增加税收收入的效果的。

二、新闻透视

(一) 新闻透视 A

财政部将调整消费税 一般化妆品或不再征收 30% 税费

据经济之声《天下财经》报道,对于爱美的女士们来说,如果购买化妆品不用再缴纳 30% 的消费税,无疑是一件大好事。昨天有消息称,财政部正在考虑将化妆品的税目分类界定为高档化妆品和一般化妆品,一般化妆品可能将不再征收消费税,消费税征收范围的调整预计在今年下半年公布。

消费税即将调整的消息,来自财政部最近所做的中央决算报告。财政部部长楼继伟最近向全国人大常委会做 2013 年中央决算报告和中央决算草案时,提到最近要实施的财税改革重点和方向,继续完善消费税改革方案就是其中的重要内容。消费税的征收范围将有哪些变化?

财政部财政科学研究所税收政策研究室主任孙钢认为,调整的原则是把一部分已经成为日常生活用品的消费品移出征税范围,同时把高污染、高能耗和奢侈品纳入征收范围。孙钢说:"原则是扩大消费税的征收范围。把一些高档消费品、对环境有污染的产品放进来,另外把老百姓的日用品拿出去。真正把消费税作为对高档消费品和奢侈品或者是对环境污染起抑制作用的税种。"

按照这样的原则，有消息说，这次减免征收消费税的，将是部分化妆品税目。财政部考虑把化妆品税目分类界定为高档化妆品和一般化妆品，一般化妆品可能就不再征收消费税了。

长期以来，国内销售的化妆品要征收30%的消费税，这就使得化妆品价格总体偏高，公司白领郭小姐认为，现在一般化妆品已经是日常消费品了，对于每个月的支出，感觉压力有点大。在她看来，对化妆品征收消费税，就应该区别对待，消费税应该主要是针对奢侈品征收，而我们日常购买的护肤品只是一个日常消费，没有必要征那么高的税。普通人消费的层次应该有一个调整，奢侈品另当别论。

那么如何区分高档化妆品和一般化妆品？孙钢主任分析，可能会从价格或者品牌上来界定。孙钢说："它应该有一个进一步地解释，从价格、品牌或者其他方面。估计还是以价格为准。咱们一般讲的高档都是比较贵的东西。"

资料来源：魏红欣，中国广播网，2014年6月29日。

【关联理论】

在税收规模一定时，商品需求和供给的价格弹性越大，一旦征税导致买卖双方面临的价格不利，生产者或消费者越容易退出市场，从而引起市场交易量减少得更多，则税收的无谓损失也就越大。从理论上来说，税收带来的无谓损失越大，对小政府的呼声就越大。但在现实中，由于税收还具有消费导向功能，因而政府征税的商品并非一定是无谓损失小的商品。

【新闻评析】

当征税增加了买者支付的价格，需求缺乏弹性的消费者更难以离开市场，因此税收只降低一点交易量，无谓损失很小。当税收增加了买者支付的价格，需求富有弹性的消费者更容易离开市场，因此税收减少了更多的交易量，无谓损失更大。因此，在税收规模（税率）一定的前提下，供给和需求的价格弹性越大，税收的无谓损失越大。

但需要注意的是，一种商品是必需品还是奢侈品，其结论可能随着时代的发展和人们生活水平的变化而发生改变。在本新闻中，一般化妆品由以前的奢侈品转变为现在的日常消费品，因此其需求曲线变得越来越平坦。假若税收规模（税率）不变，则针对一般化妆品的税收带来的无谓损失越来越少。理论上来说，税收带来的无谓损失越少，对大政府的呼声就越大。但在现实中，由于税收还具有消费导向功能，政府征税的商品并非一定是无谓损失小的商品。为了适度限制高档化妆品消费，鼓励一般化妆品消费，真正把消费税作为对高档消费品和奢侈品或者是对环境污染起抑制作用的税种，财政部反而调整消费税，实施一般化妆品不再征收30%税费的政策。

（二）新闻透视 B

新闻片段1：西班牙剧院门票增值税飞涨　剧院面临生存危机

近日，一份研究报告称，西班牙政府从2012年9月开始调增的剧院门票增值税导致剧院门票价格飞涨。在随后的4个月，与前一年同期相比，西班牙剧院观众人数下降了1/3，大约180万人，剧院收入也下降了约33%，并且裁减了600个相关工作岗位。

据了解，随着西班牙经济危机的日益加深，西班牙政府从2012年9月开始将剧院门票增值税税率由8%提高到21%。此举是为了增加政府收入，减少迅速增长的公共赤字。普华永道会计师事务所研究结果表明,增值税提高直接导致西班牙艺术产业的年收入减少约1 000万欧元。西班牙戏剧艺术部门把税负增加视为"悲剧性的和毁灭性的",并且要求政府马上废止新的增值税税率。

由于门票增值税调增,加上得不到地方政府提供的资金支持,一些剧团开始转向购买廉价的设备以及以更小的演员阵容来维持生存,舞台的独白成为流行时尚,因为这样做才会使成本更低。

西班牙最有名气的剧院也已经成为牺牲品。马德里皇家歌剧院在2012—2013演出季的预算被削减了1/3。由于演出费用太昂贵,他们被迫取消计划于今年夏天演出的莫扎特的《魔笛》。巴塞罗那歌剧院为了减少支出不得不把它的上个演出季缩短了2个月。

"现在情况糟糕透了,门票增值税的增加会把像我们这样的小型剧院扼杀掉。"西班牙加泰罗尼亚剧院经理表示。一些小型剧院开始想方设法绕过门票增值税来吸引观众。

资料来源:中国税务报,2013年4月10日。

新闻片段2:法国进口增值税提高 艺术品市场受到重大波动

据法国《费加罗报》网站7月7日报道,法国进口增值税的提高使艺术品市场受到波动。为应对冲击,画廊经营者、艺术品收藏家和艺术品拍卖行首次联合起来。

随着进口增值税的提高,法国艺术品市场的风险也在加大。此前已有过一次增税,即2012年1月1日由之前的5.5%提升到7%,而如今增值税将于2014年1月1日从7%提高到10%。

法国三大主要艺术品传播机构(国家艺术品拍卖行、法国艺术展览委员会、国家艺术品收藏夹工会)首次采取一致行动。因情况紧急,部分解决措施已经递交国民议会,但议案还需通过2014年金融法案的讨论(将由部长会员于9月在议会上进行讨论)才能得以实施。该报告显示,法国艺术品市场不断失去在国际市场中的参与度,只有大约5%,国际市场主要被美国、中国、英国等国家主导。而进口增值税的提高又为已经非常脆弱的艺术品市场带来致命的打击。

让-皮埃尔表示:"我们并非要求保护富人的利益,但现已观察到70%的艺术品已经离开法国市场,增值税的提高只会加速艺术品的流失。"弗兰克说:"这与关税已无太大差别,而19.6%的进口商品为艺术品。"卖主并不能提前知晓买主国籍,就为艺术品保留带来风险。法国人需要支付高额的进口增值税,而外籍人士则可避免。

纪尧姆·赛鲁迪表示:"我们并不认为这样的措施就可以带来公共财政情况的好转。我们曾说服美国收藏家在巴黎拍卖,因为巴黎的艺术产业远远比纽约或者伦敦更加兴盛,否则可能需要与同等重要的作品竞争。"他举例说明:2007年被苏富比拍卖行卖出的弗朗西斯·培根的作品《坐着的女人》被一位不愿意透露姓名的竞拍者买走,以1 220万欧元成交,当时的增值税为5.5%,最终费用合计1 370万欧元。竞拍者同时支付了竞拍价格、购买手续费、交易增值税和进口增值税。纪尧姆·赛鲁迪补充道:"我几乎可以肯定如果进口增值税率是10%而不是5.5%,那么顾客就绝不会选择巴黎。"以此看来,税率的提高会对艺术品市场带来极大的冲击,相关政策亟待出台。

资料来源:中国税务网,2013年7月9日。

【关联理论】

相比市场均衡时,税收会提高买者支付的价格,降低卖者得到的价格。由此带来交易量的减少,造成相关市场和行业的缩减。税率过高时,如果还有替代市场的情况下,甚至会导致相关市场萎缩或消失,从而对相关行业造成损害。

【新闻评析】

西班牙为了增加政府税收收入、减少赤字而提高剧院门票增值税,从8%提高到21%,导致观众人数下降1/3,剧院收入也下降1/3,工作岗位大量减少。根据赋税理论,增税会导致无谓损失。对消费者而言,由于观看演出属于文化休闲活动,不是生活必需,且有很多替代,比如看电影、听音乐、看球赛等,因此其需求弹性很大。除了特别忠诚的剧院粉丝,很多观众都属于边际消费者,大幅提高的门票价格会使他们离开这个市场。因此产生了很大的无谓损失。对剧院而言,它的供给较无弹性,场地和演员的维持费用即固定成本很高;一旦节目排好,多一位观众引起的边际成本几乎为零。因此,观众的流失会极大地减少剧院的纯利润。因此,税收负担主要落在剧院即供给者一方。短期内,为了削减成本,剧院会减少演出场次,缩减演员阵容,使演出质量降低。长期内,如果一直需要以更高的票价来观看更低质量的演出,更多观众会离开,更多剧院会关门,对该行业造成毁灭性打击。而政府暂时获得的增加的税收收入不仅难以弥补当下的社会总福利损失,更难以弥补该政策对剧院行业带来的持久的损害。

法国增加对艺术品的进口增值税,相当于买者为进口的艺术品支付了更高的价格,效果等同于增加艺术品的进口关税。由于艺术品价值昂贵,增加的税收是一笔很大的附加支出,可能会降低购买者的购买意愿从而降低拍卖价格。在有多个国家的拍卖市场可以选择的情况下,艺术品的供给者(拍卖者)可能更愿意选择其他国家的市场,在那里交易成本更低,有更多非法国籍的潜在买家(他们不用支付高昂的进口增值税),因此能拍得更好价格。由于历史和文化传统,艺术品拍卖和收藏在法国是一个重要的行业,但是政府提高进口增值税的政策可能会极大损害法国艺术品市场在国际上的竞争力。而这类独特市场的培育和再建是比较困难的。

以上两例都是政府为了解决国内迫在眉睫的赤字问题,而对一些特殊行业(通常是奢侈类消费的行业)增税。两个都是欧盟国家,近期都在想办法增加税种和提高税率。一方面是国内经济不景气使得税收减少、支出增加,另一方面是为了满足欧盟对其成员国的财政要求,即赤字低于GDP的3%。但政府必须考虑到的一点是,无论是演出市场还是艺术品市场,税收增加都使消费者支付的价格高于没有税收时的市场均衡价格,因而减少了消费量;同时税收使生产者得到的价格低于没有税收时的市场均衡价格,因而减少了供给量。市场缩小至最优水平之下,市场交易量的减少使买者和卖者无法获得充分的利益。税率过高时,如果还有替代市场的情况下,甚至会导致相关市场萎缩或消失,从而对相关行业造成损害,政府在实施增税政策之前,应该准备好相关措施加以应对。

三、案例研究

(一) 案例研究 A

王先生雇保姆

王先生想请一个保姆做家佣,但他属于工薪阶层,为此他最多愿意支付每月430元的工资给保姆。周小姐以前每月卖报纸仅有400元的收入,现在希望能找到一份清闲而且不用风吹雨淋的工作,看到王先生的招聘广告,她非常愿意尝试。最后他们达成协议,王先生每月支付420元的工资请周小姐做家佣。这样一来,从这份工作中,王先生可以节省10元,周小姐比她原先的工作多赚20元。但是拿工资是要上税的,周小姐拿了420元的工资,必须上交50元的工资税。这样一计算,王先生至少要付给周小姐450元才能达到她以前的收入水平,但王先生支付的底线是430元。权衡后,周小姐最终放弃了这份工作,王先生也不打算再雇用保姆。

【关联理论】

税收引起无谓损失,实质是因为税收使买者和卖者不能实现某些贸易的好处。这就是说税收扭曲了激励,因为税收使消费者支付的价格高于没有税收时的市场均衡价格,因而减少了消费量;同时税收使生产者得到的价格低于没有税收时的市场均衡价格,因而减少了供给量。市场规模缩小至最优水平之下,而且卖者不能生产并销售对买者的利益大于生产者成本的所有物品量。总之,无谓损失是潜在贸易好处的损失。

【案例解剖】

政府向某一产品征税,不管这项税收是向生产者征收还是向消费者征收,最后都是由生产者和消费者分担——生产者得到的价格下降,消费者支付的价格上升,税收在买者支付的价格和卖者得到的价格之间打入了一个"楔子"。由于这个"楔子",这种产品的销售量低于没有税收时应该达到的水平,也就是说,市场规模收缩了。由于市场规模收缩,生产者和消费者收到的福利损失之和要大于政府得到的税收。

为什么会出现社会总福利减少这样的"无谓损失"?这是因为人们对各种激励做出理性的反应。税收提高了买者的价格而降低了卖者的价格,买者和卖者对这种负面激励的理性反应便是少消费和少生产。于是,市场规模缩小到其最优水平之下,资源配置的效率降低了。市场交易量的减少使买者和卖者无法获得充分的利益,从而引起整个社会的净福利损失。由于税收,在税收交易量与均衡交易量单位之间的物品没有被售出;买者对于这些单位物品的评价高于生产它们的成本,因此税收使一些对买者和卖者都有利的交易未能实现。随着税收增加,它减少的市场规模越来越少,在某一点上税收如此之高,以至于它大于或等于从第一单位中得到的潜在剩余,在那一点,税收就成为禁止性税收,因为它消灭了市场(此时政府根本得不到收入)。

(二) 案例研究 B

法国应该进一步提高赋税吗

以下是2013年关于法国提高赋税的五则报道:

法国:提高税收负面效果显现

法国全国统计和经济研究所(INSEE)最新公布的数据显示,法国税收占国内生产总值(GDP)的比重由前一年的43.7%增至44.9%,创下1999年以来新高,但在缺少经济增长和失业率上升的情况下,提高税收并不能完全抵消收入减少和开支增加的不足,反而造成法国人购买力30年来首次出现下降,储蓄率降低。

根据INSEE的统计数字,去年法国购买力下降0.4%,为1984年以来首次下降。INSEE

指出,近两年税收大幅增加是购买力下降的主因,去年法国工资增长了0.3%,家庭补贴增加了0.9%,但不抵税收增幅(5.3%)。购买力下降加上失业率上升,也影响到法国人的储蓄,一些家庭取出储蓄的钱来维持其日常开销,这使得去年法国储蓄由年初的16.2%降至年底的15.6%。

法国:高税率阻碍经济增长

据统计,法国去年税收占GDP的比重比2009年增加2.8个百分点,相当于给企业和家庭增加了500亿欧元税收,而出于降低财政赤字需要,今年法国税收将继续增加,预计年底将达到GDP的46.3%,再度刷新历史纪录。2014年情况也不乐观,经济增长乏力,法国财政捉襟见肘,明年财政预算缺口或达60亿欧元,奥朗德增加对富人的征税和提高增值税能否弥补财政缺口还是未知数,未来两年还要减少数百亿欧元赤字,税收压力在不断加大。

法国审计法院认为,法国应停止不断加重税收的做法,不能因财政收支失衡就一味增加税收。审计法院院长迪迪埃·米古指出,法国已没有再增加税收的余地,应该从削减公共开支上想办法。他认为,法国的税收已经很高,这使法国竞争力受到损害,法国应改变不断增税的做法。一些经济专家认为,靠提高税收来降低财政赤字是不能持久的,这会影响竞争力和对外资的吸引力,税收过重会影响经济增长。

资料来源:中华工商时报,2013年4月10日。

法国:政府在税收上的回旋余地已不大

据欧盟动态8月26日消息,欧委会副主席兼经济与货币事务委员雷恩表示,新的降低法国预算赤字的措施必须与削减政府支出挂钩,任何新的税收政策将"有损经济增长,不利于创造就业机会"。与欧洲其他国家紧缩政策不同,奥朗德政府强调通过高税收而非削减开支来实现预算平衡。雷恩指出,法国税率水平已经达到令人害怕的程度。

面对降低税收、提高购买力的呼声,奥朗德总统在最近讲话中表示注意购买力问题。他宣布,2014年除已定下要提高增值税以外,政府不会再提高其他税收,提高增值税也是为给企业减税筹措资金。奥朗德希望通过节省开支来降低税收压力。他说,过去30—40年,政府开支一直不断增加,今年政府开支将同2012年持平,明年政府开支将首次下降,低于2013年。可以看出,仅靠税收解决不了财政赤字问题,政府在税收上的回旋余地已不大。

资料来源:中华会计网校,2013年8月29日。

法国:进入"税负猛于虎"时代

法国人将进入"税负猛于虎"的时代,民众出现严重的纳税厌烦情绪。"富人税"逼走了不少名人,"环保税"又惹来了"农民起义"。据法国生产者协会介绍,新征的环保税将对3.5吨以上车辆预先加收税金,这将导致运输成本上升5%—10%,而在难以让消费者对涨价买单的情况下,农户将不得不自行消化成本上升的苦果。该协会预测,环保税将对整个农业生产链带来负面影响,并进一步削弱法国农产品的竞争力。

从10月22日开始,法国各地农民连番举行抗议活动:南方普罗旺斯沙龙的农民将设置在公路上的载重卡车电子登记仪拔起,装到拖拉机上,然后在公路上采取蜗牛式缓行,以此抗议在他们看来不得人心的环保税;大巴黎地区50多个农民向驾车人散发生菜,因为环保税相当于每棵生菜涨价5欧分;此外,在布列塔尼地区,近千名示威者与警察发生冲突。为此,有人预测,如果政府强行征税,类似的"农民起义"会蔓延至法国其他地区,民族主义可能因此抬头。

资料来源:人民网,2013年10月31日。

欧盟:法国税收政策已经接近可承受范围临界点

据外媒报道,欧盟委员会主席巴罗佐11日表示,法国的财政政策已经"到达了可承受范围的临界点"。巴罗佐在接受媒体采访时提到,尽管法国的财政预算"总体是令人满意的",但是"法国现在的财政政策已经到达了可承受范围的临界点"。"法国是欧盟范围内对企业征收最高税的国家,这将对经济增长和就业带来问题",巴罗佐这样表示。他同时敦促法国"减少公共开支"。

据报道,欧盟委员会将于15日对欧元区国家在为稳定欧元方面所采取的措施进行评价。此前,国际信用评级机构标准普尔公司8日宣布,再度下调法国长期主权信用评级,将法国长期主权信用级别从"AA+"降至"AA",理由是法国失去了财政行动空间,无法实施改革。失业率居高不下就是明证。

资料来源:中新网,2013年11月12日。

【关联理论】

拉弗曲线表明,政府税收收入随税率的提高先上升后下降,即过高的税率会抑制经济活动而减少政府的收入。一般来说,税率越高政府的税收就越高,所以提高税率可以增加政府的收入。但是,如果税率的提高超过一定限度,企业的经营成本提高,他们会减少投资,甚至会退出在这个地区,从而造成政府征税基础的缩小,政府税收的总量因此减少。拉弗曲线的重要启示在于,财政不能为增加税收而一味提高税率,必须审时度势,将税率保持在适当的水平,否则可能会引起消费不振、投资乏力、失业上升,并给经济增长蒙上阴影。

【案例解剖】

我们都知道有"苛政猛于虎"之说。我国漫长的历史上有许多因朝廷挥霍或开支控制不善等各种原因引起国库空虚,从而加重赋税,苛捐杂税导致民不聊生而引发百姓反抗,造成朝代更迭的例子。在现代社会,人们可以通过重新选举政府来改变施政方向,尤其在发达国家,很少会出现通过暴力来更替政府的情况。同时由于有较为完善的失业保险和医疗、养老保障制度,因此绝大部分人能够享有基本的生活保障,使我们能够拥有和平社会。但是要真正长期维持这种保障支出,靠的不是高税收,而是人们的努力工作和经济持续增长。

欧洲的高赋税已经在极大程度上减弱了人们的工作意愿,收入高的人们被课以重税,低收入者或无收入者享受很高的补贴和救济金,使得人们缺乏工作激励,在经济不振的情况下更多的人主动或被动离开劳动市场,更少的人要养活更多的人,需要征更重的税,形成恶性循环。各方舆论认为法国目前的税率已到危险边缘,不仅无益于增加政府收入,减少赤字,还会损害国内的长期经济增长。对欧洲许多国家的政府而言,要解决目前的困境不能通过一味加重赋税,开征各种新品种税收或从富人那里征收更多,而必须考虑削减开支,减少政府的沉重负担。必要的保障是需要的,尤其对社会的弱势人群,但必须通过合理的制度加强人们的工作激励,促进经济增长,恢复政府的良性运转;而不是相反,通过惩罚努力工作的人来补贴不工作的人。

有时候,政府将所有的责任揽在自己身上,会加重人们的懒惰和依赖心理。在欧洲各国中,法国虽然是老牌的资本主义国家,但其国内经济和意识形态上的社会主义和公有制成分是比较浓的。政府可以通过税收适当协调社会的财富分配,但税收不能创造财富,只有对工作的激励才能创造更多财富,支撑理想的保障体系。政治家对选民的过度迎合不一定能导致正确的政策措施,因为总是存在个体和整体利益的不一致,短期和长期利益的不一致,这就使得大多数民众的意见和愿望并不总是对的。在国家困难的时候,政治家可以向富人征收一次性税收,也可以同时削减一些福利开支,但不能依靠不断提高对企业和个人的税收,打击经济主体的积极性,使经济状况进一步恶化。休养生息才是提高未来收入的好方法。

同时,欧盟对其成员国的硬性财政要求,即要求赤字占GDP比例低于3%,在各国经济状况不佳时会雪上加霜,类似于国际货币基金组织代表的发达国家要求处于经济危机中的发展中国家政府实行紧缩性财政政策,加剧了衰退程度并延缓了复苏时间一样。美国的赋税水平远低于欧洲,其原因在于美国许多经济学家和政治家很了解拉弗曲线,认为只有减税才可以促进企业投资和增加劳动供给,带来经济增长。但美国在减税的同时,并未同时削减庞大的政府支出,此前美国政府"关门事件"反映的就是反对党反对总统的一项扩大医疗保险覆盖面的政策,认为加重了政府的财政负担,会进一步扩大政府赤字。美国高度依赖国际资本流入,寄望于国内经济复苏和增长会带来更多的税收能够自动缩减其赤字规模。

世界上各国对其税收入和政府支出,各有不同的政策。要同时兼顾收支平衡、赋税公平、民生保障和经济增长,确实非常困难。但至少,政府不应使自己处于拉弗曲线的右侧,使各方利益连环下降。

(三) 案例研究 C

外媒关注中国奢侈品代购:高额关税是代购业红火主因

据《参考消息》2月25日和英国《金融时报》网站2月23日报道,题为"网络奢侈品代购商帮中国买家省钱"的新闻中提到,刘梅是一名香港上班族,月薪约2 500美元,但她在奢侈品上花的钱是她月薪的约10至15倍,从普拉达手袋到高档化妆品,什么都买。尽管刘女士喜欢购物,但她主要以代购商身份购物——所谓代购商,指的是一群专门帮助中国内地消费者从海外购物的人。目前从事代购的人越来越多。刘女士做代购的时间仅仅一年,初衷是赚外快,但这名年轻的中国女性的月收入很快就涨到了1万美元。她现在有大约2 600名客户,这些人会通过微博和微信下单。要求使用假名的刘女士说:"我不知道我会赚多少钱。我对收入没有任何预期。我只知道这有钱赚。"但她没有放弃日常工作。她意识到,做代购回报高,但也可能会违法。

一些代购商专门从香港往内地运货。这种现象已扩散到中国侨民之中——他们越来越多地从巴黎、伦敦、纽约、东京和首尔等城市中帮故乡同胞购买名牌产品。代购繁荣是电子商务迅速改变中国零售市场的一个例子。据中国媒体报道,从事代购的人有成千上万之多。在中国最大在线市场阿里巴巴的淘宝网上搜索"代购"二字,会出现超过24万家虚拟商店,以及近1 500万件商品,包括汽车儿童座椅、空气净化器和便携式打印机等。中国电子商务研究中心声称,代购市场在2008年至2012年间增长了19倍,2012年达480亿元。据该中心估测,2013年的代购市场规模有望达740亿元。据贝恩公司最近发布的一份报告,在购买奢侈品的中国消费者中,大约60%在某个时刻使用了代购。

代购生意红火的原因是多方面的。许多中国人相信,同样的产品,在国外买的品质更好。人民币升值、中国消费者购买力增强,以及中国大量食品安全丑闻也刺激了消费者对安全和优质外国产品的需求。中国电子商务研究中心分析师莫岱青说,中国人热衷代购的主要原因是,中国对奢侈品征收高额进口关税。例如,中国对化妆品征收50%的关税——化妆品是最主要的代购商品种类之一。此外,进口奢侈品还要征收17%的增值税。莫女士说:"同样品牌的奶粉、化妆品和手袋,香港、美国、日本和韩国的价格要比内地便宜得多。"但代购日益引起内地和香港海关的注意,尤其是所谓的拥有多次入境资格的"水客"越来越多。这些人在深圳边境一天往返多次,携带商品转售,且不向海关申报。电子商务法律专家董毅智律师指出,只要代购商缴纳进口税,代购并不违法。但他表示,如果缴税,代购也就失去了意义。董毅智说:"如果他们缴关税,价格差就大幅缩小,他们就没钱赚了。"中国公民境外购物超5 000元入境要征税。但深圳海关对一天多次入境的水客采取了更加严厉的规定。深圳海关工作人员刘丽珍(音)说,此举是为了打击滥用多次入境制度的人。这在香港已成为更加严重的问题,因为自2009年以来,香港开始允许深圳永久居民自由入境。

资料来源:新华国际,2014年2月25日。

【关联理论】

税收是政府为了履行政府职能、提供公共服务、进行转移支付等而向民众征集的收入。它会对一国的政治和经济产生重大影响。它会影响商品的销售价格、企业支付的薪资水平以及人们获得的可支配收入,具有财富再分配功能。在开放经济条件下,人们的消费目的地有了更多的选择。税如水,不能一味地堵,还要疏。

【案例解剖】

奢侈品行业专家、英国布莱顿大学高级讲师保拉·舒克拉解释说,最初低收入者没有能力消费,而精英们能够消费的商品即为奢侈品。奢侈品是一个相对的概念,随着生活水平的提高,有些商品已经由奢侈品变成了中档商品甚至普通商品,而奢侈品消费划分不仅仅包括具体商品,还可以是某种服务。我国官方没有专门的"奢侈品税",而是针对不同的商品,依据各自的特性在税率上进行区分。如我国海关税则中,对"高档手表"的界定为"价格在1万元以上";进口轿车的税率划分则是依据发动机排气量,排气量4升以上的车型税率高达40%,3到4升的车辆也有25%的税率。因此,部分专家认为,综合进口税率过高是国内外奢侈品价差的主要"推手",特别是中国对奢侈品征收高额进口关税,是代购业红火的主要原因。

世界奢侈品协会的调查显示,2011年中国内地的奢侈品消费107亿美元,占全球的1/4,2012年中国已经超过日本,成为全球第一大奢侈品消费国。但与此同时,中国消费者境外购奢侈品的金额却4倍于国内,每年数百亿美元流失海外,亦居世界第一位。从这个数据来分析,好似高消费群体目前在中国已经形成,并且这是不以客观意志为转移的,高收入人群要购买奢侈品是遏制不住的趋势。但通过美媒对中国富豪开支放缓"拖累"奢侈品市场的报道,可以看到,由于中国经济增长放缓、楼市下滑和政府发起的反腐倡廉运动等多方面原因,中国人对高档手表、赌场筹码和波尔多葡萄酒等奢侈品消费的兴趣正在逐步减弱,2013年中国富豪的开支下降15%。

透过上述报道,我们可以发现:仅仅依靠提高奢侈品税率,并不能从根本上抑制奢侈品消费。如果真的是中国人已经富有,社会上不存在过大的贫富差距,奢侈品消费多一点其实也未尝不可。此时,如果不适当降低关税,消费者就可能会选择"用脚投票"——到欧洲采购奢侈品,或者通过代购方式获取奢侈品,导致部分购买力就会转向国外。正确做法应该是通过降低关税(入关涉及关税、增值税和消费税等)把消费引入国内,在国内产生税源,也就是说,适当降低奢侈品进口税可以促进国内奢侈品消费市场的发育。但在实际上,中国并没有富裕到占据全球奢侈品市场三分之一的程度。2013年中国人均GDP已达5 414美元,但收入分配领域的矛盾却比较突出,基尼系数居高不下。国家统计局前期公布的数据也表明,中国最富裕的10%人口占有全国45%的财富,而最贫穷的10%的人口所占有的财富仅为1.4%。这些数字充分显示了中国贫富不均的严重程度,也显示出中国经济高速增长的成果未能被社会各阶层共享,而是绝大部分聚集在少数人手中。正因如此,才会出现中国经济增长放缓、楼市下滑和政府发起的反腐倡廉运动等导致2013年中国富豪的开支直降15%的现象。

因此,抑制奢侈品消费,不能粗暴地依靠提高奢侈品税率,而应因势利导,在尊重市场发展规律的前提下,适当降低奢侈品税率以促进国内奢侈品消费市场发育。与此同时,还需要在政府的消费政策、价格政策、消费信贷政策、税收优惠政策、产业政策以及舆论的鼓励与引导下,发挥引导性消费热点的支撑力,积极地引导公众的消费方向,提高公众的生活和消费质量。

四、课外习题

(一) 术语解释

1. 税收
2. 福利经济学
3. 无谓损失
4. 拉弗曲线
5. 供给学派经济学

(二) 单项选择

1. 以下关于税收的说法中,错误的是( )。
   A. 在买者支付的价格和卖者得到的价格之间打入一个楔子
   B. 提高了买者为该物品支付的价格,降低了卖者从该物品得到的价格
   C. 无论是对买者还是卖者征税,结果都一样
   D. 增加了购买与销售的数量
2. 无谓损失的大小不取决于( )。
   A. 物品的需求弹性　　　　　　　　B. 物品的供给弹性
   C. 物品的价格　　　　　　　　　　D. 税率
3. 政府应该对哪些物品或服务征税以获得它需要的税收收入?( )。
   A. 价格高的物品或服务　　　　　　B. 价格低的物品或服务
   C. 需求弹性大的物品或服务　　　　D. 无谓损失最小的物品或服务
4. 下列哪项不能证明劳动供给较有弹性?( )。
   A. 人们从事全职工作　　　　　　　B. 工人可以调整工作时间,比如加班工作
   C. 一些家庭有第二个赚钱人　　　　D. 许多老年人可以选择什么时候退休
5. 劳动所得税往往会鼓励( )。
   A. 工人工作时间更短　　　　　　　B. 第二个赚钱者留在家里
   C. 提前退休　　　　　　　　　　　D. 以上各项都对
6. 政府对哪种食品或饮料征税引起的无谓损失最大?( )。
   A. 大米　　　　B. 面粉　　　　C. 牛奶　　　　D. 酒精饮料
7. 以下哪项有助于改善交通拥堵?( )。
   A. 汽车进口关税下降　　　　　　　B. 政府补贴电动汽车
   C. 地铁票价提高　　　　　　　　　D. 政府对汽油征税
8. 以下哪项税收对改善收入分配的作用最小?( )。
   A. 对豪车征收高额交通税　　　　　B. 香烟税

C. 房地产税 D. 个人所得税
9. 随着税收规模增加,哪项结果不是必然的?( )。
   A. 税收收入增加 B. 均衡价格上升
   C. 销售量减少 D. 无谓损失增加
10. 对生产者征税,哪类生产者最可能将税收负担完全转嫁给消费者?( )。
    A. 奢侈品的生产者 B. 垄断商品的生产者
    C. 有很多替代品的商品的生产者 D. 必需品的生产者
11. 对哪种商品征税,短期内该商品的供给减少最多?( )。
    A. 汽车 B. 钢铁 C. 粮食 D. 服装
12. 哪种政府税收不会造成无谓损失?( )。
    A. 关税 B. 消费税
    C. 金融交易税 D. 庇古税
13. 补贴是与征税相反的政策。关于补贴,以下哪种说法是不对的?( )。
    A. 补贴降低了市场均衡价格
    B. 补贴使交易量增加
    C. 补贴增加了社会总福利
    D. 对生产者的补贴只使生产者受益,消费者没有受益
14. 如果一种物品的税收增加一倍,税收的无谓损失将会( )。
    A. 仍然不变 B. 增加一倍
    C. 增加三倍 D. 可能增加或减少
15. 表示税收规模和政府得到的税收收入之间关系的图形被称为( )。
    A. 负担曲线 B. 税收曲线 C. 拉弗曲线 D. 里根曲线

(三) 判断正误

1. 当对商品征税时,卖者得到的价格上升了。( )
2. 当税收规模增加时,政府的税收收入增加。( )
3. 如果商品的供给缺乏弹性,则税收负担主要由卖者承担。( )
4. 政府向买者征税,税收负担就由买者承担。( )
5. 税收造成无谓损失是因为税收使人们不能实现一些贸易的好处。( )
6. 拉弗曲线描述的是税收规模与无谓损失之间的关系。( )
7. 供给学派认为减税可以增加政府收入。( )
8. 在劳动边际税率较高的国家,人们工作较少。( )
9. 一种没有无谓损失的税不能增加任何政府收入。( )
10. 不增加政府收入的税也不会有任何无谓损失。( )

(四) 简答题

1. 当对一种物品征税时,消费者剩余和生产者剩余会发生什么变动?
2. 画出对某种物品征收销售税的供求图,说明无谓损失。
3. 供给弹性与需求弹性如何影响税收的无谓损失?
4. 为什么专家对劳动税无谓损失大小的看法不一致?

5. 当税收增加时,无谓损失和税收收入会发生什么变动?

(五) 应用题

1. 假设政府通过对每件小商品 A 征收 0.01 元的税而筹集了 1 亿元的税收收入,又通过对每件小商品 B 征收 0.1 元的税而筹集了另外 1 亿元的税收收入。如果政府对小商品 A 的税率翻一番,而取消对小商品 B 的征税,政府的税收收入是多了、少了,还是相同呢?解释原因。

2. 小镇的旅馆房间价格为每天每间 100 元,一般每天租出去 1 000 个房间。

(1) 为了增加收入,市长决定对旅馆每个租出去的房间收取 10 元的税。在征税之后,旅馆房间的价格上升到 108 元,租出去的房间减少为 900 间。计算这种税为小镇筹集到多少收入,以及税收的无谓损失。

(2) 市长现在把税收翻一番,即增加到 20 元。价格上升到 116 元,租出去的房间减少为 800 间。计算税收增加后的税收收入和无谓损失。税收收入和无谓损失是原来的两倍、大于两倍,还是小于两倍?解释原因。

3. 假设以下供给和需求方程描述了一个市场:

$$Q^S = 2P$$
$$Q^D = 300 - P$$

(1) 求解均衡价格和均衡数量。

(2) 假设对买者征收税收 T,因此,新的需求方程式是:$Q^D = 300 - (P + T)$

求解新的均衡。卖者得到的价格、买者支付的价格和销售量会发生什么变动?

(3) 税收收入是 $T \times Q$。用你对(2)的答案求解作为 T 的函数的税收收入。

(4) 求解作为 T 的函数的无谓损失(提示:税收的无谓损失是供给曲线和需求曲线之间三角形的面积。无谓损失三角形的底是 T,高是有税收时的销售量与无税收时的销售量之差)。

(六) 拓展思考题

1. 有一天上完经济学课以后,你的朋友说:对食物征税是筹集收入的一个好方法,因为食物的需求是完全无弹性的。从什么意义上说,对食物征税是筹集税收收入的好方法?从什么意义上说,它并不是筹集税收收入的好方法?

2. 19 世纪的经济学家亨利·乔治认为,政府应该对土地征税高税收,他把土地的供给视为完全无弹性的。

(1) 乔治认为,经济增长增加了对土地的需求,并使富有的地主以损害组成市场需求一方的佃农的利益为代价越来越富。画图说明这个观点。

(2) 谁承担了土地税的负担——土地所有者还是佃农?请解释原因。

(3) 这种税的无谓损失是大还是小?为什么?请做出解释。

(4) 今天许多城镇都按房地产的价值征税。为什么以上有关乔治的土地税的分析并不适用于这种现代税收?

五、习题答案

(一) 术语解释

1. 税收:指政府为了提供公共服务及公共财政,依照法律规定,对个人或组织无偿征收货币或资源的总称。

2. 福利经济学:研究资源配置如何影响经济福利的学问。

3. 无谓损失:市场扭曲(例如税收)引起的总剩余减少。

4. 拉弗曲线:由美国经济学家阿瑟·拉弗于1974年提出。该曲线表明,随着税收规模的扩大,税收收入先是增加,但随着税收规模越来越大,市场收缩也非常大,以至于税收收入开始减少。

5. 供给学派经济学:20世纪80年代,美国总统里根将减税作为其施政纲领。他认为,税收如此高,以至于不鼓励人们努力工作。减税将给人们适当的工作激励,这种激励又会提高经济福利,甚至或许可以增加税收收入。由于降低税率是要鼓励人们增加他们供给的劳动数量,因此,拉弗和里根的观点就以供给学派经济学而闻名。

(二) 单项选择

1. D 2. C 3. D 4. A 5. D 6. D 7. D 8. B 9. A 10. B
11. D 12. D 13. D 14. C 15. C

(三) 判断正误

1. × 2. × 3. √ 4. × 5. √ 6. × 7. √ 8. √ 9. × 10. ×

(四) 简答题

1.【考查要点】 衡量消费者剩余和生产者剩余。

【参考答案】 当对一种物品征税时,买者支付的价格上升,消费者剩余减少;卖者得到的价格下降,生产者剩余减少。

2.【考查要点】 税收对生产者、消费者、政府、社会总福利的改变。

【参考答案】 图略。无谓损失是供给曲线和需求曲线之间的小三角形,是由于交易量减少而产生的、无法由政府筹集的税收收入弥补的损失。

3.【考查要点】 供求弹性对无谓损失的影响。

【参考答案】 供给弹性越大,税收导致的供给量的减少越多,无谓损失越大。需求弹性越大,税收导致的需求量的减少越多,无谓损失也越大。

4.【考查要点】 劳动的供给弹性与劳动税无谓损失的关联。

【参考答案】 这是由于专家对劳动的供给弹性的假设不同。一些专家认为劳动的供给缺乏弹性,因此劳动税引起的无谓损失很小;另一些专家认为劳动的供给较富有弹性,因此劳动税引起的无谓损失很大。

5.【考查要点】 税率变化对无谓损失和税收收入的影响。

【参考答案】 当税收增加时,无谓损失增加,并且无谓损失的增加要快于税收规模的增加。税收增加时,税收收入先增加,然后随着税收规模越来越大,市场收缩非常之大,以至于税收收入开始减少。

(五) 应用题

1.【考查要点】 税率提高对税收收入的影响。

【参考答案】 少了。原因是对小商品 A 的税率提高会导致商品 A 销售量减少。税收收入等于税收规模乘以销售量,现在的税收规模为 0.02 元,但销售量低于之前的 100 亿件,税收收入也就低于 2 亿元。

2.【考查要点】 无谓损失的计算方法。

【参考答案】 (1) 小镇筹集到的税收收入为 9 000 元,税收引起的无谓损失为 500 元。

(2) 税收增加后的税收收入为 16 000 元,无谓损失为 2 000 元。收入小于原来的两倍,无谓损失大于原来的两倍。原因在于,税收收入等于税收规模乘以销售量,新的税收规模为原来的两倍,但新的销售量小于从前,因此乘积小于两倍。无谓损失等于 1/2 乘以税收规模乘以销售量减少量,新税收规模是原来的两倍,但新销售量的减少量增加了(由减少 100 间变为减少 200 间),使得乘积大于 2 倍。

3.【考查要点】 征税对均衡价格和数量的影响。

【参考答案】

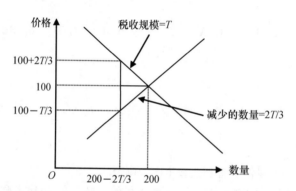

(1) $P^* = 100$,$Q^* = 200$。

(2) $P^* = 100 - \dfrac{T}{3}$,$Q^* = 200 - \dfrac{2T}{3}$;卖者得到的价格下降,为 $100 - \dfrac{T}{3}$,买者支付的价格上升,为 $100 + \dfrac{2T}{3}$,销售量下降,为 $200 - \dfrac{2T}{3}$。

(3) 设 R 为税收收入,则 $R = T \times Q^* = 200T - \dfrac{2T^2}{3}$。

(4) 设 D 为无谓损失,则 $D = \dfrac{1}{2} \times T \times \left[200 - \left(200 - \dfrac{2T}{3}\right)\right] = \dfrac{T^2}{3}$。

(六) 拓展思考题

1.【考查要点】 需求弹性对无谓损失的影响。

【参考答案】 对食物征税是一种好方法,是因为食物的需求完全无弹性,对食物征税几乎不会减少消费量,不会引起无谓损失。对食物征税不是一种好方法,是因为由于食物的需求完全无弹性,那么税收负担就会完全落在消费者身上,食物的供给者几乎不受影响。此外,穷人的食物消费占其总消费比例较高,因此食物税收占其收入比例也较高,而占富人的收入比例极小,因此该赋税不利于改善收入分配,也缺乏公平性。而且,现实中,由于食物经过加工而产生了不同的价值,其价格取决于营养、卫生状况、精细程度、口感等,这些使得食物的需求具有弹性。对食物征税,会使消费者选择廉价的、粗劣的食物,扭曲了市场,产生了无谓损失。

2.【考查要点】 供给和需求弹性决定由谁承担税收负担,也决定无谓损失的大小。

【参考答案】 (1)经济增长使土地需求增加,而土地供给无弹性,因此推高土地租赁价格,使富有的地主更富,而佃农租地的成本上升。图略。

(2)土地税的负担由土地所有者承担。因为税收负担会落到缺乏弹性的一方,土地的供给完全无弹性,于是土地所有者完全承担了税负。

(3)没有无谓损失。因为土地的供给没有弹性,土地税并不改变土地市场供给,所以没有无谓损失。

(4)现代的房地产税中虽然包含了土地税,但房地产的供给还是比较有弹性的;相对而言,房地产的需求作为普通民众的住房需求,比较缺乏弹性。而且房地产税主要是在保有环节,因此房地产税主要是由拥有住房的普通消费者承担,不应收取高额税收,与从前对地主的主要用于租赁交易的土地征税是不同的。此外,按房地产的价值征税,会使得对普通房产的所有者征税少,对豪宅所有者征税多,也有一定的赋税公平性。

第9章
国际贸易

一、学习精要

(一) 教学目标

1. 理解一国进出口贸易的决定因素。
2. 考察在国际贸易中谁获益谁受损,理解贸易的赢家和输家。
3. 理解比较贸易的好处与贸易的损失,并能够分析关税的福利影响。
4. 领会各种限制贸易的观点。

(二) 内容提要

第7章介绍了资源配置如何影响经济福利,第8章把福利经济学的内容运用于赋税,而本章紧接着将福利经济学这一分析工具运用于进出口贸易的研究。这里不仅仅局限于第3章对比较优势和贸易好处的简单分析,而详细探讨一国进口或出口的主要决定因素,并深入研究在一国进口或出口一种物品时,既有赢家,也有输家,但赢家的利益始终大于输家的损失。因此对自由贸易的限制,诸如关税等,必然会引起无谓损失。

1. 决定贸易的因素

(1) 如果一种物品的世界价格高于国内价格,该国生产该物品具有比较优势,如果允许自由贸易,则该国应出口该物品。

(2) 如果一种物品的世界价格低于国内价格,外国生产该物品具有比较优势,如果允许自由贸易,则该国应进口该物品。

2. 贸易的赢家和输家

(1) 对于出口国而言:当一国允许贸易并成为一个物品的出口国时,国内该物品的生产者状况变好,而国内该物品的消费者状况变坏。在赢家收益超过输家损失的意义上,贸易使得一国的经济福利增加。

(2) 对于进口国而言:当一国允许贸易并成为一个物品的进口国时,国内该物品的消费者状况变好,而国内该物品的生产者状况变坏。在赢家收益超过输家损失的意义上,贸易使得一国的经济福利增加。

(3) 关税是对在国外生产并在国内销售的物品征收的税(本章专指进口关税)。关税提高了物品的价格,减少了国内需求量,增加了国内供给量。因此,关税减少了进口量,并使得国内市场向没有贸易时的均衡移动。

(4) 关税增加了生产者剩余,增加了政府收入,但减少了消费者剩余。由于消费者剩余的减少量大于生产者剩余与政府收入的增加量之和,因此关税减少了总剩余,从而引起无谓损失。

(5) 进口配额确定了在国外生产并在国内销售的一种物品数量的限额,如政府采取分配数量有限的进口许可证的方式。与关税一样,进口配额通过减少进口量的措施提高该物品的国内价格,减少了国内消费者的福利,增加了国内生产者的福利,产生了无谓损失。

3. 各种限制贸易的观点

(1) 工作岗位论:即与其他国家进行贸易消灭了国内的一些工作岗位。但自由贸易在摧毁进口部门无效率的工作岗位时,它也在一国有比较优势的出口部门和行业创造了更有效率的工作岗位。

(2) 国家安全论:出于对国家安全的合理考虑,一些行业应该受到避免国际竞争的保护。这种观点的最大问题是,它有陷入被过度使用的风险。尤其是这种观点是出自行业代表时,更应谨慎看待。

(3) 幼稚产业论:新兴产业有时认为,应实行暂时性贸易限制,以有助于该产业的成长,直至成熟得足以与国外产业进行竞争。但究竟选择哪一个新产业进行保护是一个艰难的抉择,并且保护并不是一个幼稚产业成长所必需的。

(4) 不公平竞争论:认为其他国家为自己的行业提供了一些不公平的优势,诸如补贴、税收减免或轻松的管制环境。但此时,进口国消费者的好处将大于该国生产者的损失,这对于一个国家的整体是有利的。

(5) 作为讨价还价筹码的保护论:贸易限制的威胁会使其他国家放弃已经实行的贸易限制。但是这种讨价还价策略可能失败,一旦威胁起不到作用时,做出威胁的国家就必须让步或减少贸易,这两种无论对哪一个国家都是不利的。

4. 结论

大多数经济学家支持自由贸易。他们认为自由贸易是一种有效配置生产的方法,并提高了两国的生活水平。各国之间的自由贸易使得他们可以享受比较优势的利益,并从贸易中获益。

(三) 关键概念

1. 国际贸易:世界各国(地区)之间货物和服务的交换,是各国(地区)之间分工的表现,反映了世界各国(地区)在经济上的相互联系。

2. 世界价格:一种物品在世界市场上通行的价格。

3. 比较优势:如果一个国家在本国生产一种产品的机会成本(用其他产品来衡量)低于在其他国家生产该产品的机会成本,则这个国家在生产该种产品上就拥有比较优势。

4. 关税:一国海关根据该国法律规定,对通过其关境的进出口货物课征的一种税收。根据征税物品的进出口流向,关税可以分为进口关税和出口关税。

5. 自由贸易:国家取消对进出口贸易的限制和障碍,取消本国进出口商品各种优待和特权,对进出口商品不加干涉和限制,使商品自由进出口,在国内市场上自由竞争的贸易政策。

6. 贸易壁垒:对国外商品和服务交换所设置的人为限制,主要是指一国对外国商品和服务进口所实行的各种限制措施。

7. 关税的无谓损失:政府征收关税之后,增加了生产者剩余,增加了政府收入,但减少了消费者剩余,消费者剩余的减少量超过生产者剩余与政府收入的增加量的部分即为关税的无谓损失。

(四) 拓展提示

1. 关税会引起无谓损失,仅仅是因为关税是一种税。与大部分税收一样,它扭曲激励并使稀缺资源配置背离其最适水平。关税的无谓损失产生于两个原因,其一是过度生产,即关税引起价格上升从而导致生产者生产其成本高于世界价格的数量;其二是消费不足,即关税引起价格上升从而导致消费者不能消费其评价高于世界价格的数量。

2. 在进出口贸易的背后,如果赢家补偿输家,那么贸易肯定可以使每一个人的状况变好。但在实际上,赢家很少支付补偿,因此输家通常会反对自由贸易,这是各种限制贸易观点之所以产生的根源。但相对而言,生产者比消费者更容易组织起来游说政府,因而限制自由贸易的国家通常会限制进口,而不限制出口。

3. 绝大多数经济学家认为,没有可靠的经济学观点反对自由贸易。唯一无法用经济学反驳反对自由贸易的观点是"国家安全论",因为这种观点并非基于经济学而基于其他战略目标。除了基于经济福利的标准的国际贸易分析所强调的利益之外,国际贸易还会带来其他一些经济利益,诸如自由贸易增加了可供消费者消费的品种的多样性,使得企业可以通过规模经济降低成本,使得市场更具有竞争性,加强思想交流并有助于技术扩散。

二、新闻透视

(一) 新闻透视 A

中国—东盟自贸区升级版谈判:力推贸易自由化 印尼回应不积极

"打造中国—东盟自贸区升级版,力争到2020年双边贸易额达到1万亿美元。"这是中国国务院总理李克强在2013年9月召开的第十届中国—东盟博览会发表主旨演讲时提出的倡议。2013年,中国与东盟关系发展到了由"金"向"钻"的关键时点,打造升级版自贸区是巩固中国与东盟战略伙伴关系十分重要的举措。

中国—东盟商务理事会执行理事长许宁宁认为,升级版自贸区的提出向东盟释放了进一步深化双边合作的意愿。中国将进一步向东盟开放市场,并与东盟讨论进一步降低关税,减少非关税壁垒,推动投资领域的实质性开放。

"顶层设计"进行中

"2014年,升级版自贸区谈判的核心内容就是进一步自由化,使中国与东盟双方贸易和投资的自由化和便利化水平上一个台阶。升级版自贸区内容主要涉及三大领域:一是在货物贸易领域进一步开放,梳理敏感产品清单;二是在服务贸易领域,双方均做出高于WTO开放标准的承诺;三是在投资领域,中方也将加大开放力度,给予东盟更多优惠待遇。"商务部国际司官员表示。

上月,在成都召开的中国—东盟自贸区联合委员会第五次会议,是升级版自贸区"顶层设计"的具体行动。出席联委会经济合作工作组会议的许宁宁表示,2010年,中国—东盟自贸区正式启动后,中国与东盟之间90%以上货物贸易实现了零关税,但仍有开放空间,中国和东盟在服务和投资领域的相互开放水平依旧不高。

贸易便利化是升级版自贸区谈判的核心内容。历经十余年谈判才运行实施的自贸区协议,其优惠政策被企业利用的水平最高只能达到20%左右,主要障碍就是一些便利化措施落实不到位。

谈判受阻　卡在印尼

据许宁宁透露,中国提出升级版自贸区建设的文本后,东盟国家内部意见不统一,主要是印尼不响应,担心其产业受冲击。

2013年,中国与印尼的贸易统计数据显示,中方顺差达到40多亿美元。印尼大选将至,且国内经济形势欠佳,与中国的钢铁贸易等敏感问题有可能在谈判中被再次提及。

2014年3月5日,上任5天的印尼驻华大使苏更·拉哈尔佐到访中国—东盟商务理事会。

他踌躇满志地对许宁宁表示,在其任大使3年期间,中国和印尼经贸合作共有三大目标:一是双方贸易额达到1000亿美元;二是中国在印尼新增投资50亿美元;三是中国赴印尼游客能达到每年300万人次。

许宁宁对他说,要实现这三大目标,可以说是既不容易也容易。说不容易,是因为要实现这一目标,今后3年双方贸易额年均增长率须达到13%,而去年仅增长了3.2%;说容易,是因为如果双方进一步开放市场,积极推动经济合作,目标就有可能实现。

苏更·拉哈尔佐表示,上任前,他在雅加达召开了与企业家的座谈会,发现印尼企业界对中国有一些意见,比方说,市场开放度不够、产品低价倾销、工程质量和产品质量都尚存问题,尤其是对钢铁、鞋业意见较大。

资料来源:中国贸易新闻网,2014年4月8日。

【关联理论】

贸易使得一国的经济福利增加,可以从两个方面来加以解释。其一,当一国允许贸易并成为一个物品的出口国时,国内该物品的生产者状况变好,而国内该物品的消费者状况变坏。在赢家收益超过输家损失的意义上,贸易使得一国的经济福利增加。其二,当一国允许贸易并成为一个物品的进口国时,国内该物品的消费者状况变好,而国内该物品的生产者状况变坏。在赢家收益超过输家损失的意义上,贸易使得一国的经济福利增加。在进出口贸易的背后,如果赢家补偿输家,那么贸易肯定可以使每一个人的状况变好。但在实际上,情况并非如此,因此一国内有可能会出现反对贸易的声音。与此相反,赢家很少支付补偿,因此输家通常会反对自由贸易,这是各种限制贸易观点之所以产生的根源。但相对而言,生产者比消费者更容易组织起来游说政府,因而限制自由贸易的国家通常会限制进口,而不限制出口。

【新闻评析】

在本新闻中,为何在中国—东盟自贸区升级版谈判中,中国力推贸易自由化,而印尼回应不积极呢?印尼并非不知道自由贸易对其国家的好处,印尼驻华大使苏更·拉哈尔佐同样憧憬着中印美好的经贸发展前景,即一是双方贸易额达到1000亿美元;二是中国在印尼新增投资50亿美元;三是中国赴印尼游客能达到每年300万人次。苏更·拉哈尔佐也并非不理解许宁宁提出的如何做才能实现今后3年双方贸易额年均增长率须达到13%的目标,即双方进一步开放市场,积极推动经济合作。但最终为何出现印尼不予积极响应的局面呢?关键原因在于,政府政策制定受到中印贸易中可能的输家——印尼企业界反对贸易游说的深度影响。客观地说,尽管市场开放度不够、产品低价倾销、工程质量和产品质量等可能确实尚存一些问题,但这些绝不能作为企业界反对贸易的理由。保护并不是一个幼稚产业成长所必需的。历史经验表明,即使没有避免竞争的保护,企业往往也会经历短暂的亏损,但在长期中会取得成功。

(二) 新闻透视 B

WTO 过渡期后的中国汽车产业保护

加入 WTO 后,国际汽车产业资本对中国汽车产业介入的深度和广度日益增加。跨国汽车企业对在华战略进行了调整——从原来相对独立的"中国战略"转变为与其"全球战略"的相互融合;在合资合作过程中从原来中外双方相对平等的"合作型"战略逐步转向谋求单方面主导的"控制型"战略;经营由过去相对谨慎向积极扩张转变,由制造向采购和销售服务环节渗入,加强了对汽车产业链的全面控制。

目前,中国《汽车产业发展政策》虽然对合资整车生产企业要求有股比 50% 的限制,但合资企业的利润十之八九为跨国公司所占有。同时跨国汽车企业对中国汽车产业出现了明显的资本和市场两方面的挤出效。以轿车工业为例,目前各大汽车集团都与跨国汽车企业建立了在整个集团中占最重要地位的合资企业,而 2004 年以奇瑞、中华、吉利、红旗为代表的自主品牌轿车,仅占整个市场的 10%。

总的来说,不仅发展中国家要对自己国家的某些产业进行保护,即使是发达国家,也不是无条件地对外开放。中国汽车产业在 WTO 的过渡期后,即 2005 年后,有关保护就将放开,所以,过渡期后如何对中国汽车产业进行保护,有关政策的选择及制度安排,将直接关系到中国汽车产业能否在自主型的道路上成长。因此,政府本着促进中国汽车产业健康、快速发展原则,研究在入世协议框架下有理、有利、有节地对我国汽车产业进行保护是极其重要的。

而从客车角度而言,经过 10 年高关税下的幼稚产业保护,我国汽车(特别是客车行业)确实取得了一些进步。从国内客车生产工艺上也看得出,关税保护后,我国客车整体技术有了明显进步。20 世纪 90 年代初,我国客车生产普遍都是低技术含量的,一般的入口都是 3—4 级踏步,乘客上下车跟爬楼梯似的;安装的前置柴油发动机,功率小、噪声大……通过关税保护和与外资厂商合资办厂,国内客车产业通过引进外国零部件,制造工艺有了很大改善。大部分厂商都能生产达到欧洲Ⅲ号甚至以上标准的后置柴油、CNG 发动机客车;城市客车入口踏步也普遍为小三级或二级踏步、一级踏步;低地板、低入口车辆,装有残疾人设施的无障碍客车也频频出现在街头。中国客车整体实力的增强也吸引来了世界顶级客车企业:郑州宇通牵手德国 MAN、扬州亚星联合德国奔驰、上海、西安客车联姻瑞士沃尔沃、杭州青年与德国 NEOPLAN 结合、四川旅行车公司与日本丰田合作……外资的到来不仅解决了国内企业融资的难题,更重要的是帮助国内企业充分利用低关税的零部件加工生产,进一步提高了生产技术,增强了"中国制造"的客车在世界客车市场的销售份额,直接和外国顶级客车的竞争,也让中国客车全方位地提高自己的性价比。

我国自 2001 年 9 月起,废止了《构成整车特征的汽车零部件进口管理办法》(以下简称《办法》),而从目前合资企业在中国设立的研发中心看,只有少数能够进行产品开发,多数应称为零部件国产化中心,专门从事零部件国产化的试验工作,有的连等效认证都做不到。如果零部件国产化都不用了,那么这些研发中心是否可以撤销了?合资企业搞自主研发岂不变成无稽之谈了?如果中国汽车产业失去了零部件工业的支撑、没有学到零部件的开发技术,又没有整车的自主研发能力,中国汽车工业的自主从何而来?这是否完全背离了中国汽车产业开放发展最基本的方向?的确,废止《办法》对现实的汽车产业没有什么影响,但这个影响是长期的,若不进行某种补救,其影响面将随着时间的推移而加大。有人曾因中国汽车工业不具备自主开发能力而戏称其为患了软骨病的巨人,如今这个巨人的筋又被抽了。

据相关人士介绍,北京现代所有涉及"自主研发"的零部件企业中,只有一家生产反光镜的企业是中资企业,其余全是韩资的企业,这样的自主开发还有多少成分能够体现中国汽车产业发展的战略构想?

资料来源:腾讯汽车产业评论,2013年9月15日。

【关联理论】

自由贸易和贸易保护主义一直是国际经济领域争论不休的话题,而随着经济全球化的日益深入,贸易保护主义逐渐盛行,自由贸易和贸易保护并非表面现象,他们代表的是不同国家统治阶级或同一国家统治阶级内部集团的利益。贸易保护政策主要是为了保护国内市场以促进国内生产力的发展,这与早期的重商主义保护贸易的目的有很大区别。重商主义限制进口,鼓励出口,其目的是积累金银财富;主张保护贸易的目的则是为了提高创造财富的生产力。对国内工业的保护决不应是无限期的,否则,将会出现保护落后和保护低效率的结局。有些被保护了一定时期的工业部门,当其产品价格已低于国外同类产品的价格时,可以降低保护程度或完全撤除保护,让其进入国际市场自由竞争。

【新闻评析】

新闻向我们展示了现实世界中的限制贸易的由来与实践,从中不难看出,贸易的保护行为产生于产业和国家的发展壮大,但在如今而言,其更多的则是服务于国家的产业发展壮大。从实效角度而言,限制贸易的措施一定程度上产生了对于物品价格变动的影响,以及其保护功效带来的本国工业成长,当然这一成长的最终效果也会在一定程度上被一部分限制引致的贸易规模缩减所抵消。而生产条件、贸易与产品国际适应性的接轨程度以及企业主体在技术和创新的"学习",都是限制和贸易保护措施实施与否,及其持续、扩展所要考虑的因素。

中国汽车工业所经历的成长、中国政府的相关制度及配套措施,向我们解释了一个道理:发展中国家或非贸易强国对其非优势产业、产品的贸易保护的必要性是无疑的。因为如果没有政府的扶植,全面开放汽车市场引入国际竞争只会使中国汽车产业在未成长起来之前就被跨国汽车企业压垮;当然,少数企业的完全开发创新虽与此形成一定的比对,但并不能确保保护这些行业的收益真的大于消费者因贸易限制而遭受的损失,因为在强大的跨国汽车企业面前,完全依赖市场调节和企业的不断积累,单纯个别汽车企业的"自助式努力"总是有限度的,且不能在总体上主导国家对于产业保护的收益或损失走向。

三、案例研究

(一) 案例研究 A

雅诗兰黛下月起中国市场全面降价

中国关税下调终于引发了进口产品的反应。昨天,全球著名化妆品品牌雅诗兰黛发布声明,称从 7 月 1 日起在中国市场下调旗下众多品牌的明星产品建议零售价格。这也是我国自 6 月 1 日起降低部分护肤品、西装、短筒靴、纸尿裤等日用消费品的进口关税税率后,首家国际大牌化妆品宣布降价。雅诗兰黛在昨天的声明中特别表示,此次调整价格旨在支持中国政府降低关税,希望更多的中国消费者选择在国内市场体验雅诗兰黛的明星产品。其实雅诗兰黛在 5 月底就曾发布声明,称为响应政府降低关税将调整中国市场的产品售价。但当时雅诗兰黛也表示"该政策带给零售价格的影响有限",价格下调幅度不会很大。不过从昨天公布的调价方案来看,此次雅诗兰黛的降价力度超出预期。

据《北京青年报》记者从雅诗兰黛(上海)商贸有限公司获得的数据显示,此次降价品牌囊括了雅诗兰黛公司在中国市场的所有护肤彩妆品牌,包括雅诗兰黛、倩碧、海蓝之谜、悦木之源、MAC、BOBBI BROWN 和男士护肤品牌 Lab Series。其中,雅诗兰黛明星产品包括小棕瓶家族降价幅度最多达 14%;倩碧广受喜爱的高效护肤三部曲由 750 元降至 635 元,降幅超过 15%;悦木之源畅销明星产品韦博士灵芝焕能精华素 50ml 下调 200 元,降幅达 23%;在全球备受追捧的经典海蓝之谜精华面霜 60ml,价格将下调 300 元,降幅约 11%。据了解,此次雅诗兰黛价格下调将适用于中国市场的所有官方授权零售渠道,包括百货商店、丝芙兰、官网和天猫旗舰店、独立专卖店及机场免税店。

有分析人士表示,从此次雅诗兰黛的降价幅度看,一些外资高端品牌可能将借中国降低关税的契机重新调整在中国的市场战略,因此很可能降价幅度会超过关税降低幅度。同时,在未来一段时期内,很可能会有更多的进口化妆品、服饰等跟风降价,从而出现一股进口商品的降价潮。

资料来源:北京青年报,2015 年 6 月 10 日。

【关联理论】

关税是对在国外生产并在国内销售的物品征收的税(本章专指进口关税)。一旦政府征收进口关税,国内价格上升到世界价格,其高出量就是关税。关税提高了物品的价格,减少了国内需求量,增加了国内供给量。因此,关税减少了进口量,并使得国内市场向没有贸易时的均衡移动。

【案例解剖】

进口关税是一个国家的海关对进口货物征收的关税。各国已不使用过境关税,出口税也很少使用。通常所称的关税主要指进口关税。征收进口关税会增加进口货物的成本,提高进口货物的市场价格,影响外国货物进口数量。因此,各国都以征收进口关税作为限制外国货物进口的一种手段。适当地使用进口关税可以保护本国工农业生产,也可以作为一种经济杠杆调节本国的生产和经济的发展。从关税对福利的影响来讲,由于关税提高了物品的价格,减少了国内需求量,增加了国内供给量,因此,关税减少了进口量,并使得国内市场向没有贸易时的均衡移动。关税增加了生产者剩余,增加了政府收入,但减少了消费者剩余。由于消费者剩余的减少量大于生产者剩余与政府收入的增加量之和,因此关税减少了总剩余,从而引起无谓损失。

经国务院关税税则委员会研究提出并报国务院批准,自 2015 年 6 月 1 日起,中国将降低部分护肤品、西装、短筒靴、纸尿裤等日用消费品的进口关税税率,平均降幅超过 50%。一旦政府征收进口关税,国内价格上升到世界价格之上,其高出量就是关税。由此,很容易推断出,中国关税下调必然导致进口产品在国内销售价格的降低。雅诗兰黛关于希望更多的中国消费者选择在国内市场体验雅诗兰黛的明星产品的声明,只不过是顺应中国政府降低关税税率的必然举措而已。未来出现更多的化妆品、服饰等进口产品的跟风降价潮,也是大势所趋。一旦出现这样的变化,随着进口产品价格逐渐向世界市场靠近,国内消费者剩余逐渐增加,而国内生产者剩余逐渐减少,关税所带来的无谓损失将会越来越小。

(二) 案例研究 B

联想与 IBM 的比较优势

彼之砒霜,我之蜜糖。这是 2005 年联想收购 IBM PC 业务的真实写照。借此,IBM 甩掉了一个巨大的包袱,而联想则在其后不断攀升,直至在去年整体行业下滑 14% 的情况下逆势增长,登顶 PC 王座。

今天,这一幕再次上演。联想集团将以 23 亿美元收购 IBM x86 服务器硬件及相关维护服务。为何彼时的 PC 业务、今日的 x86 服务器,被 IBM 视为包袱?

IBM 给自己的定位,用流行词语来概括,就是"高大上"。从这一定位出发,IBM 所做的产品,必须是独一份、无可替代,可以拥有充定价权的,IBM 在这类产品中,具备"比较优势"。

2012 年下半年,英特尔高管戴安·布莱特曾表示,在服务器领域,原本最大的客户越来越倾向于自制自用。这就是未来的服务器市场与 PC 市场的不同。PC 市场,依旧保持着品牌厂商出售产品、用户购买产品的采购模式。而服务器市场,未来则是用户提出产品要求甚至亲自设计,厂商只是共同设计、代为加工。

在代加工时代,高硬件技术水平和较低的价格,是客户所需要的。IBM 积累的多项独门技术是赢得客户的法宝,这也是以代工为主的富士康也会参与到对 IBM 服务器的竞购之中的原因。

而联想对 Think 系列所做的手术,已经证明了联想具备将 IBM 的技术进行选择吸收,并降低成品价格的能力,这就是联想的"比较优势"。实际上,联想或许可以定位成服务器市场的 Zara 或 H&M。

这之中的逻辑或许很简单:软件时代,PC 乃至 x86 服务器的市场依旧是存在的。与其把更多力量放在一个自己并不熟悉的领域,不如把依旧存在的这一市场做好。只要做到这一环节的巨无霸,就同样可以获得良好的回报。更何况,x86 服务器是未来云计算基础架构的主力。

资料来源:霍光,第一财经日报,2014 年 1 月 24 日。

【关联理论】

每个企业或者国家在国际分工中所处的位置,从某种程度上来看都是基于这个企业或国家的比较优势。贸易可以使社会上每个人都获益,因为它使人们可以专门从事他们具有比较优势的活动。从机会成本的角度来考察生产过程时,厂商需要将生产要素投向受益最大的项目,而避免生产的浪费,从而达到资源配置的最优状态。

【案例解剖】

比较优势比较的是每个生产者的机会成本。某种东西的机会成本是为了得到它而放弃的东西,某个生产者生产同一种物品的机会成本越小,就说该生产者在生产这种物品上具有比较优势。IBM 依托其强大的研发能力积累的独门技术,在产品质量方面具有强大优势。而联想在对技术选择、成本控制以及渠道管理等方面具有优势,尤其是其背后繁荣而巨大的中国市场,支撑起强大的需求。IBM 剥离了比较劣势产品,得到了最需要的现金流转向开发其有比较优势的产品和服务;联想得到了国际市场,可以继续吸收和利用 IBM 在笔记本上的技术,提升自身品牌形象。在面对英特尔、三星等强大竞争对手的激烈竞争中,IBM 和联想二者作为竞争对手都不具有绝对优势,但是二者联合,各展所长,都能充分发挥各自比较优势,拥有更强的国际竞争力。

比较优势适用的范围很广,既适用于个人、企业,又适用于国家。贸易的好处来自基于比较优势的专业化生产,其扩大了经济蛋糕的总量。只要贸易价格居于两者生产这种物品的机会成本之间,两者的消费就可能会超出原有生产可能性边界。联想集团将收购 IBM x86 服务器硬件及相关维护服务,主要是因为 IBM 生产 x86 的机会成本太大,具有比较劣势。贸易从机会成本的角度来考察,两者的合作需要将生产要素投向受益最大的项目,从而避免生产的浪费,达到资源配置的最优。除非两个人在生产两个物品具有相同的机会成本,否则一个就会在一种物品上具有比较优势,而另一个会在另一种物品上具有比较优势,它们各自生产自己具有比较优势的物品,降低生产成本,提高生产效率,使二者的联合成为"强强"联合,发挥"1+1>1"的比较优势。

四、课外习题

(一)术语解释

1. 世界价格
2. 比较优势
3. 关税
4. 自由贸易
5. 关税的无谓损失

(二)单项选择

1. 2014 年某国进口总额为 540 亿美元,出口总额为 550 亿美元,则该国当年贸易差额是(　　)。
   A. 贸易逆差 10 亿美元　　　　　　　　B. 贸易逆差 1 090 亿美元
   C. 贸易顺差 10 亿美元　　　　　　　　D. 贸易顺差 1 090 亿美元
2. 如果一种物品的世界价格高于国内价格,该国生产该物品具有比较优势,如果允许自由贸易,则该国应(　　)该物品。
   A. 出口　　　　　　　　　　　　　　　B. 进口
   C. 既不进口也不出口　　　　　　　　　D. 以上都不对
3. 如果一种物品的世界价格(　　)国内价格,外国生产该物品具有比较优势,如果允许自由贸易,则该国应进口该物品。
   A. 高于　　　　　　　　　　　　　　　B. 低于
   C. 等于　　　　　　　　　　　　　　　D. 以上都不对

4. 如果中国对某种进口产品征收进口关税,则会增加其( )。
   A. 国内需求量　　　　　　　　　　B. 国内供给量
   C. 从国外的进口量　　　　　　　　D. 向国外的出口量

5. 当一国允许贸易并成为一个物品的出口国时,国内该物品的生产者状况( ),而国内该物品的消费者状况( )。在赢家收益超过输家损失的意义上,贸易使得一国的经济福利( )。
   A. 变坏　变好　增加　　　　　　　B. 变好　变坏　减少
   C. 变好　变坏　增加　　　　　　　D. 变好　不变　增加

6. 当一国允许贸易并成为一个物品的进口国时,国内该物品的生产者状况( ),而国内该物品的消费者状况( )。在赢家收益超过输家损失的意义上,贸易使得一国的经济福利( )。
   A. 变坏　变好　增加　　　　　　　B. 变好　变坏　减少
   C. 变好　变坏　增加　　　　　　　D. 变好　不变　增加

7. 关税( )了生产者剩余,( )了政府收入,但( )了消费者剩余。由于消费者剩余的减少量( )生产者剩余与政府收入的增加量之和,因此关税减少了总剩余,从而引起无谓损失。
   A. 增加　减少　减少　大于　　　　B. 减少　增加　减少　大于
   C. 增加　增加　减少　小于　　　　D. 增加　增加　减少　大于

8. 市场的哪一方更可能为价格下限而游说政府?( )。
   A. 想要价格下限的既不是买者也不是卖者　B. 买者与卖者都想要价格下限
   C. 卖方　　　　　　　　　　　　　D. 买方

9. 如果甲国生产一单位粮食需要90人一年的劳动,生产一单位的纺织布料需要70人一年的劳动;乙国生产一单位粮食需要110人一年的劳动,生产一单位的纺织布料需要130人一年的劳动,根据比较优势理论,则( )。
   A. 甲国应生产并出口粮食,乙国应生产并出口纺织布料
   B. 甲国应生产并出口纺织布料,乙国应生产并出口粮食
   C. 甲国应进口粮食和纺织布料
   D. 乙国应进口粮食和纺织布料

10. 以下关于进口配额制的说法,错误的是( )。
    A. 进口配额确定了在国外生产并在国内销售的一种物品数量的限额
    B. 与关税一样,进口配额通过减少进口量的措施提高了该物品的国内价格
    C. 进口配额减少了国内消费者的福利,增加了国内生产者的福利
    D. 进口配额制不会影响福利,因而不会产生无谓损失

11. 认为其他国家为自己的行业提供了一些不公平的优势,诸如补贴、税收减免或轻松的管制环境等,这是( )的观点。
    A. 工作岗位论　　　　　　　　　　B. 国家安全论
    C. 幼稚产业论　　　　　　　　　　D. 不公平竞争论

12. 一个国家的贸易条件是( )。
    A. 出口价格指数与其进口价格指数之比
    B. 进口价格指数与其出口价格指数之比

C. 其工资与其价格指数之比

D. 其生产成本机会

13. 如果一个生产者有市场势力(可以影响市场上产品的价格)，则自由市场解(　　)。

　　A. 是平等的　　　　　　　　B. 是有效率的

　　C. 是无效率的　　　　　　　D. 使消费者剩余最大化

14. 由于生产者能比消费者更好地组织起来，因此可以预期，政治压力往往会引起(　　)。

　　A. 自由贸易　　　　　　　　B. 进口限制

　　C. 出口限制　　　　　　　　D. 以上各项都不对

15. 以下是用来支持自由贸易观点的是(　　)。

　　A. 自由贸易在摧毁进口部门无效率的工作岗位时，它也在一国有比较优势的出口部门和行业创造了更有效率的工作岗位

　　B. 出于对国家安全的合理考虑，一些行业应该受到避免国际竞争的保护

　　C. 对新兴产业应实行暂时性贸易限制，以有助于该产业的成长，直至成熟得足以与国外产业进行竞争

　　D. 贸易限制的威胁会使其他国家放弃已经实行的贸易限制

(三) 判断正误

1. 当对一种物品征税时，政府得到的收入正好等于税收引起的消费者和生产者剩余的损失。(　　)

2. 相对而言，消费者比生产者更容易组织起来游说政府，因而限制自由贸易的国家通常会限制出口，而不限制进口。(　　)

3. 如果一种物品的世界价格高于国内价格，该国生产该物品具有比较优势，如果允许自由贸易，则该国应出口该物品。(　　)

4. "奖出限入"是保护贸易政策的基本特征。(　　)

5. 在进出口贸易的背后，如果赢家补偿输家，那么贸易肯定可以使每一个人的状况变好。在现实中，确实也是这样的。(　　)

6. 自由市场是有效率的，因为它把产品配置给支付意愿低于价格的买者。(　　)

7. 管理贸易政策是介于自由贸易和保护贸易之间的。(　　)

8. 关税的无谓损失产生于两个原因，其一是过度生产，其二是消费不足。(　　)

9. 关税减少了进口量，并使得国内市场向没有贸易时的均衡移动。(　　)

10. 唯一无法用经济学反驳的反对自由贸易的观点是"国家安全论"，因为这种观点并非基于经济学而基于其他战略目标。(　　)

(四) 简答题

1. 决定进口和出口贸易的因素是什么？

2. 从贸易的赢家和输家的意义上，如何理解贸易使得一国的经济福利增加？

3. 何谓关税？它为什么会引起无谓损失？

4. 什么是进口配额？比较它与关税对一国经济的影响。

5. 作为限制贸易的观点，如何理解作为讨价还价筹码的保护论？

(五) 应用题

1. 香蕉是世界上四大水果之一,在国际鲜果市场上占有很重要的地位。目前世界上香蕉年产量在 100 万吨以上的国家有印度、厄瓜多尔、菲律宾、中国、巴西、印度尼西亚、泰国等不到 20 个国家。从香蕉贸易情况分析,多数香蕉生产国均以内销为主,仅有少量出口。香蕉进口主要以欧洲和北美洲经济发达国家为主,亚洲的日本和韩国进口量也较大。

(1) 中国只占世界香蕉市场一小部分。画出不参与国际贸易时中国香蕉市场供需图。标出均衡价格、均衡数量和生产者剩余、消费者剩余。

(2) 假设世界香蕉市场价格低于中国,中国开放香蕉贸易。标出新的均衡价格、消费量、国内生产量、进口量。国内生产者和消费者剩余如何变化?总剩余增加还是减少?

2. (1) 没有贸易时,世界啤酒价格低于德国啤酒价格。假设德国进口啤酒只是世界市场一小部分,在适当的表中列出生产者剩余、消费者剩余和总剩余。

(2) 假设非正常洋流导致世界啤酒的主要成分新西兰啤酒花减产,对德国生产者剩余、消费者剩余和总剩余有何影响?谁得利?谁受损?如果从德国整体看呢?

3. 设想全球经济包括两个国家:北国和南国。每个国家生产两种产品:面包和葡萄酒。每个国家各自有 50 个工人,在生产上,除劳动力外,没有投入方面的要求。假设两个国家都是市场经济,但是在起初,都没有参与对外贸易。在北国,如果投入所有人力生产面包的话,每天能生产 50 个面包,如果投入所有人力生产葡萄酒的话,每天能生产 50 瓶酒,北国也可以用部分劳动力生产面包,部分劳动力生产葡萄酒。南国生产两种产品的效率较低,使用其所有劳动力生产面包,一天最多能生产 10 个面包,如果使用所有劳动力生产葡萄酒,则可以生产 30 瓶葡萄酒。假定各国在其生产面包和葡萄酒数量上发生变化时,生产机会成本无变化。

(1) 画出各个国家的生产可能性边界。在各自的经济中,一个面包交换一瓶酒的比率是多少?

(2) 在生产面包上,哪个国家具有比较优势?在生产葡萄酒上呢?哪个国家倾向于出口面包?哪个国家倾向于出口葡萄酒?

(3) 现在假设不同国家间可以进行相互贸易。假定葡萄酒对面包的国际相对价格是 1/2(比如,一瓶葡萄酒可以交换 1/2 个面包)。北国将生产什么产品?表明各个国家从贸易中的获益情况。

(六) 拓展思考题

1. 1993 年 11 月 5 日《纽约时报》报道,许多中西部小麦农场主反对北美自由贸易区,数量几乎和赞成北美自由贸易区的玉米农场主一样多。为了使问题简单化,假设美国是小麦和玉米生产小国,而且如果没有这个自由贸易区,它就不能进行国际贸易。

(1) 请据此分析美国小麦价格比世界市场高还是低,玉米呢?

(2) 整体考虑,北美自由贸易区对农场主是好事还是坏事?对消费者呢?对美国整个国家呢?

2. 分别给出支持和反对下列陈述的理由。

(1) 如果外国低于成本价销售其产品(倾销),政府应该禁止进口该产品。

(2) 为保护本国幼稚产业,政府应该停止进口同类产品。

(3) 政府不应该从环保措施不及我国的国家进口。

五. 习题答案

(一) 术语解释

1. 世界价格:一种物品在世界市场上通行的价格。

2. 比较优势:如果一个国家在本国生产一种产品的机会成本(用其他产品来衡量)低于在其他国家生产该产品的机会成本,则这个国家在生产该产品上就拥有比较优势。

3. 关税:一国海关根据该国法律规定,对通过其关境的进出口货物课征的一种税收。根据征税物品的进出口流向,关税可以分为进口关税和出口关税。

4. 自由贸易:国家取消对进出口贸易的限制和障碍,取消本国进出口商品各种优待和特权,对进出口商品不加干涉和限制,使商品自由进出口,在国内市场上自由竞争的贸易政策。

5. 关税的无谓损失:政府征收关税之后,增加了生产者剩余,增加了政府收入,但减少了消费者剩余,消费者剩余的减少量超过生产者剩余与政府收入的增加量的部分即为关税的无谓损失。

(二) 单项选择

1. C 2. A 3. B 4. B 5. C 6. A 7. D 8. C 9. B 10. D
11. D 12. A 13. C 14. B 15. A

(三) 判断正误

1. × 2. × 3. √ 4. √ 5. × 6. × 7. × 8. √ 9. √ 10. √

(四) 简答题

1. 【考查要点】 贸易的决定因素。

【参考答案】 如果一种物品的世界价格高于国内价格,该国生产该物品具有比较优势,如果允许自由贸易,则该国应出口该物品。如果一种物品的世界价格低于国内价格,外国生产该物品具有比较优势,如果允许自由贸易,则该国应进口该物品。

2. 【考查要点】 贸易的赢家和输家。

【参考答案】 当一国允许贸易并成为一个物品的出口国时,国内该物品的生产者状况变好,而国内该物品的消费者状况变坏。在赢家收益超过输家损失的意义上,贸易使得一国的经济福利增加。当一国允许贸易并成为一个物品的进口国时,国内该物品的消费者状况变好,而国内该物品的生产者状况变坏。在赢家收益超过输家损失的意义上,贸易使得一国的经济福利增加。

3. 【考查要点】 关税及其无谓损失。

【参考答案】 (1)关税是对在国外生产并在国内销售的物品征收的税。关税提高了物品的价格,减少了国内需求量,增加了国内供给量。因此,关税减少了进口量,并使得国内市场向没有贸易时的均衡移动。(2)关税增加了生产者剩余,增加了政府收入,但减少了消费者剩余。由于消费者剩余的减少量大于生产者剩余与政府收入的增加量之和,因此关税减少了总剩余,从而引起无谓损失。(3)关税的无谓损失产生于两个原因,其一是过度生产,即关税引起价格上升,从而导致生产者生产其成本高于世界价格的数量;其二是消费不足,即关税引起价格上升,从而导致消费者不能消费其评价高于世界价格的数量。

4.【考查要点】 进口限额及其与关税的比较。

【参考答案】 (1)进口配额是对在国外生产而可以在国内销售的物品的数量限制。(2)进口限额的经济影响与关税的基本相似。无论是关税还是进口配额都减少进口数量,提高该物品的国内价格,减少国内消费者福利,增加国内生产者福利,并引起无谓损失。(3)这两种类型的贸易限制之间的唯一差别是:关税增加了政府收入,而进口配额创造了许可证持有者的剩余。如果政府对进口许可证收费,关税和进口配额就更相似了。但实际上,用进口配额限制贸易的国家很少通过出售进口许可证来这样做。

5.【考查要点】 作为讨价还价筹码的保护论。

【参考答案】 贸易限制的威胁会使其他国家放弃已经实行的贸易限制。但是这种讨价还价策略可能失败,一旦威胁起不到作用时,做出威胁的国家就必须让步或减少贸易,这两种无论对哪一个国家都是不利的。

(五) 应用题

1.【考查要点】 国际贸易对生产者剩余、消费者剩余的影响。

【参考答案】 (1)如下图所示,均衡价格为 P_D,均衡数量为 Q_1,生产者剩余为 $B+D$,消费者剩余为 A。

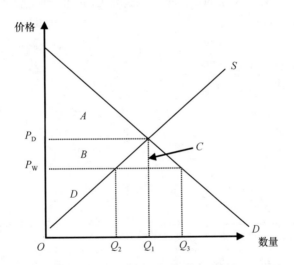

(2)新均衡价格是世界价格,新消费量为 Q_3,国内生产量是 Q_2,进口量是 Q_3-Q_2。

	消费者剩余	生产者剩余	总剩余
进口前	A	$B+D$	$A+B+D$
进口后	$A+B+C$	D	$A+B+D+C$
变化	$+(B+C)$	$-D$	$+C$

2. 【考查要点】 贸易福利。

【参考答案】 如下图所示。

		德国 消费者剩余	德国 生产者剩余	德国 总剩余
灾前年份	均衡价格	$A+B+C+D$	E	$A+B+C+D+E$
灾后年份	世界价格 1	$A+B$	$C+E$	$A+B+C+E$
变化	世界价格 2	$-(C+D)$	$+C$	$-D$

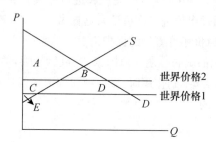

假设非正常洋流导致世界啤酒的主要成分新西兰啤酒花减产,世界啤酒的价格上升,则德国生产者剩余增加,而德国消费者剩余减少。从整体上来看,德国受损。

3. 【考查要点】 生产可能性边界、比较优势理论与对外贸易。

【参考答案】 (1)各个国家的生产可能性边界见图。北国:1 瓶葡萄酒 = 1 个面包;南国:1 瓶葡萄酒 = 1/3 个面包

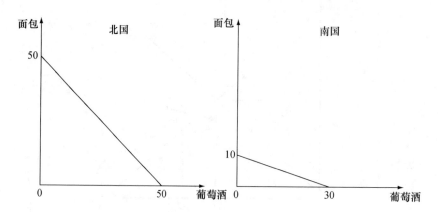

(2)北国在生产面包上具有比较优势,因此出口面包。南国在生产葡萄酒上具有比较优势,因此出口葡萄酒。

(3)北国将生产面包。只要两个国家以介于两国机会成本之间的价格进行交易,两国都将获利。北国生产 1 瓶葡萄酒的机会成本是 1 个面包,南国生产 1 瓶葡萄酒的机会成本是 1/3 个面包,而贸易价格定为 1 瓶葡萄酒可以交换 1/2 个面包,因此两国在贸易中均可以获益。南国和北国从贸易中获益如下图所示:

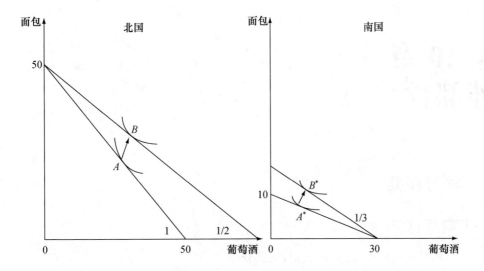

(六) 拓展思考题

1. 【考查要点】 两国贸易框架下的消费者剩余等及贸易福利。

【参考答案】 (1) 美国小麦价格高于世界市场。小麦农场主之所以反对,是因为如果开放市场,小麦价格将降到世界价格,影响其收益。而玉米正好相反。

(2) 对小麦农场主是坏事,对玉米农场主是好事,整体很难说是好事还是坏事。对小麦消费者是好事,对玉米消费者是坏事,整体很难说是好事还是坏事。而对美国整体,肯定是好事。

2. 【考查要点】 支持贸易和限制贸易的各种观点。

【参考答案】 (1) 支持(来自生产者):倾销造成本国生产商经营困难,可能对方是谋求将来的垄断,所以政府应禁止进口倾销产品。反对(来自消费者):售价低于成本,我们当然得到收益,不应该禁止进口。

(2) 支持(来自幼稚产业):只要给予一定的保护期,这个产业会变得富有竞争力。反对:政府并不擅长确定哪个产业需要保护,往而往从政治角度考虑,而且一旦获得这个保护,将来很难去除。一般情况下,往往是国内企业在面对有竞争优势的外国公司时提出此类申请,如果实行,影响整个国家福利。

(3) 支持:应该禁止,促使对方国家加强环保,提高社会福利。反对:不应禁止,停止进口,他们的贸易量下降,降低了其福利。

第10章
外部性

一、学习精要

(一) 教学目标

1. 了解什么是外部性,正负外部性的区分。
2. 领会外部性对市场效率的影响。
3. 掌握解决外部性问题的各种私人解决办法和政府政策。
4. 理解科斯定理及其在解决外部性问题中的运用。

(二) 内容提要

外部性是一个人的行为对旁观者福利的无补偿的影响。如果这种影响是有利的,就称为正外部性。如果这种影响是不利的,则称为负外部性。正外部性的例子是对历史建筑的修复或对新技术的研究,负外部性的例子是能耗和噪声的污染。本章主要论述外部性的分类和各种来源,以及针对外部性的公共政策和私人解决办法。

1. 外部性和市场无效率

(1) 市场使市场上买者与卖者的总剩余最大化,而且,这通常是有效率的。但是,如果市场引起了外部性,市场均衡就不能使整个社会的总利益最大化,从而市场可能是无效率的,此时也许需要用政府政策来提高效率。

(2) 外部性的两种类型:正外部性引起总剩余最大化的最优数量大于市场产生的均衡数量,比如教育这类物品给人们带来的收益大于给教育买者带来的那些收益,从而教育的社会价值大于私人价值。负外部性引起总剩余最大化的最优数量小于市场产生的均衡数量,比如当生产一种物品产生了污染时,它给社会带来的成本超过了生产企业的成本,从而生产的社会成本大于私人生产成本。

(3) 外部性内在化改变激励,以使人们考虑到自己行为的外部效应。为了使外部性内在化,政府可以使用税收和补贴,以使供给曲线和需求曲线分别一直移动到真实社会成本曲线或社会评价曲线的位置,这样均衡数量与最优数量相等,并使市场变得有效率。负外部性可以用税收内在化,正外部性可以用补贴内在化。

(4) 高技术生产对其他生产者引起的正外部性称为技术溢出效应。一些经济学家认为,这种溢出效应非常普遍,政府应该制定产业政策以促进技术行业进步。另一些经济学家则持怀疑态度。

2. 针对外部性的公共政策

(1) 命令与控制政策是规定或禁止(限制)某种行为的管制。管制者为了建立有效的规则,必须了解一个行业所有细节及可供选择的技术。如果某种污染的成本特别高,则最好的方法是完全禁止这种行为。

(2) 以市场为基础的政策是使个人激励与社会效率一致,其中一种是用于纠正负外部性的税称为矫正税或庇古税。矫正税可以以低于管制的成本减少负外部性,因为税收在本质上是为一种负外部性(比如污染)制定了一个价格,与其他的税不同,矫正税提高了效率,而不是降低了效率。

(3) 另一种以市场为基础的政策是可交易的污染许可证。这种政策主要通过允许许可证的持有者有某种污染量。减少污染成本较高的企业愿意为许可证支付高价格,减少污染成本较低的企业将出售它们的许可证,并减少自己的污染。这种方法类似于矫正税,矫正税确定污染的价格,可交易的许可证确定污染的量。在污染市场上,两种方法都可以实现有效率的结果,且优于命令与控制政策,因为它们以较低的成本减少污染,从而增加了清洁环境的需求量。

3. 外部性的私人解决方法

(1) 道德规范和社会约束:人们做正确的事,并不扔垃圾。

(2) 慈善行为:人们捐款给环保组织、大学等。

(3) 利用利己并引起有效整合的私人市场:养蜂人与苹果园主合并,并使企业生产更多苹果和更多蜂蜜。

(4) 利用利己并签订受影响各方合同的私人市场:苹果园主和养蜂人可以就共同生产的最优苹果量和蜂蜜量达成协议。

(5) 科斯定理认为如果私人各方可以无成本地就资源配置进行谈判,则外部性可以通过私人办法解决。但是私人各方往往由于交易成本的存在而不能达成有效的协议,如果交易成本大于协议潜在的利益,就不会有私人解决外部性的有效方法。

(三) 关键概念

1. 外部性:一个人的行为对旁观者福利的无补偿的影响。
2. 正外部性:当一个人的行为对旁观者有有利影响时的情况。
3. 负外部性:当一个人的行为对旁观者有不利影响时的情况。
4. 社会成本:私人成本和外部成本之和。
5. 外部性内在化:改变激励,以使人们考虑到自己行为的外部效应。
6. 矫正税:旨在引导私人决策者考虑由负外部性引起的社会成本的税收。
7. 科斯定理:认为如果私人各方可以无成本地就资源配置进行协商,他们就可以自己解决外部性问题的观点。
8. 交易成本:各方在达成协议与遵守协议过程中所发生的成本。

(四) 拓展提示

1. 当买者和卖者之间的交易直接影响第三方时,这种影响称为外部性。像污染这样的负外部性引起市场的社会最优数量小于市场生产的数量。像技术溢出效应这样的正外部性引起社会最优数量大于市场生产的数量。为了解决这个问题,政府可以对有负外部性的物品征收等于外部成本的税,并对有正外部性的物品给予等于外部收益的补贴。

2. 受外部性影响的人有时可以用私人方式解决问题。例如,当一个企业为另一个企业提供了外部性时,两个企业可以通过合并把外部性内在化。此外,利益各方也可通过签订合约来解决问题。根据科斯定理,如果人们可以没有成本地谈判,那么,他们总可以达成一个资源有效配置的协议。但是,在许多情况下,在许多利益各方中达成协议是困难的,因此,科斯定理并不适用。

3. 当私人各方不能适当地解决污染这类外在效应时,政府往往就出现了。有时政府通过管制行为阻止社会无效率的活动。有时政府还用庇古税使外部性内在化。还有的时候政府通过发放许可证,例如政府可以通过发行有限数量的污染许可证来保护环境。这种方法引起的结果与对污染征收庇古税大体上相同。

二、新闻透视

(一) 新闻透视 A

从"外部性"视角看恶狗伤人

近一段时期,恶狗伤人的消息频传。先是大连一女童被藏獒咬死,山西运城一女孩玩耍时遭藏獒扑咬受伤入院,紧接着,央视又曝光了广西一位老人被自家狗咬死的视频,在福州,仅这两天福建省急救中心就收治了十多例被狗咬伤的病人。

如果说此前该不该吃狗肉的讨论,只涉及动物权利和风俗习惯的话,那么近期恶狗咬人致伤致死的频发,所触发的则是有关人的生命安全和现代城市生活方式等更高层面的探讨。一方说,养狗是自由,另一方说,免于被狗威胁或攻击是最起码的权利。养狗固然是自由,但是不是意味着可以随心所欲不受任何限制和约束?出了恶狗伤人事件,是不是就要把所有的狗赶尽杀绝?观念的交锋碰撞之外,更紧迫的是制定符合社会整体利益的公共政策,规范养狗行为。

怎么规范养狗?首先要衡量养狗的各种影响或后果。

爱狗人士从养狗中得到了利益,比如养狗可以满足自己的兴趣、看管自家的财物、缓解自身的孤独、慰藉内心的情感等,但养狗的负外部性也是显而易见的,依程度的轻重大致为:一是噪声污染,狗吠声可能会影响邻居的休息,进而影响其身心健康。二是环境污染,给城市道路制造粪便,影响路人心情,加重环卫工作者负担,增大城市卫生成本。三是威胁他人人身安全,轻者造成心理恐慌,重者则会致伤致死。那么,到底是养狗人士得到的利益大,还是旁观者付出的成本高?看看一则则恶狗伤人的报道,恐怕养狗人士的利益再大,也不能和同胞的生命相提并论吧。再者,养狗有时不仅仅是伤害他人的肇端,还是殃及自身的祸源,除了广西那位被自家狗咬死的老人,重庆一两岁女孩也被自家狗咬穿气管,这是悲剧,也是警示。

事实上,早就有人大代表提过养狗税的办法;多地也都出台过行政管制措施,但遗憾的是在执行环节出了问题,一些不文明养狗人士依然故我,管理规定形同虚设,沦为一纸空文。狗患带来的教训已然非常沉重,各地应该充分重视起来,没规定的抓紧制定,有规定的严格落实。恶狗可以无情,但人要讲规矩,城市文明的进步,不能再以人员伤亡为代价了。

资料来源:每日新报,http://epaper.tianjinwe.com/mrxb/mrxb/2013-07/04/content_6917051.htm,2013年7月4日。

【关联理论】

经济学中的外部性理论指的是一个人的行为对旁观者福利的无补偿的影响,如果对旁观者的影响是不利的,就称为负外部性;如果这种影响是有利的,就称为正外部性。在存在外部性时,市场就达不到帕累托最优配置,即出现了市场失灵,要纠正市场失灵需要将外部性内在化。

【新闻评析】

经济学中,行为人的某项活动对旁观者造成了影响,叫作外部性。如果造成的影响是积极的、有利的,就叫正外部性,如果影响是消极的、不利的,则称为负外部性。比如造纸厂生产纸张,厂家得到了丰厚的利润,消费者得到了物美价廉的纸张,但是造纸厂排污却威胁到附近居民的健康,这就是负外部性。

在上述新闻中,养狗人从养狗中获得了利益,但是养狗也存在很多的负外部性,比如噪声污染、环境污染、威胁他人人身安全,也就是说旁观者也为养狗人的行为付出了成本却没有因此得到补偿。如何消除养狗的负外部性,从理论上说既可以采取私人解决办法,也可以通过政府的公共政策解决。但是由于在养狗这一存在负外部性的行为中,受影响者很多,交易成本很大,私人解决办法通常无法来纠正这种负外部性。这就需要政府的公共政策来纠正,政府针对外部性的公共政策有两种,一是基于行政力量的管制手段,二是基于市场力量的税收手段。具体到养狗来说,可以根据负外部性的严重程度综合施策。狗咬人伤人,可以施以管制措施,明令禁止养大型犬、烈性犬,在公共场合遛狗必须佩戴嘴套,狗链不能超过规定长度。而像养狗造成的噪声污染、环境污染,可以通过行政执法来纠正,也可以通过征收养狗税来减少养狗数量,补贴卫生支出。

(二) 新闻透视 B

汽车社会如何平衡负外部性

2013年6月14日召开的国务院常务会议部署大气污染防治十条措施,其中与汽车社会有关的措施包括提升燃油品质,限期淘汰黄标车;建议修订大气污染防治法等法律;大力发展公共交通;加大排污费征收力度;加强国际合作,大力培育环保、新能源产业;将重污染天气纳入地方政府突发事件应急管理,根据污染等级及时采取重污染企业限产限排、机动车限行等措施。记者认为,这些有针对性的举措反映了汽车社会对汽车负外部性的平衡。

举例来说,城市车流中一辆车多堵1分钟,对1 200个开车的人来说,就意味着多20个小时的开车时间。把这个"小模板"套到北京这样的机动车超过500万辆的汽车社会中,汽车负外部性产生的社会成本是非常惊人的。

对于如何平衡汽车的负外部性,记者认为首先要搞清楚其产生的原因并有针对性地下药。例如,国内长期以来存在的油品升级滞后于汽车排放升级速度的问题,核心矛盾在于油品,对此要有针对性地尽快提升成品油品质,否则,即使明天就"一刀切"让全国的轻型汽车和重型商用车都提升到相当于欧洲五号排放标准,对大气质量也起不到相应的改善作用。

此外,对汽车负外部性的平衡政策还要尽可能在"治理"过程中减少再次形成的负面效应。例如,记者注意到,为了治理拥堵,越来越多的城市在早晚高峰限制外地车进城,这造成汽车的流动性受到限制,给物流和人流造成的隐性社会成本未必比拥堵成本低。反观欧盟申根国家,即使从法国巴黎开到德国柏林,也一路畅通没有限制,这种便利给汽车社会带来的收益更大。

再以近期媒体报道并热议的"多个部委拟提出应向汽车征收排污费,并优先将占机动车保有量11%但排放量占86%的重型汽车纳入环保税征收范围"这条消息来说,虽然目前没有权威部门出面证实,但实际上也体现了利用征收排放税减少汽车负外部性的思路,并且近些年曾经屡屡作为传闻被媒体报道。

对汽车负外部性的平衡最重要的一点是地方政府要多用市场之手调节,少用行政强制手段干预。记者认为,这也与当前政府改革的大方向吻合。地方政府部门要意识到,消费者购买私家车缴纳了各种高昂的税费,私家车是有明确产权和使用权的商品,在权利和污染、拥堵治理的平衡过程中,市场经济提供了"多一点市场含量"的可能,这道题应该是有解的。当然,解题的过程会是复杂的,也需要创造和积累各方面的条件,包括人们消费观念的转变,这些都要有个过程,但只要提前给出一个带有确定性的大方向,并一点一点做起来,人们的行为就会逐步出现一个主动的调适过程。

资料来源:摘自 新闻分析:汽车社会如何平衡"负外部性",新华网,http://news.xinhuanet.com/auto/2013-06/16/c_116161215.htm,2013 年 6 月 16 日。

【关联理论】

外部性往往会引起市场的无效率,私人市场在解决这些外部性方面的有效性如何?科斯定理指出,如果私人各方可以无成本地就资源配置进行协商,那么私人市场就总能解决外部性问题,并有效地配置资源。但当利益各方人数众多时,达成有效率的协议就尤其困难,因为协调每个受影响者的成本太高昂。当私人市场无效时,就需要政府发挥作用。

【新闻评析】

经济学概念认为,外部性是一个经济主体的经济活动对另一个经济主体所产生的有害或有益的影响。汽车作为一种商品,在使用过程中难免会产生拥堵、排放污染等负外部性。如何平衡汽车在使用过程中所产生的负外部性?可以依靠私人市场自行解决或者依靠政府的公共政策来解决,但是十全十美的效果往往是很难达到的。一个汽车社会是否"聪明",关键就在于如何建立有效的制度,尽可能消除、平衡负外部性。在污染这个外部性问题中,既存在许多污染的制造者,也存在许多污染的受害者,把所有的污染制造者和所有的污染受害者聚集起来并商讨一个协议,会由于交易成本太高而无法实现,而且当有很多人进行协商时,交易成本经常高于从解决外部性中得到的收益。在这种情况下,解决外部性的私人方案就变得不可行,当私人协商无效时,政府可以起作用,政府通过直接管制比如制定法律、税收和补贴、可交易的许可证等方式来解决这些外部性问题。

在上述新闻中,汽车日益增多带来的各种负外部性以及日益严重的环境污染问题用私人解决办法无法消除,必须通过政府政策来纠正,如"多个部委拟提出应向汽车征收排污费,并优先将占机动车保有量11%但排放量占86%的重型汽车纳入环保税征收范围";地方政府要多用市场之手调节,少用行政强制手段干预等。除此之外,启动对大气污染防治法的执法检查,在此基础上考虑修订这部法律,为治理环境污染提供法律保障,也正是政府政策纠正负外部性的一种有效措施。目前,雾霾问题已成中国一些城市标志性的难题,而且范围还在扩大。不仅仅是大气污染,中国境内的水污染和土壤污染也是比较严重的,这种状况持续下去是我们的环境难以承载的。2013 年 9 月国务院出台的《大气污染防治行动计划》十条措施,其中吸纳了不少人大代表和环境与资源保护委员会提出的建议,比如提高油品质量、控制煤炭消耗总量、加强大气监测和公布等。人大常委会在立法规划当中,把环境保护立法当作重中之重。相信在吸纳社会各方意见的基础上,一部高质量、管用的新环保法很快就要在中国出台。

三、案例研究

(一) 案例研究 A

当火车驶过农田的时候

20世纪初的一天,列车在绿草如茵的英格兰大地上飞驶,车上坐着英国经济学家庇古(A. C. Pigou)。他边欣赏风光边对同伴说:列车在田间经过,机车喷出的火花(当时是蒸汽机)飞到麦穗上,给农民造成了损失,但铁路公司并不用向农民赔偿。这正是市场经济的无能为力之处,称为"市场失灵"。

1971年,美国经济学家乔治·斯蒂格勒(G. J. Stigler)和阿门·阿尔钦(A. A. Alchian)同游日本。他们在高速列车(这时已是电气机车)上见到窗外的农田,想起了庇古当年的感慨,就问列车员,铁路附近的农田是否因受到列车的损害而减产。列车员说,恰恰相反,飞速驰过的列车把吃稻谷的飞鸟吓跑了,农民反而受益。当然铁路公司也不能向农民收"赶鸟费",这同样是市场经济无能为力的地方,也称为"市场失灵"。

资料来源:梁小民,中国经济时报,2002年。

【关联理论】

微观经济学的中心理论旨在说明在完全竞争的市场条件下,价格对经济的调节作用可以使整个经济实现一般均衡。但在现实经济中,价格在很多场合不能自发实现资源的有效配置,不可避免会出现市场失灵的现象,而外部性就是导致市场失灵的一个重要方面。而当市场失灵时,则就需要政府采取相应政策来使社会福利趋于最大化。

【案例解剖】

同样一件事情在不同的时代与地点其结果就会不同,两代经济学家的感慨也不同。但从经济学的角度看,火车通过农田无论结果如何,其实说明了同一件事:市场经济中的外部性与市场失灵的关系。

外部性又称外部效应,指某种经济活动所产生的对无关者的影响。这就是说,这种活动的某些成本并不由从事这项活动的当事人(买卖双方)承担,这种成本被称为外在成本或社会成本。同样,这种活动的某些收益也不由从事这项活动的当事人获得,而由与这项活动无关的第三方获得,这种收益被称为外在收益或社会收益。在前一种情况下,称为负外部性;在后一种情况下,称为正外部性。正外部性的标准例子是果园旁边的蜜蜂养殖场,蜜蜂在果园里四处飞舞采集花蜜,不仅使养殖者得到收益,而且也为果树传播了花粉,从而提高了果园的产量。负外部性的标准例子是沿着一条河建立的化工厂和养鱼场,化工厂排放的废水给河流带来了污染,使下游的养鱼场产量下降。因此,化工厂给养鱼场带来了损失,产生了外在成本,而且化工厂的产量越大,给养鱼场带来的外在成本亦越大。

列车对农田的影响就是存在外部性的情况。在庇古所看到的情况下,铁路公司列车运行对农业生产带来的损失并不由铁路公司和客户承担,而由既不经营列车也不用列车的农民承担,即存在负外部性,有外在成本或社会成本。类似这种情况的还有化工厂、造纸厂对河流或空气的污染,吸烟者对环境和非吸烟者的危害。在斯蒂格勒和阿尔钦所看到的情况下,列车运行在客观上起到了"稻草人"的作用,给农业生产带来好处。但铁路公司并不能对此收费,收益由与列车运行无关的农民无偿获得。这就存在正外部性,有外在收益或社会收益。类似的例子如养蜂人到果园放蜂采蜜,同时免费为果园实现了授粉,果园主不用交费。大学培养出人才,这些人才对经济增长所做出的贡献由全社会分享。在有外部性的情况下,由铁路公司和客户双方供求决定的价格,不能使资源配置最优化。这就是说,这时列车运行的次数并不能使社会经济福利最大化。在庇古所看到的负外部性情况下,通过税收提高运费,并把税收补贴给农民,减少运行会更好地消除不利影响。在斯蒂格勒和阿尔钦看到的正外部性情况下,通过补贴降低运费,增加运行会增加有利影响。

(二) 案例研究 B

《太湖流域管理条例》

该条例在 2011 年 11 月 1 日开始施行,第一次在流域尺度纳入了污染减排总量控制制度,第一次将"水污染防治、优化产业结构、调整产业布局和制定水污染防治特别排放限值"等宏观和微观管理手段紧密结合。第一次将推广精准施肥、生物防治病虫害等先进适用的农业技术以及开展清洁小流域建设纳入条例。太湖流域位于长江三角洲的核心区域,改革开放以来逐步发展成为我国经济、文化、科技最为发达的地区之一。然而,随着工业化和城镇化的快速发展,太湖流域水环境面临着严峻挑战:湖面萎缩、河道淤塞、污染加剧、水质恶化等问题日趋严重,环太湖开发项目日益增多,流域水域、岸线缺乏统一规划,圈圩、围湖造地未得到有效治理,迫切需要依法加强对太湖流域的保护治理。据介绍,条例重点突出了饮用水安全、水污染防治和水资源保护。条例用十分之一还多的条款,明确了饮用水从"源头"到"龙头"的安全保障、预警应急要求;条例用超过一半的条款,详细规定了太湖流域水污染防治的各项要求;条例用两章的篇幅对防汛抗旱、水域、岸线等水资源保护做了非常具体的规定。条例除了体现上述三个第一次创新外,还明确了生态补偿的各项要求,将环境污染责任保险列入其中,提出了针对农民的环境保护补贴政策;明确了区域限批要求,对未完成总量控制计划,跨界断面和入湖河道断面未达标,未拆除和关闭违法设施,因违法批项目造成供水安全事故的地区,要实施区域限批;并规定了国务院环境部门要定期开展太湖流域水污染调查和评估,国务院有关部门要对水资源保护和水污染防治目标责任执行情况进行年度考核等。

条例从生产、生活和生态三个方面对太湖流域管理做出的全方位规定,涉及了工业生产、居民生活、禽畜养殖、农业种植、船舶运输、防汛抗旱、岸线保护、植树造林、增殖放流,等等,这是目前在污染防治方面最全的水污染防治。就生产方面而言,条例规定了严于其他地区要求的工业生产禁止行为;要求流域内减少化肥和农药使用量;合理确定水产养殖规模,组织清理太湖围网养殖;畜禽养殖场要对废弃物进行无害化处理;禁止运输剧毒物质、危险化学品的船舶进入太湖;禁止在可能直接影响湖水水质的范围内设置水上餐饮经营设施、建设高尔夫球场等;禁止在太湖岸线内圈圩或者围湖造地;要求在太湖岸线,饮用水水源保护区周边和主要入太湖河道岸线一定范围内,合理建设生态防护林;实行禁渔区和禁渔期制度等。为解决操作性问题,条例对各项工作规定的非常具体。多年来,太湖流域内各地政府和一些相关部门对一些违法行为的处理,或有心无力,或顾及当地经济发展,导致太湖水资源管理与太湖持续的水污染一直在博弈。条例还规定了排污单位的责任等。

资料来源:摘自 太湖流域管理条例专题,太湖网。

【关联理论】

由于一些领域存在外部性,使得无法实现帕累托最优的资源配置状态,也就是说外部性降低了经济效率,对此就要进行纠正,使之尽量达到资源配置的帕累托最优状态。外部性的纠正主要有命令与控制政策和以市场为基础的政策两种措施。

【案例解剖】

外部性是指一个经济主体的行为影响了其他经济主体,却没有为之承担应有的成本费用或没有获得应有补偿的现象。在具有外部性的领域,市场机制不能发挥调节作用,即市场失灵,无法实现帕累托最优的资源配置状态,也就是说在具有外部性的领域市场机制的自发调节无法实现有效率的资源配置。

外部性造成市场失灵的根本原因是私人的边际成本和社会的边际成本不相等,同时,私人的边际收益和社会的边际收益不相等。例如义务教育、环境治理、公共医疗服务等是具有正外部性的产品,在这些领域,由于提供者没有得到全部成本的补偿,更谈不上获得正常的利润。提供正外部性产品的私人企业在亏损的条件下,产品的提供量必将低于社会的需求量,不能达到资源配置帕累托最优状态所要求的供给量,也就是具有正外部性的产品供给不足。而企业排污等现象是具有负外部性的领域,企业仅仅负担生产成本并在销售产品时得到补偿,而排污造成的环境问题是由全社会来承担的外部成本,因此企业的产量越大,人类的福利损失就越大。也就是说具有负外部性的企业产量必将大于资源配置帕累托最优的产量。

既然外部性降低了经济效率,就要进行纠正,使之尽量达到资源配置的帕累托最优状态。外部性的纠正主要有命令与控制政策和以市场为基础的政策两种措施。政府管制的经济学解释就是要将私人企业的外部成本内部化,消除外部性,提高资源的配置效率。政府对外部性的纠正首先是政府进行行政管制:禁止某些行为来解决外部性问题;规定采用新技术;规定排放标准。其次是经济管制:征收庇古税和进行补贴;排污产权交易。如果能清楚地界定产权,也可以通过科斯定理解决污染问题。科斯定理是运用市场机制解决外部性的一种思路。上述案例介绍的《太湖流域管理条例》的实施正是运用政府管制进行外部性纠正的典型案例。

(三) 案例研究 C

解决两个企业争端的办法

在一条河的上游和下游各有一个企业,上游企业排出的工业废水经过下游企业,造成下游企业的河水污染,为此两个企业经常争吵,上游与下游企业各自都强调自己的理由,怎样使上游企业可以排污,下游企业的河水不被污染呢?对此,经济学学家科斯拿出两个好办法,即一是两个企业要明确产权;二是两个企业可以合并。

【关联理论】

虽然外部性往往会引起市场的无效率,但解决这个问题并不总是需要政府行为,在一些情况下根据科斯定理,人们可以采取私人解决方法,最终使得每个人的状况都可以变好。私人市场往往可以通过依靠各方的利己来解决外部性问题,另一种解决外部效应的私人市场方法是利益各方签订合约。

【案例解剖】

负外部性行为,即一个人的行动对别人所产生的破坏作用,也许很小,但当每一个人都受到激励并采取类似的行动时,外部的非经济行为总作用可能导致毁灭。负外部性对人们的影响很大,那么如何消除外部性进而合理配置资源就成为外部性理论的基本课题。科斯定理就是研究私人解决外部性问题的命题。科斯定理是经济学家科斯提出通过产权制度的调整,将商品有害的外部性市场化和内部化。

在上述案例中,按照科斯理论有两个办法来解决这一问题。一是两个企业要明确产权;二是两个企业可以合并。明确产权后上游企业有往下游排污的权利;下游企业有河水不被污染的权利。上下游企业进行谈判,上游企业要想排污需给予下游企业一定的赔偿,上游企业会在花钱治污与赔偿之间进行选择。总之,只要产权界定清晰并可转让,那么市场谈判和交易就可以解决负外部性问题,私人边际成本与社会边际成本就会趋于一致。除明确产权外,还有使有害的外部性内部化办法。按照科斯定理,通过产权调整使有害的外部性内部化,将这两个企业合并成一家,必然减少上游对下游的污染,因为是一个企业,有着共同的利益得失,上游企业对下游企业的污染会减少到最小限度,即让上游生产的边际收益等于下游生产的边际成本。

四、课外习题

(一) 术语解释

1. 外部性
2. 外部性内在化
3. 交易成本
4. 矫正税
5. 科斯定理

(二) 单项选择

1. 某一经济活动存在负外部性是指该活动的(　　)。
   A. 私人成本大于社会成本　　B. 私人成本小于社会成本
   C. 私人收益大于社会收益　　D. 私人收益小于社会收益
2. 外部性是(　　)。
   A. 归市场上买者的收益
   B. 归市场上卖者的收益
   C. 一个人的行为对旁观者的福利无补偿的影响
   D. 对企业外部顾问支付的报酬
3. 负外部性引起(　　)。
   A. 一种物品的社会成本曲线高于供给曲线(私人成本曲线)
   B. 一种物品的社会成本曲线低于供给曲线(私人成本曲线)

C. 一种物品的社会价值曲线高于需求曲线（私人价值曲线）
   D. 以上各项都不是
4. 正外部性引起(　　)。
   A. 一种物品的社会成本曲线高于供给曲线（私人成本曲线）
   B. 一种物品的社会价值曲线高于需求曲线（私人价值曲线）
   C. 一种物品的社会价值曲线低于需求曲线（私人价值曲线）
   D. 以上各项都不是
5. 工厂排放废气导致的对健康的影响属于下述情况中的(　　)。
   A. 私人成本　　　　　　　　　　B. 外部成本
   C. 内部成本　　　　　　　　　　D. 不属于上述任何一种情况
6. 为了使负外部性内在化，合适的公共政策应是以下(　　)。
   A. 禁止所有引起负外部性的物品的生产
   B. 政府控制引起外部性的物品的生产
   C. 补贴这种物品
   D. 对这种物品征税
7. 政府实行产业政策是(　　)。
   A. 为了使与工业污染相关的负外部性内在化
   B. 为了使与技术进步行业相关的正外部性内在化
   C. 为了有助于刺激解决技术外部性的私人方法
   D. 向高技术行业发放可交易的技术许可证
8. 当李明在拥挤的城区买了一辆汽车时，这就引起了(　　)。
   A. 有效率的市场结果　　　　　　B. 技术溢出效应
   C. 正外部性　　　　　　　　　　D. 负外部性
9. 根据科斯定理，下列哪种情况私人双方可以自己解决外部性问题？(　　)。
   A. 受影响的各方在谈判中有相等的权利
   B. 受外部性影响的一方有不受影响的初始产权
   C. 没有交易成本
   D. 有大量受影响的各方
10. 为了使正外部性内在化，可采取的公共政策应是(　　)。
    A. 禁止生产引起外部性的物品
    B. 政府生产物品直至增加一单位的价值为零
    C. 补贴这些物品
    D. 对这些物品征税
11. 印染厂会产生空气污染，因此印染行业的均衡价格(　　)。
    A. 和产量相对于社会最优水平而言都太高了
    B. 相对于社会最优水平而言太低，而其产量相对于社会最优水平而言又太高了
    C. 相对于社会最优水平而言太高，而其产量相对于社会最优水平而言又太低了
    D. 是最优的，但存在过度供给
12. 小王和小李住在同一间宿舍里，小王对大声放音乐的评价为100元，小李对安静的评价为150元，以下哪一种表述是正确的？(　　)。

A. 小王继续大声放音乐是有效率的
B. 只要小李有安静的产权，小王停止大声放音乐就是有效率的
C. 只要小王有大声放音乐的产权，小王停止大声放音乐就是有效率的
D. 无论谁有声音大小的产权，小王停止大声放音乐都是有效率的

13. 甲和乙住在同一间房间里，甲对大声放音乐的评价为100元，乙对安静的评价为150元。如果甲有大声放音乐的权利，并且假设没有交易成本，下列哪一种关于这个外部性问题有效解决的表述是正确的？（　　）。
    A. 甲将支付乙100元，而且，甲将停止大声放音乐
    B. 乙对甲支付在100—150元之间，甲将停止大声放音乐
    C. 甲将支付乙150元，甲继续大声放音乐
    D. 乙对甲支付在100—150元之间，甲将继续大声放音乐

14. 污染的矫正税（　　）。
    A. 确定了污染的价格　　　　B. 确定了污染量
    C. 决定了污染权的需求　　　D. 削弱了进一步减少污染的技术创新的激励

15. 可交易的排污许可证（　　）。
    A. 确定了污染价格　　　　　B. 确定了污染量
    C. 决定了污染权的需求　　　D. 削弱了进一步减少污染的技术创新的激励

（三）判断正误

1. 正外部性是一种归市场上买者的外部收益，而负外部性是一种归市场上卖者的外部成本。（　）
2. 如果一个市场引起负外部性，社会成本曲线在供给曲线（私人成本曲线）之上。（　）
3. 如果一个市场引起正外部性，社会价值曲线在需求曲线（私人价值曲线）之下。（　）
4. 根据科斯定理，外部性总是要求政府为了使外部性内在化而进行干预。（　）
5. 如果市场引起负外部性，那么矫正税将使市场向更有效率的结果变动。（　）
6. 税收总是使市场更无效率。（　）
7. 如果交易成本大于受影响各方对外部性达成协议的潜在收益，就没有解决外部性的私人方法。（　）
8. 矫正税确定了污染的价格，而可交易的污染许可证确定了污染量。（　）
9. 大多数经济学家不喜欢给污染环境定价的想法。（　）
10. 在任何一种既定的污染需求曲线下，管制者可以用矫正税或发放可交易的污染许可证达到同样的污染水平。（　）

（四）简答题

1. 针对外部性的两种公共政策是什么？描述这些政策。经济学家偏爱哪一种？为什么？
2. 矫正税降低了还是提高了效率？为什么？
3. 解决外部性的私人方法有哪些类型？

4. 外部性的产生是因为个人没有意识到其行动的结果。你是否同意这种观点？请解释。

5. 为了鼓励一个行业生产社会最优的产量，政府应该对产出征收等于产出边际成本的单位税，这种观点是否正确？请解释。

（五）应用题

1. 近年来，广场舞在都市中逐渐流行开来。在温州市中心鹿城区，共有900多个"广场舞大妈"的"活动中心"，这一方面为中老年人提供了有利于身心健康的好场所，也同时因噪声污染而使附近居民不堪其扰。2014年4月，在浙江温州市发生的一件事在网络上引发不小关注：一个居民小区的业主委员会花26万元买来"高音炮"，"还击"旁边广场上大妈广场舞的噪声。请结合科斯定理解释这件"以噪制噪"的怪事。

2. 排污费既可以是付给政府的，也可以由损害者直接向受到外部性伤害的一方支付赔偿。在这两种安排下，受害者可能会有哪些行为出现？

3. 假设生活在首都机场附近的人对安静的评价是25亿元。

（1）如果民航公司使飞机消除噪声的成本是35亿元，政府规定飞机必须消除噪声是有效率的吗？为什么？

（2）如果民航公司使飞机消除噪声的成本是15亿元，政府规定飞机必须消除噪声是有效率的吗？为什么？

（3）假设没有交易成本，再假设人们有权要求安静。如果民航公司使飞机消除噪声的成本是15亿元，私人解决这个问题的方法是什么？

（4）假设没有交易成本，再假设民航公司有权想制造多少噪声就可以制造多少噪声。如果民航公司使飞机消除噪声的成本是15亿元，私人解决这个问题的方法是什么？

（5）假设民航公司使其飞机消除噪声的成本是15亿元。如果用私人方法解决噪声问题要增加15亿元交易成本，可以用私人方法解决这个问题吗？为什么？

（六）拓展思考题

1. 科斯定理的内容和结论成立的条件是什么？它对存在外部性的经济行为有何意义？

2. 在居民住宅占去了一个城镇的东部后，有几家厂商定位在西部。每家厂商生产相同的产品，并在生产中排放有害气体，对社区的居民产生不利影响。

（1）为什么存在厂商产生的外部性？

（2）你认为私下讨价还价能够解决这一外部性问题吗？请解释。

（3）社区可能会怎样决定空气质量的有效水平？

五、习题答案

（一）术语解释

1. 外部性：一个人的行为对旁观者福利的无补偿的影响。
2. 外部性内在化：改变激励，以使人们考虑到自己行为的外部效应。
3. 交易成本：各方在达成协议与遵守协议过程中所发生的成本。

4. 矫正税:旨在引导私人决策者考虑由负外部性引起的社会成本的税收。

5. 科斯定理:认为如果私人各方可以无成本地就资源配置进行协商,他们就可以自己解决外部性问题的观点。

(二) 单项选择

1. B 2. C 3. A 4. B 5. B 6. D 7. B 8. D 9. C 10. C
11. B 12. D 13. B 14. A 15. B

(三) 判断正误

1. × 2. √ 3. × 4. × 5. √ 6. × 7. √ 8. √ 9. × 10. √

(四) 简答题

1.【考查要点】 针对外部性的公共政策。

【参考答案】 命令与控制政策是禁止某种行为的管制。以市场为基础的政策使人们的激励与社会效率一致。经济学家偏爱以市场为基础的政策,因为这些政策更有效率,而且为进一步减少外部性提供了激励,比如通过技术进步减少污染。

2.【考查要点】 矫正税。

【参考答案】 它通过供给曲线或需求曲线移动到真实社会成本曲线或价值曲线,使市场解等于最优或有效率的解,提高了效率。

3.【考查要点】 外部性的私人解决方法。

【参考答案】 道德规范和社会约束,慈善行为,受影响企业的整合,以及受影响企业之间的合同。

4.【考查要点】 外部性产生的原因。

【参考答案】 不同意。不是人们没有意识到,而是他们没有被要求去考虑和承担他们行为的后果。当一个生产者或消费者以不能直接在市场中反映出来的方式影响其他人的生产或消费活动时,就出现了外部性。

5.【考查要点】 外部性。

【参考答案】 错误。尽管税收可能激励企业生产社会最优的产量,但是税收应该等于边际外部成本,而不是边际私人成本。企业将通过生产使价格等于边际成本的产量来最大化其利润。当存在负外部性时,从社会角度而言,一个企业的边际私人成本太低,因而产量过多,通过设定税收等于边际外部成本,这将增加厂商的总边际成本,厂商将考虑所有成本,减少产量至社会最优水平。

(五) 应用题

1.【考查要点】 外部性和科斯定理。

【参考答案】 科斯定理认为如果私人各方可以无成本地就资源配置进行谈判,则外部性可以通过私人办法解决。但是私人各方往往由于交易成本的存在而不能达成有效的协议,如果交易成本大于协议潜在的收益,就不会有私人解决外部性的有效方法。针对本案例来说,恰恰说明居民享受安宁所带来的潜在收益大于交易成本,因而"高音炮"成功"制裁"了广场音乐。尽管广场周边居民用高音喇叭"以噪制噪"不足取,但却是面对公共政策不能很好解决外部性问题时的无奈之举。

2.【考查要点】 纠正市场失灵的办法。

【参考答案】 受害者的行为要根据具体情况做具体分析:当受害者可以直接获得伤害赔偿时,他们倾向于提出索赔,投诉排放废气伤害他们的工厂,而且会试图夸大所受伤害。如果不能直接获得赔偿,他们一般不会投诉,而且不会故意夸大所受伤害。从理论上讲,排污费制度下,政府不但对厂商每单位的废气收费,还会要求排放废气的工厂向受害者如数赔偿,这种情况下产量水平会趋近社会最优水平。

3.【考查要点】 外部性与科斯定理。

【参考答案】 (1) 不是,因为纠正负外部性的成本大于受影响方对它的评价。

(2) 是的,因为对安静的评价大于消除飞机噪声的成本。

(3) 民航公司可以花15亿元消除飞机噪声,或者用25亿元购买制造噪声的权利,因此民航公司将选择用15亿元消除飞机噪声。

(4) 受影响的居民必须至少支付15亿元,且最高愿意支付15亿元以使民航公司消除飞机的噪声。

(5) 不可以,因为交易成本大于潜在的收益,潜在的收益是安静减去消除飞机噪声的成本,即25亿元减去15亿元,为10亿元。

(六) 拓展思考题

1.【考查要点】 科斯定理。

【参考答案】 科斯定理指出:在不存在交易成本的情况下,只要产权是明确的,那么市场交易能够达成帕累托有效的配置,并且初始产权的分配不影响市场的均衡配置。它的结论成立有两个重要的条件:一是不存在交易成本,二是产权被明确界定。科斯以前,人们对市场交易的认识在外部性存在的情况下便不能发挥作用,庇古等传统经济学家提出征税(或补贴)的办法,认为这时只能由政府干预来解决问题。但是这种办法对信息的要求非常高,事实上政府很难得到关于企业私人成本的信息,更难针对各个不同的企业征收不同的从量税,因此实施可行性很低。根据科斯定理,政府并不需要去替企业考虑它们自己的成本问题,而只需在一开始把产权划分清楚,并且只要不存在交易成本,不论怎样划分都不会影响效率。当然该方法同样有其局限性,因为交易成本为零也只是一种理想情况,现实中总是或大或小地存在各种交易成本,因此在具体政策上还要考虑交易成本的大小。

2.【考查要点】 外部性。

【参考答案】 (1) 因为厂商在生产中排放的有害气体损害了居民的身体健康,增加了社会成本,而这种成本又是不在市场中反映出来的,因此就存在厂商生产的负外部性。

(2) 私下讨价还价不能有效解决这一外部性问题。因为社区居民对西部的空气并不具有清洁权,而且这种外部性的影响又非常大。在产权没有明确确定的情况下,讨价还价是无效率的。

(3) 社区可以就其受到的损失对厂商提起诉讼,要求赔偿损失。而厂商根据近况做出减少污染设备安装的主张,从而使其收益最大化,并且达到空气质量的有效水平。

第 11 章
公共物品和公共资源

一、学习精要

（一）教学目标

1. 领会不同类型物品的划分标准，特别是公共物品和公共资源之间的主要区别。
2. 掌握公共物品的定义和特征，并理解由此带来的搭便车问题以及成本—收益分析难题。
3. 掌握公共资源的定义和特征，并理解由此产生的公地悲剧问题。
4. 学会运用国防、基础研究、反贫困等重要的公共物品的实例，以及清洁的空气和水、拥堵的道路、野生动物等重要的公共资源的实例。
5. 理解在公共物品和公共资源的情况下，了解产权界定的重要意义。

（二）内容提要

第 10 章探讨了外部性的各种来源，以及针对外部性的公共政策和私人解决方法。作为公共部门经济学的核心章节，本章将外部性的分析框架加以延伸，重点分析公共物品和公共资源。针对这些难以对其进行定价（或者说没有价格）的物品，由于存在正外部性或负外部性，关于消费和生产的私人决策会引起无效率的资源配置，而政府政策有可能潜在地解决解决市场失灵并增进经济福利。

1. 不同类型的物品

（1）在考虑经济中的各种物品时，可以根据以下两个特征，即排他性和消费中的竞争性。前者指一种物品具有的阻止一个人使用的特性，后者指一个人使用一种物品将减少其他人对该物品的使用的特性。

（2）根据排他性和消费中的竞争性等两大特征，可以将经济中的各种物品划分为私人物品、公共物品、公共资源和俱乐部物品等四种类型。其中，私人物品具有排他性和消费中的竞争性，公共物品既无排他性又无消费中的竞争性，公共资源具有消费中的竞争性但无排他性，俱乐部物品具有排他性但无消费中的竞争性。市场运行最适用于既有排他性又有消费中的竞争性的物品，而不适用于其他类型的物品。

2. 公共物品

（1）除了没有竞争性之外，公共物品还没有排他性，因而极易带来搭便车者问题，即得到一种物品的收益而避免为其付费。一方面，由于生产者不能阻止不付费的人消费这种物品，因此企业没有生产公共物品的激励；另一方面，由于消费者也不能把给他人带来的收益考虑在内,导致其不能消费有效率的数量。

（2）由于搭便车者问题的存在,私人市场无法提供公共物品,但政府可以潜在地解决这个问题。如果政府确信一种公共物品的总收益大于其成本,它就可以借税收手段来提供这种物品,从而使每个人的状况都变得更好。

（3）一些物品可以在公共物品和私人物品之间转换,其关键取决于环境,即环境不同可能导致其在是否具有排他性上具有完全相反的结果。公共物品的例子很多,三种最重要的公共物品是国防、基础研究、反贫困。

3. 公共资源

（1）与公共物品一样,公共资源也没有排他性,但是它同时又具有消费中的竞争性,因而极易带来一个新问题,即由于消费者不考虑自身消费对他人的负面影响,公共资源往往被过度使用。

（2）公地悲剧的产生是因为外部性,即当一个人使用公共资源时,他减少了其他人对这种资源享用的数量或者降低了其他人使用这种资源的质量。公地悲剧非常好地说明了从整个社会角度来看,为什么公共资源的使用大于其合意水平。

（3）针对公地悲剧寓言,可能的解决办法有通过对羊征税把外部性内在化、拍卖数量有限的牧羊许可证,或把土地出售给每个家庭。因此,为了解决公共资源的过度消费问题,避免出现公地悲剧,政府可以通过管制或税收来减少公共资源的消耗,或者直接把公共资源变为私人物品。

4. 结论:产权的重要性

对公共物品和公共资源而言,市场不能有效地配置资源,主要原因是没有明确地界定产权,即某些有价值的东西并没有在法律上明确归谁所有或归谁控制。当产权缺失引起市场失灵时,政府潜在地实施出售污染许可证、管制私人行为或提供公共物品等政策,就可以解决这些问题并使资源配置更有效率。

（三）关键概念

1. 排他性:一种物品具有的可以阻止一个人使用该物品的特性。
2. 消费中的竞争性:一个人使用一种物品将减少其他人对该物品的使用的特性。
3. 私人物品:既有排他性又有消费中的竞争性的物品。
4. 公共物品:既无排他性又无消费中的竞争性的物品。
5. 公共资源:有消费中的竞争性但无排他性的物品。
6. 搭便车者:得到一种物品的利益但避免为此付费的人。
7. 成本—收益分析:比较提供一种公共物品的社会成本与社会收益的研究。
8. 公地悲剧:一个说明从整个社会角度来看,为什么公共资源的使用大于其合意水平的寓言。

（四）拓展提示

1. 尽管可以根据排他性和消费中的竞争性等两大特征,将经济中的各种物品划分为四种类型,但各种类型之间的界限有时是模糊的。因为在消费中有没有排他性或竞争性,往往只是一个程度问题。环境和条件的差异可能导致其在有竞争性或无竞争性、有排他性或无排他性之间进行转换,从而在物品类型的划分上具有完全不同的结果。如灯塔或烟火,既可以是公共物品,也可以是私人物品,其关键取决于能否把受益者排除在使用这种物品之外,而不是看这种物品到底是由谁来提供。但是就我们的目的而言,把物品划分为四类是有帮助的。

2. 公共物品和公共资源的相同点在于它们都没有排他性,即它们都是免费的。不同点在于前者没有消费中的竞争性,而后者有竞争性。正因如此,公共物品往往生产不足,而公共资源往往过度消费。

3. 政府是否应该提供公共物品,需要进行成本—收益分析,即比较提供一种公共物品的社会成本与社会利益。但与私人物品不同的是,当评价是否应该提供或提供多少公共物品时,由于"说谎者问题"的存在,获取真实收益数据并进行定量分析尤为困难。因此,成本—收益分析并没有提供任何价格信号,任何得出的公共物品的成本和收益的结论充其量只是近似而已。

4. 有很多公共资源的例子,如清洁的空气和水、拥堵的道路、野生动物等。在几乎所有的例子中,都可能产生与公地悲剧一样的问题:私人决策者过分地使用公共资源。通常政府更多地采用对私人行为进行管制或者收费的方法来以减轻过度使用问题。

二、新闻透视

(一) 新闻透视 A

"售卖空气"侵蚀了公共资源的属性

2012年8月11日,陈光标在南京一场环保宣传活动中透露,他将于9月17日在北上广设立流动专卖店售卖新鲜空气,每瓶售价4元至5元。陈光标称,新鲜空气将装在易拉罐中,深吸三口就可以感受到心情舒畅、头脑清醒。

陈光标"售卖新鲜空气"这样的行为之所以被民众认为荒诞离奇,关键就在于这种把公共资源私有化的行为本身背离了公共资源的供给宗旨。也因此,这样的一个有损公共利益的做法,在一开始就受到了民众的质疑。

尽管公共物品的生产和维护同样需要成本,但这种成本具有外部性,商家本身并不能借此获利,甚至把成本转嫁到消费者身上。况且,那种动辄5元一罐的空气,如果在还没有被证明其质量纯度是否合格之前,就敢漫天要价,不仅有违商品的定价机制,而且也有借机敛财之嫌。

基于对公共资源属性的认知偏差,不管是"老天爷下雨要收费"的怪诞事件,还是"黑龙江规定风能太阳能属于国家"等备受争议的焦点,早已点染着含混不清的与民争利行为。然而,企业和地方政府的职能异化固然是导致公共资源私有交易的重要因素,但相关部门对于公共资源缺乏有效监督和约束,亦是造成此类事件发生的重要因素。

在3D动画喜剧《老雷斯的故事》里,老雷斯和其他居民们驱逐了自私自利的空气商人,将种子种了下去,不久大地又恢复了生机。而在现实中,我们又该怎样应对这种贩卖空气的行为?虽然目前无法给出回答,但可以肯定的是,破除这场精心策划的商业炒作,显然还需要依靠政府的职能。

资料来源:程思明,中国新闻网,2012年8月12日。(因原新闻中混淆了公共物品与公共资源的概念,在摘录时重新作了修订。)

【关联理论】

公共资源不具有排他性,即想使用公共资源的任何一个人都可以免费使用。但与此同时,公共资源在消费中又具有竞争性,即一个人使用公共资源就减少了其他人对它的使用。由于这种负外部性,公共资源往往被过度使用。在这种情况下,如果不能明确产权,就必须充分发挥政府的调控和管制功能。

【新闻评析】

针对清洁的空气和水等公共资源,由于它没有排他性但有竞争性,再加上明确地界定产权在技术和法律处理上均极其困难,市场配置资源功能失效。在私人市场上,没有人拥有清洁的空气,因此没有一个人能对污染空气的人收费,结果导致人们过度地污染或过度地使用清洁的空气。由此,才会出现陈光标意欲在北上广设立流动专卖店售卖新鲜空气的新闻事件。商业炒作,从来都不乏社会因素的诱因。事实上,若不是此次商家抓住了民众对于空气质量的担忧心理,单凭陈光标一人的独台唱戏和砸车炒作,还并不能引起如此轩然大波。所以说,从这个角度来讲,仅仅把陈光标的个人行为当成是"售卖空气"的推手,还远远未能看到事物的本质。

环境恶化是现代的"公地悲剧"。尽管陈光标"售卖空气"的个人行为,一定程度上可以引起社会对抵制污染和环境保护的反思,但这种做法并不能从根本上解决诸如清洁的空气等公共资源的供给问题。从经济学角度来讲,相对于其他商品而言,清洁的空气没有排他性但有竞争性,事实上已经决定了这种物品是独立于私人物品和公共物品之外的公共资源。由于空气对人的生命维持的特殊性,其生产和消费不能简单地以市场方式解决。因为尽管没有人怀疑清洁的空气是有价值的,但没有一个人有权给它确定一个价格,并从它的使用中得到利润。政府应通过管制、对污染活动征收矫正税或者出售污染许可证等方式,改善空气质量,才能让那种售卖空气的看似荒诞的行为逐渐消除。

(二) 新闻透视 B

浙江投 1 亿元资助基础研究鼓励创新和探索

记者从浙江省科技厅获悉,浙江省新近专门为基础研究制订发展规划,旨在提升原始创新、培育青年科学家、营造有利于自由探索的学术环境等。据了解,此举在地方政府中尚属首例。

记者 2012 年 1 月 8 日从浙江省自然科学基金委员会了解到,2012 年浙江省拟投入 1 亿元财政资金,用于资助科研人员进行基础研究。

据科研工作者反映,原始创新一直是我国科研的"短板";受经费划拨方式所限,科研工作者自由探索氛围也较弱,这严重制约了我国的自主创新能力和国家竞争力。

根据《浙江省基础研究"十二五"发展规划》,"十二五"期间浙江省基础研究的主要任务是实施五项计划:原始创新提升计划、杰出青年培育计划、合作研究促进计划、卓越管理推进计划和重点方向引领计划。

浙江省自然科学基金委员会办公室主任鲁文革说,五项计划中,原始创新是重中之重。鼓励原始创新,就需要尊重科学规律,加强稳定支持,鼓励潜心研究,积极营造有利于自由探索的学术环境。

据介绍,浙江省自然科学基金创立于 1988 年,其财政资助力度和项目都在逐年增大。目前已累计资助科研人员近 5 万人次,2011 年财政投入达 8 000 万元。

作为该省唯一一个资助基础研究的省级专项基金,浙江省自然科学基金委 2012 年还专设了"青年科学基金"项目,着力培育青年基础研究队伍,发挥青年人创新思维活跃的优势,激励创新探索。

鲁文革说,在科研队伍中,青年人没名、没利、没地位,自然科学基金就是要起"雪中送炭"的作用,扶助他们进入高水平科研梯队。

资料来源:余靖静,新华网杭州,2012 年 1 月 8 日。

【关联理论】

除了没有竞争性之外,公共物品还没有排他性,因而极易带来搭便车者问题。由于生产者不能阻止不付费的人消费这种物品,企业没有生产公共物品的激励;由于消费者也不能把给他人带来的收益考虑在内,导致其不能消费有效率的数量。由于搭便车者问题的存在,私人市场无法提供公共物品,但政府可以潜在地解决这个问题。如果政府确信一种公共物品的总收益大于其成本,它就可以借税收手段来提供这种物品,从而使每个人的状况变得更好。

【新闻评析】

在评价有关知识创造的适当政策时,区分一般性知识与特定的技术知识是很重要的。对特定的技术知识而言,专利可以赋予发明者创造的知识在一定时期内具有排他性的权利。例如一种高效电池的发明,可以申请专利。因此,发明者得到了他的好处。与此相反,一般性知识是公共物品。如果一个数学家证明了一个新定理,该定理成为人类知识宝库的一部分,任何人都可以免费使用。由于基础研究创造的大多属于一般性知识,因此我们也可以把基础研究看作是公共物品。追求利润的企业将大量支出用于开发特定的技术知识,以便获得专利并出售,但他们用于基础研究的支出并不多,他们的激励是搭其他人创造的一般知识的便车。结果在没有任何公共政策的情况下,社会在基础研究领域投入的资源就会太少。

本新闻中提到,受经费划拨方式所限,科研工作者自由探索氛围也较弱,必将严重制约我国的自主创新能力和国家竞争力。其实说到底,依然是基础研究的无排他性,导致基础研究这种公共物品的生产不足,而这也说明了为什么原始创新一直是我国科研的"短板"。由于搭便车者问题的存在,私人市场无法提供公共物品,但政府可以潜在地解决这个问题。如果政府确信一种公共物品的总收益大于其成本,它就可以借税收手段来提供这种物品,从而使每个人的状况变得更好。正因为这样,政府努力以各种方式提供基础研究这种公共物品。在"十二五"期间,浙江省基础研究主要任务提出实施原始创新提升、杰出青年培育、合作研究促进、卓越管理推进和重点方向引领等五项计划,正是浙江省政府部门在提供基础研究这种公共物品时所付出的探索和实践。

(三) 新闻透视 C

限牌后杭州又出治堵新招 停车费 2014 年 8 月 25 日起正式涨价

2014 年 7 月 24 日,杭州市政府召开新闻发布会,通报停车收费改革方案及措施,出台《关于进一步加强和完善杭州市区机动车停放收费管理办法》。据悉,该办法将于 2014 年 8 月 25 日起施行,由市物价局负责牵头组织实施。

1. 杭州停车泊位缺口达 60 万个：近年来，杭州机动车保有量呈持续快速增长态势，截至 2014 年 6 月已达 120 万辆，其增速已经远远快于停车泊位建设速度，停车矛盾不断加剧。据有关部门统计，目前杭州市区机动车停车泊位总数约为 52 万个，停车泊位缺口达 60 余万个，总量严重不足，平均每辆车不到 0.5 个泊位。与此同时，道路停车泊位使用基本处于饱和状态。2013 年我市道路停车泊位利用率为 78.3%，泊位周转率为 3.7 次/泊位·日，其中核心区域利用率为 89.4%，周转率为 4.3 次/泊位·日。今年 4—6 月份，停车矛盾进一步突出，道路停车泊位利用率为 78.8%，泊位周转率为 3.8 次/泊位·日，其中核心区域利用率为 91.6%，周转率为 4.5 次/泊位·日，停车泊位使用已处于饱和状态，难以满足不断增长的停车需求。在停车泊位不足的情况下，停车稍有无序或等待即形成堵塞，进而严重影响主干道车辆的分流通行，加剧了主干道交通的拥堵。

2. 新版停车方案采取六高六低原则：杭州市物价局通过借鉴兄弟城市经验、公开征求社会意见并展开民意调查后，制定了《关于进一步加强和完善杭州市区机动车停放收费管理办法》。据悉，新版停车收费方案按照"中心区域高于非中心区域，路内高于路外，非居住区高于居住区，白天高于夜间，长时间高于短时间，景区旅游旺季高于平时"的六高六低原则，对停车收费标准实行差别化收费管理。同时，对道路停车实行阶梯式计费方式，以体现停车时间越长收费标准越高、加快流转、提高泊位利用率的原则。对停车矛盾突出的实行政府定价的停车场，经营者提出申请经市价格主管部门确认，也实行阶梯式计费方式。

3. 单位计费时间从 1 小时缩至半小时：相比现行的停车收费方案，新版方案对收费区域也进行了重新划分：把现行一级区域内停车矛盾更为突出的区域，再划出来列为核心区域，并实行较高的收费标准，形成三个等级的道路停车收费区域。同时，停车收费区域划分并非一成不变，会建立动态调整机制，根据交通状况和泊位供求状况，由交警、城管、物价等部门提出调整意见，报市政府批准后实施。另外，道路停车收费的单位计费时间从 1 小时缩短为半小时。同时把停车场首小时之后的单位计费时间也从 1 小时缩短为半小时。

4. 核心区域停车超 1 小时翻一番：记者查看了新版的收费方案发现，该办法主要提高了核心区域停车收费标准，其他区域收费标准基本保持稳定，具体如下：

（1）杭州市区现行道路停车收费标准为一级区域 6 元/小时、二级区域 4 元/小时。这次出台即将实施的新《办法》较大幅度提高了核心区域的停车收费标准，保持一、二级区域首小时的停车收费标准不变，适当提高首小时后的收费标准：核心区域首小时内 5 元/半小时、首小时后 6 元/半小时；一级区域首小时内 3 元/半小时、首小时后 4 元/半小时；二级区域首小时内 2 元/半小时、首小时后 3 元/半小时；夜间道路停车仍实行计次收费，标准由现行每次 4 元调整为 5 元。

（2）实行政府定价的停车场（具有垄断性质的配套停车场、公共（益）性单位配套停车场、政府财政性资金投资的公共停车场）停车收费由现行最高 5 元/小时调整为：核心区域低于 10 元/辆·小时，一级区域、二级区域维持现行收费水平。

（3）杭州西湖风景名胜区内停车场和道路停车泊位的收费标准在法定节假日、旅游旺季双休日期间实行上浮。同时，为鼓励自驾车游客通过换乘进入景区，旅游集散中心（换乘中心）对换乘进入风景区的游客，其小型车辆凭换乘凭据实行免费停放。

（4）住宅小区停车应当以优先解决业主车辆停放、保证业主的基本停车需求、疏通小区交通为前提，保持住宅小区地面包月停车 100 元/辆，配套停车库包月停车 360 元/辆不变。

适当调整小区内地面临时停车收费标准,调整为 3 元/小时,全天按不超过 4 小时计。小区周边道路包月停车收费标准由现行 80 元/辆提高到 120 元。

资料来源:浙江在线(杭州),2014 年 7 月 24 日。

【关联理论】

如同道路一样,停车泊位既可以是公共物品,也可以是公共资源。如果停车泊位不拥挤,那么一个人使用停车泊位就不影响其他任何一个人使用,在这种情况下,停车泊位的使用无竞争性,停车泊位是公共物品。但是在现实中,中国绝大多数城市的停车泊位都是拥挤的,那么停车泊位的使用就会引起负外部性,此时停车泊位就变为公共资源了。由于这种负外部性,公共资源往往被过度使用。政府可以通过管制或税收以减少公共资源消耗来解决问题。

【新闻评析】

其实不仅仅在杭州,北京、广州、乌鲁木齐等大中城市均采取过提高停车费等相关政策,更有甚者,2012 年 9 月福州市电动车停车费成倍上涨,曾一度将福州带入舆论漩涡。正如地方道路的情况那样,有时停车费并不是一种百分之百令人满意的解决办法,因为停车收费本身也存在着较高的成本。但是,国内不少城市发现,提高停车费是减少停车泊位拥挤的一种极为有效的方法。对提高停车费的认识至少应该包括以下四点:

其一,政府解决停车泊位拥挤采取提高停车费的措施,其本质是拥堵外部性的矫正税。与车辆限行、限购这些强制性行政政策相比,提高公共资源的使用成本也是调节机动车出行和缓解交通拥堵的一种通常做法。当停车位作为公共资源面临紧缺时,充分利用价格杠杆的调节作用,通过差别化服务收费,减少车辆停放时间,减轻中心城区停车压力,引导人们转变出行方式,可以在一定程度上缓解城市中心区停车难和交通拥堵状况。

其二,把提高停车费作为解决公共资源过度使用的一种手段,必须充分认识到停车泊位作为公共资源所具有的"公共属性"。机动车停车费关乎城市居民切身利益,作为政府公共服务内容,不能完全依赖市场化,也不应动辄依靠价格杠杆。在提高停车费之前,譬如杭州新版停车方案采取六高六低原则、单位计费时间从 1 小时缩至半小时、核心区域停车超 1 小时翻一番等具体措施的施行,应该做好充分的调研和论证。

其三,目前舆论关注的一个很重要的问题是,政府作为公共资源的代言人所收取的停车费被最终用于何处,差别化收费增加的财政收入部分是否取之于民而用之于民。面对种种质疑,相关部门不妨以停车收费大调整为契机,坦诚大方地将停车收费明细、用途等向社会公示,让停车费成为一笔真正对社会有益、让公众放心的"明白账"。只有这样,提高停车费等治堵新招才能得到公众的理解和支持,相关政策调整才能真正落到实处。

其四,对一个城市来说,治理交通拥堵是一个系统工程,仅仅依靠停车收费改革方案及措施,可能只会起到"头痛医头,脚痛医脚"的局部效果。"治堵"需要多措并举,包括城市交通规划合理布局,充分挖潜开发泊位,提高科学管理城市道路能力等。除此之外,还需要不断完善城市基础设施建设,逐步强化公共交通运营条件,提高包括地铁在内的城市公共交通出行效率。

三、案例研究

(一) 案例研究 A

中国农村反贫困过程中的政府作用

反贫困是当今世界各国面临的共同课题,包括发达国家和发展中国家在内都存在不同程度的贫困现象。改革开放以来,中国政府为缓解和消除农村贫困,投入了大量人力、物力和财力,取得了巨大的成就。农村贫困发生率由 1978 年的 30.7% 降到 2000 年的 2.5% 以下,一些集中连片的长期贫困地区整体解决了温饱问题,就是最贫困的"三西"地区,经过多年的开发建设,贫困状况也大为缓解。由于中国在"十二五"规划的第一年,将贫困标准上调到人均纯收入 1500 元。采用新标准计算,截至 2009 年,中国农村贫困人口减少为 3 597 万人,贫困发生率为 3.6%。

当前我国农村贫困问题呈现出新的特征:一是表现为结构性与阶层化特征。在其地区分布的结构性趋势上,东部贫困户比例最小,中部次之,西部最大;阶层化特征表现为纯农业户成为贫困户比例最高的社会阶层,而且持久性贫困也主要发生在农村住户当中;二是脱贫难度明显加大。随着反贫困战略的实施,农村贫困规模和贫困发生率明显下降,但近年来我国反贫困所取得的成效呈递减的趋势;三是反弹压力增加,还有相当一部分农村住户的人均收入处于较低水平,接近贫困边缘,受到气候、经济波动等不确定因素的影响,会出现新的贫困。造成当前贫困问题的根源可归结如下:首先,能力贫困仍然是导致现阶段中国农村贫困的最重要的因素,主要表现为家庭人口规模仍然比较大、受教育程度显著较低等。其次,物质性经济资源的贫困也是农村贫困的重要影响因素,主要表现在贫困农村生态环境恶劣、经济基础薄弱、经济结构单一等方面。再次,一些社会排斥因素在现阶段农村贫困发生中也扮演着不可忽视的角色。

扶贫工作实践经验表明,政府在反贫困工作中具有独特的优势,一是政府可以利用层级行政管理体制,自上而下建立强有力的反贫困组织体系和层层负责的制度;二是政府可以利用其公共权力,通过行政干预,运用行政、经济、法律、思想教育等综合措施推动扶贫开发的进程;三是政府可以通过宏观调控职能,调动所掌握的人、财、物等资源,有组织、有计划、大规模地实施扶贫开发;四是政府可以利用其强大的资源动员能力,最大限度地动员和组织党政机关、企事业单位定点挂钩扶贫,动员发达地区对口帮扶贫困地区。

当前反贫困仍然是政府的一项重要职能,政府在反贫困工作中仍然要发挥主导作用,应扮演好以下几种角色:一是政府应当好"政策制定者",完善国家扶贫战略和政策体系。政府作为扶贫政策的制定者,应针对我国农村贫困问题的新特征及经济、社会大环境的变化,不断调整、完善国家扶贫目标、重点和政策体系。二是政府应当好"教育投资者",提高贫困人口文化素质。大力发展农村教育,尤其是增加西部欠发达地区的农村教育投资,可以促进教育的各种功能发挥,提高贫困地区人们的能力,促进贫困人口的发展,达到反贫困的目的。三是政府应当好"服务提供者",提供有效的公共产品与服务。目前农村公共产品与服务供给普遍短缺,不利于农业和农村经济的稳定发展,也制约了农民收入的增加。如何建立符合农村经济发展需要的公共产品供给体系,已成为农村社会经济发展中的重要问题。四是政府应当好

"权益保护者",保障农村贫困人口的基本权利,减少社会排斥。政府应保障农村贫困人口的基本权利,减少社会排斥,让个人享有将其经济资源用于消费、生产或交换的机会;将教育、社会保障等公共资源平等地进行社会安排;让人们充分享有社会交往所需要的信息;让遭遇天灾人祸或其他突发性困难的人、收入在贫困线以下的人、年老残疾的人得到救助等。五是政府应当好"监督者",为农村反贫困提供制度保障和法律依据。政府应尽快制定国家反贫困法,确定反贫困的法律依据和制度保障,明确各相关主体的权利和义务责任等,这是保证反贫困治理效率的基础和前提,从而使反贫困逐步走向依法治理和可持续治理的轨道。

资料来源:赵敬丹、李娜,中国农村反贫困过程中政府作用研究,辽宁大学学报(哲学社会科学版),2011年第1期。

【关联理论】

许多政府计划的目的是帮助弱势群体,如福利制度为一些贫困家庭提供少量收入,食品券计划为低收入家庭提供食物购买补贴,而政府住房计划使人们更能住得起房子。这些反贫困计划通过向那些经济上较为富裕的家庭征税来提供资金。反贫困是一种公共物品,使每个人生活在一个没有贫困的社会中。由于搭便车者问题,通过私人慈善活动来消除贫困也许无法实现,但政府行为可以解决这个问题。

【案例解剖】

反贫困是一种公共物品,原因在于它不仅没有竞争性,而且没有排他性。前者体现在,一个人享受在没有贫困的社会中的生活,并不会减少其他任何一个人对这种生活的享受;后者体现在,一旦消除了贫困,就无法阻止任何人从这个事实中享受愉悦感。结果是,人们会有一种搭其他人慈善事业便车的倾向,不做出贡献而享受消除贫困带来的利益。由于搭便车者问题,也就不可能通过私人慈善活动来消除贫困,但政府行为可以解决这个问题。通过向那些经济上较为富裕的家庭征税来提高穷人的生活水平可以使每个人的状况变得更好。穷人状况变好,是因为他们现在可以享受更高的生活水平;而纳税人状况变好,是因为他们现在生活在一个没有贫困的社会中。

本案例在提及当前我国农村贫困问题呈现出新的特征之后,重点论述政府在中国农村反贫困过程中所起到的重要作用。正因为反贫困是一种公共物品,由于搭便车者问题,通过私人慈善活动来消除贫困也许无法实现,因此反贫困需要政府主导。贫困主要涉及的是公平问题,对于解决贫困问题,短期政府可以通过直接的方式,给贫困者以物质上的救济,满足其基本生存和生活需要;长期政府可以通过间接方式,为贫困者提供基本的教育、医疗、就业、养老等保障以及相应的政策倾斜。市场经济体制要求,政府应在不影响市场正常运行的前提下,在公共产品与服务、外部性、自然垄断、贫富差距、宏观经济波动、信息供给等市场失灵的方面履行职能。政府扶持是我国反贫困政策体系中的核心,一般通过财政手段和金融工具发挥作用,而政府发挥反贫困主导力量的核心是公共财政。因为同其他宏观减贫手段相比,公共财政的减贫能力最强,可发挥作用的工具最多,而其他减贫手段均不能够独立运用,必须在公共财政的辅助下才能起到最终效果。有不少专家认为,中国模式反贫困的核心要素是政府主导下的财政减贫。公共财政在减贫方面发挥的作用是全面的、直接的、灵活的,公共财政内在的特征决定了其能够充分发挥减贫的优势,这对于减贫任务来说是不可或缺的。当然,除了政府之外,还应引导市场主体和社会成员积极参与,实现政府、市场和社会的协调配合,从而提高反贫困的质量和速度。

（二）案例研究 B

为什么鲸鱼会有灭绝的危险

一个美国人平均每年消费牛肉 73 磅,猪肉 59 磅,鸡肉 63 磅,但是谁也没有听说过这种消费可能导致对牛、猪或鸡的灭绝的担忧。相对而言没有多少美国人吃鲸肉；然而在日本等一些国家,鲸肉被视为佳肴。1986 年,由于担心鲸可能灭绝,一项暂停商业猎鲸的国际法规出台。为什么同样一个市场系统可以保证产出足够的牛、猪和鸡,却偏偏威胁到某些种类的鲸的生存呢？

经济学家从财产权着手进行分析。农民拥有他所养殖的食用牲畜,将这些动物视为自己的财产,因此觉得有必要好好照看它们,增加存栏数量。与此相反,鲸不属于任何国家或个人,换言之,它是世界共有的财产。于是,一方面大家都知道捕鲸可以赚大钱,不少人蜂拥而上；另一方面保护和繁殖鲸类则由于缺乏直接经济利益而乏人问津。这个模式称为"共有财产的悲剧"。如果一样东西属于大家,例如海洋,每个人都有经济上的激励去加以开发利用,却没有人有经济上的激励去保护。如果可能,将会是鲸从海洋中消失。

当然,不仅鲸面临这样的问题。在美国,共有草原上的著名的美洲野牛濒于灭绝就是另外一个例子。要解决这一问题,许多情况下需要全社会联合起来,制定经济激励或法规保护资源,避免过度开发而导致破坏。

有时甚至法规也不足以产生作用。就在限制商业捕鲸法规通过的 1986 年,某些国家似乎一夜之间出现了动物学研究的热情,急切希望对鲸加以"研究"。1987 年,日本宣布增加其"科研用鲸"的数量,几乎是该国原有商业消费量的一半！同时,在日本的高额悬赏吸引下,本身并不属于鲸类消费国的冰岛也跃跃欲试,准备将其大部分的"科研用鲸"制成冻肉运往日本。

资料来源：《经济学》小品与案例,斯蒂格利茨著,王则柯等译,中国人民大学出版社,1998。

【关联理论】

依据消费中的排他性和竞争性等两大特征,可以将经济中的各种物品划分为私人物品、公共物品、公共资源和俱乐部物品等四种类型。其中,私人物品具有排他性和竞争性,而公共资源具有竞争性但无排他性。市场运行最适用于既有排他性又有竞争性的私人物品,而不适用于其他类型的物品。针对公共资源,由于没有排他性和负外部性的存在,私人市场无法提供有效率的结果。

【案例解剖】

为什么同样一个市场系统可以保证产出足够的牛、猪和鸡,却偏偏威胁到某些种类的鲸的生存呢？或者说,为什么鲸鱼的商业价值是对鲸鱼的威胁,而牛、猪和鸡的商业价值却是它们的护身符呢？关键原因在于鲸鱼是公共资源,而牛、猪和鸡是私人物品。由于鲸鱼在大海里畅游而不属于任何人,每个捕鲸者都有可能尽可能多地捕杀它们,以便在物质上获得高额回报。与此相反,牛、猪和鸡生活在私人所有的农场里,每个农场主都尽最大努力来维持自己农场的家禽和家畜的数量,因为他可以从这种努力中得到利益。

政府试图用法律来解决鲸鱼的问题,但有时甚至法规也不足以产生作用。正如案例中提到的,就在限制商业捕鲸法规通过的第二年,日本宣布大幅增加其"科研用鲸"数量,导致并不属于鲸类消费国的冰岛准备将其大部分"科研用鲸"制成冻肉运往日本。海洋是受管制最少的公共资源之一,由于海洋如此浩瀚,实施任何协议都非常困难,这也是捕鱼权经常成为毗邻国家紧张局势的本质原因。世界上许多国家都濒临海洋,因此任何一种解决方法都要求在拥有不同价值观的各国之间进行国际合作。只有全人类联合起来,制定跨国界的经济激励或法规保护资源,才能避免海洋资源过度开发而导致破坏。

(三) 案例研究 C

学生宿舍打水问题

学生宿舍的开水一般由学校水房统一供应,需要用水的时候自己去打。由于宿舍离开水房比较远,大家平时又忙着上课,于是宿舍经常出现没有开水的现象。偶尔有同学打水回来,又常常是自己没来得及用就被别的同学用完了。久而久之,宿舍便出现了"三个和尚没水喝"的窘态。

【关联理论】

在所有的情况下,市场没有有效地配置资源,是因为没有很好地建立产权。这就是说,某些有价值的东西并没有在法律上确定有权使用它的所有者。要提高公共资源的利用效率,要么采取一定的管制,要么将公共资源变成私人物品,考虑哪一种要比较交易成本。诺思指出:"制度是一系列被制定出来的规则、守法程序和行为道德规范,它旨在约束福利效益最大化的利益主体。"虽然制度变迁有时会损害一部分人的利益,但从整个社会角度出发,还是要选择交易成本低的制度,使资源得到有效配置。

【案例解剖】

开水在日常生活中属于必需品,可为什么最后却没人愿意打水呢?这个问题的产生,归根结底在于产权不明晰。为了明晰开水的产权,我们有必要区分私人物品和公共资源。私人物品具有排他性和竞争性,而公共资源具有竞争性但无排他性。开水在使用上既具有排他性,又具有竞争性,在产权上应该是私人物品,但却长期以来被当作公共资源使用,于是由于产权不明晰便引发一系列问题:其一,机会主义行为。打开水缺乏激励机制,用开水又缺乏约束机制,导致宿舍成员都指望搭便车,使用别人打的开水,存在明显的机会主义倾向。其二,不能有效配置资源。在开水被当作公共资源使用时,宿舍成员经常在供水不足的情况下,将大量开水用于洗漱或浪费,以致其他成员常常连喝的水都找不到,因此使用效率极其低下。其三,产生博弈行为。如果可以在完全信息博弈假定下建立一个支付矩阵来分析在现有条件下宿舍成员的博弈行为的话,我们很容易发现最终的纳什均衡最可能是宿舍成员均不打水,因为没有一个人愿意主动偏离均衡状态而使自己蒙受利益损失。

针对打开水问题,我们可以认识到,明晰产权和制定新的制度是最迫切的要求。要解决宿舍无人打水问题,宿舍成员可在确定开水私有的前提下,达成轮流打开水协议,并通过谈判建立相应的激励与约束机制。

首先,明晰产权。要提高公共资源的利用效率,要么采取一定的管制,要么将公共资源变成私人物品,考虑哪一种要比较交易成本。在这里,采取管制的交易成本比较大,因为为避免很小的损失要付出大得多的谈判费用,比如为使打水承诺完全实现而引起的约束成本,合作各方校正错误所引起的争吵成本等,为了节约这些交易成本,不如考虑将公共资源变为私人物品。只有明确开水是私人物品，从保护自身利益出发，其所有者在使用时才必然考虑到成本，而将开水用到最该用的地方，并减少浪费行为和管制成本。并且，只有明晰产权，开水所有者出于对自身利益的追求，就会自动寻找在现有条件下最节约费用的行为方式，使私人效率和宿舍整体效率相统一。

其次，合作使每个人过得更好。理性人考虑机会成本与边际成本。打开水最大的机会成本在于花费在往返路上的时间。在体力允许的情况下，多打一壶开水的边际成本是很低的。在水是私人物品的产权依然明确的前提下，如果采取轮流打开水的制度，宿舍成员的收益都会比较高。我们需要有一个能满足彼此效益最大化的制度，使宿舍成员普遍感觉到，遵守新制度的期望效用将大于现有制度的效用。在开水作为私人物品时，各成员的采取的博弈行为正好相反，理性人在产权明晰条件下会考虑选择合作。

最后，通过谈判建立激励和约束机制。科斯定理告诉我们一个潜在的逻辑，即通过法律制度能够消除私人之间达成协议的障碍。这既可以使私人对资源配置的不一致行为所造成的损害最小，又可以使阻碍私人在资源配置问题上达成合作的障碍最低。由于宿舍成员就打开水问题进行协商的交易成本是比较低的，因此同样可以通过建立一种新的制度，解决宿舍成员在打水问题上的矛盾。比如建立风险的制约机制使激励和约束相统一，譬如规定签订协议的成员，不打水就不能用水，一次不打水就需要加打两次水，否则强制退出等。

四、课外习题

（一）术语解释

1. 排他性
2. 竞争性
3. 公共物品
4. 公地悲剧
5. 搭便车者

（二）单项选择

1. 一个人使用一种物品将减少其他人对该物品的使用的特性即为（　　）。
   A. 竞争性　　　　B. 排他性　　　　C. 非竞争性　　　　D. 非排他性
2. 如果一种物品不能阻止一个人使用，则这种物品具有（　　）。
   A. 竞争性　　　　B. 排他性　　　　C. 非竞争性　　　　D. 非排他性
3. 公共物品具有（　　）。
   A. 竞争性和排他性　　　　　　　　B. 竞争性和非排他性
   C. 非竞争性和排他性　　　　　　　D. 非竞争性和非排他性
4. 私人物品具有（　　）。
   A. 竞争性和排他性　　　　　　　　B. 非竞争性和非排他性
   C. 非竞争性和排他性　　　　　　　D. 非竞争性和非排他性
5. 公共资源具有（　　）。
   A. 竞争性和排他性　　　　　　　　B. 竞争性和非排他性

C. 非竞争性和排他性　　　　　　　　D. 非竞争性和非排他性

6. 政府提供的物品(　　)是公共物品。
   A. 一定　　　　B. 不都　　　　C. 大部分　　　　D. 少部分

7. 如果上游工厂污染了下游居民的饮水,按科斯定理,(　　),问题就可以妥善解决。
   A. 不管产权是否明确,只要交易成本为零
   B. 只要产权明确,且交易成本为零
   C. 只要产权明确,不管交易成本多大
   D. 不论产权是否明确,交易成本是否为零

8. 私人市场难以提供公共物品是因为(　　)。
   A. 公共物品问题　　　　　　　　B. 竞争性问题
   C. 公地悲剧　　　　　　　　　　D. 搭便车者问题

9. 得到一种物品的收益而避免为此付费,被称为(　　)。
   A. 逆向选择　　　　　　　　　　B. 搭便车问题
   C. 公地悲剧　　　　　　　　　　D. 道德陷阱

10. 假设一条路边的20户居民每家对道路两旁安装路灯的评价都是300元,而安装路灯的成本是4 000元。下列哪一种表述是正确的？(　　)。
    A. 安装路灯无效率
    B. 每户居民花300元在自己家门前的那一段路安装路灯是有效率的
    C. 政府向每户居民征收200元税收并给这条路安装路灯是有效率的
    D. 以上各项都不对

11. 以下各项中,(　　)是公共物品,而(　　)是公共资源。
    A. 国防　野生动物　　　　　　　B. 基础研究　反贫困
    C. 清洁的空气和水　基础研究　　D. 拥挤的道路　国防

12. 以下关于公共物品的说法,不正确的是(　　)。
    A. 由于搭便车者问题,私人市场无法提供公共物品,但政府可以潜在地解决这个问题
    B. 如果政府确信一种公共物品的总收益大于其成本,它就可以借税收手段来提供这种物品,从而使每个人的状况变得更好
    C. 一些物品可以在公共物品和私人物品之间转换,其关键取决于环境,即环境不同可能导致其在是否具有排他性上具有完全相反的结果
    D. 公共物品的例子很多,如国防、基础研究、反贫困、清洁的空气和水等都是公共物品

13. 假设汽车驾驶员要带安全带的规定使得其死亡概率在他们的一生中从0.5%下降至0.4%,而一生中安全带供给的成本是600元。则人的生命价值为(　　)元时,政府规定驾驶员系安全带才是最有效率的。
    A. 600　　　　B. 6 000　　　　C. 60 000　　　　D. 600 000

14. 当政府运用成本—收益分析帮助决定是否提供一种公共物品时,以下说法正确的是(　　)。
    A. 运用成本—收益分析的目的是比较提供公共物品的社会成本与社会收益的大小
    B. 当评价一种公共物品是否应该提供或提供多少时,由于"说谎者问题"的存在,获

取真实收益数据并进行定量分析尤为困难

C. 成本—收益分析并没有提供任何价格信号,任何所得出的公共物品的成本和收益的结论充其量只是近似而已

D. 以上都正确

15. (　　)往往生产不足,而(　　)往往过度消费。
   A. 公共物品　公共资源　　　　　　B. 公共资源　公共物品
   C. 私人物品　公共资源　　　　　　D. 公共资源　私人物品

(三) 判断正误

1. 在消费上或使用上具有竞争性和排他性特征的物品叫公共物品。(　　)
2. 公共物品与正外部性相关是因为,公共物品的潜在买者在做出是否购买公共物品的决策时,忽视了这些物品向其他消费者提供的外部收益。(　　)
3. 由政府提供的物品都是公共物品。(　　)
4. 市场运行最适用于既有排他性又有竞争性的物品,而不适用于其他类型的物品。(　　)
5. 政府应当不断通过支出提高高速公路的安全性,直至没有因车祸引起的死亡为止。(　　)
6. 由于搭便车者问题的存在,私人市场无法提供公共物品,政府也无法解决这个问题。(　　)
7. 由于消费者不考虑自身消费对他人的负面影响,公共物品往往被过度使用。(　　)
8. 公地悲剧非常好地说明了从整个社会角度来看,为什么公共资源的使用大于其合意水平。(　　)
9. 依据竞争性和排他性等两大特征,可以将经济中的各种物品划分为私人物品、公共物品、公共资源和俱乐部物品等四种类型。(　　)
10. 当产权缺失引起市场失灵时,政府潜在地实施出售污染许可证、管制私人行为或提供公共物品等政策,就可以解决这些问题并使资源配置更有效率。(　　)

(四) 简答题

1. 私人物品、公共物品、公共资源和俱乐部物品的划分标准是什么?市场运行最适用于哪类物品,而不适用于哪类物品?
2. 公共物品与公共资源相同点和不同点在哪里?为什么公共物品往往生产不足,而公共资源却往往消费过度?
3. 对公众来说,粮食比广场更重要,但政府向公众提供广场而很少提供粮食,原因是什么?为什么野牛几乎绝种了,而黄牛永远不可能绝种?
4. 公共资源如何与负外部性相关?建立个人产权如何消除与公共资源相关的问题?
5. 什么是公共物品的成本—收益分析?为什么它很重要,但进行这样的分析很困难?

(五) 应用题

1. 一些物品可以在私人物品、公共物品、公共资源和俱乐部物品等四种类型之间转换,其关键取决于环境,即环境不同可能导致其在是否具有排他性和竞争性上具有完全相反的结

果。请根据竞争性和排他性等特征,确定以下物品是私人物品、公共物品、公共资源,还是俱乐部物品。

(1) 广播电视信号和有线电视信号
(2) 私人池塘中的鱼和海洋中的鱼
(3) 与艾滋病相关的基础研究和可以获得专利的治疗艾滋病的特殊研究
(4) 请根据道路是否拥堵和是否收费,试将道路这种物品的类型进行详尽划分。

2. 请利用公共资源及外部性相关理论,对以下事实给你的一个经济学解释。

(1) 大多数高速公路边都有垃圾,而人们的院子里却很少有垃圾。
(2) 部分发达国家地铁系统在上下班高峰期的收费高于其他时间。

3. 电视和广播信号可以被无数观众接收而不会降低其他信号消费者的接收质量,但向任何一个信号的消费者收费都是不可能的。请解释电视和广播是哪一种物品。私人企业会提供这种类型的物品吗?自从媒体发明以来,私人公司开始在不向信号接收者收费的情况下提供电视和广播,这又如何解释?

(六) 拓展思考题

1. 为进一步开发乡土旅游资源,中国西部某山区的一个乡村正在争论是否修建一条从乡村到县城的四级公路。乡政府对村民进行民意调查发现,5 万村民中平均每个人对四级公路的评价为 60 元,而修建四级公路的成本是 200 万元。

(1) 假设民意调查是正确的,修建这条四级公路有效率吗?
(2) 在什么条件下,民营企业会修建这条路?
(3) 民营企业有可能修建这条路吗?为什么?
(4) 乡政府应该修建这条路吗?平均每个村民的税会因这条路增加多少?
(5) 可以肯定修建这条四级公路是有效率的吗?把成本—收益分析作为决定是否提供一种公共物品的工具会遇到哪些困难?

2. 仔细阅读新闻报道,运用公共物品或公共资源相关理论回答文后两个讨论题。

偷猎致越南极濒危物种爪哇犀牛完全灭绝

据国外媒体报道,世界野生动物基金会和国际犀牛基金会经过为期两年的监测分析后,近日发表研究报告正式宣布,越南境内极濒危物种爪哇犀牛已完全灭绝。2010 年 4 月,越南最后一头爪哇犀牛被发现死于偷猎行为,其犀牛角被残忍砍掉。

2009 年和 2010 年,世界野生动物基金会和国际犀牛基金会连续两年在越南吉仙国家公园对爪哇犀牛的粪便进行监测并提取样本进行分析。分析结果显示,2010 年 4 月死亡的爪哇犀牛是越南最后一头爪哇犀牛,越南境内爪哇犀牛呈灭绝状态。越南吉仙国家公园是越南境内唯一已知的爪哇犀牛栖息地。世界野生动物基金会越南负责人特兰-提明-希恩表示:"越南最后一头爪哇犀牛已死亡,越南又失去一种自然遗产。"

世界野生动物基金会最新报告认为,偷猎是导致越南最后一头爪哇犀牛死亡的主要原因。2010 年 4 月,这头爪哇犀牛被发现死于吉仙国家公园中,其腿部被一颗子弹打中,犀牛角被砍掉。

世界野生动物基金会警告称:"吉仙国家公园对珍稀野生动物的保护不力,是导致爪哇犀牛灭绝的根本原因。非法捕猎可能会继续威胁越南其他珍稀野生动物的未来生存。"世界野生动物基金会大湄公河区域物种项目负责人尼克-考克斯表示:"越南爪哇犀牛的悲剧是物种灭绝危机的象征。"

考克斯认为,越南对爪哇犀牛栖息地的保护措施以及对偷猎行为的打击力度都不足以挽救爪哇犀牛。"这种情况如果继续下去,毫无疑问将会导致越南其他许多物种的灭绝。"此前,犀牛曾经被认为已经在亚洲大陆灭绝。直到 1998 年,有人在吉仙国家公园附近地区捕获一头犀牛,人们后来才又陆续发现少量的犀牛。

爪哇犀牛是一种极濒危动物。在印度尼西亚一个小型国家公园中,总共也只有 50 头爪哇犀牛。世界野生动物基金会认为,亚洲市场对犀牛角的需求每年都在增加,因此当务之急就是对印度尼西亚爪哇犀牛种群实施有效的保护。

此外,世界野生动物基金会还声称,越南境内的其他许多珍稀物种,如老虎、亚洲象和暹罗鳄等,都处于灭绝的边缘。

资料来源:新浪科技,http://tech.sina.com.cn/d/2011-10-26/07316231214.shtml,2011 年 10 月 26 日。

讨论题:(1) 与公共资源相关的外部性通常是正的还是负的?自由市场上的公共资源的使用量通常大于还是小于有效率的使用量?

(2) 为什么严重的偷猎致使越南极濒危物种爪哇犀牛完全灭绝?偷猎致使爪哇犀牛完全灭绝,这种行为是理性的吗?请做出解释。

五、习题答案

(一) 术语解释

1. 排他性:一种物品具有的可以阻止一个人使用该物品的特性。
2. 竞争性:一个人使用一种物品将减少其他人对该物品的使用的特性。
3. 公共物品:既无排他性又无竞争性的物品。
4. 公地悲剧:一个说明从整个社会角度来看,为什么公共资源的使用大于其合意水平的寓言。
5. 搭便车者:得到一种物品的利益但避免为此付费的人。

(二) 单项选择

1. A   2. D   3. D   4. A   5. B   6. B   7. B   8. D   9. B   10. C
11. A   12. D   13. D   14. D   15. A

(三) 判断正误

1. ×   2. √   3. ×   4. √   5. ×   6. ×   7. ×   8. √   9. √   10. √

(四) 简答题

1.【考查要点】 物品的竞争性和排他性等两大特征。

【参考答案】 经济中的私人物品、公共物品、公共资源和俱乐部物品等四种类型物品的划分标准是竞争性和排他性等两大特征。其中,私人物品具有排他性和竞争性,公共物品具有非排他性和非竞争性,公共资源具有竞争性和非排他性,俱乐部物品具有排他性和非竞争性。市场运行最适用于既有排他性又有竞争性的物品,而不适用于其他类型的物品。

2.【考查要点】 公共物品和公共资源的相同点与不同点。

【参考答案】 (1)公共物品和公共资源的相同点在于它们都有非排他性,即它们都是免费的。不同点在于前者有非竞争性,而后者有竞争性。

(2)除了非竞争性之外,公共物品还具有非排他性,因而极易带来搭便车者问题,即得到一种物品的收益而避免为此付费。正因为生产者不能阻止不付费的人消费这种物品,企业没有生产公共物品的激励,因此公共物品往往生产不足。

(3)与公共物品一样,公共资源也具有非排他性,但它同时又具有竞争性,因而极易带来一个新问题,即由于消费者不考虑自身消费对他人的负面影响,公共资源往往被过度使用,从而产生公地悲剧。

3.【考查要点】 私人物品与公共物品、公共资源。

【参考答案】 (1)粮食既具有竞争性,又具有排他性,因此完全可以由市场有效率地提供;广场往往既无竞争性,又无排他性,属于公共物品,关于消费和生产的私人决策会引起无效率的资源配置,而是由政府提供更有效率。

(2)因为野牛是公共资源,每个打猎者追求自身的最大利益,但没有考虑到他的行为对他人的影响,因而野牛往往被过度消费;而黄牛是私人物品,在私有制和利润动机驱使下,以社会最有效率的价格和数量生产并销售,因而可以摆脱灭绝的威胁。

4.【考查要点】 公共资源与产权制度。

【参考答案】 (1)公共资源具有非排他性,即它是免费的,但由于它又具有竞争性,一旦消费者可以无成本地消费却又不用考虑消费对他人的负面影响,公共资源就往往被过度使用。

(2)人们消费公共资源的原因在于,收益为正,而成本为零。建立个人产权,存在资源的所有者,就实现了有成本地使用资源,并产生社会的最优价格,因此可以消除与公共资源相关的问题。

5.【考查要点】 公共物品的成本—收益分析及其困难所在。

【参考答案】 (1)公共物品的成本—收益分析,即比较提供一种公共物品的社会成本与社会收益。

(2)如果政府确信一种公共物品的总收益大于其总成本,它就可以借税收手段来提供这种物品,从而使每个人的状况变得更好。因此公共物品的成本—收益分析非常重要。

(3)与私人物品不同的是,当评价一种公共物品是否应该提供或提供多少时,由于"说谎者问题"的存在,获取真实收益数据并进行定量分析尤为困难。因此,成本—收益分析并没有提供任何价格信号,任何所得出的公共物品的成本和收益的结论充其量只是近似而已。

(五) 应用题

1.【考查要点】 私人物品、公共物品、公共资源和俱乐部物品等四种类型物品的划分标准。

【参考答案】 (1)广播电视信号具有非排他性和非竞争性,即无法排除不付费者,且增加一个观众看电视并不减少其他观众的收益,因此广播电视信号是公共物品。有线电视信号具有排他性和非竞争性,即有线电视公司可以排除不付费者,且更多地房子接上电缆并不减少其他消费者的收益,因此有线电视信号是俱乐部物品。

(2) 私人池塘中的鱼具有竞争性和排他性,是私人物品;海洋中的鱼具有竞争性和非排他性,是公共资源。

(3) 与艾滋病相关的基础研究具有非竞争性和非排他性,即一旦有新知识被发现,更多的人可以从知识中获益,并不减少其他知识消费者的收益,且知识公开则无法排除不付费者,因此与艾滋病相关的基础研究是公共物品;可以获得专利的治疗艾滋病的特殊研究具有排他性和非竞争性,即该知识的使用者增加并不减少其他消费者的收益,但一旦获得专利之后,其他消费者就不能利用治疗艾滋病的特殊研究成果,因此可以获得专利的治疗艾滋病的特殊研究是俱乐部物品。

(4) 道路是这四种物品中的哪一类,取决于道路是否是拥堵的,以及它是否收费。考虑不同的情形,有四种可能性:a. 不拥堵也不收费:公共物品;b. 不拥堵但收费:俱乐部物品;c. 拥堵但不收费:公共资源;d. 拥堵也收费:私人物品。

2.【考查要点】 私人物品与公共资源。

【参考答案】 (1) 高速公路边的环境是公共资源,因其具有非排他性,人们会随意使用。同时,因为它又具有竞争性,人们在使用时会对他人有负的影响,即会产生负外部性,因此高速公路边经常会有垃圾。而人们的院子是私人物品,具有排他性和竞争性。人们在使用时要比较成本和收益,因此自家院子里很少有垃圾。

(2) 地铁中的拥堵是一种负外部性,上下班高峰期比平时拥堵得多,其外部性也远远大于平时,解决这种问题的办法是上下班高峰高收费,从而激励非上班乘地铁族改变时间表或选择其他交通工具。

3.【考查要点】 公共物品的非排他性和非竞争性。

【参考答案】 (1) 电视和广播具有非排他性和非竞争性,因此它们都是公共物品。私人企业不会提供,因为他无法排除不付费者使用这种类型的物品。

(2) 自从媒体发明以来,私人公司可以对电视和广播节目中插播的商业广告收费,因此私人公司能够在不向信号接收者收费的情况下提供电视和广播。

(六) 拓展思考题

1.【考查要点】 公共物品的成本—收益分析。

【参考答案】 (1) 有效率,因为总收益是 5 万 × 60 = 300 万元,而成本是 200 万元。

(2) 只有这条四级公路可以作为收费道路来修建,使得这条路具有排他性,并且是一个有利可图的项目,民营企业才会修建这条路。

(3) 可能。因为在西部某山区农村,相对比较容易使道路限制进入或者说阻止不付费者使用,即有非常大的可能让这条路具有排他性。

(4) 乡政府应该修建这条路,平均每个村民的税会因这条路增加 40 元。

(5) 不能肯定修建这条四级公路一定是有效率的。由于"说谎者问题"的存在,即那些经常使用道路的人高估其收益,而很少使用的人低估其收益,因此获取真实收益数据并进行定量分析是很困难的。

2.【考查要点】 公共资源与公地悲剧。

【参考答案】 (1) 与公共资源相关的外部性一般都是负的。在这个例子中就是这样,人们的过度捕猎,导致濒危物种爪哇犀牛完全灭绝,生态系统遭受严重破坏。自由市场上的公共资源的使用量通常大于有效率的使用量。

（2）因为爪哇犀牛属于公共资源，具有非排他性和竞争性，即很难阻止爪哇犀牛被偷猎，而每个偷猎者都追求自身的最大利益，偷猎者在偷猎时不考虑自身行为对他人的负面影响，因此可能会存在严重偷猎致使越南极濒危物种爪哇犀牛完全灭绝。对偷猎者个人来说，仅从经济人角度来看，可能是理性的。但从整个社会角度来看，这种公共资源的使用已经大大高于其合意水平，导致出现公地悲剧。

第 12 章
税制的设计

一、学习精要

(一) 教学目标

1. 了解中央政府与地方政府财政收入来源及财政支出组成。
2. 领会税收与效率之间的关系,掌握税收导致的无谓损失。
3. 领会税收与公平之间的关系,掌握税收归宿对于公平的影响。
4. 掌握税收的效率与公平之间的取舍关系。

(二) 内容提要

本章建立在以前各章学习过的税收内容的基础上,主要论述美国政府如何筹资和支出以加深我们关于税收的研究。税收对于每一位国民而言都是不可或缺的。政府通过向公民、法人单位等不同主体收税的方式使资金汇聚到政府财政部门,并通过政府主体行为解决市场经济过程中外部性问题和弥补市场经济不足。但是税收本身对市场行为存在扭曲的倾向,产生了无谓损失;同时税收对于不同主体的税率负担也影响着公平原则。可见,政府税制的设计必须要兼顾效率与公平的双原则。

1. 美国政府的财政概况

(1) 美国政府的税收占国民收入的比例较高,同时必须注意到,随着经济中收入的增长,政府从税收中得到的收入增长得更快。在全球主要国家的横向比较中,美国政府的税收比例低于北欧等国家,高于亚洲、拉美等国家。

(2) 美国联邦政府税收收入占据了美国约三分之二的总税收。这些数额庞大的税收通过各种方式进行筹集,又通过各种方式进行支出,以此弥补市场失灵的状况。

(3) 美国联邦政府最大的税源来自于个人所得税,个人所得税的税率也采用累进制税率进行操作;其次是社会保险税;再次则是公司所得税。美国联邦政府最大的财政支出是社会保障,体现出政府解决市场经济外部性矛盾的作用;其次分别是医疗、国防、净利息等支出项目。

(4) 美国联邦政府的财政收入与财政支出之间的差额称为预算赤字或预算盈余,分别指总收入小于总支出和总收入大于总支出的两种情况。

(5) 美国州与地方政府税收收入占据了全部税收的 40% 左右,这些税收是州与地方政府行使政府职能的重要保障。州与地方政府的税收来源中最重要的是销售税和财产税,这两项占全部收入的三分之一以上;其次是个人所得税和公司所得税;再次是联邦政府的转移支付等其他税收来源。在支出方面,教育是最主要的支出去向,其次是医疗。

2. 税收和效率

税收制度的主要目标是筹集政府收入。当在许多不同的税制方案中选择时,决策者有两个目标:效率与平等。设计良好的税收制度需要避免以下两种成本,并使之最小化:税收扭曲了人们做出的决策时引进的无谓损失;纳税人在遵照税法纳税时承担的管理负担。

（1）税收的无谓损失是纳税人经济福利的减少超过了政府筹集到的收入的部分。因此无谓损失是当人们根据税收激励,而不是根据他们买卖的物品与服务的真实成本与收益配置资源时,税收引起的无效率。

（2）税制设计作为一种有政府导向的激励制度,必然会引进纳税主体行为的扭曲。在这种扭曲的过程中容易造成以合理合法形式进行"避税"的行为。这种行为的存在使得税法变得越来越复杂,复杂的税制设计会导致税收管理的负担加重,从而增加了依法纳税的成本。

（3）经济学家用平均税率和边际税率两种指标衡量所得税的效率与平等程度。其中平均税率是指支付的总税收除以总收入,边际税率是指增加1美元的收入所支付的额外税收。这两种指标中后者是决定所得税无谓损失的重要指标。

（4）定额税是指对每个人等量征收的税收。这种税收的效率是最佳的,但在考虑到税收的平等目标时则不再适用。

3. 税收与平等

（1）受益原则是认为人们应该根据他们从政府服务中得到的利益来纳税的思想。

（2）支付能力原则是认为应该根据一个人可以承受的负担来对这个人征税的思想。支付能力原则得出了平等观念的两个推论:纵向平等和横向平等。其中纵向平等是主张支付能力更强的纳税人应该缴纳更多税收的思想;横向平等是主张有相似支付能力的纳税人应该缴纳等量税收的思想。

（3）税收归宿即研究谁承担税收负担是评价税收平等的核心问题。根据税法依法纳税的纳税人并不一定就是税收的最终承担方,这是因为税收本身扭曲了市场行为,其间接影响也必须被考虑。

4. 结论:平等与效率之间的权衡取舍

（1）平等和效率是税制设计的两个最重要的目标,但这两个目标往往是相互冲突的,因此在税制设计过程中必须针对不同目标有所侧重地进行权衡。

（2）在政治争论过程中,税制的目标很容易当作政治选票的工具,因此在平等与效率目标之间的侧重区别较大。

（三）关键概念

1. 预算赤字:政府支出大于政府收入。
2. 预算盈余:政府收入大于政府支出。
3. 平均税率:支付的总税收除以总收入。
4. 边际税率:增加1美元收入所支付的额外税收。
5. 定额税:对每个人等量征收的税收。
6. 受益原则:认为人们应该根据他们从政府服务中得到的收益来纳税的思想。
7. 支付能力原则:认为应该根据一个人可以承受的负担来对这个人征税的思想。
8. 纵向平等:主张支付能力更强的纳税人应该缴纳更多税收的思想。

9. 横向平等:主张有相似支付能力的纳税人应该缴纳等量税收的思想。
10. 比例税:高收入纳税人和低收入纳税人缴纳收入中相同比例的税收。
11. 累退税:高收入纳税人缴纳的税收在收入中的比例低于低收入纳税人的这一比例。
12. 累进税:高收入纳税人缴纳的税收在收入中的比例高于低收入纳税人的这一比例。

(四) 拓展提示

1. 税收对于政府的正常运行具有重要的意义,因此对于任何政府而言,税收都是很重要的工作。政府税收作为政府财政收入的重要来源,对于政府在消除市场失灵过程中是一种重要的保障。政府税收的支出主要是提供公共物品,如国防、教育等。

2. 税收对于市场行为具有扭曲的作用,这种影响既包括直接的影响,也包括间接的影响。其中直接的影响引出关于效率的讨论,而间接的影响则引出关于平等的讨论。

3. 政府进行税制设计时不可能完全兼顾税收的平等与效率,只能根据特定时期的特定情况在两者之间进行有益的权衡取舍。因此一般来说政府的税收制度会根据形势不同而出现反复。

二、新闻透视

(一) 新闻透视 A

2013 年中央政府财政收支情况

2013 年,各级财政部门认真贯彻党中央、国务院决策部署,及时采取措施,大力支持税务、海关部门依法征税,全国财政收入预算顺利完成,特别是中央财政扭转了年初收入增速大幅下滑的局面,完成全年收入预算并略有超收。在财政收支矛盾十分突出的形势下,认真抓好预算执行和资金监管工作,扎实实施积极的财政政策,优化财政支出结构,着力改善民生,促进经济社会持续健康发展。

一、全国公共财政收支情况

(一) 公共财政收入情况

1—12 月累计,全国公共财政收入 129 143 亿元,比上年增加 11 889 亿元,增长 10.1%。其中,中央财政收入 60 174 亿元(占全国财政收入的 46.6%),比上年增加 3 999 亿元,增长 7.1%;地方财政收入(本级)68 969 亿元,比上年增加 7 891 亿元,增长 12.9%。财政收入中的税收收入为 110 497 亿元,比上年增长 9.8%。

全国公共财政收入主要项目情况如下:国内增值税 28 803 亿元,比上年增长 9%;国内消费税 8 230 亿元,比上年增长 4.5%;营业税 17 217 亿元,比上年增长 9.3%;企业所得税 22 416 亿元,比上年增长 14%,扣除年度间退税等不可比因素后增长约 8%;个人所得税 6 531 亿元,比上年增长 12.2%;进口货物增值税、消费税 14 003 亿元,比上年减少 799 亿元,下降 5.4%;出口退税 10 515 亿元,比上年多退 86 亿元,比上年增长 0.8%;车辆购置税 2 596 亿元,比上年增长 16.5%;房地产契税 3 844 亿元,增长 33.8%;土地增值税 3 294 亿元,增长 21.1%;非税收入 18 646 亿元,比上年增长 12.1%。

在上半年经济下行、财政减收、全国特别是中央财政完成全年收入预算非常困难的情况下,按照党中央、国务院决策部署,及时采取措施,依法征收,随着经济逐步回暖、贸易形势好转和相关增收措施落实,下半年中央财政收入增幅稳步提高,全年中央财政收入预算圆满完成并略有超收。地方财政收入平稳增长,加强非税收入管理,清理取消或免征部分行政事业性收费项目,财政收入质量提高。

(二) 公共财政支出情况

1—12 月累计,全国公共财政支出 139 744 亿元,比上年增加 13 791 亿元,增长 10.9%。其中,中央本级支出 20 472 亿元,比上年增加 1 707 亿元,增长 9.1%;地方财政支出 119 272 亿元,比上年增加 12 084 亿元,增长 11.3%。

在财政收支矛盾十分突出的情况下,优化财政支出结构,盘活财政存量,用好财政增量,促进各项社会事业发展,着力改善民生,落实中央厉行节约的要求,从严控制"三公经费"等一般性支出。1—12 月累计,教育支出 21 877 亿元,增长 3%,主要是上年基数较高(增长 28.3%);科学技术支出 5 063 亿元,增长 13.7%;文化体育与传媒支出 2 520 亿元,增长 11.1%;医疗卫生支出 8 209 亿元,增长 13.3%;社会保障和就业支出 14 417 亿元,增长 14.6%;住房保障支出 4 433 亿元,下降 1%,主要是按计划保障性安居工程建设工作量比上年有所减少;农林水事务支出 13 228 亿元,增长 9.7%;城乡社区事务支出 11 067 亿元,增长 21.9%;节能环保支出 3 383 亿元,增长 14.2%;交通运输支出 9 272 亿元,增长 13.1%。

二、全国政府性基金收支情况

(一) 政府性基金收入情况

1—12 月累计,全国政府性基金收入 52 239 亿元,比上年增加 14 704 亿元,增长 39.2%。其中,中央政府性基金收入 4 232 亿元,增长 27.5%。主要是为支持可再生能源发展,近年依法新设立的可再生能源电价附加收入增加。地方政府性基金收入(本级)48 007 亿元,增长 40.3%。主要是土地出让合同成交价款增加较多,国有土地使用权出让收入 41 250 亿元,比上年增加 12 732 亿元,增长 44.6%。

(二) 政府性基金支出情况

1—12 月累计,全国政府性基金支出 50 116 亿元,比上年增加 13 786 亿元,增长 37.9%。中央本级政府性基金支出 2 761 亿元,增长 26.9%;地方政府性基金支出 47 355 亿元,增长 38.6%,其中,国有土地使用权出让收入安排的支出是 40 600 亿元,增长 41.9%,主要是征地拆迁补偿等成本性支出增加较多。

资料来源:中国财政部国库司,2013 年财政收支情况,2014 年 1 月 23 日。

【关联理论】

国民税收对政府运作和解决市场失灵问题具有重要的意义,也是推动社会改革的重要经济保障。政府财政收入的来源具有多样性,但其中最关键的就是税收。而政府财政支出对象也有多样性,其中最关键的就是国防等公共物品的提供。

【新闻评析】

从中国财政部公布的 2013 年财政收支情况来看,中国政府财政收入增长为 10.1%,超过 2013 年中国 GDP 的增长速度。政府财政收入来源中按金额大小排列分别为:国内增值税(28 803 亿元)、企业所得税(22 416 亿元)、非税收入(18 646 亿元)、营业税(17 217 亿元)、进口货物环节税(14 003 亿元)、地方其他税种收入(10 665 亿元)、国内消费税(8 230 亿元)、个人所得税(6 531 亿元)、车辆购置税(2 596 亿元)、出口退税(-10 515 亿元)。中国财政收入的组成部分与美国不同,这是与中国特殊的国情相符合的。由于中国目前对于个人所得税的相关申报和征收制度不完善,个人所得税并不能成为政府财政收入的主体。国有企业的利润等收入都属于政府的非税收入,但这部分的金额较为庞大。地方税种收入主要依附于土地的转让与使用。

中国政府在 2013 年财政支出总额为 139 744 亿元,其中教育支出 21 877 亿元,在 2013 年财政支出中排名第一,这与教育具有公共物品的特征是相符的;第二则是社会保障和就业支出,这与政府关注民生并强调就业的政策指导是相联系的。

从中国政府 2013 年财政收支的情况来看,税收对于国家持续稳定发展具有重要的意义。同时税制的设计过程中也必须考虑到政府所侧重的目标,并涉及政府在当前特定时期的工作倾向。

(二) 新闻透视 B

税负重不重,关键看效率

中国社会科学院财经战略研究院日前发布名为"将全面深化财税体制改革落到实处"的报告。报告认为,中国公共财政收入达到 12.9 万亿元,人均宏观税负接近万元。而公共财政收入仅是衡量"宏观税负"各指标中口径最小的一个。

为此,报告建议,财税改革跟每个人的利益密切相关,破除利益格局牵绊,将财税改革落到实处在当下尤为重要。

"人均万元税负"高不高,居民和企业的税负重不重,说实话,这个问题很难回答,尤其对现阶段的中国来说,很难找到正确的答案。一方面,这是官方能够统计和公开的税负,难以统计和无法公开的"税负"有多少,可能没有一个部门说得清。另一方面,税收的效率如何,是最关键的问题。如果税负重一点,效率很高,倒也无妨,毕竟高效率的税收能够产生高效率的收益,从而缓解税负沉重带来的矛盾和压力。

如何来判断税收效率的高低呢？一般情况下,就是看税收收入的使用,亦即税收形成以后如何分配,如何使用。如果使用效率高,税收的作用就大,反之则小。要知道,在相同的社会事务和公共需要下,税收的使用效率越低,需要的税收就越多,对企业和居民的压力也更大。相反,税收的使用效率高,需要的税收少,对企业和居民的压力就会大大减轻,税负也会逐步降低。

中国现阶段在税收的使用方面,效率是很难令人满意的。从 1994 年实行分税制到现在,财政收入持续 20 多年高速增长,但财政困难的局面一点也没有改变,公共服务、公共产品等仍然十分短缺,可见,税收使用的效率是何等低下,"三公"经费等非效率性支出对税收使用的影响有多大,造成的客观税负有多重。

所以,如何提高税收的使用效率,是必须在下一步财税改革中高度重视并切实加以解决的一道难题、一个重要课题。

资料来源:北青网—北京青年报,2014 年 2 月 17 日。

【关联理论】

税收的主要目的是使政府有足够的经济保障完成对市场的完善和体现社会效率与公平。在税收征收和支出过程中并不存在直接的简单的对等关系,征收与支出的效率是政府负责人在指定税收政策时首要应当考虑的重点。

【新闻评析】

　　税收对于纳税人而言是一项支出,但通过政府的有效运作之后会转化为纳税人的福利收入,这是政府税收重要性的体现,也是弥补市场失灵的重要体现。但是政府的税收收入与支出这两个环节中并不存在简单的对应关系。在支出与收入的转化过程中必然存在着损耗,这些损耗就是税收效率低下的表现。政府高效管理与运作必须依靠政府税收收入与支出的高效率转化过程。

　　中国税收收入与支出过程中目前还存在着一些问题与不足,比如非合法性的收入、高额的非生产性"三公"经费支出等项目。另外在中国,中央与地方税收分配比例上也存在着不合理的地方,主要体现在部分地方政府财政困难,无法有效进行政府运作。以上各种情况都直接导致了中国税收的使用效率下降,这就意味着纳税人的税收并没有有效转化为纳税人的福利收入。这两者的失衡才是衡量中国纳税人税收负担重与不重的关键指标,而不能仅仅以纳税绝对额进行衡量。从中国的实际情况来看,税收效率的高低、税负的轻重,远不是税收资金的分配和使用那么简单。税收政策的合理性和各种非税收行为的合法性,比税收资金的分配和使用更加重要。如果这些方面的问题不解决,纵然税收资金的分配和使用再合理,也无法使税收的效率真正得到提高。就非税收行为的合法性而言,如果经济生活中存在大量的非税收行为,特别是不合法的非税收行为,那么,不仅企业和居民的负担会大大加重,税收政策的效率也会大打折扣。也正因如此,有关"人均万元税"高不高、重不重的问题,也就不需要在数据上做文章,而应当从效率上下工夫。效率高,则不重;效率低,则很重。

(三) 新闻透视 C

应给巨额年终奖开征暴利税

　　(2014年)1月21日,河南柘城,某地产全体员工举行"2013年度硕果分享大会"。现场发放工资、奖金总额共达1100万元,有的员工最多发200万元,直接用麻袋装现金。(2014年1月26日《现代快报》)

　　每到年底,媒体上难免要晒一晒年终奖金,但与往年相比,今年的晒法似乎格外刺眼,比如把钱码得像城墙一样发钱,很难不让观者顾影自怜,此次拿麻袋装钱,同样让人五味杂陈。对很多几百元奖金都不敢保证的职工,应是不小的心理冲击。

　　究竟是什么样的企业能发如此高的年终奖? 可以肯定的是,这些企业一定有极佳的业绩,它们当中的绝大多数要么垄断要么暴利,其中不乏房地产公司和证券金融等行业。没听说过哪家普通的企业敢如此烧钱,对于绝大多数职工来说,钱虽然很不经花,但来得也很不容易,不说拿麻袋装钱,哪怕工资涨几百元,也会让他们高兴好一阵子。

　　不管企业晒出高额年终奖的目的是什么,也许仅仅是按捺不住内心的喜悦,没想要伤害谁,而实际的效果是,它加剧了社会的不平等感。也许人们无权要求福利好的企业保持低调,也不该怀疑他们钱来路不正。但至少可能提出疑问,他们都依法纳税了吗? 如此暴利的原因,能不能都光明正大地摆上桌面?

　　即使一切都经得起怀疑,有人拿麻袋装奖金,有人连一麻袋白菜也没有,仅从缩小贫富差距这一点出发,税收的调控手段也应该出手。给巨额的年终奖开征暴利税,不仅符合税收的本意,而且比个人所得税和遗产税等税种,有更为合理的开征理由。

　　资料来源:现代金报(宁波),2014年1月27日。

【关联理论】

政府在税制设计的过程中需要兼顾效率与平等两个原则,这两个原则在本质上存在着冲突与矛盾,同时两者之间也存在着相互替代的关系。因此政府在税制设计过程中必须针对不同时期的不同情况,从经济发展和社会稳定等多方面进行综合考虑,对税收的效率与平等两方面进行权衡取舍,找到两者之间的平衡点。

【新闻评析】

年终奖的多少并不直接决定职工的工作动力和热情,但却间接地影响着职工的工作,尤其是纵向比较后。年终奖与公司的经营状况直接挂钩,因此年终奖的纵向比较过程中又产生出了一个新的疑问:为什么有些公司的盈利高得离谱,而有的企业却业绩不佳?

针对这个问题,不仅仅需要从企业本身的经营能力进行比较,因为在充分的自由竞争市场环境中各行业的利润率是趋同的,不存在超额利润。因此对这个疑问的解答就必须放在非自由竞争环境中进行考虑,也就是垄断环境。先不论垄断本身是否是最具效率的形式,仅仅从是否平等方面进行考虑,就会发现问题所在。垄断形成了事实上的进入与退出障碍,这些障碍的存在阻碍了资源的流动和有效配置,也很容易形成社会不稳定因素。因此从平等的原则进行考虑时,征收暴利税是一个可以考虑的手段。但是暴利税本身就是扭曲市场行为的一种手段,如果征收不当则不仅无法体现平等原则,还有可能会影响效率。

三、案例研究

(一) 案例研究 A

让个税收得更公平

李克强总理在《政府工作报告》中说:"政府工作的根本目的,是让全体人民过上好日子。"改革怎么改?过上好日子就是一个衡量标准。

今天的人大新闻发布会,财政部部长楼继伟关于个税新动向的表述,就是不折不扣的改革红利。楼部长说:"把分项征收改成综合所得税,简单地提高起征点的做法并不公平,不能体现每个家庭的差异。一个人一个月挣五千块钱不多,自己生活还不错,但是一个人挣五千块钱同时还要养一个孩子就很艰难。"

个税改革的方向是什么?肯定是公平和正义。这些年来,代表委员每年都会提个税改革的提案建议,关注起征点太低,因为不容回避的是:个人所得税在某种意义上已经沦为"工薪税",甚至被戏称为"雁过拔毛"。全国政协委员贾康多次表示,目前中国的税负集中在中等收入和中下收入阶层,富裕阶层的税负相对外国来说显得太轻了。

楼部长的回答很给力,因为个税的问题并不仅仅是起征点的问题,简单提高还会有失公允,但采用综合征收,那么公平性就得到保障。如果按照工资所得征收个人所得税,"一刀切"看似公平,但一个有负担的家庭和一个没有负担的家庭,对税收的感受完全不一样。

改革从哪里开始?就从老百姓最关心的领域开始。从楼部长的表述里,老百姓更期待"马上改革"带来"马上实惠"。毕竟,综合所得税的制度设计是一个系统工程,需要有一个庞大的信息共享平台来支撑,在不动产的全国联网登记都没有实现的今天,几时才能迈出第一步呢?个税改革的好愿景,别让老百姓看起来像是"远水"。

至于个税的公平性,两会还提供了更多的视角。政协委员李稻葵认为现有税收体制,没有把资本所得纳入进来,而这个世界上最多的收益就是资本所得而不是劳动工资所得。因此,个税改革的前路,还会有很多深水区;但是,有着让老百姓过上好日子的指向,改革肯定会得民心顺民意。

资料来源:深圳商报,2014 年 3 月 7 日。

【关联理论】

税制设计的支付能力原则中纵向平等更能够体现目前社会稳定的需求。纵向平等要求支付能力更强的纳税人应该缴纳更多税收,这种简单的思想是一种牺牲部分效率而得到部分平等的体现。效率与平等之间的转化存在一种帕累托最优化的过程,在这个过程中必须不断地完善相关的制度或基础性工作。

【案例解剖】

就目前来说,中国不具备将个人所得税作为政府财政收入第一来源的条件。但是个人所得税的征收作为体现平等的重要手段,在中国目前的社会环境中具有重要的作用。

目前中国针对个人所得税的争议主要集中于一点:穷人与富人在征税过程中没有明显区分,不能体现纵向平等的思想。因此仅仅以提高个税起征点,并实行累进税制这些手段不能完全解决这一问题。这是因为提高个税起征点并不能够将低收入群体完全排除在征税群体之外,而对于高收入群体而言在纳税金额上并没有本质上的影响。另一方面,在中国目前并不明确的财产和收入登记体制下,高收入群体总能够找到合理的避税路径与条件,累进税制在中国目前并没有达到设计之初的目的。

为了能够体现出社会主义制度的优越性和尽可能地体现平等原则,就必须解决这个问题。人大代表提出的以家庭为单位进行征税,而不是以个人为单位进行征税的方法相对能够体现纵向平等思想。当然这种个人所得税的征收方式也是必须以纳税人财产和收入透明为前提的,如果这个前提条件无法满足的话,以家庭为单位征收个人所得税的作法也会像累进税一样对社会平等没有太多改善。

(二) 案例研究 B

中国税制改革反思与探索

1994 年,中国税制进行了全面性、结构性的改革。根据部分曾经参与"九四税改"设计的人士对笔者的口述,其实改革之初并不完全具备成熟的内、外部条件,时间准备也未为充分。就连理论支持,也只有胡鞍钢、王绍光的国情报告和周小川、楼继伟等人的政策建议等极少数学术成果。税改的真正动力还是当年理论界甚嚣尘上的财政联邦主义对中央集权制的威胁,和现实中尾大不掉的诸侯经济对中央财政的压力。"秦人不暇自哀,而后人哀之","九四税改"的设计者们囿于时代的局限性,急就章所形成的税制难免会失于草率与粗漏。反省当初决策可以发现,出于功利主义的目的,许多制度设计都不成熟、不完备,甚至是不理智。下面仅对未来中国税收变革的方向做一些初步探索。

首先,涵养税源,减轻税负。当前的结构性减税归根结底要落实到"减"字上。如果加减乘除下来收入比重非但未降,收入增速非但未慢,反如近年节节攀升,那便是失信于民了!经过 20 年的财政集中,中央政府已财力不弱,但宏观税负却一直较经济增长率为重,且超收情况未能在预算中得以恰当估量。如今中小企业生存日益困难,民营资本举步维艰,尤其要懂得涵养根本,扶植税源,方能促进经济复苏。财政部长楼继伟最近撰文预测"十二五"时期宏观税负将降至20%以下,即是执行减税政策的有力保障。若能彻底实现还富于民,定当刺激民间消费需求,缓解政府投资压力,经济结构将自动趋于合理。

其次,税目独立,彻底分税。"九四税改"的笑柄之一即是地方讨价还价,弄虚作假。1993年12月全国地方税收增长可达150%,2001年四季度所得税涨幅高至187%,这在外人看来简直是匪夷所思。税收变革务必注意维护税法的权威,坚持税收法定主义。"九四税改"的另一个后遗症则是税收返还,占了转移支付的大半。这种税目附属主义既不符合税收规律的要求,也反映出对既得利益的承认和保护,不能不说是一场不彻底的改革。中唐藩镇割据后出现的"留州、送使、上供"的三分法就是历史的教训。如果下一步的税收变革仍旧采用共享税和税收分成的形式,依然会导致地方主体税种不明确、寻求体制外空间的怪象。只要严肃税法,依法征税,地方自然不敢违法乱开非税收入的方便之门。

再次,税制稳定,统一规范。当年税改的设计师们受到西风东渐的影响引入增值税,确立直接税,但在移植过程中发生了一定程度的变异。商品劳务课税理应彻底统一实行增值计税,税款抵扣,但受国内企业会计核算落后的条件制约,只好按先易后难的原则分步实施。如今负面影响日益凸显,统一税制的呼声不绝于耳。另外个人所得税也受制于国民生活现金支付的分配与消费习惯采用分类征收模式,遗产税亦因财产登记与评估制度不健全徒有具文。当今时代与1994年相比无论内外部环境均大有改观,中央政府的政治权威与经济实力都能够确保其下定决心建立稳定统一的税制。

最后,优化结构,凸显公平。如果说"九四税改"以收入最大化为目标,那现在就应以收入均等化为鹄的。如果说"九四税改"强调效率优先,那现在就应进入公平为主的时代。何谓公平?北朝重臣苏绰说过,"夫均者,不舍豪强而征贫弱,不纵奸巧而困愚拙,此之谓均也",也即不应使富豪与奸诈逃避税收而使贫者与弱势因税负更加困顿。这正是我们税收变革的方向。从学理出发,总额税不会产生替代效应,就要尽量避免设置扭曲性税种。现行增值税的价税分离机制还不彻底,下一步理应改为完全的价外税。营业税因其重复征税的危害众所周知,现已试行并入增值税,未来将彻底退出历史舞台。税收中性要求税率结构简化,当在课税对象统一后加以标准化。消费税引起的超额负担较重,应限制其税目范围。关税亦以税则简化与低税率为方向,不应因税制阻碍国际商品流动。

在考虑税制设计架构时,决策者一定要放在历史长河中去度量比照,千万不能为了一代之兴衰,一时之利钝放弃了民众的立场。最后谨以严复的一句话作为结语:"国家责赋在民,必有道矣。取之于民,还为其民!"

资料来源:付志宇专栏:中国税制改革反思与探索,南方都市报,2013年8月1日。

【关联理论】

政府在税制设计过程中必然会在效率与平等两个原则中进行权衡取舍。两个原则的权衡取舍主要是根据人们对两个目标的侧重不同,因此在不同历史时期面对不同历史环境时,税制设计或改革必然有不同结局。

【案例解剖】

本案例通过对中国1994年税制改革的分析,总结了在当时特定的历史环境与历史条件下税制改革的必要性与迫切性,也指出了当时税制改革过程中存在的不足与缺陷,为以后的税制改革提出了方向。仅就作者所分析的中国1994年税制改革来看,时间上相隔较久远,有些观点必然不适用于现在的特定情况。但从作者所提出的一些方向来看,仍对中国的现在税制改革具有一定的指导作用。正如作者所言:认真总结"九四税改"的是非得失,可以对未来的税收变革提供有价值的参考。

其中,作者提出的"优化结构,凸显公平"的建议在现在的历史环境中具有紧迫性。目前,中国已经成为世界上贫富差距最大的国家之一。2013年中国人均GDP已达5 414美元,但收入分配领域的矛盾却比较突出,基尼系数居高不下。2013年国家统计局局长马建堂公布了过去十年的中国基尼系数,尽管中国基尼系数在2008年达到顶峰0.491之后逐步回落,但2012年中国基尼系数仍达到0.474,超过国际公认的0.4的警戒线。中国国家统计局前期公布的数据也表明,中国最富裕的10%的人口占有全国45%的财富,而最贫穷的10%的人口所占有的财富仅为1.4%。这些数字充分显示了中国贫富不均的严重程度,也显示出中国经济高速增长的成果未能被社会各阶层共享,而是绝大部分聚集在少数人手中。许多发展中国家在步入中等收入国家行列之后,由于贫富差距过大,出现两极分化,造成经济增长停滞、社会不稳定、政局动荡等问题,被称为"拉美现象"。如何让中国避免走入"中等收入陷阱"?根据国际经验和中国所处的发展阶段判断,尽快系统地推进初次和再次分配制度、财税制度、公共就业和教育政策等相关方面的制度创新和工作措施创新,缩小贫富差距已成为全面建设和谐社会和小康社会征程上必须尽快突破的关键障碍。由此看来,税制设计的平等原则应当受到重视,而不仅仅是以效率为先。

当然,除此之外,作者提出的"涵养税源,减轻税负"、"税目独立,彻底分税"、"税制稳定,统一规范"等观点,均具有极好的借鉴意义。

四、课外习题

(一) 术语解释

1. 边际税率
2. 横向平等
3. 纵向平等
4. 受益原则
5. 支付能力原则

(二) 单项选择

1. 下面哪一项按从大到小的顺序列出了美国联邦政府的税收收入来源?(　　)。
    A. 个人所得税、公司所得税、社会保险税
    B. 公司所得税、个人所得税、社会保险税
    C. 个人所得税、社会保险税、公司所得税
    D. 社会保险税、个人所得税、公司所得税
2. 下面哪一项按从大到小的顺序列出了美国联邦政府的支出项目?(　　)。
    A. 社会保障、医疗、国防、净利息
    B. 国防、净利息、社会保障、医疗
    C. 国防、净利息、医疗、社会保障
    D. 净利息、社会保障、国防、医疗

3. 如果联邦政府有预算赤字,那么是下列哪种情况?(　　)。
   A. 政府支出大于政府收入　　　　B. 政府收入大于政府支出
   C. 政府收入与政府支出相等　　　D. 政府工作人员过剩
4. 小王对一件衬衫的评价为40元。如果价格为35元,小王会购买一件衬衫,并产生5元的消费者剩余。如果因税收使衬衫的价格上升至45元,则小王不会购买衬衫。这个例子证明了什么?(　　)。
   A. 税收的管理负担　　　　　　　B. 横向平等
   C. 税收的无谓损失　　　　　　　D. 受益原则
5. 一种有效率的税收应该符合什么条件?(　　)。
   A. 以纳税人可能的最低成本筹集收入　B. 使税收的无谓损失最小化
   C. 使税收的管理负担最小化　　　　　D. 以上各项都正确
6. 以下哪一种税是最有效率的税收?(　　)。
   A. 比例所得税　　　　　　　　　B. 累进所得税
   C. 消费税　　　　　　　　　　　D. 定额税
7. 累进税制是指下列哪一种情况?(　　)。
   A. 边际税率低的税制
   B. 边际税率高的税制
   C. 高收入纳税人纳的税多于低收入纳税人
   D. 高收入纳税人收入中纳税的百分比高于低收入纳税人
8. 税收的支付能力原则提出,如果要使税制纵向平等,税收就应该是什么情况?(　　)
   A. 累退的　　　B. 累进的　　　C. 定额的　　　D. 比例的

请用以下税制信息回答第9—10题。

月收入(元)	税收额(元)
10 000	1 000
20 000	2 000
30 000	5 000
40 000	10 000

9. 月收入为2万元的纳税人的平均税率是多少?(　　)。
   A. 0　　　　B. 5%　　　　C. 10%　　　　D. 20%
10. 月收入从3万元增加至4万元的纳税人的边际税率是多少?(　　)。
    A. 0　　　　B. 16.7%　　　C. 37.5%　　　D. 50%
11. 以下关于税收和效率的说法,错误的是(　　)。
    A. 当在许多不同的税制方案中选择时,决策者有两个目标:效率与平等
    B. 税制设计作为一种政府有导向的激励制度,必然会引进纳税主体行为的扭曲
    C. 复杂的税制设计会导致税收管理的负担加重,从而增加了依法纳税的成本
    D. 定额税的效率是最佳的,在考虑到税收的平等目标时仍然适用
12. 边际税率是(　　)。
    A. 缴纳的总税收除以总收入　　　B. 增加1美元收入缴纳的额外税收
    C. 边际工人缴纳的税收　　　　　D. 总收入除以缴纳的总税收

13. 在美国,税制是( )。
    A. 累退的　　　B. 定额的　　　C. 累进的　　　D. 比例的
14. 用来判断税制纵向平等的合适税率为( )。
    A. 平均税率　　B. 边际税率　　C. 横向税率　　D. 比例税率
15. 下面哪种税会得到税收的受益原则的支持?( )。
    A. 为国防支付的累进所得税　　　B. 为道路支付的汽油税
    C. 为教育体系支付的财产税　　　D. 以上各项都是

(三) 判断正误

1. 国防支出是政府转移支付的一个例子。( )
2. 边际税率是判断某种税制在多大程度上扭曲了经济决策的一种合适的税率。( )
3. 定额税是平等的,但没有效率。( )
4. 公司承担了公司所得税的负担。( )
5. 如果支付能力相似的纳税人实际上支付的税额也相等,那么这个税制就是横向平等的。( )
6. 消费税是无效率的。( )
7. 纳税人的税收负担大于政府得到的收入。( )
8. 支付能力原则认为人们应根据他们从政府服务中得到的收益纳税。( )
9. 纵向平等主张支付能力更强的纳税人应缴纳更多税收。( )
10. 如果政府有预算赤字就意味着政府支出大于政府收入。( )

(四) 简答题

1. 定额税有效率吗?解释你的答案。为什么我们在现实世界中很少看到定额税?
2. 公司所得税真的是由公司支付吗?请解释你的答案。
3. 受益原则和支付能力原则有什么不同的地方?哪一个强调纵向平等?
4. 消费税有效率吗?请解释你的答案。
5. 横向平等是什么意义?为什么说横向平等很难用于现实世界?

(五) 应用题

1. 假设政府对第一个3万元征收20%的税,对3万元以上的所有收入征收50%的税,请填写下表:

收入(元)	缴纳的税收(元)	平均税率(%)	边际税率(%)
10 000			
20 000			
30 000			
40 000			
50 000			

2. 一些地方政府不对大米、黄油这类必需品征收销售税,另一些地方政府则征收。讨论这种免税的优点。讨论中要考虑效率和平等。

3. 举出富有的纳税人应该比贫穷的纳税人多纳税的两种观点。

（六）拓展思考题

1. 假设你与朋友对中国的税负情况进行讨论，当你们知道2013年中国人均税负约为一万元的时候，你的朋友说："如果维持政府运行需要每个人缴纳一万元的税收，那么如果我们给每个人都开出一张一万元的账单而取消复杂的税收制度，事情会变得更简单。"请问：
（1）你的朋友所建议的税收方式是哪一种类型？这种类型的税收有什么优势？
（2）税收平等的受益原则支持这种类型的税收吗？解释你的答案。
2. 把以下各项筹资计划作为受益原则或支付能力原则的例子进行分类。
（1）许多国家级自然景点的观光者要购买门票。
（2）地方财产税用于支持地方义务教育。
（3）机场信托基金会对出售的每张机票收税，并用这些钱来改善机场和空中交通控制系统。

五、习题答案

（一）术语解释

1. 边际税率：增加1美元收入所支付的额外税收。
2. 横向平等：主张有相似支付能力的纳税人应该缴纳等量税收的思想。
3. 纵向平等：主张支付能力更强的纳税人应该缴纳更多税收的思想。
4. 受益原则：认为人们应该根据他们从政府服务中得到的收益来纳税的思想。
5. 支付能力原则：认为应该根据一个人可以承受的负担来对这个人征税的思想。

（二）单项选择

1. C 2. A 3. A 4. C 5. D 6. D 7. D 8. B 9. C 10. D
11. D 12. B 13. C 14. A 15. D

（三）判断正误

1. × 2. √ 3. × 4. × 5. √ 6. × 7. √ 8. × 9. √ 10. √

（四）简答题

1.【考查要点】 税收的效率。
【参考答案】 有效率。与定额税相关的边际税率是零，因此定额税并不扭曲根据边际量做出的决策，从而没有引起无谓损失。它很少使用是因为它是累退的。
2.【考查要点】 税收归宿。
【参考答案】 不是。公司所得税向公司征收，但只有人在纳税。税收负担实际上在公司的股东、员工和顾客之间分摊。
3.【考查要点】 受益原则和支付能力原则的区别
【参考答案】 受益原则认为人们应根据他们从政府服务中得到的收益纳税。但是支付能力原则认为应根据个人所能承受的负担来对他征税。后者强调纵向平等，因为纵向平等主张支付能力更强的纳税人应缴纳更多税收。

4. 【考查要点】 税收的效率。

【参考答案】 消费税不对储蓄征税,所以他没有扭曲储蓄决策。所得税对储蓄征税,因此扭曲了储蓄决策并引起无谓损失。

5. 【考查要点】 横向平等的概念。

【参考答案】 横向平等是指主张有相似支付能力的纳税人应该缴纳等量税收的思想。这一原则面临的问题是什么因素可以决定两个纳税人是相似的。每个纳税人在许多方面不同,为了评价税收是不是横向平等,必须决定哪些差别与纳税人的支付能力是相关的,哪些是不相关的。这些相关关系的确定是复杂而困难的。它不仅涉及经济学问题,还涉及价值观问题,很难说确定的结果是否公平。

(五) 应用题

1. 【考查要点】 平均税率与边际税率。
【参考答案】

收入(元)	缴纳的税收(元)	平均税率(%)	边际税率(%)
10 000	2 000	20	20
20 000	4 000	20	20
30 000	6 000	20	20
40 000	11 000	27.5	50
50 000	16 000	32	50

2. 【考查要点】 平等与效率间的权衡取舍。

【参考答案】 从效率方面看,对大米、黄油这类必需品免税是有效率的。这类物品的交易将不会受到税收的扭曲,没有无谓损失,社会总剩余可能达到最大化。从公平方面看,穷人对这类生活必需品的支出在他们的收入总额中所占的比重大于富人,对这类物品免税,穷人受益更多,这项政策是公平的。

3. 【考查要点】 受益原则和支付能力原则。

【参考答案】 受益原则认为:人们应该根据他们从政府服务中得到的收益来纳税。通常富人从公共服务中受益多,他们应该多纳税。能力纳税原则认为:应该根据一个人所能承受的负担来对这个人征税。显然,富人的财务承受能力强于穷人,富人应该多纳税。

(六) 拓展思考题

1. 【考查要点】 各种类型税收制度的优点与不足。

【参考答案】 (1)你的朋友提出的是定额税。这是最有效率的税收,因为它的边际税率为零,因此它不扭曲激励,带来的管理负担也最小。

(2) 不支持。如果富人从警察和国防这类公共服务中得到的收益更多,那么,他们缴纳的税收也应该更多。

2. 【考查要点】 受益原则与支付能力原则。

【参考答案】 (1)属于受益原则。谁到国家级自然景点观光的次数多,谁就多支付门票费用。(2)属于支付能力原则。财产多的人多缴税,支持义务教育。(3)属于受益原则。谁乘飞机的次数多,谁就更多地享用了机场设施,谁就要多出钱来维修和改善这些设施。

第 13 章
生产成本

一、学习精要

(一) 教学目标

1. 理解总收益、总成本和利润之间的关系,掌握经济利润与会计利润之间的不同。
2. 领会生产函数的概念,掌握边际产量递减规律,学会从生产函数推导总成本曲线。
3. 掌握成本的各种衡量指标,包括固定成本与可变成本、平均固定成本与平均可变成本、平均成本与边际成本等。
4. 熟悉一个典型企业成本曲线形状,掌握这些曲线之间的公共特征和内在联系。
5. 理解短期成本和长期成本之间的关系,掌握规模经济与规模不经济等基本概念。

(二) 内容提要

本章主要介绍生产成本及其相关的各种成本曲线,第 14—17 章以这些成本曲线为基础,展开竞争市场、垄断市场、垄断竞争市场和寡头市场中企业行为的分析。

1. 什么是成本

(1) 总收益、总成本和利润。企业的目的是利润最大化,这是企业决策的依据。企业从销售其产品中得到的货币量称为总收益,即企业生产的产量乘以其出售价格。总成本相对比较复杂。经济学家眼中的企业生产成本是该企业生产其物品与服务的所有机会成本。企业的总收益减去总成本就是利润。

(2) 作为机会成本的成本。获取某种东西所需要支付的成本,就是为了得到该物品所放弃的东西,这种所放弃的东西的总和就是为了得到该物品所付出的机会成本。其中,需要企业支付货币的机会成本被称为显性成本,不需要企业支付货币的机会成本被称为隐性成本。企业经营的总成本是显性成本和隐性成本之和。

(3) 作为一种机会成本的资本成本。在企业的隐性成本中,已经投资于企业的金融资本的机会成本是非常重要的一项内容。在一点上的讨论则进一步体现了经济学家与会计师对生产成本的衡量差异。

(4) 经济利润与会计利润。由于经济学家和会计师对生产成本的不同衡量,致使利润的得出也不一样。企业的总收益减去生产所销售物品与服务的总机会成本(显性的与隐性的)是经济学家衡量企业的经济利润。企业的总收益仅仅减去企业的显性成本是会计师衡量企业的会计利润。由此我们会发现,由于隐性成本被会计师忽略,通常情况下会使得会计利润大于经济利润。

2. 生产与成本

(1) 生产函数。生产一种物品的投入量与该物品产量之间的关系被称为生产函数。在生产过程中，每增加一单位投入所引起的产量增加叫作边际产量。对边际量的考虑是一个理性人理解企业决定雇用多少工人和生产多少产量的关键。若一种投入的边际产量随着投入量的增加而减少，这种特征被称为边际产量递减。边际产量递减也反映在生产函数中。生产函数的斜率体现在每增加一个劳动投入时，企业产量的变动，即衡量一个工人的边际产量。随着工人数量的增加，工人的边际产量减少了，因此生产函数趋于平坦。

(2) 从生产函数到总成本曲线。以横轴表示产量，纵轴表示总成本，对应的数据所形成的图形被称为总成本曲线。相比较生产函数，我们会发现两者就像是一枚硬币的两面。产量的增加会使总成本曲线越来越陡峭。然而，产量的增加却使生产函数越来越平坦。导致这两种曲线的不同走势的原因却都是同一个。

3. 成本的各种衡量指标

(1) 固定成本与可变成本。从总成本的数据中，我们得出了几种相关的成本衡量指标。不随着产量变动而变动的成本称为固定成本。换句话说，企业在不生产的情况下也要发生的成本就是固定成本。与之相对应的，随着企业产量的变动而变动的成本称为可变成本。固定成本与可变成本之和就是企业的总成本。

(2) 平均成本与边际成本。由总成本的基本组成可以推演出平均总成本是平均固定成本与平均可变成本之和。换言之，总成本除以产量被称为平均总成本，用数学表示即是：平均总成本 = 总成本/产量（$ATC = TC/Q$）。同理，固定成本除以产量就是平均固定成本；可变成本除以产量是平均可变成本。平均总成本体现的是普通一单位的成本，我们能从它身上明白总成本在所生产的所有单位中平均分摊。企业改变其生产水平所影响的总成本则用边际成本来解释。额外一单位产量所引起的总成本的增加称为边际成本。书写表达式为：边际成本 = 总成本变动量/产量变动量（$MC = \Delta TC/\Delta Q$）。从边际成本上我们能知道多生产一单位产量引起的总成本变动。

(3) 成本曲线及其形状。企业的成本曲线大都具有如下三个特征：第一，随着产量增加，边际成本最终一定会上升。当产量已经相当高时，额外增加一个工人的边际产量很小，额外增加一个产品的边际成本很大。第二，平均总成本曲线是 U 形的。由于固定成本被分摊到单位的产品上，所以平均固定成本随着产量的增加而下降，平均可变成本一般随着产量的增加而增加。平均固定成本与平均可变成本之间的拉锯战使平均总成本曲线呈现为 U 形。第三，边际成本曲线与平均总成本曲线在平均总成本的最低点相交。U 形曲线的底端对应的使平均总成本最小的产量被称为企业的有效规模。只要边际成本小于平均总成本，平均总成本就下降；只要边际成本大于平均总成本，平均总成本就上升。边际成本曲线与平均总成本曲线相交于有效规模点。

(4) 典型的成本曲线。成本曲线所体现的是：在产量水平较低时，企业经历了边际产量递增，而边际成本曲线下降，之后企业开始经历边际产量递减，而边际成本曲线开始上升。边际产量这种先递增与后递减的结合使平均可变成本曲线呈现 U 形。

4. 短期成本与长期成本

(1) 短期与长期平均总成本之间的关系。首先，总成本在固定成本和可变成本之间的划分取决于时间范围。其次，企业的很多决策在短期中是固定的，但放眼长期则是可变的，所以企业的长期成本曲线不同于其短期成本曲线。长期平均总成本曲线是比短期平均总成本曲线平坦得多的 U 形曲线。同时,所有短期成本曲线都在长期成本曲线上或以上。

(2) 规模经济与规模不经济。长期平均总成本随着产量增加而减少的特性是因为规模经济。长期平均总成本随产量增加而增加的特性是因为规模不经济。规模经济的产生是因为较高产量水平允许在工人中实现专业化,专业化可以使工人更精通某一项工作。在生产水平低时,企业从扩大规模中获益正是因为更高程度的专业化可以让其获利,而且协调问题不尖锐。规模不经济的产生是由于任何一个大型组织中固有的协调问题。

5. 结论

企业的成本曲线是企业决策的依据,通过成本曲线就能发现企业是如何做出生产和定价的决策的。

(三) 关键概念

1. 总收益:企业出售其产品所得到的货币量。
2. 总成本:企业用于生产的投入品的市场价值。
3. 利润:总收益减去总成本。
4. 显性成本:需要企业支出货币的投入成本。
5. 隐性成本:不需要企业支出货币的投入成本。
6. 经济利润:总收益减总成本,包括显性成本与隐性成本。
7. 会计利润:总收益减总显性成本。
8. 生产函数:用于生产一种物品的投入量与该物品产量之间的关系。
9. 边际产量:增加一单位投入所引起的产量增加。
10. 边际产量递减:一种投入的边际产量随着投入量增加而减少的特征。
11. 固定成本:不随着产量变动而变动的成本。
12. 可变成本:随着产量变动而变动的成本。
13. 平均总成本:总成本除以产量。
14. 平均固定成本:固定成本除以产量。
15. 平均可变成本:可变成本除以产量。
16. 边际成本:额外一单位产量所引起的总成本的增加。
17. 有效规模:使平均总成本最小的产量。
18. 规模经济:长期平均总成本随产量增加而减少的特性。
19. 规模不经济:长期平均总成本随产量增加而增加的特性。
20. 规模收益不变:长期平均总成本在产量变动时保持不变的特性。

(四) 拓展提示

1. 显性成本和隐性成本之间的区别是经济学家与会计师在分析经营活动时的重要区别的一种体现。研究企业如何做出生产和定价决策是经济学家所关注的问题,决策的制定不仅仅需要考察显性成本还需要考虑隐性成本,这两种成本都是经济学家衡量企业成本时所要考虑的。然而,对会计师而言,只有出现在账本上的流入或流出的货币才是他们要考虑的,这些对应的成本是显性成本。

2. 经济学家和会计师看待"利润"的角度不同,往往在会计师看来盈利的项目在经济学家的眼中却可能不值得投资。例如,李某是某公司销售部经理,年薪 10 万元,存入银行可得利息 0.5 万元。现决定开一家便利超市,将自己所拥有的一个店面房作为超市营业用房,原店面房租收入 5 万元,还需要雇用 5 名员工,经营 1 年后,账目如下:总收入:25 万元;原材料成本:6 万元;雇员工资:3 万元;水电杂费:1 万元;总(显性)成本:10 万元;会计利润:25 - 10 = 15 万元。但是这一会计利润不能准确显示企业的经济状况,因为它忽略了隐性成本:李某提供了劳动力金融资本和店面,发生了隐性成本(放弃的收入),放弃的薪金收入:10 万元;放弃的利息收入:0.5 万元;放弃的租金收入:5 万元;总隐性成本:15.5 万元;经济利润:会计利润 - 总隐性成本 = 15 - 15.5 = -0.5 万元。可见在一个会计师看来有利可图的企业,在经济学家看来可能是无利可图。

3. 机会成本是指为了得到某种东西而所要放弃的另一些东西的最大价值;也可以理解为在面临多种选择方案的决策时,被舍弃的选项中的最高价值;从生产角度而言,还可以指企业把相同的生产要素投入到其他行业当中去可以获得的最高收益。在生活中,有些机会成本可用货币来衡量。例如,农民在获得更多土地时,如果选择养猪就不能选择养鸡,养猪的机会成本就是放弃养鸡的收益。但有些机会成本往往无法用货币衡量,例如在图书馆看书学习还是享受电视剧带来的快乐之间的选择。利用机会成本概念进行经济分析的前提条件是:资源稀缺且有多种用途,资源可以自由流动并已经得到充分利用。

4. 边际产量递减和边际成本递增是一个硬币的两面,这也说明了生产函数图形与总成本曲线的变化趋势为什么正好是相反的。更加接近现实的边际产量递减规律是,随着投入量的增加,一开始边际产量递增,但投入量增加到一定数量之后,再增加投入量,边际产量出现递减的特征。因为生产函数图形的斜率即为边际产量,又由于边际产量先增后减,因此符合更加接近现实的边际产量递减规律的生产函数图形应该是先陡峭后平坦。另一方面,由于边际产量先增后减,因此多生产一单位产量所需要增加的成本会先减少,之后越来越多,即边际成本先减后增。由于总成本曲线的斜率即为边际成本,因而总成本曲线一定是先平坦再陡峭。

5. 在短期,一部分生产要素如厂房、机器、借入资本等的投入量是固定的,不会随产量的变动而变动,这部分要素称为固定要素。购买固定要素的费用就是固定成本。固定成本按一定比例分摊记入成本。另一部分要素如劳动、原材料等的投入量随着产量的变动而变动,这部分要素称为可变要素。支付可变要素的费用就是可变成本。要素价格既定的条件下,在短期,固定成本不变,可变成本随着产量的变动而变动。

6. 长期平均成本曲线与短期平均成本曲线在最低点相切。由于规模经济或规模不经济的存在,使得长期平均成本曲线与短期平均成本曲线并不切于短期平均成本曲线的最低点。可以明确的是:首先,长期平均成本不可能高于短期平均成本。其次,因为短期平均成本曲线最低点的切线一定是水平的,我们不妨认为长期平均成本曲线是由这一个个切点附近极短的切线段衔接而成,那么,衔接出来的结果只能是水平直线,也就是规模报酬不变时的情形。当规模报酬递增或规模报酬递减时,是无法形成长期平均成本曲线的。

二、新闻透视

(一) 新闻透视 A

读研究生成本将变高　2014 年考研大军"缩水"

2014 年全国硕士研究生招生考试于 1 月 4 日开考,今年研究生考试首次取消"不超过 40 岁"的年龄限制,并规定 2014 年秋季入学的研究生将实行全面收费。江南大学考点作为无锡市唯一的考点,1 月 4 日迎来了 4 632 名考生,比去年减少近 400 人,这也是江苏省考生数最多的一个考点之一。

据了解,今年考研热的趋势有所放缓,虽然教育部还没有公开 2014 考研的总人数,但从各省公布的报名情况来看,近 20 年内,考研报名人数继 2008 年首次下降之后,2014 年或将出现第二次下降。在无锡,去年江南大学考点的考生人数达到 5 024 名,今年下降至 4 632 名,其中 1 205 人是江大本科大四学生,考研热也呈现出放缓的节奏。

研究生教育收费制度将在秋季入学时全面实行,这是否是影响考研热情的主要原因呢?山东来的大四女生小刘就是一名"弃考族",此刻她的好朋友在考场里考试,她是过来陪考的。"说不定三年后研究生更难找工作",小刘说自己也曾有过考研的打算,但如今的就业环境,又碰上研究生自费的政策,便果断放弃了。

对于下定决心考研的人来说,自费政策对自己完全没有影响。四川人周慧在天津读本科,此次报考江大设计类专业研究生。其赶来陪考的母亲告诉记者,其实女儿已经找到一份工作了,但她还是想试试考研这条路,如果考上了,那份工作要赔违约金也愿意。"我打听到这个专业读研,每年学费就要一万多元,孩子要读,做家长的一定支持。""虽然都要自费了,但是我可以争取在学校拿奖学金。"厦门大学生物学专业的一名考生认为,虽然今后读研成本会增加,但研究生奖助政策力度也将同时加大,她可以用奖学金来弥补部分研究生学费。

今年研究生考试还首次取消了"不超过 40 岁"的年龄限制。当上午的考试结束铃声响起,考生们纷纷走出考场时,记者在人群中捕捉到了几个稍显沧桑的面孔。程先生今年刚好 40 周岁,一踏出考场,他的老婆和女儿便迎了上去。大学毕业至今,程先生换了三份工作,为了能在职位上得到更好的提升,他报考了江大软件类专业的研究生。"第一次考研,有点紧张",程先生说。老婆则鼓励他要有信心,下午继续好好考。

39 岁的顾先生因为工作需要也加入了今年的考研大军,他在无锡某外企担任生产管理方面的工作已经 15 年了。"上午的卷子有一半没来得及做,跟大学生比起来,确实在逻辑反应能力上比较差。"顾先生说,自己没怎么复习,基本属于"裸考",由于自己英语还行,希望能在下午的英语考试上拉回些分数。顾先生表示,随着国家对报考者年龄一般不超过 40 周岁规定的取消,应该会有越来越多像他一样的大龄考生走上考场,据他透露,自己所在考场就有个 46 岁的考生。

根据教育部新闻办公室官方微博教育权威数据显示,2014 年全国硕士研究生招生考试报名人数为 172 万,比 2013 年减少 4 万人;其中专业学位硕士报名人数 68 万,比 2013 年增加 9 万人。

资料来源:无锡商报,2014 年 1 月 5 日。

【关联理论】

获取某种东西是需要支付成本的,这个成本就是为了得到该物品所放弃的东西。这种所放弃的东西的总和就是为了得到该物品所支付的机会成本。在经济学中,机会成本是指当把一定的经济资源用于生产某种产品时放弃的生产另一些产品的最大收益。机会成本的概念不仅在企业决策时需要考虑,在我们的日常生活中也有很广泛的应用。

【新闻评析】

机会成本是经济学原理中的一个重要概念,指的是当把一定的经济资源用于生产某种产品时放弃的生产另一些产品的最大收益。在在新投资项目的可行性研究或者新产品开发中,乃至我们进行日常生活决策或人生抉择中,都存在机会成本问题。它为正确合理的选择提供了逻辑严谨、论据有力的答案。在进行选择时,力求机会成本小一些,是经济活动的最重要准则之一。

到底是否选择考研,就可以运用机会成本的概念来加以分析。从机会成本的角度来看,考研及读研的全部成本除了这个过程中的所有花费之外,还包括不读研而参加工作所带来的收入和所积累的工作经验及资本,经验花费的时间成本,以及可能获得的发展机会等。首先,假如一个应届本科毕业生考研的花费一般在1 000—4 000元,如果是自费读研,3年起码要花费3万元的费用,而少参加工作3年的"经济损失"至少有6万元。换言之,选择读研至少要付出10万元的机会成本,没考上再考,这一块的机会成本还会增大。其次,从时间成本看,毕竟本科毕业后读研究生的3年是人生中一段黄金时间,在就业总量有限的情况下,"先据要路津"即通常所说的"占位子"很重要。投入时间成本,不一定能够换来更多更好的机会,往往是错过了很多不错的发展机会。对于女生来说,年龄的增加更是一个必须考虑的问题,包括工作几年内可能就要结婚生育,用人单位肯定会有各种各样的考虑,这些都是非常现实的问题。此外,从心理成本看,读研究生的知识要比本科更集中到某一个专业领域,来自社会、家庭及自身的压力很大,对自己的期望值也会更高,造成心理成本投入太大。而本科生就像一个"原材料",心态比较务实,干什么都能接受,而且上手很快。只要我们从经济学角度考虑这个问题,就会发现读研的全部成本比我们通常意义上的理解要大得多。

从总体上说,现在社会对高学历人才的需求是增长的,但是对于学生而言,需要考虑自己在教育上的投入产出。按经济学观点,预算成本有两种意义:一是衡量支付能力;二是预测成本收益。考研人数减少既有客观原因,也有主观原因,客观上与国家对研究生招生规模的控制有一定关系,主观上与考生个人不同就业心态有关。但总的来说,从"一窝蜂"考研到仔细考量读研的效果,表明考生对接受研究生教育的选择趋于合理,也说明社会对学历与能力之间的关系看法更趋理性。从以上新闻的分析可以发现,使用机会成本的概念可以比较准确地从社会观点反映把有限的资源用于某项经济活动的代价,从而促使人们比较合理地分配和使用资源。

(二) 新闻透视 B

"东南亚制造"尚难取代"中国制造"

(新华网2014年3月11日电)"订单东南飞",中国一些劳动密集型企业担忧,纺织品等领域的"中国制造"正在向东南亚国家转移。不过,业内人士认为,所谓新兴市场的竞争对手带来的威胁大部分被夸大了。在电子产品、高级技术及中等技术零件制造方面,"中国制造"正在获得更高的市场份额。

刚刚闭幕的华东进出口商品交易会以及中国 2 月份的外贸数据显示,不断上升的人力成本和人民币汇率波动使得中国在劳动密集型产品,尤其是纺织品方面,损失了部分市场份额。

中国 2 月份出口大幅下降,单月贸易逆差为 229.9 亿美元。中国商务部国际贸易经济合作研究院国际市场研究部副主任白明则指出,订单"出走"也是拖累 2 月份出口的一大因素。"近年来,鉴于中国制造成本升高,外资出走中的大部分为制造业,自然也分流了部分订单。"

一些企业的反馈也表明,随着用工成本上升、原材料和土地价格上涨、人民币不断升值,不少投资者将目光投向用工成本更低的东南亚,"订单东南飞"的趋势在纺织领域尤为明显。

舜天集团多年承接了韩国衣恋集团和日本优衣库等大牌企业的生产业务。公司业务开发部经理徐陶告诉记者:"上述两大服装品牌正逐步地把部分订单往东南亚转移,那里工人的工资比国内要低很多。"不过,孟加拉国和柬埔寨的安全性和稳定性也让投资方却步。"这些国家无论是在硬件还是软件方面,都处于欠发达阶段。跨国企业不得不重新考虑在这些地区的扩张计划。"星展银行经济师卢明俐坦言:"关于孟加拉国和柬埔寨会替代'中国制造'的说法现在看来还比较牵强。"

由于中国人工成本增加,外国投资者正在采取"中国加一"的策略,使其产品的生产基地多样化。积极的方面是,面对外部的竞争,中国的制造业已不再限制于低附加值的产品。在电子产品、高级技术及中等技术零件制造方面,中国正在获得更高的市场份额。目前,机械设备是中国向美国运输的制造品中最大的一个类别。整体而言,中国出口在资本集中水平和技术复杂性上都增加了。

上海康拜环保科技有限公司以出口高强度农作物合成板成套设备为主,公司拥有两大著名国际品牌及四项国际专利的使用权,在细分行业已经成为国际龙头。公司总经理刘国建告诉记者:"几年前,公司从英国购买了技术,引入国内进行研发和改造,将整套设备成本降低了一半,因此市场需求非常大。""低附加值制造比重逐渐下降是比较优势发展的自然结果,中国在邻国挤进低附加值的市场之前,提高了自身产业链的附加值,这令人备受鼓舞。"

资料来源:有之炘,新华网,2014 年 3 月 11 日。

【关联理论】

评价一个企业的投资决策是否最优,需要对显性成本和隐性成本进行多方位的全面考核。企业的生产成本中包括该企业生产其物品与服务的所有机会成本,企业生产的一些机会成本需要货币支出,我们把它叫作显性成本,而也有一些机会成本则不需要支出货币,我们把它叫作隐形成本。

【新闻评析】

企业的目标是什么?企业的目标是实现利润最大化。而利润=总收益-总成本。其中,企业从销售其产品中得到的货币量称为总收益,企业为购买投入品所支付的货币量称为总成本。相对于总收益而言,总成本的衡量与计算较为复杂。经济学家认为企业的生产成本包括生产其产出的所有机会成本,既包括显性成本,又包括隐形成本。

显性成本是指厂商在生产要素市场上购买或租用所需要的生产要素的实际支出,即企业支付给企业以外的经济资源所有者的货币额。例如支付的生产费用、工资费用、市场营销费用等,因而它是有形的成本。一些直观的显性成本能直接体现在财务账本上,很容易引导企业的投资决策。而隐性成本是厂商本身自己所拥有的且被用于企业生产过程的那些生产要素的总价格，是一种隐藏于企业总成本之中、游离于财务审计监督之外的成本，是由于企业或员工的行为而有意或者无意造成的具有一定隐蔽性的将来成本和转移成本，是成本的将来时态和转嫁的成本形态的总和，如管理层决策失误带来的巨额成本增加，领导的权威失灵造成的上下不一致、信息和指令失真、效率低下等。此外，额外的市场风险等均可以看作是隐性成本大小的关键决定因素。因而相对于显性成本来说，隐性成本不仅隐蔽性大，而且难以避免且不易量化。

但是评价一个企业的投资决策是否最优，需要对显性成本和隐性成本进行多方位的全面考核。正如上述材料中的衣恋和优衣库的服装生产线，若搬到东南亚，因为东南亚国家具有成本优势，所以在劳动力成本上会得到一定的改善。但是部分东南亚国家在供应链上不成熟，不可避免地会产生将原材料和半成品从中国运输到这些国家的额外交通成本，以及社会安全性和稳定性上的不确定，也会导致额外的成本开销。而中国虽然劳动力成本上升，但是社会稳定，而且衣恋和优衣库这些服装品牌商的主要消费市场还是在中国。所以，正如材料所说："关于孟加拉国和柬埔寨会替代'中国制造'的说法现在看来还比较牵强。"因此，关于企业生产地点转移等重大抉择必须全面考虑和衡量所有相关成本因素，否则就可能得出错误的结果。

(三) 新闻透视 C

新闻片段 1：揭秘亚马逊股价繁荣的背后：关注经济利润

据美国《财富》杂志 12 月 24 日报道，当下媒体中所盛行的股市故事便是"亚马逊的股价之谜"。亚马逊的股价不断创下历史新高，但美国《纽约时报》、《大西洋月刊》、《石板》杂志、彭博等指出，亚马逊并没有取得可观的收入，并且在第三季度季中惨遭亏损。不过，亚马逊股价突破 400 美元再创新高。

虽然亚马逊的每股收益(EPS)近三年一直在下降，但这对投资者而言并不是最重要的。研究表明，投资者最关心的是经济利润，但这一项却并不包含在财务报告中。经济利润包括了一个企业所需的所有资本成本，投资者希望看到有增长潜力的经济利润，只把 EPS 视为注脚。而自 2000 年以来，亚马逊的经济利润就一直增长良好。

会计规则要求，花在研发和广告上的钱必须完全从利润中扣除，而企业人都知道，这样的支出是真正的投资，并且将在投资过程中得到回报。所以在计算经济利润时，研发和广告花销被视为资本支出，并分别在五年和三年中摊销。

亚马逊的 CEO 杰夫·贝索斯在过去五年中将用于研发和广告的资金涨了六倍，在会计规则下，这些大量的支出会严重减少 EPS，但在经济利润中却影响很小，正如 EVA Dimensions 创始人贝内特·斯图尔特的解释，亚马逊正在"加速无形资产投资以及自营能力和品牌实力，以提升其长期价值"。

资料来源：揭秘亚马逊股价繁荣的背后：关注经济利润，网易网，http://money.163.com/13/1225/14/9GURHUTP00254TI5.html，2013 年 12 月 25 日。

新闻片段 2：众谈种猪企业的成本控制

2014 年 3 月 25 日，首届中国种猪营销峰会暨"金猪奖"颁奖典礼在长沙召开，峰会主题为种猪营销"微时代"破局与创新,在下午进行的互动论坛上,台湾福昌集团董事长杨正宏、广西柯新源集团总裁杨厚德、正邦集团农牧产业集团副总裁兼加美公司总经理马新民、佳和农牧有限公司总经理李朝阳、上海祥欣畜禽有限公司总经理韩雪峻、美国谢福种猪基因总裁克莱德·谢福等国内外多家核心育种企业负责人在论坛上围绕"种猪企业的成本"话题,进行了深入探讨。

低迷行情下种猪企业更应做好售后服务

当前养猪行情低迷,种猪企业也不免受到影响。说到应对措施,杨厚德认为,应该把更多精力放到售后服务这一块来,帮助客户提高生产指标,降低生产成本。杨厚德说:"在低迷行情下,种猪的需求也在大规模下降,很多商品猪场购买种猪的计划已经全部或部分取消,在这种情况下,种猪企业的应对措施,也就是在销售这一块尽量少投入一点。目前在柯新源,一个销售人员一年的开支在50万元到80万元之间,应对行情低迷的情况,我们只有做到少投入。如果把大量的人力、精力、物力投入到种猪市场上面,对种猪企业来说,可以说是雪上加霜。现在,我们业务人员主要精力还是放在售后服务这一块,帮助引种企业解决生产方面的困难,另外,服务以前的客户也很重要。"

种猪企业要注重优化人力成本

很多业内人士认为,种猪企业对人力资源成本控制没有足够重视。致使企业人力资源成本长期居高不下,严重影响了企业的经济效益。对此,参会论坛嘉宾也深有感触。李朝阳在谈到种猪企业人力成本的控制上首先说到:"人力成本的问题是个老大难问题,第一是人难招,第二是人力成本的价格也越来越高,所以我们谈到用有限的人力成本去发挥更大的效益。在人力成本的优化上,团队的建设非常重要,首先是要选择合适的员工,否则会造成人力成本的浪费;其次要重视员工的培训,如技能的培训、企业文化的培训,反之团队就会失去战斗力。再次是薪酬设计要科学,考核机制要发挥作用,发挥功效,绩效考核要在猪场做好,非常不容易。"

注重数据管理在成本控制中的重要性

谈到企业成本控制,绝大部分种猪企业都会想到采取强化内部管理降低成本的办法,因而数据化精益管理的优势就凸显出来。国外的种猪企业在这方面已经远远走在中国前面,那么他们到底精细化哪个地步了呢?克莱德首先说道,在美国,数据的记录在生猪饲养过程中非常重要,早在20世纪80年代,美国就开始记录种猪的各种数据。数据的记录对种猪场的生产抉择至关重要,比如说,在育肥车间,一头种猪的数据记录,可以告诉饲养员一头猪大概吃多少,能长多块,都可以通过这些数据来进行饲养。另外,通过数据可以知道种猪喂养的饲料消耗量是多还是少,并且能够找到问题的症结。

资料来源:沐风,众谈种猪企业的成本控制,猪场动力网,http://www.powerpigs.net/news/201403/3315.html,2014年3月31日。

【关联理论】

企业的总收益减去生产所销售物品与服务的总机会成本(显性的与隐性的)是经济利润,企业的总收益仅仅减去企业的显性成本是会计利润,两者之间的联系与区别常常是影响企业制定未来策略的重要原因。经济学家眼中的经济利润常常低于会计师眼里的会计利润,但也可能出现例外。成本控制是企业根据一定时期预先建立的成本管理目标,由成本控制主体在其职权范围内,在生产耗费发生以前和成本控制过程中,对各种影响成本的因素和条件采取一系列预防和调节措施,以保证成本管理目标实现的管理行为。成本控制是企业实现利润最大化的重要环节。

【新闻评析】

企业的目标是利润最大化。企业从销售其产品中得到的货币量称为总收益,企业为购买投入品所支付的货币量称为总成本,而利润=总收益-总成本。总收益的衡量比较简单,总成本的计算较为复杂。经济学家认为企业的生产成本包括生产其产出的所有机会成本,即显性成本和隐形成本之和。而会计师衡量的总成本只包括显性成本。因此,会计利润和经济利润的计算公式分别是:会计利润=总收益-显性成本;经济利润=总收益-所有机会成本。在分析企业经营决策时,经济利润是一个非常重要的因素。因为经济利润是企业供给物品与服务的动机。要使企业继续经营即企业有利可图,经济利润需为正或者至少为零。非负的经济利润则说明该企业的总收益弥补了全部机会成本,这个成本包括显性成本和隐性成本。相反,若企业的经济利润为负,企业就出现了经济亏损,如果没有改变条件,该企业最后就只有倒闭退出该行业的结局。

经济利润,而不是会计利润,是企业供给物品与服务的动机,衡量一个企业是否值得投资的最重要的因素是经济利润的多少。正是由于对隐性成本的忽略,使得会计利润往往高于经济利润,但这种情况可能出现例外吗?答案是肯定的。在新闻片段1中,亚马逊看似在直接货币使用上很多,使得财务报表不是很漂亮,但是这些为长远目标投入的成本开销未来带来的价值却将会远远大于眼前的利益损失。也就是说,一旦在总收益中把企业的生产成本以及花在研发和广告上的费用全部当作显性成本一次性完全扣除之后,亚马逊的会计利润数据可能并不理想。但是如果把研发和广告花销视为资本支出,并分别在五年和三年中摊销,最终算得的经济利润数据可能反而比会计利润高,但这一项却并不包含在财务报告中。考虑到有增长潜力的经济利润,亚马逊仅仅把每股收益视为注脚,投资者的这一反应也就不难理解了。

在企业实现利润最大化过程中,成本控制处于极其重要的地位。成本控制的过程是运用系统工程的原理对企业在生产经营过程中发生的各种耗费进行计算、调节和监督的过程,也是一个发现薄弱环节、挖掘内部潜力、寻找一切可能降低成本途径的过程。科学地组织实施成本控制,可以促进企业改善经营管理,转变经营机制,全面提高企业素质,使企业在市场竞争的环境下生存、发展和壮大。控制成本是每一个企业主都要考虑的问题,在新闻片段2中,低迷行情下种猪企业通过改善售后服务,注重优化人力成本及营销成本,改良人力资源薪酬制度,使得劳动力成本发挥了尽可能大的作用,并注重数据管理在成本控制中的重要性,从而增加企业附加值。此外,种猪行业高科技工具的使用,则是将所有的成本数据放到一个可控制的环境中,随时掌握固定成本与可变成本在长短期企业策略运行中的变化,从而为企业实现利润最大化目标服务。

三、案例研究

(一)案例研究 A

王永庆的成功之路——规模经济

台塑集团老板王永庆被称为"主宰台湾的第一大企业家","华人经营之神"。王永庆不爱读书,小学时的成绩总在最后10名之内,但他吃苦耐劳勤于思考,终于成就了一番事业。王永庆大概也没有读过什么经济学著作,但他的成功之路却与经济学原理是一致的。

王永庆的事业是从台塑生产塑胶粉粒PVC开始的。当时每月仅产PVC100吨,是世界上规模最小的。王永庆知道,要降低PVC的成本只有扩大产量,所以扩大产量、降低成本,打入世界市场是成功的关键。于是,他冒着产品积压的风险,把产量扩大到1 200吨,并以低价格迅速占领了世界市场。王永庆的成功正在于他敢于扩大产量,当时台塑产量低是受台湾市场需求有限的制约。王永庆敏锐地发现,这实际陷入了一种恶性循环:产量越低成本越高。打破这个循环的关键就是提高产量,降低成本。当产量扩大到月产1 200吨时,可以用当时最先进的设备与技术,成本大幅度下降,就有进入世界市场、以低价格与其他企业的竞争能力。

近年来,全世界掀起一股企业合并之风。企业合并无非是为了扩大规模,实现最适规模。合并之风最强劲的是汽车、化工、电子、电信这些产量越多,收益增加越多的行业。世界500强企业也以这些行业居多。对这些行业的企业而言,"大的就是好的"。但千万别忘了《红楼梦》中王熙凤的一句话:"大有大的难处。"一个企业大固然有许多好处,但也会引起一些问题。这主要是随着企业规模扩大,管理效率下降,管理成本增加。一个大企业也像政府机构一样会滋生官僚主义。同时,企业规模大也会缺乏灵活性,难以适应千变万化的市场。所以,"大就是好"并不适用于一切企业。当企业规模过大引起成本增加、效益递减时就存在内在不经济,发生规模收益递减。对那些大才好的企业来说,要特别注意企业规模大引起的种种问题,王永庆在扩大企业规模和产量的同时,注意降低建厂成本、生产成本和营销成本,并精减人员,提高管理效率。这对他的成功也很重要。对那些未必一定要大的轻工、服务类行业的企业来说,"小的也是美好的"。船小好调头,在这些设备、技术重要性较低,而适应市场能力较强的企业中,就不要盲目追求规模。甚至有些大企业也因管理效率差而拆分,美国IBM公司就曾一分为三。

王永庆不爱读书而成功并不是规律。对更多的企业家来说,读一点经济学,按经济规律办事还是可以事半功倍的。所以,王永庆让他儿子到美国学习。

资料来源:梁小民,王永庆的成功之路——规模经济,微观经济学纵横谈,2000年。

【关联理论】

长期平均总成本随着产量增加而减少的特性是因为规模经济。在产量水平低的时候,企业往往有规模经济。长期平均总成本随产量增加而增加的特性是规模不经济。在产量水平高的时候,企业往往规模不经济。长期平均总成本随产量增加而保持不变的特征是规模收益不变。

【案例解剖】

王永庆扩大产量、降低成本的做法正好符合经济学中的规模经济原理。规模经济是说明各种生产要素增加,即生产规模扩大对产量或收益的影响。当生产规模扩大的比率小于产量或收益增加的比率时,就是规模收益递增。当生产规模扩大的比率大于产量或收益增加的比率时,就是规模收益递减。当这两种比率相等时,则是规模收益不变。

企业生产规模变动对产量或收益的正面影响可以用规模经济理论加以解释。规模经济实质上可以看作是一个企业规模扩大时由自身内部引起的效率提高或成本下降。这种效率的提高主要来自三个方面:第一,可以利用更先进的专业化设备,实现更精细的分工,提高管理效率,从而使每单位产品的平均成本下降。特别应该强调的是,许多大型专用设备只有在达到一定产量水平时才能使用,这些设备的使用会使平均成本大幅度下降。或者说,只有在达到一定产量水平时,平均成本才能最低。第二,规模大的企业有力量进行技术创新,而技术创新是提高效率、降低成本的重要途径。第三,大批量销售不仅在市场上具有垄断力量,足以同对手抗衡,而且降低了销售成本。王永庆的成功正在于他敢于扩大产量,实现规模收益递增。当一个企业的产量达到平均成本最低时,就充分利用了规模收益递增的优势,或者说实现了最适规模。应该说,不同行业中最适规模的大小是不同的。一般而言,重工业、石化、电力、汽车等行业的最适规模都很大。这是因为在这些行业中所用设备先进、复杂,最初投资大,技术创新和市场垄断程度都特别重要。王永庆经营的化工行业正属于这种最适规模大的行业,所以,规模的扩大带来了收益递增。

但是企业在发展的时候也不要一味贪大,因为"大有大的难处",大企业或许会导致规模不经济。根据经济学原理,当企业产量水平低时有规模经济,产量处于中等水平时规模收益不变,在产量水平高时有规模不经济。规模经济的产生是因为较高的产量水平允许在工人中实现专业化,而专业化可以使工人更精通某一项工作从而提高效率。规模不经济的产生则是由于任何一个大型组织中固有的协调问题,这主要是随着企业规模扩大,管理效率下降,管理成本增加。同时,企业规模大也会缺乏灵活性,难以适应千变万化的市场。所以,"大就是好"并不适用于一切企业。这是企业在发展过程中尤其要注意的地方。其实企业并不是一味求大或求小,而是以效益为标准。那种盲目合并企业,以追求进500强的做法往往事与愿违。绑在一起的小舢舨绝不是航空母舰。王永庆的成功不在于台塑大,而在于台塑实现了规模收益递增的最优规模。

(二) 案例研究 B

自制还是外购

宏泰公司是一家生产家电的企业,在零件自制还是外购决策中碰到一个权衡取舍的问题。该企业生产中每年需用 A 部件 8 000 只,它既可以利用一台闲置的设备自制,自制时发生边际生产成本,每只 90 元;也可以外购,外购该零件每只进价 100 元,但外购时可将此闲置设备出租,每年租金 10 万元,请问是自制还是外购合算?

【关联理论】

选取某方案的机会成本是被放弃方案可以获得的收益。在两个方案决策中,比较两个方案的总成本大小,当某方案的总成本(包括机会成本在内)大于另一方案的总成本时,则该方案较差而另一方案较优。

【案例解剖】

本案例的决策方法是比较两个方案的总成本大小。总成本小者为优。如果采用自制方案,除了发生边际生产成本外,还由于闲置设备的使用,失去了将其出租的可能。如果采用外购,则可以将此闲置设备出租,获取每年 10 万元租金。因此设备租金是自制方案的机会成本。因此,可列式计算两方案的总成本。

自制方案总成本:

    边际生产成本: 8 000 × 90 = 720 000 元

    机会成本: 100 000 元

    合计总成本: 820 000 元

外购方案总成本：8 000×100＝800 000 元

由于外购方案总成本低于自制方案总成本，因此以外购方案为好。

（三）案例研究 C

马尔萨斯观察与边际报酬递减规律

经济学家马尔萨斯(1766—1834)《人口论》得出了一个著名论断：随着人口的膨胀，越来越多的劳动耕种土地，地球上有限的土地将无法提供足够的食物，最终劳动的边际产出与平均产出下降，但又有更多的人需要食物，因而会产生大的饥荒。马尔萨斯观察的一个主要依据便是边际报酬递减定律。

在马尔萨斯看来，世界人口增加比例会大于食物供给增加比例。除非能够说服人们少要孩子——马尔萨斯并不相信人口可以由此得到控制——否则饥荒将在所难免。根据他的分析，在土地供给数量和人口增加的条件下，每个额外生产者耕作的土地数量不断减少，他们所能提供的额外产出会下降；这样虽然食物总产出会不断增加，但是新增农民的边际产量会下降，因而社会范围内人均产量也会下降。

幸运的是，历史证明马尔萨斯的悲观预言并没有变为现实。20 世纪以来科学技术发展的突飞猛进及其在农业生产领域的广泛应用，极大地改变了许多国家（包括发展中国家，如印度）的食物生产方式，劳动的平均产出因而上升。这些进步包括高产抗病的良种，更高效的化肥，更先进的收割机械。在第二次世界大战结束后，世界上总的食物生产的增幅总是或多或少地高于同期人口的增长。粮食产量增长的源泉之一是农用土地的增加，但这并不是粮食产量增长的最大动力。例如，1961—1975 年，非洲农业用地所占的百分比从 32％上升至 33.3％，拉丁美洲则从 19.6％上升至 22.4％，在远东地区，该比值则从 21.9％上升至 22.6％。但与此同时，北美的农业用地则从 26.1％降至 25.5％，西欧由 46.3％降至 43.7％。显然，粮食产量的增加更大程度上是由于农业技术的改进，而不是农业耕种土地面积的增加。

资料来源：卢锋，经济学原理(中国版)，北京大学出版社，2002 年。

【关联理论】

经济生活中投入与产出之间存在一个重要规律：边际收益递减规律。这一规律表示，给定技术水平和其他投入不变的条件，某一投入不断增加所带来的边际产量最终会越来越小。边际收益递减规律发生作用的一个重要原因，在于不同投入对产量发生影响，在客观上依赖它们之间的互补性关系。

【案例解剖】

在马尔萨斯生活的时代，工业化进步尚未提供成熟的可以替代耕地的农业技术，如果该技术成为可能，就能够大幅度提高单位耕地面积亩产，克服人多地少、食物生产边际收益递减带来的困难。从实证分析角度看，马尔萨斯的理论建立在边际收益递减规律基础之上，对于观察工业化特定阶段的经济运行矛盾具有历史认识价值。

换言之，如果没有现代替代耕地的农业技术的出现和推广，如果没有外部输入食物或向外部输出人口的可能性，英国和欧洲一些国家的工业化确实会面临马尔萨斯陷阱所描述的困难。马尔萨斯观察暗含了农业技术不变与人均占有耕地面积下降这两点假设条件。如果实际历史和社会经济状况满足或接近这两个条件，马尔萨斯陷阱作为一个条件预测是有效的。

例如,这一点对于认识中国经济史上某些现象具有分析意义。在我国几千年传统农业历史时期,农业技术不断改进,但没有突破性进步;在没有战乱和大范围饥荒的正常时期,人口长期增长率远远高于耕地面积增加速度。由于越来越多的人口不得不在越来越小的人均耕地面积上劳作,劳动生产率和人均粮食产量难免下降。这一基本经济面的边际收益递减规律作用,加上其他一些因素(如制度因素导致的分配不平等、外族入侵等)影响,可能是我国几千年传统农业社会周期振荡的重要原因。

然而,马尔萨斯结论作为一个无条件预测是错误的。近现代世界经济史告诉我们,过去200多年间,农业科学技术不断取得革命性突破,与马尔萨斯生活的时代相比发生了根本性变化,与他暗含的假设条件完全不同。化肥、机械、电力和其他能源、生物技术等现代技术和要素投入,极大地提高了农业劳动生产率,使农业和食品的增长率显著超过人口增长。从历史事实看,马尔萨斯理论是对边际收益规律的不适当运用。如果说马尔萨斯当年分析还有某种历史认识价值,那么形形色色的现代马尔萨斯预言则是完全错误的。

理解边际收益递减规律这一经济学规律应注意以下三点。第一,如同自然科学规律一样,边际收益递减规律具有普遍适用的一般性。由于地心引力作用,水总是由高向低流动,这一规律独立于经济制度或其他社会条件。边际收益递减规律作用同样独立于不同社会制度、价值标准和意识形态。无论是什么经济制度,在其他投入不变时持续增加某种投入,终究会出现边际收益递减的结果。第二,边际收益递减规律表述包含"技术水平"不变的限制条件。从长期看,技术进步能够改变生产函数,使得同样的劳动投入带来更多产出。从历史经验看,近现代农业科技进步,大大提高了农业劳动边际产量。由于从长期看技术进步具有加速性质,因而农业劳动投入在长期内可能带来不断增加的边际产出。然而劳动随着技术进步在大跨度历史时期带来不断上升的边际产量,与短期内边际收益递减规律作用,二者并不矛盾。边际收益递减规律是指在给定技术条件下某个单位投入要素增加发生边际收益递减,因而往往是指经济学短期时间范围内发生的现象,而技术进步通常只有在长期才能发生作用。第三,这一规律表述有"最终"二字作修饰条件。也就是说,某一种投入边际并非自始至终递减,它可能在一定范围内呈现增加趋势。为什么会发生边际收益递增?一个原因是边干边学提高了效率。例如,随着工作时间增加,工人对于某种工作任务变得更加熟悉,由于熟能生巧,或者由于改进了操作方式,劳动边际产量上升。另一种可能原因是某种投入数量增加导致投入方式或结构改变。例如,工人进行挖沟作业,当资本投入增加到一定规模时,可以利用挖土机作业,资本边际生产能力有可能得到提高。然而,边际收益递增趋势或迟或早会到达一个数量临界点,此后边际收益会递减。

四、课外习题

(一) 术语解释

1. 利润
2. 显性成本
3. 边际产量
4. 可变成本
5. 规模经济

(二) 单项选择

1. 假如厂商生产的产量从1 000单位增加到1 002单位,总成本从2 000美元上升到2 020美元,那么它的边际成本等于(　　)。
   A. 10美元　　　　B. 20美元　　　　C. 2 020美元　　　D. 2美元

2. 下面哪一项是正确的?(　　)。
   A. 当边际成本大于平均成本时,平均成本下降
   B. 当边际成本小于平均成本时,平均成本上升
   C. 当平均成本最大时,边际成本等于平均成本
   D. 当平均成本最低时,边际成本等于平均成本

3. 如果连续地增加某种生产要素,在总产量达到最大时,边际产量曲线(　　)。
   A. 与纵轴相交　　　　　　　B. 经过原点
   C. 与平均产量曲线相交　　　D. 与横轴相交

4. 一个农场雇用工人的工作时间从7 000小时增加到8 000小时,小麦产量从140 000蒲式耳增加到155 000蒲式耳,则额外一小时的边际产量是(　　)。
   A. 5　　　　　　　B. 10　　　　　　C. 15　　　　　　D. 20

5. 微观经济学中短期与长期的划分取决于(　　)。
   A. 时间长短　　　　　　　　B. 企业可否调整生产规模
   C. 企业可否调整产量　　　　D. 企业可否调整产品价格

6. 下图是一个厂商的长期平均成本曲线,假设要素同比例变化,BC段表示(　　)。

   A. 规模经济　　　　　　　　B. 规模收益不变
   C. 规模不经济　　　　　　　D. 无法确定

7. 随着产量的增加,短期平均固定成本(　　)。
   A. 增加　　　　　　B. 不变　　　　　C. 减少　　　　　D. 不能确定

8. 下列说法中正确的是(　　)。
   A. 只要总产量增加,边际产量一定增加
   B. 只要边际产量减少,总产量一定减少
   C. 边际产量曲线必定交于平均产量曲线的最高点
   D. 只要边际产量减少,平均产量也一定要减少

9. 当其他生产要素不变,而一种生产要素连续增加时,(　　)。
   A. 总产量会一直增加　　　　B. 总产量会一直减少
   C. 边际产量会一直增加　　　D. 边际产量会有一最大值

10. 某厂商每年从企业的总收入中取出一部分作为自己管理企业的报酬,这部分报酬属于(　　)。
    A. 显性成本　　　　B. 隐性成本　　　C. 经济利润　　　D. 正常利润

11. 企业购买生产要素所引起的成本为(　　)。
    A. 显性成本　　　B. 隐性成本　　　C. 固定成本　　　D. 机会成本
12. 边际成本曲线达到最低时(　　)。
    A. 边际产量最大　　　　　　　B. 平均可变成本最小
    C. 总成本最大　　　　　　　　D. 平均成本最小
13. 短期内,在每一产量上的边际成本值应该(　　)。
    A. 是该产量上的总可变成本曲线的斜率,但不是该产量上的总成本曲线斜率
    B. 是该产量上的总成本曲线的斜率,但不是该产量上的总可变成本曲线斜率
    C. 既是该产量上的总成本曲线的斜率,又是该产量上的总可变成本曲线斜率
    D. 以上都不对
14. 对经营者而言,(　　)投入最有可能是一个企业的固定成本。
    A. 电费　　　　B. 材料费　　　　C. 办公设备　　　　D. 工资支付
15. 当雇用第7个工人时,每周产量从100单位增加到110单位,当雇用第8个工人时,每周产量从110单位增加到118单位,这种情况是(　　)。
    A. 边际产量递减　　　　　　　B. 边际成本递减
    C. 规模收益递减　　　　　　　D. 边际效用递减

(三) 判断正误

1. 总收益等于企业出售其物品所得到的货币值。(　　)
2. 支付给工人的工资和薪水是生产的隐性成本的例子。(　　)
3. 如果总收益是100美元,显性成本是50美元,隐性成本是30美元,那么会计利润等于50美元。(　　)
4. 如果有隐性成本,会计利润将大于经济利润。(　　)
5. 当一个生产函数变得平坦时,边际产量增加。(　　)
6. 如果一个企业在同等规模的工厂内雇用更多工人,它最终会经历边际产量递减。(　　)
7. 如果一个企业的生产函数表现出边际产量递减,相应的企业总成本曲线将随产量扩大而变得平坦。(　　)
8. 固定成本加可变成本等于总成本。(　　)
9. 平均总成本是总成本除以边际成本。(　　)
10. 当边际成本低于平均总成本时,平均总成本必定下降。(　　)

(四) 简答题

1. 经济利润与会计利润的区别是什么?
2. 请解释生产函数和总成本曲线之间的关系。
3. 企业管理人员的薪水是固定成本还是可变成本? 为什么?
4. 在典型的企业中,边际成本曲线的形状是什么样的?
5. 一个企业在规模收益不变的区域运营。如果企业扩大生产,短期中平均总成本会发生什么变动? 为什么? 长期中平均总成本会发生什么变动? 为什么?

（五）应用题

1. 假定某企业的短期成本函数是 $TC(Q) = Q^3 - 10Q^2 + 17Q + 66$。
   （1）指出该短期成本函数中的可变成本部分和固定成本部分；
   （2）写出下列相应的函数：$TVC(Q)$、$AC(Q)$、$AVC(Q)$、$AFC(Q)$ 和 $MC(Q)$。

2. 假设某产品生产的边际成本是 $MC = 3Q^2 - 8Q + 100$，若生产 5 单位产品时总成本是 595，求总成本函数、平均成本函数、可变成本函数以及平均可变成本函数，并作图表示典型的总成本曲线、平均成本曲线、平均可变成本曲线、边际成本曲线之间的关系。

3. 营业性渔民注意到了下列钓鱼时间与钓鱼量之间的关系：

小时	总产量（磅）
0	0
1	10
2	18
3	24
4	28
5	30

   （1）用于钓鱼的每小时的边际产量是多少？
   （2）用这些数据画出渔民的生产函数。解释其形状。
   （3）渔民的固定成本为 10 美元（钓鱼竿），他每小时时间的机会成本是 5 美元。画出渔民的总成本曲线。解释它的形状。

4. 根据下表中某企业既定成本数据推算其他数据。

Q	FC	VC	TC	AFC	AVC	AC	MC
0		0					
1		10					
2	6	18					
3		24					
4		28					
5		34					
6		42					
7		52					
8		67					

（六）拓展思考题

1. （1）假设你自己拥有并经营一家企业。如果利率上升，另一个企业向你提供一份收入是你认为自己在劳动市场上价值三倍的工作。你的会计利润会发生什么变化？你的经济利润会发生什么变化？你更可能还是更不可能继续经营你的企业？
   （2）当一个小企业扩大到其经营规模时，为什么它首先经历规模收益递增？当同一个企业增长到一定阶段之后，为什么经营规模的继续扩大会引起规模收益递减？

2. 请结合以下两个案例,回答两个问题。

案例1:在土地上施肥量越多越好吗

早在 1771 年英国农学家阿瑟·杨格就用在若干相同的地块上施以不同量肥料的实验,证明了肥料施用量与产量增加之间存在着边际产量递减的关系。这不是偶然的现象而是经验性规律。假如农民在一亩土地上撒一把化肥能增加产量 1 公斤,撒两把化肥增产 3 公斤,但一把一把化肥的增产效果会越来越差,过量的施肥量甚至导致土壤板结,粮食减产。

边际产量递减规律是从社会生产实践和科学实验中总结出来的,在现实生活的绝大多数生产过程中都是适用的。如果是边际产量递增,全世界有一亩土地就能养活全世界所有的人,那才是不可思议的。

案例2:中国人养活自己靠农业技术进步

边际产量递减规律早在 18 世纪就由经济学家提出,有人把这一规律应用到农业领域却描述出一幅人类前景悲惨的画面来:因为耕地等自然资源毕竟是有限的,要增产粮食最终只能依靠劳动力的增加,但边际产量递减规律表明,劳动力投入带来的边际粮食产量递减,于是人口不断增长的必然结果是,人类不能养活自己。无独有偶,1994 年,一位叫莱斯特·布朗的人重复类似悲观的预言,发表了一本题为《谁来养活中国》的小册子,宣称人口众多的中国将面临粮食短缺,进而引发全球粮价猛涨的危机。杞人忧天的布朗大概不知道袁隆平的名字,他利用科学技术发明了杂交水稻,使每亩单产达到了 405 公斤,小麦从 50 公斤提高到目前的 700 公斤。中国有出色的农业科学家,中国人养活自己靠农业技术进步。布朗先生实在是用错了边际产量递减规律。要记住边际产量递减规律是有条件的。

著名经济学家克拉克较早地发现了这一规律,他曾指出:"知识是唯一不遵守收益递减规律的工具。"如美国微软公司为开发第一套视窗软件投入了 5 000 万美元,其额外生产上千万套只需复制即可,成本几乎可以不计,但仍能以与第一套同样的价格发行,这样,在新经济部门,就出现了不同于传统产业部门的"边际效益递增"的情况。

讨论题:(1) 比较接近现实的边际产量递减规律是什么?请结合案例1进行阐述。
(2) 边际产量递减规律有其适用条件吗?请结合案例2加以说明。

五、习题答案

(一) 术语解释

1. 利润:总收益减去总成本。
2. 显性成本:需要企业支出货币的投入成本。
3. 边际产量:增加一单位投入所引起的产量增加。
4. 可变成本:随着产量变动而变动的成本。
5. 规模经济:长期平均总成本随产量增加而减少的特性。

(二) 单项选择

1. A　2. D　3. D　4. C　5. B　6. C　7. C　8. C　9. D　10. A
11. A　12. A　13. C　14. C　15. A

(三) 判断正误

1. √　2. ×　3. √　4. √　5. ×　6. √　7. ×　8. √　9. ×　10. √

(四) 简答题

1.【考查要点】 经济利润与会计利润的理解。

【参考答案】 经济利润是总收益减显性成本和隐性成本。会计利润是总收益减显性成本。

2.【考查要点】 生产函数和总成本曲线的关系。

【参考答案】 总成本曲线反映了生产函数。当一种投入表现出边际产量递减时,由于投入增加量增加的产量越来越少,生产函数越来越平坦。相应的,随着生产量增加,总成本曲线越来越陡峭。

3.【考查要点】 固定成本的理解。

【参考答案】 是固定成本,因为支付给管理人员的薪水不随产量变动而变动。

4.【考查要点】 边际成本曲线的理解。

【参考答案】 一般来说,边际曲线是 U 形的。在产量极小时,由于允许工人专业化生产,企业往往会经历边际产量递增,因此,边际成本下降。在某一点时,企业将经历边际产量递减,而且边际成本曲线将开始上升。

5.【考查要点】 短期成本和长期成本的理解。

【参考答案】 在短期中生产设备的规模是固定的,因此,当增加工人时,企业将经历收益递减和平均总成本递增。在长期中,企业将同时扩大工厂规模和工人数量,而且,如果企业经历了规模收益不变,平均总成本就将在最低时保持不变。

(五) 应用题

1.【考查要点】 短期成本中的可变成本与固定成本、成本函数。

【参考答案】

(1) $VC = Q^3 - 10Q^2 + 17Q$；$FC = 66$

(2) $TVC(Q) = Q^3 - 10Q^2 + 17Q$

$AC(Q) = TC(Q)/Q = (Q^3 - 10Q^2 + 17Q + 66)/Q = Q^2 - 10Q + 17 + 66/Q$

$AVC(Q) = TVC(Q)/Q = Q^2 - 10Q + 17$

$AFC(Q) = FC/Q = 66/Q$

$MC(Q) = dTC(Q)/dQ = d(Q^3 - 10Q^2 + 17Q + 66)/dQ = 3Q^2 - 20Q + 17$

2.【考查要点】 边际成本与成本曲线的理解。

【参考答案】 由于 $MC = dTC/dQ$,故 $TC = Q^3 - 4Q^2 + 100Q + C$
由已知条件 $Q = 5$ 时 $TC = 595$,代入上式可得 $C = 70$,因此,

$$TC = Q^3 - 4Q^2 + 100Q + 70$$

$$AC = TC/Q = Q^2 - 4Q + 100 + 70/Q$$
$$VC = TC - FC = Q^3 - 4Q^2 + 100Q$$
$$AVC = VC/Q = Q^2 - 4Q + 100$$

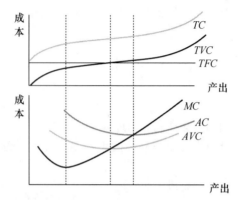

3.【考查要点】 边际产量与生产函数。

【参考答案】 (1)用于钓鱼的每小时的边际产量分别是 10、8、6、4、2 磅鱼。

(2)渔民的生产函数曲线随着钓鱼所花的小时数增加变得越来越平坦,这是因为渔民钓鱼的边际产量是递减的特性。

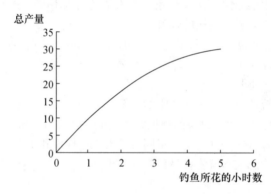

(3)总成本曲线呈向上翘的形状,是因为随着产量增加,边际产量递减,总成本曲线变得陡峭。

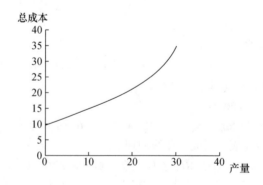

4.【考查要点】 成本的各种衡量指标。
【参考答案】

Q	FC	VC	TC	AFC	AVC	AC	MC
0	6	0	6	—	—	—	—
1	6	10	16	6	10	16	10
2	6	18	24	3	9	12	8
3	6	24	30	2	8	10	6
4	6	28	34	1.5	7	8.5	4
5	6	34	40	1.2	6.8	8	6
6	6	42	48	1	7	8	8
7	6	52	58	0.86	7.43	8.29	10
8	6	67	73	0.75	8.37	9.12	15

(六) 拓展思考题

1.(1)【考查要点】 经济利润和会计利润的含义及其运用。

【参考答案】 会计利润不变,而经济利润减少,因为显性成本不变,而隐性成本增加——投资的货币的机会成本和时间的机会成本均增加。我更可能放弃经营自己的企业,因为这样会更加无利可图。

(2)【考查要点】 规模经济与规模不经济及其产生原因。

【参考答案】 规模经济的产生是因为较高产量水平允许在工人中实现专业化,专业化可以使工人更精通某一项工作。在生产水平低时,企业从扩大规模中获益正是因为更高程度的专业化可以让其获利,而且协调问题不尖锐,因而长期平均总成本一开始逐渐下降。当企业继续扩大规模时,由于任何一个大型组织中固有的协调问题,从而产生规模不经济,长期平均总成本开始逐渐增加。

2.【考查要点】 边际产量递减规律的理解及其应用。

【参考答案】 (1)用两种(或两种以上)生产要素相结合生产一种产品时,如果其中一种要素是可以变动的,那么,在其他条件不变的情况下,随着这一可变要素连续地等量增加,其边际产量开始会出现递增的现象,但在达到一定数量后,会呈现递减现象。这就是比较接近现实的边际产量递减规律。从案例1很容易发现,肥料施用量与产量增加之间存在着一定关系。比较接近现实的边际产量递减规律提示我们,在一定的条件下,高投入未必带来高产出,因此要注意投入的合理限度,寻找最佳的投入数量。在固定的土地上,随着化肥用量的增加,一开始每增加一单位化肥带来的产量增加越来越多;当化肥用量增加到与土地面积最佳配比之后,再增加化肥用量,当然还是会增产的,但其增产效果会越来越差,即每增加一单位化肥带来的产量增加可能会越来越少;一旦化肥用量超过土地的承载力,过量的施肥量甚至导致土壤板结,粮食减产,即每增加一单位化肥带来的产量不是增加而是减少了。

(2)案例2则揭示出,在运用边际产量递减规律时尤其要注意一个重要的问题,即边际产量递减规律适用的条件是在技术水平不变的情况下(其他条件也不变),随着这一可变要素连续地等量增加,其边际产量开始会出现递增的现象,但在达到一定数量后,会呈现递减现象。如果技术等其他条件发生了变化,如信息等高科技产业以知识为基础,而知识具有可共享、可重复使用、可低成本复制、可发展等特点,对其使用和改进越多,其创造的价值越大,边际产量反而会出现递增的情况。

第 14 章
竞争市场上的企业

一、学习精要

(一) 教学目标

1. 掌握竞争市场的概念,深入理解竞争市场的主要特征。
2. 掌握企业利润最大化的条件,掌握竞争市场中企业的产量决策。
3. 理解停止营业、退出和进入市场的条件,掌握沉没成本并能将其应用于实际问题的分析。
4. 深入理解竞企业的短期停止营业决策和长期进退市场决策,掌握竞争企业的短期供给曲线和长期供给曲线。
5. 掌握竞争市场的短期供给曲线和长期供给曲线,理解短期与长期的需求移动。

(二) 内容提要

在经济学中,市场是由买卖双方组成的。根据市场中买卖双方的数量多少及交易的产品是否同质,形成竞争市场、垄断竞争市场、寡头垄断市场和垄断市场等四种不同的市场结构类型。本章以上一章所提出的成本曲线为依据,主要分析在竞争市场中企业的决策行为。

1. 什么是竞争市场

(1) 竞争市场的三个主要特征是:其一,市场中存在大量的买方和卖方;其二,每个卖方提供的物品大体上是相同的;其三,企业可以自由进入或退出市场。

(2) 在竞争市场中,买卖双方都是价格接受者,即单个买方或卖方都不能影响市场价格,市场价格由所有买方和卖方共同决定。

(3) 在竞争市场中,单个企业增加或减少产量并不会影响市场价格,企业的边际收益和平均收益都等于市场价格。

2. 利润最大化与竞争企业的供给曲线

(1) 竞争市场中企业利润最大化的条件是边际收益等于边际成本。当边际收益大于边际成本时($MR > MC$),企业增加产量能够增加利润;当边际收益小于边际成本时($MR < MC$),企业减少产量能够增加利润;当边际收益等于边际成本时($MR = MC$),企业实现了利润最大化。

(2) 由于边际收益等于市场价格($MR = P$),当市场价格上涨时,会导致边际收益大于边际成本,此时根据利润最大化原则,企业会增加产量,一直到边际成本增加到与新的边际收益(市场价格)相等时为止($MC = MR = P$)。沿着边际成本曲线往上走,市场价格上涨,会使企业的产量增加;沿着边际成本曲线往下走,市场价格下降,会使企业的产量减少。因此,企业的边际成本曲线决定了企业在任何一种价格时愿意供给的物品数量,企业的边际成本曲线就成了竞争企业的供给曲线。

(3) 并不是企业的整条边际成本曲线都是供给曲线。对于短期来说,只有市场价格高于平均可变成本($P > AVC$),企业才继续生产,不会停止营业;对于长期来说,只有市场价格高于平均总成本($P > ATC$),企业才继续生产,不会退出市场。反之,当市场价格低于企业的平均可变成本($P < AVC$),企业将做出暂时停止营业的决策;当市场价格低于企业的平均总成本($P < ATC$),企业将做出退出市场的决策。当长期市场价格大于平均总成本时,企业将做出进入该市场的决策,因为进入该市场将变得有利可图。因此,竞争企业的短期供给曲线是指在平均可变成本曲线之上那一部分边际成本曲线,竞争企业的长期供给曲线是指在平均总成本曲线之上那一部分边际成本曲线。

(4) 企业根据利润最大化原则进行生产产量的决策,在短期,企业可能获得正的经济利润、负的经济利润或零利润。当市场价格高于平均总成本时,企业将获得正的经济利润,经济利润额 = $(P - ATC) \times Q$;当市场价格低于平均总成本时,企业将亏损,亏损额 = $(ATC - P) \times Q$;当市场价格等于平均总成本时,企业获得零利润,此时企业自有生产要素按市场价格获得回报。在长期,随着企业自由进入和退出市场,市场中的企业都只能获得零利润。

3. 竞争市场的供给曲线

(1) 在短期中,市场上企业的数量是固定的,因为企业不能迅速进入或退出市场。因此在短期中,市场供给曲线只是每个价格时市场上每家企业供给量的简单加总而已,也即是各个企业平均可变成本曲线之上的边际成本曲线的水平加总。

(2) 由于单个企业的边际成本曲线向右上方倾斜,因此短期市场供给曲线也向右上方倾斜。

(3) 假设所有企业都有相同的成本曲线,如果市场的企业获得正的经济利润,新企业就将进入市场,从而增加市场供给量,并引起市场价格一直下降到经济利润为零为止;如果市场的企业出现亏损,一些现有企业将退出市场,从而减少市场供给量,并引起市场价格一直上升到经济利润为零为止。因此,正是由于企业可以自由进入和退出市场,导致在长期中仍然留在市场中的企业获取的经济利润为零。

(4) 由于利润 = $(P - ATC) \times Q$,因此只有当 $P = ATC$ 时,利润才等于零。也可以说,只有当价格与平均总成本相等时,进入或退出过程才结束。价格既要等于边际成本($P = MC$),又要等于平均总成本($P = ATC$),那么必有边际成本等于平均总成本($MC = ATC$)。因此,在可以自由进入和退出的竞争市场的长期均衡中,企业在平均成本的最低点进行生产,企业一定是在其有效规模上运营。

(5) 对于处在长期均衡中的企业而言,由于 $P = MC$,因此该企业实现了利润最大化;由于 $P = ATC$,因此该企业的经济利润为零。此时,新企业没有进入市场的激励,现有企业也没有离开市场的动力。

(6) 根据对企业行为的上述分析,我们可以确定市场长期供给曲线。在可以自由进入和退出的市场上,只有一种价格与零利润一致,那就是等于最低平均总成本的价格。因此,长期市场供给曲线必然是最低平均总成本价格的水平线($P = ATC$)。由于此时有足够的企业可以满足所有需求,因此竞争市场的长期供给曲线完全富有弹性。

(7) 一般情况下,长期市场供给曲线完全富有弹性,但它会由于两个原因而向右上方倾斜。其一是一些用于生产的资源数量可能是有限的。行业中企业数量增多将引起现有企业的成本随着供给量增加而增加,从而引起价格上升。其二是不同企业可能有不同的成本。为了吸引新的和效率不高的企业进入市场,价格就应该增加到能弥补效率不高企业的成本的水平,此时长期中边际企业仅仅获得零经济利润,而效率较高企业的经济利润为正。

(8) 无论如何,由于企业在长期中可以比短期更容易进入和退出,因此长期市场供给曲线比短期市场供给曲线更富有弹性。

4. 结论:在供给曲线背后

供给决策基于边际分析,边际分析向我们提供了一种竞争市场中的供给曲线理论,由此加深我们对市场结果的理解。

(三) 关键概念

1. 竞争市场:有许多交易相同产品的买者和卖者,以至于每一个买者和卖者都是价格接受者。
2. 平均收益:总收益除以销售量。
3. 边际收益:增加一单位销售量引起的总收益变动。
4. 停止营业:指由于当前的市场条件而在某个特定时期不生产任何东西的决策,停止营业是暂时的,企业在停止营业期间同样要支付固定成本。
5. 退出市场:指企业离开市场的长期决策,说明企业不再返回到市场中,此时企业不存在固定成本的支出。
6. 沉没成本:已经发生而且无法收回的成本。

(四) 拓展提示

1. 在竞争市场中为什么买卖双方都是价格接受者,而不能影响市场价格?原因与竞争市场的特征有关。第一,由于竞争市场中存在大量的买卖双方,每个买方或卖方的交易量只占整个市场交易量非常小的比重,单个卖方增加或减少产量、单个买方增加或减少购买,几乎对市场的供需没有影响,因此不能影响市场价格;第二,由于竞争市场上交易的物品相同,任何一个卖方想以高于市场价格的价格出售物品,将会卖不掉;同时任何一个买方想以低于市场价格的价格购买物品将买不到,因为按照市场价格,卖方可以卖出所有的物品,买者可以买到需要的物品。因此单个买方或卖方只能以市场价格进行交易,即都是市场价格的接受者。

2. 当市场价格低于平均可变成本时,企业将停止营业;只要市场价格高于平均可变成本,企业将继续营业,此时市场价格虽然高于平均可变成本,但可能会低于平均总成本,企业继续营业会导致亏损,那企业为什么还要继续营业呢?因为停止营业是企业做出的一个短期决策,在短期中企业存在固定成本,不管是否停止营业企业都需要支付固定成本,因此,只要市场价格高于平均可变成本,企业都可以减少亏损,此时亏损额将小于固定成本;而如果企业停止营业的话,亏损额等于固定成本。所以企业在短期是否停止营业是根据市场价格与平均可变成本比较而不是与平均总成本比较。当然,如果市场价格低于平均总成本长期存在,企业长期就会亏损,就会退出市场了。

3. 在竞争市场长期均衡时,所有企业都只能获得零利润,那为什么企业还愿意留在市场中?因为零利润是指经济利润为零,当经济利润为零时企业的总收益等于总成本,总成本既包括企业购买生产要素的支出，也包括投入自有生产要素的机会成本。因此，零利润是扣除自有生产要素的机会成本之后算出的，说明企业中自有投入的生产要素已经按照市场价格获得回报。也可以说，零利润均衡补偿了企业所有者的时间和货币投资。理论上，在所有竞争市场中，企业的长期经济利润都是零，因此企业就没有退出所在市场的动力了。

4. 短期内市场需求增加，导致市场价格上涨，企业将获得短期正的经济利润，但不会长期持续。当一个竞争市场中企业的可以获得正的经济利润（超额利润），在长期会有新的企业进入，增加市场供给，使市场价格下降，直到市场中企业的正的经济利润消失，市场又回到了长期均衡状态，与最初的长期均衡状态相比，此时物品的产量和销售量都增加了，而市场价格维持不变。值得注意的是，新的长期均衡价格与最初的长期均衡价格相同是有条件的，实际上有两个原因可能使新的长期均衡价格要高于之前的均衡价格。第一个原因是一些用于生产的资源数量可能是有限的，随着产量的提高，生产成本会增加，市场价格也会相应增加；第二个原因是不同企业可能有不同的成本，进入新市场的企业将面临更高的生产成本，也使市场价格上升。

5. 尽管完全竞争市场在现实经济生活中几乎不存在，但研究完全竞争市场类型仍有其积极的意义。分析研究完全竞争市场形式，有利于建立完全竞争市场类型的一般理论，当人们熟悉掌握了完全竞争市场类型的理论及其特征以后，就可以用其指导自己的市场决策。例如，生产者就可以在出现类似情况时（如作为价格的接受者时）做出正确的产量和价格决策。更重要的是分析研究完全竞争市场类型理论，可以为分析研究其他市场类型提供借鉴。例如，在对有关垄断市场、垄断竞争市场和寡头垄断市场中竞争与效率问题进行比较研究的过程中，完全竞争市场类型理论可以作为一个衡量标准起到借鉴作用。

二、新闻透视

（一）新闻透视 A

新闻片段1：全球小麦价格步入下跌期

近一段时间，全球小麦市场的价格小幅下跌，延续之前的跌势。国际原油价格下跌，美元飙升给国际麦价造成下跌压力。业内人士预计，未来小麦价格仍难以上涨，跌幅约为8%左右。

记者了解到，近一段时间，全球小麦市场的价格小幅下跌，延续之前的跌势。目前，芝加哥期货交易所（CBOT）的2014年3月软红冬小麦期约与之前相比下跌了2.75美分，报收530美分/蒲式耳；堪萨斯城期货交易所（KCBT）的3月硬红冬小麦期货报收564美分/蒲式耳，与之前相比下跌了13美分；明尼阿波利斯谷物交易所（MGEX）的3月硬红春小麦报收576美分/蒲式耳，与之前相比下跌了8.50美分。

不仅仅是国际小麦价格下跌，国内各地区的小麦价格与之前相比均有所下降。据了解，目前，湖北黄石、山东聊城、四川绵阳、吉林辽源、山西运城、福建三明、广西柳州、河南开封、陕西汉中、重庆万州、湖南衡阳、江苏无锡、广东清远、云南大理等地小麦价格均降至0.95到1.05元/斤不等。

未来全球小麦价格将会呈现什么样的走势？对此，中国科学院预测科学研究中心发布的

2015年全球大宗商品价格预测报告指出,在全球经济复苏疲弱、美元逐渐走强的基本情况下,2015年全球大宗商品价格较2014年将明显下跌。报告预测,农产品方面,2015年全球主要农产品的产量和库存有望继续增加,从而抑制农产品价格;CBOT小麦、玉米和大豆均价将分别为540、390和950美分/蒲式耳,同比分别下跌约8%、7%和21%。目前,玉米价格明显下跌,可能会降低农户的玉米种植意愿,增加大豆种植面积,大豆价格有可能面临较大的下行压力。

资料来源:国际商报,2015年2月8日。

新闻片段2:稳中偏弱 农户该出手时就出手

据了解,自1月中旬以来,受春节临近的影响,面粉销售保持稳中转好态势,但与往年同期相比,情况并不乐观,各地小麦价格行情比往年同期都有所下降。春节后天气逐渐转暖,面粉并不利于储存,因此需求很难出现好转。建议农户该出手时就出手。

监测数据显示,当前河南中等白麦采购成本在2540元/吨左右,特一粉出厂价3130元/吨,麸皮价格在1660元/吨左右,加工每吨小麦费用180元,理论利润预估仅为15元/吨,利润薄弱。

普通小麦的情况不容乐观,优质小麦又如何呢?市场调查结果显示,2013年和2014年,国内优质小麦价格连续两年表现较为坚挺。2014年夏粮收购期间,优质小麦价格不仅上涨迅猛,部分地区甚至还出现了抢购现象。而2015年以来,尽管普通小麦价格稳中略显偏弱,但优质小麦价格坚挺的态势并没有受到影响。

优质小麦行情稳定可喜,但近日,随着一条消息的发布,优质小麦商们慌了神,1月21日,国家临储进口小麦重返拍卖市场,有关部门决定将开启进口小麦竞价销售。由于国外进口的小麦质量好,与其竞争的是国内优质小麦,本来还不错的优质小麦市场会不会受此影响,价格出现下滑?卓创资讯分析师李红超认为,本次交易计划销售进口小麦138 740吨,实际成交81 304吨,成交率为58%。对于整个小麦市场来说,8万吨不算多,尚不能对全国小麦市场造成影响。

这样说来,拍卖进口小麦并不会广泛影响到优质小麦市场,种植户们也不必过分担心。而说到普通小麦行情偏弱,李红超认为,政策方面的影响暂时不用考虑,主要原因还在供需方面。

李红超说:"主要还是受下游需求影响,因为目前距离春节还有三周的时间,但是整个面粉行业表现并不是太好,按照往年惯例,春节之前是一个备货时期,面粉厂进入一个消费旺季,面粉厂开机的话开到八成甚至全开,但是在今年面粉厂开机还是在一半左右。"

由此看来,面粉行业的萧条,导致小麦采购量减少,价格也就呈现出了偏弱态势。那么,小麦后期市场将如何发展变化?李红超认为,春节后天气逐渐转暖,面粉并不利于储存,因此需求很难出现好转。建议农户该出手时就出手。

资料来源:河南日报农村版(郑州),2015年2月9日。

【关联理论】

完全竞争市场是指竞争充分而不受任何阻碍和干扰的一种市场结构。在这种市场类型中,资源可自由流动,信息具有完全性,买卖人数众多,买者和卖者是价格的接受者。完全竞争市场是一种非常理想化的市场结构,在现实中,小麦、大豆等农产品市场比较接近完全竞争市场。

【新闻评析】

在现实经济实践中,难以全面具备完全竞争市场的所有前提条件,因此实际上完全竞争市场在现实经济中很难出现。只有农业生产等极少数行业比较接近完全竞争市场,因为在农业生产中农户的数量多而且每个农户的生产规模一般都不大,同时每个农户生产的农产品产量及其在整个农产品总产量中所占的比例都极小,因而每个农户的生产和销售行为都无法影响农产品的市场价格,只能接受农产品的市场价格。如果有的农户要提高其农产品的出售价格,农产品的市场价格不会因此而提高,其最后结果只能是自己的产品卖不出去。如果农户要降低自己农产品的出售价格,农产品的市场价格也不会因此而下降,虽然该农户的农产品能以比市场价格更低的价格较快地销售出去,但不可避免地要遭受很大的经济损失。这样,农户降低其农产品价格的行为就显得毫无实际意义了。

通过对以上两则新闻片段的分析,我们能够更好地理解完全竞争市场的特征,特别是加深对完全竞争市场上买卖人数众多以及买卖双方都是"价格接受者"等内涵的认识。由于生产小麦的农户的数量很多,而消费小麦的家庭的数量也很多,因而小麦市场上有众多的生产者和消费者。也正因为存在着大量的农户和家庭,与整个市场的生产量(即销售量)和购买量相比较,任何一个农户的生产量(即销售量)和任何一个家庭的购买量所占的比例都很小,因而,他们都无能力影响小麦市场的产量(即销售量)和价格。所以,任何农户或家庭的单独市场行为都不会引起市场产量(即销售量)和价格的变化,他们只能接受整个小麦市场上所有农户生产形成的小麦供给和所有家庭消费形成的小麦需求共同决定的市场价格。

通过对新闻片段1的分析,可以更好理解完全竞争市场上产品价格的决定因素。在此新闻中,我们很容易发现,国际和国内小麦价格之所以为何出现下降趋势,说到底都是因为整个小麦市场供求发生变化,并非由单个农户和家庭所左右。首先,国际小麦价格为何会下降?国际原油价格下跌,美元飙升给国际麦价也造成下跌压力。近日来,美元汇率创下了近11年半以来的新高,即美元汇率大幅上涨,削弱了美国农产品的出口竞争力,尤其是小麦,对小麦市场形成利空。此外,美国纽约期货交易所原油市场价格大幅下跌也拉低了小麦的价格,目前3月交货的轻质原油合约报收45.59美元/桶,2月交货的轻质原油合约报收48.69美元/桶。其次,国内小麦价格为何会下降?近期小麦价格下降的原因有两方面,一方面是面粉加工企业不景气。2015年面粉市场整体销售较往年偏缓,面粉加工企业开工率不高。这既有人们生活水平提高、消费结构发生变化、面粉需求增速减缓的因素,也与中国经济增速放缓的大背景有很大关系;另一方面,随着小麦玉米比价的反转,饲用替代优势也已基本消失,饲料企业大多停止了小麦采购,小麦市场的需求又重新走向单一。

通过对新闻片段2的分析,可以更好理解完全竞争市场中供需双方的行为及其选择。由于完全竞争市场上有许多企业,每个企业在生产某种产品时不仅是同质的产品,而且在产品的质量、性能、外形、包装等方面也是无差别的,以至于任何一个企业都无法通过使自己的产品具有与他人产品的特异之处来影响价格而形成垄断,从而享受垄断利益。对于消费者来说,无论哪一个企业的产品都是同质无差别产品,以至于众多消费者无法根据产品的差别而形成偏好,从而使生产这些产品的生产者形成一定的垄断性而影响市场价格。由于春节后天气逐渐转暖,面粉并不利于储存,受下游需求影响,尽管面粉销售保持稳中转好态势,但与往年同期相比,小麦采购及需求状况并不乐观,因此中国小麦市场上,普通小麦价格行情稳中偏弱,建议农户该出手时就出手,也就不难理解了。当然,尽管1月21日国家有关部门决定将开启进口小麦竞价销售,并对国内优质小麦市场形成竞争态势,但由于进口小麦产量在整个小麦市场中所占比重并不高,因此尚不能对全国小麦市场造成影响,优质小麦价格坚挺的态势依然会维持下去。经过此番分析,优质小麦种植农户的销售行为倒可以有更加宽裕的选择。

(二) 新闻透视 B

超市通宵营业 市民夜买拖把

在广州,24小时便利店已遍地开花,但是近千平方米的超市通宵营业并不多见,记者近日发现,多家超市加入到24小时营业行列。市民半夜购买拖把,感受了通宵营业的便利。不过,超市方面表示,通宵营业并不赚钱,只为拉拢人心。

昨日凌晨一点多,记者在滨江东路某超市看到,虽然已是深夜,不过店内有四位顾客正在选购产品,有一位选购的是方便面,有两位在选饮料,而另一位市民刘先生手里拿的产品,在这个钟点显得相当另类——一把拖把和一把扫把。

"不小心将巧克力豆洒了家里一地,但发现家里的扫把和拖把都被雨淋湿了。听老婆说楼下的超市24小时营业,我就赶紧下来买拖把。"刘先生告诉记者:"大超市也24小时营业,对于我们来说太方便了。不仅可以买食品,还能买到家居用品。"

据该超市的工作人员龚先生介绍,该店是近期开始实施24小时营业的。"像我们这种近千平方米的超市24小时营业并不多,周边只有我们一家。"

龚先生表示,夜间消费2点前客流比较多,2点到5点基本没有顾客。烟、饮料、零食、水果、避孕套是热销产品。

记者观察了一个小时左右,发现深夜购物的都是二三十岁的年轻人。年轻小伙子小肖在超市买了一盒方便面,他告诉记者,晚上喜欢在家里上网,每天都习惯两三点才睡觉,肚子饿了或者口渴了,就买点零食饮料回家。

龚先生也告诉记者,90后是深夜购物主力军,还有很多外国人也习惯深夜购物,他们是夜间消费主力,占了客流量的三成,远超白天的比例。

说到晚上的生意,龚先生坦言:"生意不好,一个晚上可以做60—80单生意,但是顾客购买产品的数量都是非常少,销售总额就两三千元。而白天平均可以做1 000多单生意。通宵营业,从盈利上来说是不值得的,这么做完全是为了更好地服务周边顾客。"

该连锁超市的负责人表示,目前该公司在广州有100多家中小型超市,实施24小时营业的不到10家,目前正在尝试。

据该负责人介绍,通宵营业增加的成本主要是电费和人工。为了节约成本,凌晨2点到5点,照明只开一半,空调暂停。每家店一般安排3个人上班,由于客流少,可以做很多白天的活,如检查产品有效期、变价工作、整理货架、跟进补货、地面卫生等。

资料来源:摘自 林晓丽,超市通宵营业 市民夜买拖把,广州日报,2013年8月26日。

【关联理论】

停止营业指的是由于当前的市场条件而在某个特定时期不生产任何物品的短期决策。在短期内,企业的边际收益虽然小于平均成本,但如果大于平均可变成本,企业不会停止营业。在短期,企业做出是否停止营业的决策,不应受固定成本的影响。

【新闻评析】

大型超市通宵营业在国外早已出现,现在国内也有大型超市尝试进行通宵营业,这其中的原因只是为了"更好地服务周边顾客"这么简单吗?答案当然不是的。俗说话"无利不起早",没有哪个商家愿意赔本赚吆喝。除了某些为了特定目的而进行短期的通宵营业之外,大型超市的通宵营业变成常态里面肯定大有文章。这其中的原因可以用停止营业和沉没成本的理论进行解释。不管超市晚上是否进行通宵营业,都需要支付固定成本,主要是场地租金、设备折旧等,这些也是沉没成本,在进行是否通宵营业的决策时不应该考虑进去。通宵营业期间只要可变成本不超过总收益,进行通宵营业就是理性的决策。值得注意的是,通宵营业除了带来销售收入增加外,还包括其他好处,如通宵营业期间可以"检查产品有效期、变价工作、整理货架、跟进补货、地面卫生"等,这些也是促使超市决定通宵营业的重要原因。

三、案例研究

(一) 案例研究 A

互联网电视市场重燃价格战　行业发展需注重内外兼修

近年来,互联网智能电视发展如火如荼,而其价格战从未消逝。2014年1月15日,乐视针对大屏市场再次祭出价格屠刀,发布"两倍性能,三分之一价格"70英寸超级电视Max70,并同时宣布60英寸X60价格由6 999元降至4 999元。

不过,像乐视这样的上市公司,超低价格能持续多久,又如何找到赢利点也是市场及投资者所关心的。有专家称,乐视Max70和X60价格优势十分明显,将有利于乐视抢占市场。不过,对比传统企业销售的产品来说,这一价格在硬件方面肯定不赚钱,而在内容收费和广告方面难以短期出现爆发式增长的情况下,其战略能维持多久是一个未知数。虽然短期内价格战或许会带动企业相关的知名度和竞争优势,但是行业发展不仅仅体现在对市场价格的把控上,也需要对行业有整体布局。

2013年,电视媒体的根基开始被撼动。自2013年5月,视频网站乐视推出乐视超级电视。之后,小米也推出小米电视。当然还有其他如爱奇艺、优酷等都在尝试进入互联网电视这个领域。据了解,乐视此次Max70采用高通骁龙4核1.7GHz处理器,屏幕选用10代线原装SDP面板,搭载乐视最新LetvUI3.0智能操作系统,产品硬件定价为8 999元。北京商报记者调查发现,目前市面上70英寸电视价格在16 000—25 000左右,按此计算,乐视Max70的价格相当于市场价腰斩一半。对于乐视的低价做法,业内普遍持质疑态度。家电分析师梁振鹏认为,乐视Max70和X60价格优势十分明显,将有利于乐视抢占市场。

其实,在2013年,互联网电视价格战就开始打响。40—50英寸区间互联网电视从2013年前半年的6 999元降到4 999元,再到2 999元、2 499元,目前最低的是1 999元。在易观国际分析师卓赛君看来,互联网企业的加入,有利于加速智能电视行业的洗牌与行业进程。目前的价格战对于整体智能电视产业来说是有正面意义的。会加速市场的智能电视普及与消费者对智能电视的认知,也会缩短市场成熟周期。

互联网电视价格战已悄然打响。包括乐视、小米、同洲等在内的新兴厂商扎堆进入,搅局中国智能电视市场。虽然它们的销售量在短期内无法与传统电视大厂抗衡,但其新的智能电视运营模式,将对中国内地平面电视市场在价格竞争、管道变迁和品牌格局等方面产生较大的冲击,值得产业链厂商密切关注。从当前的情况看,传统电视媒体行业正经受新媒体的巨大冲击。而在业界的期待中,电视的互联网化或将拉回被电脑和手机抢走的用户。有业内人士称,不少消费者购买电视都会以乐视、小米的价格作为参照,这么一对照,传统电视机的价格就显得很高了。

如今,智能电视已从一个简单的硬件制造转变成了生态系统的建设竞争,在这个领域,单纯靠硬件公司或单纯靠互联网公司都无法完成,必须有企业能合作打通整个产业链才能驱动整个产业的发展。智能电视是内容与硬件的集合体,目前进入智能电视产业的互联网企业、硬件制造商和传统电视厂商,在竞争上各有所长,可通过资源硬件整合实现优势互补,从而形成互利共赢的局面。

资料来源:改编自 陈梦露,互联网电视市场重燃价格战　行业发展需注重内外兼修,通信信息报,2014年1月22日。

【关联理论】

完全竞争市场即为有许多交易相同产品的买者和卖者,以至于每一个买者和卖者都是价格接受者的市场。一个市场中,企业数量越多、出售产品的同质化越严重,该市场越接近于竞争市场,企业需要差异化经营,才能获取超额利润(部分参见垄断竞争的内容)。

【案例解剖】

在目前国内的互联网电视(智能电视)市场,由于对良好前景的预期,有越来越多厂家开始进入或准备进入,如乐视、小米、同洲、爱奇艺、优酷等。但是互联网电视同质化比较严重,导致竞争激烈,厂商获取竞争优势的主要方法目前还只是停留在"拼价格"、"拼硬件"等层面,在建立"内容服务"方面还有很长的路要走。因此,我们可以把国内互联网电视市场近似地看作是竞争市场,一方面做互联网电视的厂商越来越多,没有哪一家能取得主导地位,另一方面互联网电视同质化比较严重,许多厂商只能靠牺牲利润换取规模。互联网电视还是比较新鲜的事物,将来会不会走"山寨手机"、"上网本"、"平板电脑"的老路,很大程度上取决于厂商的互联网电视"生态系统"建设,即能否提供优质的、差异化的内容服务。

传统电视媒体通过高成本的电视内容和几乎是唯一家庭终端,创造了不可替代的强大传播优势。当传统电视家庭终端的垄断地位被新型的互联网电视所冲击,电视内容将直接面对互联网上海量视频内容及其他内容的竞争,包括游戏、社会化媒体的竞争,而不再具有强制性和垄断性。可以预见,在这样的环境中,电视媒体的价值一定会被稀释并逐渐下降。智能电视纵然前景广阔,但是未来的全面普及还存在许多问题,价格战虽然能给消费者带来一定的价格选择期,但是如果持续打价格战,必定造成产品质量、服务质量等相关方面产生"折扣",行业发展需要的是合理的、适度的前进,一方面,用户使用习惯培养还需要一个过程,另一方面,用户体验成为关键所在。

(二) 案例研究 B

绍兴柯桥轻纺城面料:同质化竞争是死路　差异化竞争才是出路

国际市场不景气,国内市场需求萎缩,今年的纺织品生意并不好做。近几年,越来越多的国际时装品牌开始将面料采购目标转向位于绍兴柯桥的中国轻纺城,但是,与上海、广州等一线城市相比,轻纺城的面料价格相对略低,产品同质化是原因之一。"绍兴纺织企业的很多面料重复率太高,相似度太大,随便拿一款面料出来,十多家公司都有,不适合高端品牌个性化的发展需求,而一些国外面料企业,仅纱线就有几千种,不仅选择余地大,而且能满足个性化需求。"绍兴永盛工贸有限公司董事长傅国庆道出了其中的原因。

"只有在某一面料领域时刻占据引导地位,并不断地推陈出新,与常规产品拉开距离,才能得到国际时装品牌的关注,成为高端面料供应商。"傅国庆认为,国内一些致力于生产高端面料的企业几乎无一例外都在产品差异化上做着文章。

傅国庆认为,随着纺织品外销市场的受阻,纺织品内销市场的竞争将更加激烈。要在激烈的竞争中保持平稳发展,必须要有自己的特色。实行差异化策略是永盛公司现在乃至将来的经营战略,也是企业的核心竞争力所在。为此,该公司将加大科技开发投入,培养优势产品,打响产品品牌,提升产品口碑,最终扩大市场占有率。

傅国庆说,近几年,面料行业产能出现过剩,市场订单的增量远低于行业产能的增长速度,各面料企业产品同质化现象十分明显,各企业在市场订单争夺中大打价格战,致使全行业利润率严重下滑,企业在自相残杀中也遍体鳞伤。

资料来源：浙江在线, http://zjnews.zjol.com.cn/05zjnews/system/2012/06/26/018607338.shtml, 2012年6月26日。

【关联理论】

在现实中,完全竞争市场很少存在,因为几乎没有一个市场能够满足完全竞争市场的三个条件。完全竞争市场是由大量的买卖双方组成,并且交易的产品同质化。如果竞争市场上存在自由进入与退出,那么这将是一种"实现长期均衡"的强大力量,处在完全竞争市场中的企业长期只能获得零利润。企业要获得更高的利润,需要进行差异化经营。

【案例解剖】

低端面料由于同质化严重,并且有大量的厂家在生产,因此低端面料市场可以近似地看作是竞争市场。理论上,竞争市场中的企业只能获得零利润,实际中这些企业的利润也是非常微薄,还容易出现亏损。现在许多面料厂商已经认识到开发差异化面料的迫切性。只有建立起自有品牌、走差异化经营之路,低端面料厂家才有可能走出困境。

随着品牌观、差异化定位意识的转变,也让面料企业越来越认识到只有开发出差异化的产品才能掌握价格上的主动权,从而维持企业生命的经营思路,摒弃以往的低端仿造与只卖"大路货"的经营思路,开始注重差异化的产品开发。不论是为了应对市场生存挑战,还是为了企业品牌建设的发展,面料的差异性开发都显得愈发重要。为了获得个性化、充分体现品牌设计风格的面料产品,不少服装企业同面料企业开始尝试进行面料产品的合作开发,服装设计师在面料研发阶段就参与进来,将自己的理念充分地传达给面料设计师,这样一来就可以从原料、工艺、花型、色彩、手感等多方面来打造符合设计师需要的产品,既满足了服装企业的面料需求,还减少了面料企业的开发成本,降低了研发投产的风险。

四、课外习题

（一）术语解释

1. 竞争市场
2. 边际收益

3. 停止营业
4. 退出市场
5. 沉没成本

（二）单项选择

1. 以下哪一项不是竞争市场的特征（　　）。
   A. 市场有大量的买者和卖者　　　　B. 市场中交易的物品相同
   C. 厂商可以自由进入或退出市场　　D. 厂商在长期可以获得正的经济利润
2. 以下哪一个市场可以近似地看作是竞争市场（　　）。
   A. 铜　　　　B. 可乐　　　　C. 房地产　　　　D. 卡车
3. 如果处在竞争市场中的企业产量翻一翻，那么（　　）。
   A. 物品不能全部卖出去　　　　B. 利润也会翻一翻
   C. 总收益也会翻一翻　　　　　D. 以上都错
4. 对于竞争企业来说，边际收益等于（　　）。
   A. 边际成本　　　　　　　　　B. 平均收益
   C. 物品的市场价格　　　　　　D. 以上都对
5. 竞争企业利润最大化的条件是（　　）。
   A. 边际收益等于边际成本　　　B. 边际收益等于平均总成本
   C. 边际收益等于平均可变成本　D. 边际收益等于平均固定成本
6. 如果竞争企业的生产水平处在边际收益等于边际成本上，那么（　　）。
   A. 增加产量可以提高利润　　　B. 减少产量可以提高利润
   C. 维持产量可以获得最大利润　D. 暂时停止营业
7. 在短期中，竞争企业的供给曲线是（　　）。
   A. 平均总成本曲线以上那段的边际成本曲线
   B. 平均可变成本曲线以上那段的边际成本曲线
   C. 平均总成本曲线中向右上方倾斜的那段
   D. 平均可变成本曲线中向右上方倾斜的那段
8. 在长期中，竞争企业的供给曲线是（　　）。
   A. 平均总成本曲线以上的那段边际成本曲线
   B. 平均可变成本曲线以上的那段边际成本曲线
   C. 平均总成本曲线中向右上方倾斜的那段
   D. 平均可变成本曲线中向右上方倾斜的那段
9. 一家杂货店在以下哪种情况下应该在晚上关门？（　　）。
   A. 仍然开业的总成本大于仍然开业带来的总收益
   B. 仍然开业的总成本小于仍然开业带来的总收益
   C. 仍然开业的可变成本大于仍然开业带来的总收益
   D. 仍然开业的可变成本小于仍然开业带来的总收益
10. 长期市场供给曲线的特征是（　　）。
    A. 总是比短期市场供给曲线富有弹性　B. 总是比短期市场供给曲线缺乏弹性
    C. 与短期市场供给曲线有同样的弹性　D. 总是完全有弹性

11. 在长期中,只要销售的物品的价格低于(   ),部分企业就将退出市场。
    A. 边际收益   B. 平均收益
    C. 边际成本   D. 平均总成本
12. 如果市场上所有企业都有相同的成本结构,而且市场上一种物品生产所用的投入品容易得到,那么该物品的长期市场供给曲线应该是(   )。
    A. 完全有弹性   B. 完全无弹性
    C. 富有弹性   D. 缺乏弹性
13. 如果生产一种物品所需要的一种投入品供给有限,以致该行业扩大引起市场上所有现有企业的成本增加,那么该物品的长期市场供给曲线可能是(   )。
    A. 完全有弹性   B. 完全无弹性
    C. 向右上方倾斜   D. 向右下方倾斜
14. 如果一种物品的长期市场供给曲线是完全有弹性的,在长期中该物品需求增加将引起(   )。
    A. 物品市场价格上涨,同时市场中企业数量维持不变
    B. 物品市场价格不变,同时市场中企业数量增加
    C. 物品市场价格不变,同时市场中企业数量维持不变
    D. 物品市场价格上涨,同时市场中企业数量增加
15. 在竞争市场长期均衡时,企业的经营状态是(   )。
    A. 在平均总成本的最低点   B. 边际收益与边际成本相交点
    C. 在最佳生产规模上   D. 以上都对

(三) 判断正误

1. 市场上有许多买者和卖者和交易相同的物品都是竞争市场的特征。(   )
2. 竞争企业边际收益等于市场价格。(   )
3. 如果一个竞争企业出售了三倍于原来的产量,则它的总收益增加量通常少于原来的三倍。(   )
4. 当企业生产的产量达到边际收益等于边际成本时,企业可以获得正的经济利润。(   )
5. 如果在企业现有的产量水平时,边际成本大于边际收益,那么企业减少产量反而能增加利润。(   )
6. 一个竞争企业的短期供给曲线是位于平均总成本曲线以上的那段边际成本曲线。(   )
7. 一个竞争企业的短期供给曲线是位于平均可变成本曲线以上的那段边际成本曲线。(   )
8. 在竞争市场上,单个买方可以影响市场价格。(   )
9. 在长期中,竞争市场中的所有企业都只能获得零利润。(   )
10. 在短期中,竞争企业可能获得正的经济利润,也可能亏损。(   )

(四) 简答题

1. 简述完全竞争市场的三个特征。

2. 你到肯德基花了9.5元买了一对肯德基香辣鸡翅。在吃了一口之后,你觉得很难吃。你的同学建议你吃完它,因为你已经付钱了。你应该继续吃完还是不吃了?原因呢?

3. 一个竞争企业的短期供给曲线是如何构成的?请解释。

4. 在什么条件下,长期市场供给曲线向右上方倾斜?

5. 考虑一个竞争市场上的某个企业,如果它的产量翻了一番,总收益会如何变动?为什么?

(五) 应用题

1. 汽油、休闲装、小麦、家用电器和自来水等市场可能是竞争市场吗?请解释。

2. 校外小餐馆是个竞争性行业,小餐馆老板是个追求利润最大化的人。他索要的价格是1份套餐27元。他每天的总成本为280元,其中30元是固定成本。在假期,他每天只能卖出10份套餐,再无其他销售收入。在假期他会停止营业吗?在长期他会退出市场吗?为什么?

3. 考虑某竞争市场中的一家追求利润最大化的企业,它的当前产量为100单位。它的平均收入为10元,平均成本为8元,固定成本为200元。它的利润为多大?它的边际成本为多大?它的平均可变成本为多大?该企业的有效率规模是大于、小于还是恰好等于100单位?

(六) 拓展思考题

1. (1) 为什么短期市场供给曲线向右上方倾斜,而长期市场供给曲线是完全有弹性的?

(2) 为什么在竞争市场的长期均衡时,所有企业都处在最有效(最佳)规模状态?

2. (1) 完全竞争市场是指竞争充分而不受任何阻碍和干扰的一种市场结构,尽管完全竞争市场在现实经济生活中几乎是不存在的,但研究完全竞争市场类型仍有其积极的意义。你认为完全竞争市场有哪些作用?又有哪些缺陷?

(2) 运用完全竞争市场理论对以下案例进行评述。

3年301家书店关门　传统书商如何过冬

近几年来,在电商冲击及电子阅读分流背景下,不少传统实体书店图书销量持续下滑、年年亏损。前日,重庆市解放碑精典书店,店内各个角落都有低头选书、看书的人,不少人直接席地而坐,书店中央的座位一座难求。与书架前人气爆棚的场景不同,书店门口的收银台前却格外冷清。在选书区,商报记者发现,部分读者在小本子上记录着图书名;还有部分年轻读者则用手机扫描图书封面,连接电商网页。在半小时内,仅4名读者买书,其中1人买的是杂志。这样的情景,也在江北重庆购书中心、沙坪坝区西西弗书店上演。

商报记者对20名各年龄段读者调查发现,28.57%的人超过1年没进过书店;52.38%的人选择网购图书或看免费电子书;23.81%的人选择在传统书店选书、试读,再网购。精典书店总经理杨一告诉商报记者,从2007年开始,书店销量每年同比下降10%—20%,如今日销售额降幅已达50%。部分书店没能撑下去,国内最大的民营连锁书店——光合作用书店也在2011年关门。倒下的不只是光合作用书店。昨日,商报记者从重庆市文化委员会规划发展处了解到,2009年,重庆市有5 139家实体书店。到2012年,减少到4 838家。3年时间,301家书店消失,平均每个月超过8家书店关门。

"图书的利润本来就相当低,网购价连成本都不够。目前,国内大型图书网购平台打折卖书,只是为吸引流量。"杨一表示,传统书店的图书,正价销售利润都不高,更不敢打折。西西弗书店重庆地区运营负责人康女士也表示,网络购书、网上阅读必然对实体书店形成冲击。易观智库提供的数据显示,2013年第二、第三季度,国内B2C图书出版物市场交易分别达36亿和39亿元,同比增长42.2%和34.4%。其中,当当网、亚马逊中国、京东等占了大头。杨一告诉记者,精典书店解放碑八一路店占地600多平方米,租金每5年涨一次。租金和人员工资均占书店全部图书定价总额的十几个百分点,再加上会员购书打折,利润基本上没了。"上世纪90年代,在重庆大街小巷随处可见大大小小的书店,如今高额的租金将书店、书摊都吓垮了。"市作协副主席、重报集团出版公司总经理李元胜则表示,昂贵的房租和繁重的税费也是传统书店的生存难题。

2008年入渝的西西弗在重庆已开了4家书店,今年还要开2家。"网络阅读有其优势,但也有不足。书店的物理空间、阅读氛围、书友间面对面的交流,网络就不能提供。"康女士表示,西西弗不会靠折扣赢得读者,而是不断提升文化生活体验。目前,西西弗书店由书店、咖啡馆、创意产品区三部分构成。主业始终是图书,并不断扩展经营思路,满足书友日益复杂的消费需求。"西西弗的模式'以书会友'是核心,书店、信息集成是外延。"康女士告诉记者,2013年重庆西西弗书店共举办了130场文化活动,如新书签售、品酒会、明星见面会等,通过书店吸引读者交流互动。李元胜认为:"未来,小而美的独特气质书店可在市场竞争中脱颖而出。"传统书商们希望通过自救扭转亏损的局面,同时也期待遏制电商无限制打折卖书的行为。

资料来源:王杨,重庆商报,2014年1月24日。

五、习题答案

(一) 术语解释

1. 竞争市场:有许多交易相同产品的买者和卖者,以至于每一个买者和卖者都是价格接受者。
2. 边际收益:增加一单位销售量引起的总收益变动。
3. 停止营业:指由于当前的市场条件而在某个特定时期不生产任何东西的决策,停止营业是暂时的,企业在停止营业期间同样要支付固定成本。
4. 退出市场:指企业离开市场的长期决策,说明企业不再返回到市场中,此时企业不存在固定成本的支出。
5. 沉没成本:已经发生而且无法收回的成本。

(二) 单项选择

1. D 2. A 3. C 4. D 5. A 6. C 7. B 8. A 9. C 10. A
11. D 12. A 13. C 14. B 15. D

(三) 判断正误

1. √ 2. √ 3. × 4. × 5. √ 6. × 7. √ 8. × 9. √ 10. √

(四) 简答题

1.【考查要点】 竞争市场的特征。

【参考答案】 市场上有许多买者和许多卖者;各个卖者提供的物品大体上是相同的;企业可以自由地进入或退出市场。

2.【考查要点】 沉没成本。

【参考答案】 不吃了;因为已经付了的钱属于沉没成本,不应该影响当前的决策。

3.【考查要点】 竞争企业的短期供给曲线。

【参考答案】 一个企业的短期供给曲线是企业平均可变成本曲线以上的那段边际成本曲线,因为企业的利润在 $P=MC$ 时最大,而且,在短期中,固定成本是无关的,企业应该只弥补其可变成本。

4.【参考要点】 竞争市场的长期供给曲线。

【参考答案】 长期市场供给曲线向右上方倾斜的条件是生产所需要的一种投入品的供给是有限的,或者企业有不同的成本。

5.【考查要点】 竞争企业的总收益。

【参考答案】 总收益也翻了一番;因为单个企业增加产量不会影响市场价格,企业还是以原来的价格卖出 2 倍数量的物品,因此总收益也会翻一番。

(五) 应用题

1.【考查要点】 竞争市场的特征。

【参考答案】 汽油市场是竞争市场,因为该市场有许多买方和卖方,且卖方的物品几乎相同;休闲装市场不是竞争市场,因为不同厂商生产的休闲装的品牌、质量、款式等存在差异;小麦是竞争市场,因为该市场有许多买方和卖方,且卖方的物品几乎相同;家用电器不是竞争市场,因为不同厂商生产的家用电器的品牌、质量、设计等存在差异;自来水不是竞争市场,因为卖方数量通常只有一家。

2.【考查要点】 停止营业和退出市场。

【参考答案】 短期不会停止营业,因为每天收入 270 大于可变成本 250;长期会退出市场,因为每天总收益小于每天总成本。

3.【考查要点】 竞争企业的利润。

【参考答案】 200;6;6;大于。

(六) 拓展思考题

1.(1)【考查要点】 短期市场供给曲线和长期市场供给曲线。

【参考答案】 在短期中,企业不能退出或进入市场,因此短期市场供给曲线是现有企业向右上方倾斜的边际成本曲线的水平相加。但是在长期中,如果价格高于或低于最低的平均总成本,企业就将进入或退出市场,这使价格总要回到每个企业的平均总成本的最低点,但市场总供量会随着企业数量增加或减少。因此,市场长期供给曲线是水平的,即完全有弹性。

(2)【考查要点】 竞争市场的长期均衡。

【参考答案】 在长期均衡时,企业必须获得零利润,以使企业不能进入或退出该市场,处于最有效(最佳)规模状态。当 $P=ATC$ 时就出现了零利润,而且对竞争企业来说,$P=MC$ 决定了生产水平,只有在平均总成本最低点时,才有 $P = ATC = MC$。

2. (1)【考查要点】 完全竞争市场的作用及其缺陷。

【参考答案】 ① 完全竞争市场的作用:其一是促使微观经济运行保持高效率。完全竞争市场全面排除了任何垄断性质和任何限制,完全依据市场的调节进行运行,因而可以促使微观经济运行保持高效率。其二是促进生产效率的提高。完全竞争市场可以促使生产者以最低成本进行生产,从而提高生产效率。因为在完全竞争市场类型条件下,每个生产者都只能是市场价格的接受者,因而他们要想使自己的利润最大化,就必须以最低的成本进行生产。其三是增进社会利益。完全竞争市场中的竞争,在引导生产者追求自己利益的过程中,也有效地促进了社会的利益。这是亚当·斯密的重大发现及著名论断。其四是提高资源的配置效率。在完全竞争市场条件下,资源能不断地自由流向最能满足消费者需要的商品生产部门,在资源的不断流动过程中实现了资源在不同用途间、不同效益间和在生产过程中的不同组合间的有效选择,使资源发挥出更大的效用,从而也就会大大提高资源的配置效率与配置效益。其五是消费者及消费需求满足的最大化。在完全竞争市场条件下,价格趋向等于生产成本。因而,"在许多情况下,它可以形成对消费者来说最低的价格",而且完全竞争市场条件下的利润比其他非完全竞争市场条件下的利润要小,所以"在纯粹竞争的情况下,获利最大的是消费者"。同时,完全竞争市场还"可以使消费需求的满足趋向最大化"。

② 完全竞争市场的缺陷:其一是在现实经济中,难以全面具备完全竞争市场的所有前提条件,因此,实际上完全竞争市场在现实经济中很难出现。完全竞争市场只是西方经济学家在研究市场经济理论过程中的一种理论假设,是他们进行经济分析的一种手段和方法。其二是完全竞争市场所必需的有大量小企业存在这个条件既不可能也不适用。在现实经济中,即使进入市场非常自由,由于其他各个方面条件的限制和影响,进入市场中的企业也不可能无限多。即使市场中已存在大量的企业,这些企业也只能是小企业。其三是完全竞争市场也会造成资源的浪费。在完全竞争市场条件下,自由进入使效率更高、产品更能适合消费者需要的企业不断涌进市场,而那些效率低、产品已不能适应消费者需要的企业则不断地被淘汰退出市场。由于在这个过程中,整个企业的设备与劳动力在仍然可以发挥作用的情况下被迫停止使用,这样必然造成宝贵的物质资源和劳动力资源的浪费。

(2)【考查要点】 完全竞争市场的三大特征及其理解。

【参考答案】 完全竞争市场的三个主要特征是:其一,市场中存在大量的买方和卖方;其二,每个卖方提供的物品大体上是相同的;其三,企业可以自由进入或退出市场。图书销售市场可以近似地看作是完全竞争市场,表现了卖方数量很多,产品同质化明显。由于网店图书的价格优势,使传统书店难以持续经营。只要是一个出版社出版的一种图书,不管从哪个渠道购买,得到的图书都是一样的。因此,作为理性的消费者都会找寻价格最低的购买渠道。由于网上书店的许多优势,使同样的图书比实体书店有更高的价格折扣,造成了实体书店大量顾客流失,一些书店由于持续亏损而不得不关门,退出图书市场。图书销售市场可以近似地看作是竞争市场,市场上许多书店,虽然书店规模有大有小、有连锁的也有独自经营的,书的品种有多有少,但是消费者一般都可以通过不同的书店买到相同的书,因此每家书店都会提供基本相同的价格折扣。在一些大型电商企业还没有开始网上售书之前,传统实体书店都能够维持经营。但在网上书店以更高的折扣吸引购书者而获得迅速发展时,传统实体书店的经营则每况愈下,传统实体书店要持续经营下去需要探索差异化经营的有效途径。

第 15 章
垄断

一、学习精要

(一) 教学目标

1. 理解垄断的基本概念,领会垄断形成的三个主要原因。
2. 掌握垄断行为的影响,即垄断者如何做出生产和定价决策,以及他们如何对经济福利产生影响。
3. 理解价格歧视的内涵,掌握完全价格歧视和不完全价格歧视对经济福利的影响。
4. 掌握四种针对垄断问题的公共政策,包括反托拉斯法、管制、公有制以及不作为等。

(二) 内容提要

如果一个企业是其产品唯一的卖者,而且其产品并没有相近的替代品,那么这个企业就是一个垄断企业。作为论述企业行为和产业组织的五章中的第三章,本章再次运用第 13 章中提出的成本曲线,说明一个垄断企业的生产数量和定价决策,以及政府对待垄断的态度和相应管制手段。

1. 为什么会产生垄断

垄断产生的基本原因是进入壁垒,而进入壁垒又有三个形成原因:其一是垄断资源,即单个企业拥有一种生产所需要的关键资源;其二是政府管制,即政府给予单个企业排他性地生产某种物品或服务的权利;其三是生产流程,即某个企业能以低于大量生产者的成本生产产品,从而产生自然垄断。

2. 垄断者如何做出生产与定价决策

(1) 垄断企业面临着向右下方倾斜的产品需求曲线。垄断者可以通过选择数量和买者愿意支付的价格来选择需求曲线上任何一种价格—数量组合。

(2) 因为垄断者在每卖出一单位商品时必须降低价格,即它必须降价才能售出更多的数量,而这会使边际收益低于其物品的价格。与竞争企业一样,垄断企业通过生产边际收益等于边际成本($MR = MC$)的产量来实现利润最大化。由于边际收益曲线在需求曲线之下,垄断者通过相交找出需求曲线来确定所收取的价格。

(3) 对于竞争企业而言,由于企业面临的需求曲线是完全有弹性的,因此 $P = MR$,利润最大化的均衡要求 $P = MR = MC$。但对垄断企业而言,$P > MR$,因此利润最大化的均衡要求 $P > MR = MC$。因此竞争市场上的价格等于边际成本,而垄断市场上的价格大于边际成本。

(4) 与竞争企业相同,垄断企业利润为 $(P - ATC) \times Q$,即每单位平均利润乘以销售量。

3. 垄断的福利代价

（1）如果一个垄断企业要生产社会有效产量，即通过生产所有买者评价大于或等于生产成本的产量而使总剩余最大化，它必须生产边际成本曲线与需求曲线相交的产量水平。但实际上，垄断企业选择的是边际收益曲线和边际成本曲线相交的产量水平，而垄断者的边际收益曲线总在总需求曲线下方，因此垄断企业生产的产量低于社会有效产量。

（2）垄断企业生产的产量低于社会有效产量，从而使垄断者可以收取高于边际成本的价格，因此垄断会引起无谓损失。原因在于在垄断高价时，消费者不能购买评价高于垄断者成本的产量。

（3）垄断产生的无谓损失与税收产生的无谓损失基本相似，而且垄断者的利润类似于税收收入。不同点在于政府得到了税收收入，而垄断者得到了垄断利润。由于垄断者得到的利润只是从消费者剩余转变为生产者剩余，因此垄断利润并不是一种社会成本。垄断的社会成本是当垄断者生产的产量低于社会有效产量时引起的无谓损失。

4. 价格歧视

（1）垄断企业（以及其他具有市场势力的企业）试图对有更高支付意愿的消费者收取更高的价格来增加利润，通常是以不同价格向不同顾客出售同一种物品的经营做法，这种行为称为价格歧视。

（2）因为在向每个顾客收取接近其个人支付意愿的价格时，垄断者的利润会增加，所以价格歧视是利润最大化垄断者的理性决策。

（3）由于价格歧视下的垄断者的产量会超过在垄断定价时的结果，尽管此时增加的剩余（减少的无谓损失）均由生产者而不是消费者获得，但也可以认为价格歧视可以增进经济福利。

（4）完全价格歧视指的是垄断者向每个顾客收取的价格完全等于其支付意愿，此时由于生产并消费有效产量，因而没有无谓损失，但总剩余以利润的形式全部归垄断者所拥有。

5. 针对垄断的公共政策

由于垄断不能有效配置资源，其主要原因在于不仅生产的产量少于社会最优产量，而且收取高于边际成本的价格。政府决策者通常会用四种方式解决垄断问题以增进社会福利：

（1）用反托拉斯法增强竞争：用反托拉斯法等法律使所涉及行业更具竞争性，如阻止减少竞争的合并或合谋、为增强竞争而分解极大的公司等。由于规模经济可能存在，因而政府实施这些法律时可能会遇到决策困境。

（2）管制：自然垄断的情况下，政府机构不允许这些公司收取他们想收取的任何价格，而是对它们的价格进行管制，主要包括垄断企业的边际成本定价法和平均成本定价法。

（3）公有制：把一些私人垄断企业变为公共企业，此时政府不是管制由私人企业经营的自然垄断，而是自己经营自然垄断。这在欧洲许多国家是常见的，主要在电话、供水、电力等公司。经济学家对私有制的偏爱大于政府公有制，因为私有制有更大的激励使得成本最小化。

（4）不作为：每一项减少垄断的政策都有其缺点。因此，政府不去设法纠正垄断定价的无效率也不失为解决垄断的一种策略。

6. 结论：垄断的普遍性

（1）从公共政策角度看，垄断者生产少于社会有效率的数量，并收取高于边际成本的价格，因此垄断引起无谓损失。在某些情况下，垄断者可以通过价格歧视来减少这种无效率。但另一些时候，需要政策制定者起到一种积极作用。

(2) 因为大多数企业对他们收取的价格都有某种控制力,因此在某种意义上来说,垄断是普遍的。有相当大的垄断势力的企业是很少的,垄断势力只不过是一个程度问题。

(三) 关键概念

1. 垄断企业:作为一种没有相近替代品的产品的唯一卖者的企业。
2. 自然垄断:由于一个企业能以低于两个或更多企业的成本向整个市场供给一种物品或服务而产生的垄断。
3. 价格歧视:以不同价格向不同顾客出售同一种物品的经营做法。
4. 完全价格歧视:垄断者对每位顾客收取的价格正好等于该顾客的支付意愿的情况。
5. 套利:在一个市场上以低价购买一种物品,而在另一个市场上以高价出售该物品,并从价格差中获利的过程。
6. 政府管制:具有法律地位的、相对独立的政府管制者(或机构),依照一定的法规对被管制者(主要是企业)所采取的一系列行政管理与监督行为。

(四) 拓展提示

1. 垄断者是其市场上唯一的卖者。当一个企业拥有一种关键资源,当政府给一个企业排他性地生产一种物品的权利,或者当一个企业可以比许多同行企业以较低成本供给整个市场时,垄断就产生了。因此,在界定是否出现垄断时,不仅仅看其市场占有率,更重要的是看其产品在市场上的可替代性和竞争力。

2. 垄断者可以选择产量,并找出买者愿意支付的价格,或者,垄断者可以选择价格,并找出买者将购买的数量。这就是说,垄断者仍然要服从于其物品的需求曲线。如果高价格和高产量的组合并不在垄断者所面临的需求曲线上,垄断者就不能选择这种组合。

3. 垄断者并不能保证能赚到利润。例如我们每个人都可以在镶金的教科书这一领域成为垄断者,但其成本高到可能没有利润。类似地,得到一种物品的专利并不能保证你持有未来的利润。

4. 完全价格歧视描述垄断者完全了解每位顾客的支付意愿,并对每位顾客收取不同价格的情况。在现实中,价格歧视是不完全的。与单一价格的垄断结果相比,不完全价格歧视可能增进、减少市场总剩余,或使市场总剩余不变。但唯一可以确定的结论是,价格歧视增加了垄断利润。

5. 部分政府对垄断企业采取边际成本定价法,即要求其价格等于垄断者的边际成本。但由于自然垄断下的平均总成本递减,而边际成本小于平均总成本,因此一旦管制者要求自然垄断者收取等于边际成本的价格,价格必将低于平均总成本,从而导致垄断者处于亏损状态。管制者可以用两种方式对这一问题做出反应,其一是补贴垄断者,即由政府承担边际成本定价固有的亏损,但由于政府要通过税收筹集资金,因而又会引起税收本身的无谓损失;其二是采取平均成本定价法,即允许垄断者收取高于边际成本的价格,要求受管制的价格等于平均总成本,垄断者正好获得零经济利润,但此时不仅会引起无谓损失,而且不能有效激励垄断者降低成本。

二、新闻透视

(一) 新闻透视 A

是腾讯垄断,还是360不正当竞争?

中新网报道,最高人民法院对腾讯诉奇虎360不正当竞争案作出终审判决,驳回奇虎360的上诉,维持一审法院的判决。

此前,2013年4月25日,广东省高级人民法院对此案曾作出一审判决,奇虎公司构成不正当竞争,判令其赔偿腾讯公司经济损失及合理维权费用500万元。宣判结束后,奇虎公开发布声明,对判决结果表示非常遗憾,决定向最高人民法院提起上诉。2013年12月4日,最高人民法院第一法庭公开开庭审理了这一案件。

久负盛名的"3Q大战"其实是一款软件引发的拉锯战。2010年2月,腾讯推出"QQ医生",与360安全卫士形成竞争。同年10月29日,奇虎360推出"扣扣保镖"直接剑指QQ,要对其实施包括清垃圾和去广告在内的系列"净身"动作。此后11月3日晚,腾讯宣布在装有360软件的电脑上停止运行QQ软件,用户必须卸载360软件才可登录QQ,要求用户"二选一",导致大量用户被迫删除360软件。由于QQ和360各有数亿用户,这两家重量级的公司之间的战争,被称为"3Q大战"。

在"3Q大战"不断升温之后,工信部开始介入,向奇虎和腾讯提出严厉批评。不久后,腾讯公司恢复兼容360软件,两公司分别向用户致歉。但两家公司的大战并未就此止步,而是转战法院。

2011年4月,腾讯公诉奇虎不正当竞争纠纷,北京朝阳法院一审判决,判令奇虎公司赔偿40万元;同年8月,腾讯向广东高院提起诉讼,称奇虎360的"扣扣保镖"是打着保护用户利益的旗号,污蔑、破坏和篡改腾讯QQ软件的功能,并通过虚假宣传,鼓励和诱导用户删除QQ软件中的增值业务插件、屏蔽原告的客户广告,而将其产品和服务嵌入QQ软件界面,借机宣传和推广自己的产品。

2013年3月28日,奇虎诉腾讯滥用市场支配地位,索赔1.5亿元,广东高院一审判决,腾讯不构成垄断,奇虎承担诉讼费79万元。这是国内首个在即时通信领域对垄断行为作出认定的判决。

2013年4月25日,腾讯诉奇虎不正当竞争纠纷,索赔1.25亿元,广东高院一审判决,奇虎构成不正当竞争,赔偿腾讯500万元。宣判结束后,奇虎公开发布声明,对判决结果表示非常遗憾,决定向最高人民法院提起上诉。

2013年11月26日,最高人民法院第一法庭开庭审理奇虎诉腾讯"滥用市场支配地位"一案。此次庭审历时整整两天,截至庭审结束,上诉人和被上诉人仍然互不相让,均坚持各自诉讼请求。

其中值得注意的是,此次庭审期间,最高人民法院以电视直播、广播连线、网络直播等"全媒体"形式直播庭审过程,引发社会关注。据悉,这是首次以"全媒体"形式对最高人民法院二审公开开庭审理的民事案件进行报道,是最高人民法院努力推进司法公开、满足公众知情权的最新举措。

这起被称为"3Q大战"的纠纷案也是反垄断法出台六年以来,最高法院审理的首例互联网反垄断案。

资料来源:腾讯诉360不正当竞争终审宣判:360赔偿500万元,中新网,http://www.chinanews.com/fz/2014/02-24/5875651.shtml,2014年2月24日。

【关联理论】

在理论上,竞争企业接受市场给定价格并选择供给量,以使价格等于边际成本。与此相反,垄断者收取高于其边际成本的价格。而在实际中,我们在分析垄断以及是否要反垄断的问题时,很关键的一条标准是看该企业在所在行业是否具有一定的市场势力,且足以影响价格的制定,甚至滥用市场支配地位,以至于不能有效地配置资源。

【新闻评析】

360诉腾讯垄断案被称为中国互联网反垄断第一案。该案的核心问题在于对于腾讯公司的行为是否构成垄断进行认定。而我们在分析垄断以及是否要反垄断的问题时,很关键的一条标准是看该企业在所在行业是否具有一定的市场势力,且足以影响价格的制定,以至于不能有效地配置资源,垄断企业甚至滥用市场支配地位。为了预防和制止垄断行为,保护市场公平竞争,提高经济运行效率,维护消费者利益和社会公共利益,促进社会主义市场经济健康发展,我国制定了《反垄断法》,于2007年8月30日颁布,并于2008年8月1日起实施。我国《反垄断法》所称市场支配地位,是指经营者在相关市场内具有能够控制商品价格、数量或者其他交易条件,或者能够阻碍、影响其他经营者进入相关市场能力的市场地位。

我国互联网产业在发展的进程中,日渐出现了垄断现象,在互联网的部分领域,已经从垄断竞争阶段,逐步跨入到寡头垄断阶段。从市场集中度来看,即时通信和搜索最为明显,分别出现以腾讯和百度为首、稳定的寡头垄断市场,这也是360坚持对腾讯提起反垄断诉讼的原因。广东省高级人民法院在审理奇虎360诉腾讯滥用市场支配地位案中,认为腾讯并未滥用市场支配地位,最终宣判奇虎360败诉并判其承担79.6万元全部诉讼费用。该案对于"滥用市场支配地位"有几个焦点,也最终决定了审判结果,列出以下两点供参考:

(1) 相关产品市场界定。腾讯认为360诉腾讯垄断案,首先需要界定的是"综合性即时通信"的相关市场,才能进一步界定腾讯的QQ在这个相关市场是否具有支配地位。在一审判决中,广东高院将QQ与社交网站、微博服务认定为属于同一相关市场。二审中,腾讯认为,广东高院对相关市场的界定是正确的,并举例称,Gmail和163邮箱都具有即时通信功能,比如Gtalk,而新浪微博也同样可以实现即时通信,因此,QQ和邮箱、短信具有竞争和替代关系。并进一步推导出:这几者都属于同一市场,QQ在这样的一个"市场"里,并不具有支配地位。

(2) 相关地域界定。除了"相关产品市场"的界定,要证明腾讯拥有垄断地位,还需要划定产品所垄断的地域是哪里。广东高院将"相关地域市场"定义为全球,因为即时通信服务"无额外运输成本、价格成本或其他成本",以此认定腾讯在全球范围内不具有市场支配地位。

(二) 新闻透视 B

迟福林:建议2到3年内垄断改革应有重大突破

迟福林认为,中共十八届三中全会决定提出的"使市场在资源配置中起决定性作用",是一个历史性突破:不仅牵动经济体制改革,也将倒逼全面改革。

"市场决定"的经济增长

我国未来5—10年的经济增长,将取决于能否使市场在资源配置中发挥决定性作用,能否通过转型改革释放增长潜力。其一,释放增长潜力关键在市场。13亿人的消费大市场是我国的突出优势。初步估算,到2020年,我国潜在消费需求将达到50万亿元左右;加上引致的投资需求,内需总规模有望达到上百万亿元。这将为实现7%—8%的中速增长奠定重要基础。把增长潜力转化为现实的经济动力,关键是全面激发市场活力。例如,我国农村大市场被公认是全球经济版图上少有的一个亮点。要把这个大市场激活,取决于使市场在农村土地资源配置中起决定性作用。农村土地虽然有一定的特殊性,但在严格规划和用途管制的前提下,其配置应主要由市场决定。建议把赋予农民长期而有保障的土地财产权作为农村土地制度改革的重大任务,争取尽快出台赋予农民更多财产权和建立城乡统一建设用地市场的实施方案。其二,未来2—3年市场化改革要有大的突破。建议1—2年内资源要素的市场化改革要有实质性进展,2—3年内垄断改革应有重大突破,显著提高石油、电力、铁路、电信、公共资源、包括金融在内的服务业等领域向社会资本开放的水平。

"市场决定"的有为政府

"市场决定"不是不要政府,而是需要一个尊重市场规律的有为、有效、有力、有责的政府。其一,建立公平竞争导向的宏观调控体系。要把宏观调控与行政审批职能严格分开,与财政金融体制改革有机结合,建立以独立货币政策和公共财政政策为主的宏观调控体系。其二,尽快出台负面清单与权力清单。要以负面清单管理界定政府边界,倒逼行政审批改革;中央政府尽快制定和公布负面清单和权力清单;鼓励支持有条件的地方先行试验。其三,推动地方政府向公共服务主体回归。建议明确把地方政府由市场竞争主体转向公共服务主体作为行政体制改革的重大任务;以建立公共服务导向的中央地方财税关系为目标,尽快形成新一轮财税体制改革的行动方案;以废除GDP政绩考核体系为重点,尽快形成地方政府经济行为的制度约束。

"市场决定"的法治建设

形成各类市场主体公平公正参与市场竞争的新格局,重在把过多、过滥干预市场的公共权力关进法治的笼子里。其一,建设法治化的营商环境。尽快出台国家层面改善法治营商环境的综合方案;尽快形成相关的立法、司法改革的行动计划,实质性提升投资者的稳定预期;尽快修改完善市场主体准入与监管的法律法规。其二,推进由行政监管为主向法治监管为主的转变。从实践看,行政审批与市场监管合为一体的体制不改变,市场监管的效果就会大打折扣。要把行政审批与市场监管严格分开,改变以审批取代监管;有效整合市场监管的行政资源,组建权威性、综合性的市场监管机构;把反行政垄断作为实施《反垄断法》的重点。其三,推动经济司法"去地方化"。受地方利益驱动,地方政府干预经济司法、导致司法不公的现象具有一定普遍性。建议实行中央地方双重法院体制:中央层面的法院体系主要负责经济案件审理;一般民商事案件与治安刑事案件仍由地方法院审理。

"市场决定"牵动影响改革全局,并将伴随着一场更深刻的思想解放:它意味着政府主导型经济的增长方式非改不可,这对于市场主导下加快政府职能转变、更好地发挥政府作用有重大影响;它意味着权力配置资源导致机会不平等、权利不平等的问题非改不可,这对于形成公平竞争的市场环境有重大影响;它意味着官本位、权力寻租、经济特权的问题非改不可,这对于抑制消极腐败、突破利益固化的藩篱有重大影响。我们有责任为推动这一具有历史性意义的全面改革竭心尽力。

资料来源：迟福林："市场决定"牵动影响改革全局，新华网，http://news.xinhuanet.com/politics/2014-03/07/c_133169282.htm，2014年3月7日。

【关联理论】

与竞争市场相比，垄断市场不能有效地配置资源。因为垄断生产的产量小于社会合意的产量，收取的价格高于其边际成本，政府决策者会采取公共政策解决垄断问题：(1) 用反托拉斯法等努力使垄断行业更有竞争性；(2) 管制垄断者的行为；(3) 把一些私人垄断企业变为公共企业；(4) 不作为。

【新闻评析】

垄断不能有效地配置资源，市场才是实现资源优化配置最好的途径，在以上新闻中，政府运用了针对垄断的公共政策——促进竞争及管制垄断者的行为。迟福林所指"使市场在资源配置中起决定性作用"，即要加大行业竞争性，充分发挥市场机制，建议2到3年内垄断改革应有重大突破，具有以下两层含义：

一是政府加大"市场决定"的强度，政府适当放权，政企分开，使市场在资源配置中真正发挥决定性作用。在严格规划和用途管制的前提下，如赋予农民更多财产权，提供更多用地市场的实施方案，通过转型改革释放增长潜力。在有约束的前提下，宏观调控能实现公平竞争，显现政府公共服务主体的功能，最大限度有为有效。

二是努力加大垄断行业自身的竞争性，充分并有效配置市场资源。首先，将社会资本引入现有垄断行业，共同参与行业竞争，如提高石油、电力、铁路、电信、公共资源、包括金融在内的服务业等领域向社会资本开放的水平。近年来，政府部门不断鼓励民营资本通过兼并重组等方式进入垄断行业竞争性业务领域，提高产业国际竞争力。此外，还须加强资源要素市场化，紧盯垄断改革实质性进度。其次，用法治加强行业竞争。政府充分认识到，用权力来配置资源会产生各方机会不平等、权利不平等的问题，不利于建立公平竞争的市场环境。应该在增强竞争的同时，有效整合市场监管的行政资源，并组建权威性、综合性的市场监管机构。

三、案例研究

（一）案例研究 A

银行业的蓝鲸怪象：中国银行业的"暴利"与改革

如今的中国银行业，就像一条慵懒的蓝鲸，这是地球上生存过的体型最大的动物（中国银行业的利润占全球银行业总利润的20%以上，中国工商银行市值全球第一），靠吃食物链底层的磷虾（银行利润70%以上来源于利差）维持自身一百多吨的身体（2011年，中国银行业金融机构的总资产达到113.28万亿元，商业银行净利润超过万亿元大关，达到10 412亿元）。

银行利润70%以上来源于利差。过去5年，在中国银行业的主要利润中，利息净收入和手续费及佣金收入一直都是他们利润的主要来源。2007—2010年，16家上市银行利息净收入占营业收入的比重，最低为70%，最高甚至达到101%；中间业务普遍在20%以下，大部分都在10%以下。而据全球银行与金融机构分析库bank scope的统计，欧美甚至东盟地区的商业银行,息差占比一般只有50%—60%左右,中间业务则都在20%以上。2010年,中国GDP占世界比重只有9.5%,但中国银行业利润却占到了全球银行业总利润的20%以上,这意味着中国银行业从实业获取的利润远远超过了国际水平。

两头食利的"金融创新"。 上市银行"两头食利":一方面通过压低储户的存款利率,直接向存钱的老百姓"收税";另一方面银行还发明出"手续费"、"财务顾问费"等"中间业务",对老百姓进行变相"盘剥",这种"金融创新"能力想必已远超西方银行业。"这说明上市银行的暴利并非来自它们的管理和创新,其最大的核心竞争力是行业垄断和制度保护。"罗盛坦言。

银行业体制改革未完成。 近日,银监会主席尚福林在其署名文章中直指过去几年中国银行业存在的痼疾,在他看来,"规模大不等于竞争力强,利润高不等于机制好,网点多不等于服务优,一些银行在许多方面不同程度地存在管理回潮和改革不够深入的问题"。尚福林坦言,通过改革,银行业曾改变了单纯的"存款考核",强化综合效益管理,但近年来又开始追求单纯的规模扩张;曾经被精简了的机构、缩短了的管理链条,近年来又开始增机构、抢地盘。

扩张下的两大隐患,不要垄断要竞争。 在信贷资源稀缺下,银行业的经营思路也逐步由"以量补价"向如今的"以价补量"转变。在这一过程中,更加暴露出银行的"为富不仁"。银行高速扩张正在给金融体系埋下不稳定的隐患。广东金融学院代院长陆磊认为,资产扩张至少造成了两大隐忧:对资本的极度消耗,银行资产质量和拨备压力的激增。中国人民银行研究生部教授吴念鲁坦言,要建立多层次的资本市场和充分竞争的金融体系,需要打破国有金融企业的垄断。市场竞争将导致商业银行存款与贷款之间的利差逐步缩小,从而使商业银行源自信贷业务的利润在总利润中的比例也逐渐减小。

在杨志荣看来,未来银行业的改革路线图应该是这样的:第一步,开放民间资本进入发展村镇银行和社区银行。实际上,与其让民间资本隔离在体制之外无法监管还不如让其进入银行业,反而更有利于监管并降低系统性金融风险。如此一来,金融空白村镇也可实现全覆盖,而这正是大型商业银行不愿意参与的。第二步,在金融市场开放的同时推动利率市场化改革(否则很可能会加强现有银行谈判地位导致利差更为畸形),促进银行市场竞争能力的提高。第三步,逐步释放金融衍生工具创新,让银行得以发展贷款业务之外的产品和服务创新。第四步,支持银行业走出去,结合中国商品出口和海外投资向海外释放过剩的货币,继而填补欧洲银行主导的国际贸易融资,推动人民币国际化。

资料来源:刘永刚,中国银行业的"暴利"与改革,中国经济周刊,http://www.ceweekly.cn/2012/0330/21746.shtml,2012年3月31日。

【关联理论】

垄断要付出福利代价。垄断企业生产的产量低于社会有效产量,从而使垄断者可以收取高于边际成本的价格,由于垄断者得到的利润只是从消费者剩余转变为生产者剩余,因此垄断利润并不是一种社会成本。垄断的社会成本是当垄断者生产的产量低于社会有效产量时引起的无谓损失。

【案例解剖】

根据以上案例资料,中国四大国有银行(中行、工行、建行、农行)占市场比例较高,且该相关市场并未形成充分的竞争;另外,我国的银行市场准入并没有完全放开,四大国有商业银行牢牢控制金融服务市场。由此看出中国银行业已存在垄断行为。其垄断形成原因主要是政府行政及制度上的垄断。其一是银行业的价格管制。当前国内央行的基准利率是银行一年期存贷款利率,国内央行这种利率管制其实是完全剥夺了商业银行自立风险定价的权力。因为"存款利率的上限管理及贷款利率下限管理"模式,使得国内商业银行无论对存贷款如何定价都能够保证其利润水平在一定的区间。其二是信贷规模的管制。政府来计划商业银行的信贷规模,而不是银行根据自己的风险定价来确定。其三是银行准入管制。目前国内银行许可经营需要通过审批,得到银监会发的牌照,而目前商业银行的行政审批还较严格。

中国银行业已存在垄断行为,而垄断要付出福利代价。垄断企业生产的产量低于社会有效产量,从而使垄断者可以收取高于边际成本的价格。由于在垄断高价时,消费者不能购买评价高于垄断者成本的产量,因此垄断会引起无谓损失。银行业垄断产生的无谓损失与税收产生的无谓损失基本相似,而且垄断者的利润类似于税收收入。不同点在于政府得到了税收收入,而银行业垄断者得到了垄断利润。由于银行业垄断者得到的利润只是从消费者剩余转变为生产者剩余,因此银行业垄断利润并不是一种社会成本。银行业垄断的社会成本是当垄断者生产的产量低于社会有效产量时引起的无谓损失。银行业垄断付出福利代价的主要体现在以下两点:其一是中国银行业的"暴利"。银行一边能从储户中取得廉价资金,另一边是对实体经济有限资金进行争夺以抬高实际贷款利率,从而形成中国银行利润70%以上来源于利差的局面。而从中外银行盈利模式对比来看,目前中国银行业与西方发达国家的商业银行在收入结构上差距明显。按常理,投资银行业务应该是中间业务收入最大的增长点,是改善商业银行收入结构最重要的手段之一,也是商业银行为了迎接全球性竞争和混业经营挑战所采取的战略性步骤。国际一流银行的收入主要来自于中间业务收入和表外业务,而国内商业银行收入和盈利的来源几乎就是利息收入。其二是中国银行业服务质量欠佳。实际上也是因为"暴利"已经开始侵蚀中国银行业本就艰难的改革动力,导致银行业服务差、收费高、项目多,老百姓对银行业服务普遍评价不高。

商业银行垄断由来已久,要想彻底解决这一问题,还要通过以下四个渠道:(1) 通过制定细则,不断健全和完善相关法律法条;目前我国尚无与金融统计整体工作相适应的专门法规,人民银行会同三会在研究国内外相关统计法规和国内上位法的基础上,起草《金融统计管理条例》,报国务院审定后实施;(2) 适度放宽商业银行设立的行政审批条件,让更多的外资银行进入中国的商业银行市场,引入有效的竞争机制,打破现存的垄断局面;(3) 应当进行利率市场化改革,放松对民间金融的过度管制,适度发展小额贷款公司,让民间金融也能真正走到阳光下与商业银行展开公平的竞争;(4) 信贷规模交由企业自己根据风险定价确定,使市场机制不断完善成熟。通过大胆尝试,小心求证,中国商业银行在金融领域的特权才会逐渐消除,中国商业银行的"暴利"才会终结,服务质量才能得到有效提升。在这四点里,最关键的是中国银行的利率市场化改革,即打破大银行垄断的僵局,引入民营资本参与金融创新,构建银行业多元化生态系统。

(二) 案例研究 B

电信联通承认价格歧视 将提速降资费

"电信联通两巨头涉嫌反垄断案"自曝光以来又有重大进展。电信、联通昨日在官方网站同时发出声明,称已向发改委提交要求"中止"反垄断调查的申请,并承认企业在互联互通以及价格上确实存在不合理行为,同时承诺整改,将提升网速并降低宽带资费。发改委昨日证实已经收到两公司提交的中止调查申请,目前正按照《反垄断法》审理。

承认存在价格歧视

发改委反垄断局副局长此前表示,发改委对于电信、联通两公司的调查主要是针对两点:一是两公司自身没有实现互联互通,二是两公司对于与自身有竞争关系的企业给予歧视性价格。从电信和联通的声明来看,两企业都承认了此前发改委指出的针对不同宽带接入商的价格歧视情况。两家公司声明均提到,自查中发现在向互联网服务提供商提供专线接入业务方面,"价格管理不到位、价格差异较大"。

承诺提速降资费

电信和联通随后承诺,将进一步规范互联网专线接入资费管理;实现充分互联互通。电信还表示,将梳理现有协议,适当降低资费标准。此外,还将尽快与联通、铁通等骨干网运营商进行扩容。由于电信和联通在宽带接入领域内的垄断造成用户市场资费难以下降的问题,两家公司也在声明中承诺,"十二五"期间,将大幅提升光纤接入普及率和宽带接入速率。电信拿出了具体实施时间表,"五年内公众用户上网单位带宽价格下降35%左右,并立即着手实施"。

首例针对央企调查

由于此案是我国反垄断法自2008年生效以来,首例执法机构对具有行业垄断色彩的央企发起的调查,自曝光以来就受到舆论的极大关注。一位了解该项调查的权威知情人士对本报记者表示:"从两公司的声明来看,可以说两公司都承认了发改委指出的垄断行为问题。如果没有这项调查,这么多年来这两家电信企业也不可能会主动表态实现互联互通,更不可能表示将与铁通实现互通。这意味着此前两家企业的垄断地位将被彻底打破,实现互联互通后,电信、联通和铁通将实现真正的竞争关系,这是一个巨大的改变。"

追问

其一,中止调查后是否可以重启?由于两家企业并未就消除垄断行为给出明确的时间表。电信仅表示,将"尽快与中国联通、中国铁通等骨干网运营商进行扩容,降低与中国铁通的直联价格"。而中国联通的公告则更为模糊,只称"将进一步提升互联网互联互通质量",对于整改具体措施以及具体达到什么效果也未明确表述。其二,宽带资费下调多少合理?电信在声明中承诺五年内公众用户上网单位带宽价格下降35%左右,并立即着手实施。而联通对于究竟下调多少资费则完全没有提及。对于此宽带价格水平究竟下调多少合理,不少网友表示应该给出一个公开透明的解决方案。社科院信息化研究中心理事高红冰认为,宽带成本的下降不是线性的,而是呈现指数型的下降,电信承诺的资费降价水平太保守了。北邮教授阚凯力则指出,此价格无非是电信和发改委在讨价还价的方案,若打破垄断引入市场竞争者,降价的幅度要比此价格水平大得多。

观点延伸

垄断背后有体制原因。对于两电信巨头昨日的表态,电信业专家项立刚表示,两家公司认错并承诺整改,就是向发改委表态,希望能"握手言和",未来发改委与这两家公司和解的可能性比较大。电信和联通在宽带接入市场垄断,就算罚款也无法达到平衡市场的效果。宽带接入市场背后有更深层次机制层面和体制层面的问题。虽然,很多电信和广电行业专家和学者呼吁,通过发展更多的宽带骨干网运营商打破电信和联通的垄断,但是,发改委没有此权限,只有工信部才能发放全国固网运营牌照。北京邮电大学教授阚凯力认为,解决垄断唯一行之有效的方法,就是增加宽带骨干网运营商数量。这从电信业改革中引入联通和电信经营手机业务,打破移动的一家独大就可以看出竞争的效力。

资料来源:钟晶晶,电信联通申请中止调查,新京报,2011年12月3日。

【关联理论】

在许多情况下,企业以不同价格把同一物品卖给不同顾客,尽管对两个顾客的生产成本是相同的,这种做法通常被称为价格歧视。对于一个实行价格歧视的企业来说,它一定具有某种市场势力,从而可以通过分析物品需求的不同弹性,实现利润最大化。

【案例解剖】

在以上案例中,联通和电信具有极大的市场势力,已属于宽带领域的垄断者。宽带市场中,网络铺设最广的是中国电信和联通,且在宽带接入领域里,95%的互联网国际出口带宽、90%的宽带互联网接入用户、99%的互联网内容服务商都集中在这两家手中。发改委已基本查明了中国电信和中国联通在互联网接入市场上共占有2/3以上的市场份额,肯定是具有支配地位的,在这种情况下,两家企业利用市场支配地位,对跟自己有竞争关系的竞争对手给出高价,对没有竞争关系的企业给出的价格优惠一些,这种行为叫作价格歧视。

实行价格歧视的垄断者,使对物品评价大于边际成本的顾客都买了物品,并收取了其愿意支付的价格。所有互惠的贸易都得以进行,垄断生产者以利润的形式获得市场剩余。中国电信和联通通过足以支配市场的地位,实行对不同客户收取不同价格的行为,伤害了消费者的利益。对消费者来说,最重要的是,降低收费标准,提升上网速率,消除涉嫌垄断行为。国家发改委督促中国电信和中国联通继续整改宽带接入领域垄断问题,整改期限为3至5年。发改委的反垄断调查体现了政府在垄断出现时所发挥的监管作用。垄断是个经济问题,各国都制定了《反垄断法》来应对各国出现的垄断行为。政府的反垄断调查,从正面真正维护了消费者的合法权益。

(三) 案例研究 C

三级价格歧视如何完成对市场的分割

价格歧视是指企业在出售完全一样的或经过差异化的同类产品时,对不同的顾客索取不同的价格。由于这些价格并不完全反映其产品的真实价值,因此价格歧视运用了非线性定价策略。价格歧视作为一种理论,属于定价策略的范畴,无任何褒贬之意。价格歧视如果被垄断者所用,依靠其垄断地位采取高于单一价格的歧视性高价时,将会造成对消费者的掠夺,使社会福利受到损失,同时会削弱竞争,进一步加强垄断。这一行为应当受到政府部门的禁止和管制。但在垄断市场上,在具有较多竞争对手、竞争激烈的行业里,价格歧视以各种各样的灵活形式被广泛运用。价格歧视是一种有效的价格策略,不仅有助于增强企业竞争力,实现其经营目标,并且顺应了消费者的心理差异,满足了消费者多层次的需要。根据歧视程度的高低,价格歧视可以分为一级、二级和三级。

其中,三级价格歧视就是同一产品对不同消费群体制定不同的价格,从市场分割中增加收入。经济学家认为,垄断者的定价公式,决定于需求价格弹性,即价格与需求价格弹性有关。因此,通过分割市场便能根据各市场中的不同分别定价,小的市场收取较高的价格,大的市场收取较低的价格。

民航客票的定价

在民航客票定价中,航空公司将潜在的乘机者划分为两种类型(相当于将客票销售分割成两个市场)。一类是因公出差人员、私企公司高级职员等。他们对乘机时间要求较高,对票价不计较。因而,对他们可收取相对高的票价,而在时间上给予优惠,允许他们提前一天订票。另一类是收入较低的旅行人员、淡季出游者等。这部分人群对时间要求不高,但在乎票价。对于他们,在票价上可相对较低,而在时间上要求对航空公司有利。这样,可以充分利用民航的闲置客运能力,增加公司收益。若不进行市场分割,实行单一的较高票价,就会把这部分潜在的消费者推出客运市场,公司的闲置客运能力便不能产生效益,这对公司是不利的。

优惠券的发放

优惠券的发放也体现了三级价格歧视分割市场的效应。一些食品或化妆品的生产厂商经常会发一些附着在产品广告或报纸杂志上的优惠券,消费者剪下它们,再次购物时即可享受优惠,相当于对这部分消费者降低了价格。为什么不直接降价,而要采用优惠券发放呢?原因在于,并非所有的消费者都会这样做,只有对价格反应敏感的消费者才会这么做,即他们的需求价格弹性较高。这样,厂商便对其中需求价格弹性较高的一组实施了优惠措施,从而把潜在的消费者变成现实的客户,扩大了销售,增加了收益。

电影院的区别票价

电影院的区别票价也体现了三级价格歧视的应用。影院的上座率,在节假日与平时不一样。若采用单一票价,则非黄金时段的消费者必然大幅减少。因此,影院根据三级价格歧视的原理,分割市场,区别对待,在不同的时段,收取不同的票价。此举能够调动那些需求价格弹性较高的消费群体的积极性,刺激消费。而从电影经营单位(生产者)的角度看,随着顾客的增加,分摊在每个顾客身上的成本降低,低于所收取的价格,因此,生产者剩余也是存在的。所以,三级价格歧视有利于增加社会福利。

【关联理论】

三级价格歧视是指企业根据某种特定的标准将客户进行分类,明确每位客户属于哪个类别,并针对不同的消费者群体采取逆弹性法则,对需求价格弹性大的消费者索取低价,对需求价格弹性小的消费者索取高价。三级价格歧视是最常用的价格歧视手段。在实践中,企业往往利用品牌差异、产品差异并结合其他营销手段来达到三级价格歧视的目的。

【案例解剖】

实施价格歧视,有利于扩大市场销售量,增加生产者剩余和消费者剩余,在一定程度上克服垄断造成的市场效率低下的弊端。因而,它是一种积极的措施,对市场是有利的,其价格的形成也是符合市场运行规律的。当然,实施价格歧视,必须在《价格法》的指导下正确进行,要力戒因滥用价格歧视而干扰以至妨害市场的正常运行。

英国经济学家庇古于1920年提出,根据歧视程度的高低,价格歧视可以分为一级、二级和三级。一级价格歧视又称完全价格歧视,是指企业根据每一个买者对产品可能支付的最大货币量(买者的保留价格)来制定价格,从而获得全部消费者剩余的定价方法。由于企业通常不可能知道每一个顾客的保留价格,因此在实践中不可能实行完全的一级价格歧视。二级价格歧视是指企业根据不同消费量或者"区段"索取不同的价格,并以此来获取部分消费者剩余。数量折扣是二级价格歧视的典型例子。一级和二级价格歧视分别使厂商全部和部分攫取了消费者剩余,并将这部分消费者剩余转化为利润。但另一方面,一级和二级价格歧视实现了均衡价格等于边际成本的资源有效配置原则,达到利润最大化的要求。三级价格歧视是指企业将其顾客划分为两种或两种以上的类别,对每类顾客索取不同的价格。三级价格歧视是最普遍的价格歧视形式。二级和三级价格歧视的不同主要在于,三级价格歧视利用了关于需求的直接信息,而二级价格歧视则是通过消费者对不同消费包的选择,间接地在消费者之间进行挑选。当然,并不是在所有情况下企业都可以实行价格歧视策略。在完全竞争市场上,每个企业都是价格的接受者,价格歧视现象就不可能产生。三级价格歧视则是指垄断卖方对不同类型的买方收取不同的价格,买方的需求价格弹性越大,卖方收取的价格就越低;买方的需求价格弹性越小,卖方收取的价格就越高。通过这种方法,垄断卖方就从需求价格弹性小的买方那里获取更多消费者剩余。比如,有的旅游景点对外地游客和本地游客实行价格歧视,对外地游客收取较高的价格,对本地游客收取较低的价格。显然,价格歧视使产品的卖方尽可能多地获益,因为通过价格歧视,原本属于产品买方的消费者剩余也被转移到了卖方那里。但是,按照经济学家的分析,价格歧视在经济上却是有效率的,也就是说,价格歧视是满足帕累托标准的,通过价格歧视,卖方获取的最大收益,等于社会福利最大化的值。如果垄断的卖方实行统一价格,虽然也能达到一个最大的收益,但却小于社会福利最大化的值,因而在经济上是无效率的。当然,价格歧视要行得通,垄断的卖方必须能对买者的不同特征进行有效的区分和分割。这种不同可能是买者的需求强度的不同,也可能是购买量的不同,或者是需求价格弹性的不同,关键是要对这种不同进行有效区分和分割。

对一些基础资源,如天然气、水、电等,供求存在一定的缺口,且随着生产的发展,供求矛盾还有加剧的趋势,为遏制供求矛盾的加剧,有效配置资源,国家利用对这些资源供给的垄断地位,对资源的使用者区别对待,制定不同的价格。例如电力供应,对电解铝、钢铁等高耗能产业制定较高的用电价格,对居民用电和农业用电则实施优惠价格。对水的供应,区分民用水和工业用水,而在民用水中,又分为居民日常使用和洗浴业用等类别,制定不同的价格。这些措施,正是依据了三级价格歧视的市场分割原理,对不同市场的消费者收取不同的价格,促使那些资源消耗量大的企业,加强成本核算,提高经济效益,或减少对资源的过度使用,发挥价格杠杆有效调节资源配置的功能。

四、课外习题

(一) 术语解释

1. 垄断企业
2. 自然垄断
3. 政府管制
4. 价格歧视
5. 套利

(二) 单项选择

1. 下列不能成为进入一个垄断行业壁垒的是(　　)。
    A. 垄断利润　　　B. 立法　　　C. 专利权　　　D. 资源控制
2. 以下最不可能成为垄断者的是(　　)。
    A. 一个小镇上唯一的一名电工　　　B. 娃哈哈集团
    C. 某地区的电力公司　　　D. 某地区的自来水公司

3. 下列哪种垄断的垄断势力最弱（　　）。
   A. 自然垄断　　B. 垄断竞争　　C. 寡头垄断　　D. 行政垄断
4. 下列哪一个领域最接近于完全竞争市场？（　　）。
   A. 钢铁　　B. 通信　　C. 汽车　　D. 蔬菜
5. 如果一个价格垄断者对农民收取低价，那么，就是他（　　）。
   A. 相信农民的需求是富有弹性的　　B. 相信农民的需求是缺乏弹性的
   C. 想使农民的需求曲线移动　　D. 关心农民福利对经营有利
6. 如果愿意，一个垄断者可以通过（　　）使它的总收益达到最大。
   A. 最小化的成本
   B. 最大化的利润
   C. 同时达到 A 和 B
   D. 确定一个价格，使之与它的产品单位需求弹性相一致
7. 若一个垄断厂商能以 2 元销售 500 个单位产品，以 1 元销售 1 000 个单位产品，那么，它获得的边际收益是（　　）。
   A. 1 元
   B. -1 元
   C. 0 元
   D. 依上述资料不能计算
8. 一个垄断厂商降低价格必然（　　）。
   A. 增加边际收益
   B. 增加总收益
   C. 减少边际收益
   D. 减少总收益
9. 垄断厂商利润极大时，（　　）。
   A. $P = MR = MC$
   B. $P > MR = AC$
   C. $P > MC = AC$
   D. $P > MR = MC$
10. 与竞争企业相同，垄断企业利润为（　　）。
    A. 每单位成本乘以销售量
    B. 每单位平均利润乘以销售量
    C. 每单位边际利润乘以销售量
    D. 以上都不是
11. 以下哪种不属于价格歧视？（　　）。
    A. 同一部电影美团网上和电影院售价不同
    B. 学生在春节期间通过 12306 买火车票的学生票
    C. 老人用老年证乘坐公共汽车
    D. iPhone 产品在推出与一年后价格有所不同
12. 一家影院垄断了一部微电影的放映权，成人与儿童对这部电影的需求弹性分别为 -2 和 -4。如果这家电影院对成人与儿童收取不同的票价，那么，利润最大化的成人票价格为（　　）。
    A. 儿童票价的 2 倍
    B. 儿童票价的一半
    C. 儿童票价的 1.5 倍
    D. 儿童票价的 1/5
13. 如果边际收益大于边际成本，一个垄断者应该（　　）。
    A. 增加产量
    B. 减少产量
    C. 保持产量不变，因为当边际收益大于边际成本时利润最大
    D. 提高价格

14. 如果完全垄断厂商在两个分割的市场中具有相同的需求曲线，那么垄断厂商（　　）。
    A. 可以实行差别价格　　　　　　B. 不能实行差别价格
    C. 既能也不能实行差别价格　　　D. 上述都不对
15. 不是垄断企业实施价格歧视的条件的是（　　）。
    A. 必须有不同类的消费者
    B. 不同类消费者的价格弹性必须不同
    C. 转售非常困难
    D. 垄断企业必须面对一条有弹性的需求曲线

（三）判断正误

1. 垄断厂商可以任意定价。（　　）
2. 垄断厂商出现亏损是不可能的。（　　）
3. 自然垄断产生的原因之一是规模经济。（　　）
4. 价格歧视就是价格差别。（　　）
5. 在完全竞争市场，任何一家厂商都已成为价格决定者。（　　）
6. 把一些私人垄断企业变为公共企业是解决垄断问题的方法之一。（　　）
7. 企业实行价格歧视会阻止某些市场势力。（　　）
8. 垄断能产出使福利最大化的产量水平。（　　）
9. 所有的垄断都应被反对。（　　）
10. 旅游景点门票对老人和学生以及一般人收取不同的费用时，该旅游景点就是在实行价格歧视。（　　）

（四）简答题

1. 垄断产生有哪三个主要原因？
2. 解释说明中国国家电网公司为什么会形成垄断？
3. 自然垄断与市场规模之间有什么联系？
4. 为什么垄断厂商没有供给曲线？
5. 如何理解垄断厂商所面临的需求曲线就是整个市场的需求曲线？

（五）应用题

1. 已知某垄断企业的成本函数为 $TC = 0.5Q^2 + 10Q$，产品的需求函数为 $P = 90 - 0.5Q$。求利润最大时的产量、价格和利润。
2. 武汉黄鹤楼的门票采取差别价格政策，国内游客的票价为 2 元，国外游客的票价为 5 元，试用价格歧视及其相关理论分析以下两个问题：
    （1）为什么武汉黄鹤楼的门票采用差别价格政策？
    （2）在什么样的条件下，实行这种政策才能有效？
3. 垄断厂商一定能保证获得超额利润吗？如果在最优产量处亏损，它在短期内会继续生产吗？

(六) 拓展思考题

1.（1）价格歧视有时也称为差别定价,它是有一定价格控制能力的厂商对同一成本的产品向不同的购买者收取不同的价格,以实现利润最大化的一种途径。请问根据市场销售条件的不同,价格歧视可以划分为哪三种形式？

（2）消费者平常在消费中都有这样的感受,同样的产品,一般大商场的价格要比小集市上贵很多,甚至同一个品牌的差别不大的产品在大商场的价格是小集市的价格的两倍。是不是大商场卖的产品价值比小集市的价值高呢？明显不是的。比如大商场和小集市卖的是同一件羊毛衫,其成本差额不会超过10元,但其价格却相差100元之多。本案例中情况属于哪一类价格歧视？为什么价格差异这么大？

2. 相关数据显示,目前全球的收费公路总长约14万公里,其中10万公里在中国,占总公里数的七成。中国公路收费高于欧洲数倍,路桥费高占企业成本的1/3,如此高昂的成本,在经济运行中会起到推高商品成本的作用,甚至推高物价和造成通胀,严重阻碍中国经济发展。《澳门日报》2014年1月6日刊文说,上海停止沪嘉高速公路收费并将所有高速公路计费起价削半,具有带头与示范作用,可供其他地区借鉴,希望能引领全国出现一股停止和降低公路收费的潮流。请回答以下两个问题：

（1）中国高速公路属于垄断行业吗？它是如何形成垄断的？

（2）我们应该如何全面看待这一现象？

五、习题答案

（一）术语解释

1. 垄断企业：作为一种没有相近替代品的产品的唯一卖者的企业。
2. 自然垄断：由于一个企业能以低于两个或更多企业的成本向整个市场供给一种物品或服务而产生的垄断。
3. 政府管制：具有法律地位的、相对独立的政府管制者（或机构）,依照一定的法规对被管制者（主要是企业）所采取的一系列行政管理与监督行为。
4. 价格歧视：以不同价格向不同顾客出售同一种物品的经营做法。
5. 套利：在一个市场上以低价购买一种物品,而在另一个市场上以高价出售该物品,并从价格差中获利的过程。

（二）单项选择

1. A 2. B 3. B 4. D 5. A 6. D 7. C 8. C 9. D 10. B
11. D 12. C 13. A 14. B 15. C

（三）判断正误

1. × 2. × 3. √ 4. √ 5. × 6. √ 7. × 8. × 9. × 10. √

(四) 简答题

1.【考查要点】 垄断所涉及原因。

【参考答案】 垄断形成的三个原因:企业垄断资源,政府专利,自然垄断。

2.【考查要点】 垄断形成的原因。

【参考答案】 中国国家电网公司是政府创造的垄断。

3.【考查要点】 自然垄断与市场规模大小。

【参考答案】 产生规模经济时,就形成自然垄断。当市场规模增大时,原市场大小不能满足市场需求,会有新的企业进入该市场,逐渐又形成了竞争市场。

4.【考查要点】 垄断的供给曲线。

【参考答案】 垄断企业是价格制定者,而不是价格接受者。问这种企业在任意一个既定价格下生产多少是没有意义的,因为垄断企业在选择供给量的同时确定价格。垄断者决定供给时要与需求相联系,因此我们不谈论垄断者的供给曲线。

5.【考查要点】 垄断的需求曲线。

【参考答案】 垄断厂商所面临的需求曲线就是市场的需求曲线,它是一条向右下方倾斜的曲线,即垄断厂商的销售量和市场价格成反方向变动。这条向右下方倾斜的需求曲线表示垄断厂商可以通过改变销售量来控制市场价格:以减少销售量来抬高价格,以增加销售量来降低价格。

(五) 应用题

1.【考查要点】 垄断者利润最大化及其计算。

【参考答案】 垄断利润最大化的条件是 $MR = MC$

已知 $TC = 0.5Q^2 + 10Q$,则 $MC = Q + 10$

又知 $TR = P \times Q = (90 - 0.5Q) \times Q = 90Q - 0.5Q^2$,则 $MR = 90 - Q$

因为 $MR = MC$,所以 $90 - Q = Q + 10$,因此 $Q = 40$

$$P = 90 - 0.5Q = 90 - 0.5 \times 40 = 70 \text{元}$$

利润 $\pi = TR - TC = (90Q - 0.5Q^2) - (0.5Q^2 + 10Q) = 80Q - Q^2 = 1\,600 \text{元}$

2.【考查要点】 价格歧视的具体理解。

【参考答案】 (1) 企业的目的是获得更多利润。

(2) 一般必须具备三个条件:第一,市场存在不完善性;第二,市场需求弹性不同;第三,市场之间有效分割。

3.【考查要点】 垄断者的短期行为。

【参考答案】 垄断厂商并不保证一定能获得超额利润,能否获得超额利润主要取决于社会需求。如果该产品的需求者能接受垄断厂商制定的大于平均成本的价格,那么该厂商能获得超额利润。如果该产品的需求者只能接受小于平均成本的价格,那么该厂商会发生亏损。出现亏损后在短期内既有可能继续生产,也有可能停止生产。在短期内,若产品价格低于平均成本,但只要还高于平均可变成本的最低点,生产将会继续进行下去。但只要价格低于平均成本的最小值,则该厂商将会停止生产,如不停止生产,损失会更大,不仅损失全部固定成本,而且可变成本的一部分也无法弥补。

(六) 拓展思考题

1. (1)【考查要点】 价格歧视的三种形式。

【参考答案】 (1)其一是一级价格歧视,即厂商可以根据消费者在每一单位产品上愿意并且能够给出的最高价格来确定每单位产品的价格,采用这种定价方法可以把消费者剩余全部转化为垄断超额利润。其二是二级价格歧视,即厂商把需求曲线分成为不同的几段,然后根据不同的购买量来确定不同的价格,这样可以把一部分消费者剩余转变为超额利润。其三是三级价格歧视,即厂商对不同市场的不同消费者实行不同的价格,它可将高价市场的消费者剩余转变为超额利润。

(2)本案例的情况属于三级价格歧视,它是最普遍的一种价格歧视形式。通过分割市场便能根据各市场中的不同分别定价,对需求价格弹性大的消费者索取低价,对需求价格弹性小的消费者索取高价,即小集市市场收取较高的价格,大商场市场收取较低的价格,以实现企业利润最大化目标。

2.【考查要点】 垄断的界定。

【参考答案】 (1)中国高速公路是垄断。目前收费公路大都或多或少带有垄断性,公路使用者与收费公路经营者的话语权并不平等,公路经营者往往滥用市场势力,制定出垄断高价。

(2)过路过桥收费多而且高,大大增加了运输成本,成为妨碍经济发展的新因素,高速公路本来是公共设施,应有公众福利特征,但在中国却无法体现。在中国,高速公路是高回报的投资领域,成为地方政府重要的税收来源。故此,取消或大削路桥收费,也不容易处理,当中需要平衡各方利益。最终还是要以长远发展为考虑,加强城乡市场流通体系建设,提高流通效率,降低物流成本。财政部也提出要全面清理规范公路收费,减轻企业和社会负担。

第 16 章
垄断竞争

一、学习精要

(一) 教学目标

1. 领会垄断竞争与寡头的区别,掌握垄断竞争的特征。
2. 理解垄断竞争市场的短期均衡和长期均衡,会比较垄断竞争下和完全竞争下的市场结果,考察垄断竞争结果是否合意。
3. 掌握为什么在长期中垄断竞争企业生产的产量少于有效规模。
4. 掌握制造产品差异化的常见方式,理解经济学家们对广告、品牌效应的争论。

(二) 内容提要

前两章讨论了两种极端的市场结构形式——竞争与垄断。许多行业的市场结构不适用于竞争模式,又不适用于垄断模式。这些行业中的企业都为满足差不多同样的需求而竞争,但每个企业都提供独特的、略有差异的产品来满足这种需求。结果,与竞争企业面临一条在市场价格上的水平需求曲线不同的是,这些企业面临一条向右下方倾斜的需求曲线。本章的垄断竞争模式是对它们最好的描述。

1. 在垄断和完全竞争之间

(1) 完全竞争和垄断是市场结构的极端形式,但是大部分市场介于这两种极端之间,兼具竞争与垄断的成分。经济学家把这一类市场结构称为不完全竞争。不完全竞争主要有两种形式,寡头和垄断竞争。寡头是只有几个提供相似或相同产品的卖者的市场结构。垄断竞争是存在许多出售相似但不相同产品的企业的市场结构。

(2) 垄断竞争具有三个条件:许多卖者、产品差别和自由进出。其一是许多卖者(与竞争相同),即有许多企业在争夺相同的顾客群体。例如一条美食街上有许多卖者,一个受欢迎的度假胜地有许多旅馆。其二是产品差异(与垄断相同),即每个企业的产品都略有差别。这种差别使每个卖者都拥有一定的决定自己价格的能力,所以企业面临一条向右下方倾斜的需求曲线。其三是自由进出(与竞争相同),即拥有自己差异产品的企业可以自由进入或退出市场,因而经济利润降为零。

(3) 在理论上,可以将以上四种市场结构的特点总结为:垄断只有一家企业;寡头有几家出售相似或相同产品的企业;完全竞争有许多出售相同产品的企业;垄断竞争有许多出售有差别产品的企业。

2. 差别产品的竞争

(1) 产品差异化使得每个卖者面临的需求曲线向右下方倾斜。因此垄断竞争企业与垄断企业类似,利润最大化的规则是选择生产边际收益等于边际成本的产量,然后用其需求曲线决定与其产量一致的价格。在短期中,价格高于平均总成本则企业获得利润;价格低于平均总成本则企业有亏损。

(2)当企业获得利润时会激励新企业进入市场。新进入会减少现有企业的需求,需求曲线左移,减少所得利润。当企业在亏损时一些企业会退出。这些退出会增加留下企业的需求,需求曲线右移,减少亏损。只有每个企业在利润最大化的产量水平上获得零利润时,所有进入和退出才会停止。垄断竞争企业的长期均衡有以下两个特点:与垄断一样,价格大于边际成本。因为利润最大化要求边际成本等于边际收益,而且需求曲线向下倾斜,则边际收益总是小于需求;与竞争一样,价格等于平均总成本。因为自由进出使经济利润为零。

(3)某种程度上垄断竞争下和完全竞争下的长期均衡很像,其实两者有需要注意的区别。第一,生产能力过剩。垄断竞争企业在其平均总成本曲线向下倾斜的部分进行生产,所以对应产量小于企业在平均总成本最低点时的产量。这种未能生产使平均总成本最小(达到有效规模)的产量的情况称为生产能力过剩。但是完全竞争企业在有效规模上生产。第二,价格高于边际成本。垄断竞争企业收取高于其边际成本的价格,多售出一个产品就意味着利润增加。完全竞争收取等于其边际成本的价格。

(4)垄断竞争无效率的来源之一即为上述第二个原因。由于价格加成,顾客评价高于边际成本(但低于价格)的一些产品无法被购买,这属于无谓损失。无效率的来源之二为市场上的企业数量并不是理想数量。新企业进入市场时只考虑自己的利润,但引起了两种外部效应。物品多样化外部效应:新产品进入创造消费者剩余,此为正外部效应;抢走业务外部效应:引起其他企业失去顾客和利润,此为负外部效应。所以垄断竞争不具备完全竞争的全部合意的福利特点,不能确保总剩余最大。但是没有一种简单易行的公共政策来改善市场结果。

3. 广告

(1)企业为强调自己的产品差异并吸引消费者往往会做广告。经济学家对广告的社会价值存在争论。广告批评者认为广告是为了操纵消费者偏好,创造本不存在的消费欲望。通过广告增加产品差别意识和提高品牌忠诚度使需求更缺乏弹性,企业能收取高于边际成本的价格加成。广告辩护者认为广告向顾客提供充分信息,促进竞争,了解价格差并降低支付价格。

(2)广告与品牌密切相关。品牌批评者认为品牌使消费者感受到实际并不存在的产品差别。而品牌支持者认为品牌可以保证产品是高质量的,因为品牌提供了产品质量的信号,给企业保持高质量的激励。

4. 结论

垄断竞争同时具有垄断与竞争的特点。许多市场例如餐饮、电影等都是垄断竞争市场。垄断竞争下的资源配置并不是合意的,但现在决策者也无法改善。

(三)关键概念

1. 寡头:只有几个提供相似或相同产品的卖者的市场结构。
2. 垄断竞争:存在许多出售相似但不相同产品的企业的市场结构。
3. 产品差异:每个企业生产的一种产品至少与其他企业生产的这种产品略有不同。
4. 自由进出:企业可以无限制地进入或者退出市场的状态。

5. 边际成本:额外一单位产量所引起的总成本的增加。
6. 生产能力过剩:在垄断竞争下,企业产量小于使平均总成本最小的产量。
7. 有效规模:使平均总成本最小的产量。

(四) 拓展提示

1. 垄断竞争企业在短期中能赚到经济利润,而在长期中不能赚到经济利润。
2. 长期均衡中,所有进入和退出只有在企业获得零利润时才会停止。因此在长期均衡时企业面临的需求曲线必定与平均总成本曲线相切,价格等于平均总成本,且利润为零。
3. 垄断竞争市场上的每个企业都有过剩的生产能力。生产的产量都低于最小平均总成本下的产量。每个企业都收取高于边际成本的价格。
4. 垄断竞争没有完全竞争所有合意的福利特点。存在由高于边际成本的价格加成引起的无谓损失。此外,企业的数量(以及产品的种类)可能过多或过少。
5. 垄断竞争理论描述了经济中的许多市场,然而并没有给政策制定者提供多少能够用来促进市场配置资源的方法。

二、新闻透视

(一) 新闻透视 A

基金销售机构进入垄断竞争时代

按照证监会公开的基金销售机构名录,截至 2014 年 1 月份,共有 227 家获批资格的基金销售机构,其中包括商业银行 91 家、证券公司 98 家、保险公司 1 家、证券投资咨询机构 6 家以及独立基金销售机构 31 家。

随着东方财富半年报的公布,旗下基金销售平台天天基金网的销售数据也浮出水面,2013 年上半年销售近 22 亿元,在"基金超市"模式的第三方销售机构中遥遥领先。业内人士表示,在基金和网络加速融合的情况下,基金第三方销售机构将迅速进入垄断竞争时代。

根据东方财富半年报,截至 2013 年 6 月,东方财富旗下基金销售平台天天基金网共上线 51 家基金公司的 995 只基金,上半年销售额为 21.79 亿元,取得服务业务收入 1 027 万元,占公司营业总收入比率达到 13.31%。公告同时显示,公司推出的现金管理工具"活期宝"业务,从 6 月 26 日至 7 月 18 日,共计实现申购交易 8 万余笔,销售额累计为 16.48 亿元。

在基金销售额大幅增加带来的良好预期等因素带动下,东方财富的股价得以大幅飙升。进入 2013 年以来,东方财富就开始了股价飙升之路,根据前复权价计算,股价从年初的 4.7 元左右上涨到 7 月 22 日的 18.35 元,涨幅高达 295.47%,在所有 A 股中仅次于掌趣科技,盘中一度达到 19.19 元,距离历史股价最高点仅一步之遥。

基金销售机构将进入垄断竞争时代。在东方财富天天基金网基金销售额大幅增加的同时,部分基金第三方销售机构则难掩尴尬,这些机构或因为市场推广不力,或因为网络流量不多等因素,销售额迟迟没有明显提升。业内人士分析,在众多基金第三方销售机构中,除了诺亚正行等线下销售为主的机构以外,大部分以"基金超市"为主要模式的销售机构将迅速进入垄断竞争阶段。

"按照目前东方财富销售情况来看,基金第三方销售机构之间开始出现分化,以基金超市模式为主的销售机构,会很快进入垄断竞争阶段,预计会像门户网站一样,在经过最初几年发展后只剩下新浪、搜狐、腾讯和网易等为数不多的几家。"该人士如此表示。但是,对于其他的基金销售机构,并不意味着日子难过,尤其在北上广深以外城市的销售机构,会成为区域性市场,凭借前期客户积累和线上线下良好互动,过上"小而美"的日子,但要成为全国性的基金销售机构却非常困难。

基金销售机构目前的销量分化情况,主要与其销售渠道相关。据了解,天天基金网基金销售额较高,与东方财富网高流量相关,该网站用户访问量和用户黏性指标均较高,在垂直财经网站中处于领先地位,高流量给基金潜在投资者带来了接触基金产品的机会。

而在其他第三方基金销售机构中,基金销售额不高的原因,大多数也是受制于流量限制。例如数米基金、好买基金和众禄基金,尽管投顾服务做得不错,签约基金公司产品也很多,也均推出了类似余额宝一样的产品,但是受制于流量限制,销售额并没有质的提升。据了解,目前这些销售机构正在和流量较大的网络平台洽谈合作,希望通过高流量平台增加与投资者接触的机会,以提升基金产品的销售。

资料来源:赵明超,中国证券网,2013年7月22日。

【关联理论】

垄断竞争市场描述了一个有许多出售相似但不相同产品的企业的市场结构,每家企业都生产和出售相似但不相同的产品。垄断竞争具有许多卖者、产品差异和进出自由三个基本特点。因为这些市场中企业的产品相似却不相同,所以面临一条向右下倾斜的需求曲线。垄断竞争市场上的厂商通过产品差别化来保持并扩大市场份额。

【新闻评析】

基金销售机构,是指依法办理基金份额的认购、申购和赎回的基金管理人以及取得基金代销业务资格的其他机构。按照证监会公开的基金销售机构名录,截至2014年1月份,共有227家获批资格的基金销售机构。

垄断竞争具有众多卖者、产品差异和进出自由三个基本特点。基金市场基本满足这三个特点,可以近似看成为垄断竞争市场。上述新闻中227家基金销售机构的数据表明,在基金市场中基金销售机构数量众多,基金产品的供应者较多,他们都在争夺相同的顾客群体,也就是国内的投资者。为了吸引投资者购买自己的基金产品,这些基金机构进一步加大了新业务、新产品的推广力度,强调自己的基金产品与其他竞争基金销售机构的产品有差异,比如保本、风险低、年收益高、手续费低等。通过这些差别化策略来吸引投资者购买自己的基金产品,形成对各个独特基金产品市场的垄断。当然基金市场的准入需要证监会批准,所以有一定的门槛设置。但是自2013年,中国证监会就《公开募集证券投资基金管理人管理办法》征求意见,拟降低基金公司准入门槛,放松基金公司股东同业经营限制。当办法正式通过后,基金市场准入门槛将较之以前更低,也会促进第三方基金销售机构涌入,参与到竞争中。

(二) 新闻透视 B

2013年315晚会回顾——周大福被曝光其产品存在质量问题

一直以来,香港珠宝巨头周大福都将"自主设计生产"作为其产品卖点大加宣传。但近日,中国经济网记者却调查发现,在这顶光环背后实则"盛名难副"——因为从第三方小公司低价批发货品,周大福的首饰已经有大量低劣产品、残次品充斥其中。

据浙江卫视2月份报道,余姚市的胡女士在周大福购买的彩金项链只戴了一次就严重发黑,胡女士怀疑周大福彩金项链材质有问题,可能含有害元素。就在几天前,长江商报也曾报道一位武汉消费者铂金婚戒钻石断裂掉落的问题,据湖北珠宝学院院长胡小凡表示,这款婚戒肯定属于残次品。

值得注意的是,爱得康公司(下称ADK)洪经理向中国经济网记者透露:"周大福从ADK公司常年低价批发成品首饰,铂金批发价在270元左右,其他材质的批发价更低,回去直接换成周大福自己的商标进行销售。"中国经济网记者致电周大福总部,工作人员回应称:"确实与ADK有合作关系,部分货品是从ADK公司批发的",但拒绝透露拿货的具体价格。

资料来源:Donews网站,2014年3月17日。

【关联理论】

垄断竞争中固有的产品差别使企业使用广告和品牌。最常见的情况是有品牌的企业花的广告费更多,而且产品价格也更高。经济学家对品牌经济学也存在分歧。批评者认为品牌使消费者感觉到实际上并不存在的差别,主张政府应该通过拒绝实施公司用来识别它们产品的专有商标来限制品牌的使用。与之相反,品牌的支持者认为品牌向消费者提供了在购买前不易判断的质量信息,同时还激励企业保持高质量。

【新闻评析】

3月15日是"国际消费者权益日"。自1991年起,中国在每年3月15日都会通过央视一套节目全国直播315晚会。它唤醒了消费者的权益意识,成为规范市场秩序、传播国家法规政策的强大平台。在上述新闻中,卖家是香港周大福珠宝金行有限公司,属于周大福集团全资附属公司,专营周大福品牌珠宝玉石金饰业务。经记者调查发现因从第三方小公司低价批发货品,周大福的首饰已经有大量低劣产品、残次品充斥其中。经"3·15"曝光后使得周大福遭受到品牌信任危机。

尽管市面上有非常多相似的珠宝黄金首饰,消费者正是因为周大福的品牌而愿意花更高的价格(高于边际成本的价格)去购买它的产品。但是周大福从ADK公司常年低价批发成品首饰造成质量低下,使消费者感觉它的产品与无品牌的产品几乎没什么差别。消费者会觉着花高价购买是一种非理性的形式,之后会造成周大福客源的流失。在市场显得日益动荡多变的条件下,品牌已成为赢得消费者信任和企业求得长远生存与发展的关键。在产品同质化严重的今天,每一个竞争者都具备了模仿其竞争对手产品、服务、广告、营销手段甚至整个品牌创造过程的能力,所以以消费者为中心,不断满足消费者的需要,不仅仅是产品上的需要,还有服务、情感、文化、价值体现等需要,这些构成了品牌竞争力的核心。

(三) 新闻透视 C

中国审计市场结构——垄断竞争

审计市场竞争态势是指目前中国审计市场所处的一种竞争状态,通常用审计市场结构类型及特征来表示(陈艳萍等,2010)。审计市场竞争态势不是一成不变的,它随审计市场内外部环境的变化而变化,但在一定期间内相对稳定。根据经济学中对产品市场结构的分类和特征的描述,审计市场结构也可分为完全竞争、垄断竞争、寡头和垄断四种类型,其特征也应符合各类市场结构所应具备的特征。我们可以根据这些特征来判断中国审计市场结构的类型,进而推断出中国审计市场的竞争态势。现阶段中国审计市场特征如下:

其一是中国审计市场上会计师事务所数目众多。近年来,中国注册会计师行业迅猛发展。截至2010年12月31日,在中国审计市场上共有会计师事务所7 785家(含分所795家),其中具有证券期货相关业务资格的事务所53家,执业注册会计师96 498人,非执业会员86 349人,事务所的总体实力不断增强。审计服务市场也在不断扩大,注册会计师行业所服务的企业达到300多万家,据统计,2010年度中国注册会计师全行业收入超过375亿元,同比增长18%,审计服务收入不断增长。在中国审计市场上,事务所(市场供给者)数目众多,且有大量的需求者,进而使中国审计市场在供需双方的博弈中,多数情况下是客户在选事务所而不是事务所在选客户,事务所间的市场竞争异常激烈,最终导致任何一家事务所(国际"四大"除外)都没有太大的市场份额。

其二是审计报告形式上无差别,实质上却有明显的质量差异。按照中国注册会计师执业准则的要求,各家事务所无论审计哪家客户、收取多少审计费用、花费多少审计时间、耗费多少人力、实施多严密的审计程序、收集多少充分的审计证据,最终提供的审计产品即审计报告中的审计意见不外乎无保留意见、带强调事项段的无保留意见、保留意见、否定意见和无法表示意见等几种类型,且不同类型审计意见的审计报告其格式、用语、表述方式均是标准格式。从形式上看,同一类型的审计报告属于无差别性产品。但是,从实质上看,不同规模的事务所,特别是国际"四大"与国内其他事务所之间出具的审计报告却有明显的差别,这种差别主要体现在品牌与审计报告附加值等方面。这可能就是国内审计市场特别是证券审计市场的一些大的或重要的优质客户宁愿出高额的审计费用去聘请国际"四大"进行年报审计的主要原因之一。另外,这种实质上的差异还体现在"四大"所提供的审计服务整体服务价值较高上,因为这些有条件的大型事务所提供了与竞争对手不同品质的审计产品,如较高的声誉和审计质量等,而出现因不同事务所审计所出具的审计报告存在明显的质量差异的现象。这说明在中国审计市场由不同事务所提供的审计报告实质上仍然存在许多真正的或幻想的差别,因此,在中国审计市场上审计产品的差异化是客观存在的。

其三是审计市场进入机制的改进。经济学中的进入壁垒是指新企业进入一个产业的各种阻碍因素。进入壁垒影响进入与退出的难易程度,当进入壁垒很大时,这个产业的企业就很少,竞争的压力就很有限(保罗·萨缪尔森、威廉·诺德豪斯,2004);相反进入壁垒越低,进入者越容易进入,竞争程度则越高。对审计市场而言,进入者的进入壁垒主要包括资格准入、规模经济以及法律制度等因素。目前中国审计市场的进入壁垒主要体现在事务所资格准入方面,包括从业资格、合伙人资格和执业领域资格等方面的限制。在事务所执业领域资格方面,中国目前只对从事证券、期货相关业务的事务所提出了较高的资格要求,具体根据2007年4月9日证监会和财政部发布的《关于会计师事务所从事证券、期货相关业务有关问题的通知》(以下简称"新办法")的规定执行。可以看出,新办法提高了市场准入门槛,有助于会计师事务所做大做强;而对从事一般审计业务的事务所并无特别要求,均按《注册会计师法》的规定执行。当然注册会计师行业是一个知识、技术密集型的行业,进出并非完全自由,还是有相对较为严格的限制。

综上所述,目前中国审计市场已基本具备垄断竞争市场的特征。中国的审计市场结构属于垄断竞争的市场结构。而在世界上最发达、最成熟的审计市场中,审计市场集中度却在不断提高,审计市场结构也在不断变化,一直以来呈现的是一种寡头垄断的市场竞争态势。

资料来源:陈艳萍,中国审计市场竞争态势:完全竞争还是垄断竞争? 会计研究,2011年6月。

【关联理论】

垄断竞争市场描述了一个有许多出售相似但不相同产品的企业的市场结构。垄断竞争一般具有以下特点:(1) 许多卖者。有许多企业争夺相同的顾客群体。(2) 产品差异。每个企业生产的一种产品至少与其他企业生产的这种产品略有不同。(3) 自由进出。企业可以自由进出市场。

【新闻评析】

由于注册会计师审计所提供的产品是注册会计师向投资者和社会公众提供的一种特殊服务"产品",因此,审计市场属于服务类产品市场。在本案例中描述了中国审计市场的三个特点,并详细分析每一个特点的具体表现,最后得出中国审计市场结构为垄断竞争市场。

经济学经典教科书中指出垄断竞争市场的三个特点(许多卖者、产品差异、自由进出),上述案例相应地分析了审计市场的提供者、服务"产品"本身及进出门槛。首先,针对许多卖者这一特点,案例提到中国审计市场上会计师事务所数目众多,说明在该市场上提供产品的生产者非常多,并且有更多的消费者。其次,案例分析了产品本身,根据不同规模的事务所,实际存在质量差异。以"四大"为代表的国际性事务所提供的报告更精良,质量更好。这表明形式上看,同一类型的审计报告属于无差别性产品,但是从实质上看仍有区别。这就造成了产品差异化。最后,针对审计市场中进出门槛的分析。审计市场并非完全自由进出,中国目前只对从事证券、期货相关业务的事务所提出了较高的资格要求。当然随着相关制度的完善与成熟,中国审计市场会逐渐提高进出门槛,促进市场的有序竞争、健康发展,实现审计资源的有效配置,进一步优化审计市场结构。

三、案例研究

(一) 案例研究 A

中国洗发水市场:差异求胜

洗发水是个人护理用品中的一个大品类,而中国是世界上洗发水生产量和销售量最高的国家。随着越来越多的中外企业不断进入,洗发水市场的竞争也愈演愈烈。当前,洗发水品牌数量之多,可谓铺天盖地。现已有超过2 000个洗发水企业,品牌3 000多个。新品牌希望以强大的广告攻势迅速争得一席之地;老品牌则力图通过市场细分进一步扩大战果。同时洗发水功能逐渐延伸并细分,从最初的清洁头发功能,逐步延伸为护理、营养、滋润多种功能细分,以吸引不同需求的消费者。

洗发水的广告大战日渐激烈,促销、公关方式多种多样。说我们生活在一个广告的世界里一点也不夸张,那么企业为什么会不惜巨额代价狂做广告呢? 广告宣传向来在洗发水市场居于首要地位。广告策划是在策划什么? 广告的目的是借助于非价格竞争手段来改变消费者的主观需求曲线,因为通过广告可以影响消费者对产品的偏好。让更多的消费者了解自己产品的特色,能够提高产品的差异性,增加了潜在消费者的数量,从而增加其需求,将需求曲线向右移动。形成了品牌特色以后,别的企业就不可能用价格手段来掠夺已经属于自己的客户了。

同时洗发水企业都在为自己的产品塑造鲜明的品牌个性。品牌像一个人,有自身的形象和内涵,具有独特的文化品格和精神气质。在为品牌创造个性持续不断进行沟通的过程中,企业使品牌产生差异并成为品牌定位的深化。正如宝洁所定位的那样,飘柔所代表的是青春、智慧,面对挑战时富有自信的现代女性;海飞丝代表的是为人合理、思想实际,更乐意与人亲近的现代女性;沙宣所代表的是活跃、富有时尚吸引力的都市女性;潘婷所代表的是自信、优雅的职业女性。另一方面,在洗水发市场上将产品置于企业的品牌广告后,附有企业标榜。利用企业影响将产品品质、创新能力的承诺传达给消费者,建立可信赖的品牌形象。

洗发水市场经过多年的发展已经逐步成熟。在这种情况下,单凭一个产品、一个广告就想从市场上获得丰厚的利润已不可能。想"进",就必须充分研究市场,分析竞争对手。洗发水市场上的佼佼者之所以能保持领先地位,正是因为他们能够准确把握不同消费群体的不同需求,将其融入产品,形成不同的品牌形象,并将之准确地传达给消费者,最终获得广泛认同。

资料来源:谷俊,中国洗发水市场调研报告,美容财智,2008。

【关联理论】

垄断竞争市场上企业可以无限制地进出,在同一个市场上众多的企业提供相似但是不完全相同的产品。垄断竞争企业除了可以通过调整销售价格(和相应地调整销售量),即采取价格竞争策略来实现利润最大外,还可以通过展开广告竞争和品牌竞争等非价格竞争手段来谋取更多的利润。

【案例解剖】

在经济学原理中,产品差异化这一条件是决定垄断竞争市场中存在垄断性的重要原因,因为产品的差异造成了无穷多的独特的产品市场,企业在其独具的市场中具有控制能力,形成对各个独特产品市场的垄断。

洗发水行业内部竞争激烈。导致行业内部竞争加剧的原因有以下四个:其一是行业增长缓慢,对市场份额的争夺激烈。尽管市面上有不同功效的洗发水,但是产品在本质上是一样的,所以有无数个厂商在争取或者扩大市场份额。其二是竞争者数量较多,从宝洁、联合利华、花王等跨国企业到雨洁等中国本土企业,不断有新企业进入市场。其三是竞争对手提供的产品或服务大致相同。各企业生产的洗发水基本功能相同,只有在护理、营养、滋润等功能细分上略有不同。其四是某些企业为了规模经济的利益,扩大生产规模,市场均势被打破,产品大量过剩,企业开始诉诸削价竞销。因此洗发水企业广泛采用多元化、多品类、多品牌发展策略,不断细分市场,各竞争品牌在不同档次、不同功效、不同型号、不同价位上均推出产品。企业在面对新老企业、品牌之间的竞争同时也要面对不同细分品类、系列的竞争。而且竞争已经从产品层面上升到品牌、宣传、渠道、优惠促销等各个营销层面,广告宣传和品牌树立成为企业的重点。

对上述案例进行分析,通过研究洗发水行业市场竞争情况,有助于洗发水行业内的企业认识行业的竞争激烈程度,并掌握自身在洗发水行业内的竞争地位以及竞争对手的情况,为制定有效的市场竞争策略提供依据。企业可以通过广告增加产品的差异性,减轻竞争对手的威胁。一旦自己的产品有了明显的特色,消费者会对其产生一定的品牌忠诚度,其他产品难以替代它,使得需求价格弹性变小,需求更缺乏弹性,需求曲线变陡。此外广告与品牌关系密切。品牌可以保证产品是高质量的,因为品牌提供了产品质量的信号,给企业保持高质量的激励。利用企业影响将产品品质、创新能力的承诺传达给消费者,为公司建立可信赖的品牌形象。

(二) 案例研究 B

电信市场中的垄断竞争企业如何应用价格歧视战略

一般情况下,垄断企业很容易实现差别定价,但对于属于市场大多数的垄断竞争企业,也有很多成功运用价格歧视战略的方法。那么,电信市场中的垄断竞争企业如何应用价格歧视战略?主要有品牌差异、产品差异和服务差异等三种策略。

品牌差异

随着电信市场竞争的日益激烈,电信运营商的品牌竞争将成为焦点,客户对运营商品牌和服务(产品)品牌的忠诚度将成为竞争的核心。如中国移动、中国联通建立了"全球通"、"神州行"、"如意通"等产品品牌;中国网通建立了"情传万家"服务品牌。但从总体上看,由于对消费者目标群体的细分程度不够,电信服务(产品)细分品牌的建立仍不够充分,还存在着对一些品牌的宣传力度不足、客户认知度不高的问题。规模较大的电信运营企业可以实施多品牌策略,拥有多个品牌,形成品牌群。这样可以利用不同的品牌、针对不同档次的消费者制定出不同的价格。如果企业规模较小,难以支撑多个品牌,也可以在一个品牌下采用多个品种、推出多个系列。只要产品有差别,并将有差别的产品个性化,形成不同品种或不同系列,利用品种或系列之间的不同就可对消费者进行价格歧视。只有通过对主品牌和细分品牌的宣传,实现客户对不同品牌价值认知的差异,才能最终实现差异化定价策略。

产品差异

电信语音业务经过多年的发展已进入成熟期。与此同时,由于电信技术不断发展,新业务层出不穷,形成了多种技术并存、业务多层次、多样化以及不同业务市场相互促进和竞争的格局。各种电信增值业务和数据业务将在电信市场竞争中发挥越来越重要的作用。电信运营企业可以通过新业务研发和业务组合实现电信服务(产品)的差异,进而实现差异化定价。如全球最成功的移动数据服务提供商之一的日本 DoCoMo 就号称拥有 1 000 多项移动增值业务。为了实现最大收益,DoCoMo 采取了分步收入的模式和分客户群进行定价管理的方法,其差异化收费和差异化服务以及运用基于分组化信息流量的计价方式大大增加了其用户数量、用户忠诚度和用户使用率,提高了企业的经济效益。其成功的经验值得中国电信运营企业借鉴。

服务差异

通过提供差异化的、不同等级的服务满足不同客户的服务需求(如为大客户提供个性化服务,为普通客户提供规范化服务等),进而实现价格的差异化。超越通信业务的服务和产业链服务联盟是电信运营企业服务创新的探索方向。根据"二八理论"对大客户实行个性化服务、建立客户经理负责制是开发和稳定大客户市场的关键。中国联通在这方面做了尝试和努力。通过建立各级大客户中心,为大客户提供上门服务、综合业务"一站式服务",还为其提供交通港站和海关绿色通道等通信业务以外的服务,深受大客户的欢迎。

资料来源:根据相关案例库资源进行改编和整理。

【关联理论】

由于存在产品差异，垄断竞争市场中每个企业的产品相似但又略有差别。这种差别使每个卖者都拥有一定的决定自己价格的能力，所以企业面临一条向右下方倾斜的需求曲线。在实践中，垄断竞争市场中的企业往往利用品牌差异、产品差异、服务差异并结合广告等其他营销手段来达到价格歧视的目的。

【案例解剖】

价格歧视是指企业在出售完全一样的或经过差异化的同类产品时，对不同的顾客索取不同的价格。由于这些价格并不完全反映其产品的真实价值，因此价格歧视运用了非线性定价策略。价格歧视作为一种理论，属于定价策略的范畴，无任何褒贬之意。价格歧视如果被垄断者所用，垄断者依靠其垄断地位采取高于单一价格的歧视性高价时，将会造成对消费者的掠夺，使社会福利受到损失，同时会削弱竞争，进一步加强垄断。

除了垄断市场之外，在垄断竞争市场上，价格歧视也以各种各样的灵活形式被广泛运用。它是一种有效的价格策略，不仅有助于增强企业竞争力，实现其经营目标，并且顺应了消费者的心理差异，满足了消费者多层次的需要。垄断竞争企业要实现价格歧视，首先要找出能造成价格差异的因素。这些差异的因素指的是内部因素的差异，即本企业自身形成的差异。这些差异可能并不是产品价值上的差异，而是顾客感觉上的差异，即同一种价值给人不同的主观感受。在实践中，垄断竞争市场中的企业往往利用品牌差异、产品差异、服务差异并结合广告等其他营销手段使消费者感受到实际中可能并不存在的产品差别，从而达到实现价格歧视并获取最大利润的目的。

四、课外习题

（一）术语解释

1. 寡头
2. 垄断竞争
3. 产品差异
4. 自由进出
5. 有效规模

（二）单项选择

1. 下列哪种产品最不可能在垄断竞争市场上出售？（　　）。
   A. 汉堡包　　　　B. 啤酒　　　　C. 电子游戏　　　D. 棉花
2. 下列哪一项不属于垄断竞争的特点？（　　）。
   A. 自由进出　　　B. 许多卖者　　　C. 产品差异化　　D. 长期经济利润
3. 垄断竞争市场上的需求曲线走向为（　　）。
   A. 向右下方倾斜的　　　　　　　B. 水平的
   C. 向左下方倾斜的　　　　　　　D. 垂直的
4. 关于完全竞争、垄断竞争和垄断，下列说法错误的是（　　）。
   A. 三者在短期中都能赚到经济利润

B. 完全竞争下能生产福利最大化的产量,而垄断竞争和垄断下则不能
C. 三者在长期中都不能赚到经济利润
D. 垄断竞争下企业不是价格接受者

5. 在短期中,如果垄断竞争市场上价格高于平均总成本,企业就( )。
   A. 有利润且有企业退出市场　　　　B. 有利润且有企业进入市场
   C. 有亏损且有企业退出市场　　　　D. 有亏损且有企业进入市场

6. 垄断竞争企业选择的产量在边际成本等于( )。
   A. 边际收益处,然后用供给曲线决定与这种产量相一致的价格
   B. 平均总成本处,然后用需求曲线决定与这种产量相一致的价格
   C. 边际收益处,然后用需求曲线决定与这种产量相一致的价格
   D. 平均总成本处,然后用供给曲线决定与这种产量相一致的价格

7. 如果下图所描述的垄断竞争企业在利润最大的产量水平上生产,会( )。
   A. 产生利润　　　　B. 产生亏损
   C. 产生零利润　　　D. 产生利润或亏损取决于企业选择生产多少数量

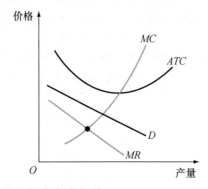

8. 在长期中,上图所示的垄断竞争市场将( )。
   A. 吸引新生产者进入市场,使现有企业面临的需求曲线右移
   B. 吸引原生产者退出市场,使现有企业面临的需求曲线右移
   C. 吸引新生产者进入市场,使现有企业面临的需求曲线左移
   D. 吸引原生产者退出市场,使现有企业面临的需求曲线左移

9. 如下图所示的垄断竞争企业( )。
   A. 在长期中产生零利润　　　　B. 在短期中产生亏损
   C. 在短期中产生利润　　　　　D. 根据图形难以决定是有利润还是亏损

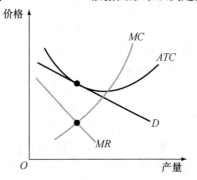

10. 垄断竞争无效率的一个来源是（　　）。
    A. 价格高于边际成本，剩余由买者再分配给卖者
    B. 垄断竞争企业在长期中赚到了经济利润
    C. 价格高于边际成本，一些买者评价高于生产成本的物品生产不出来
    D. 垄断竞争企业生产的产量大于其有效规模
11. 以下哪一种关于垄断竞争企业的生产规模和定价决策的说法正确？（　　）。
    A. 有过剩生产能力并收取等于边际成本的价格
    B. 在有效规模上生产并收取等于边际成本的价格
    C. 在有效规模上生产并收取高于边际成本的价格
    D. 有过剩生产能力并收取高于边际成本的价格
12. 以下哪一类企业最有可能把收益中相当大的百分比用于广告宣传？（　　）。
    A. 完全竞争企业　　　　　　　B. 工业品制造企业
    C. 有高度差别的消费品生产企业　D. 无差别商品的制造企业
13. 下列哪一项没有作为广告支持者的观点被提出来？（　　）。
    A. 广告促进了竞争
    B. 广告为艺术家提供创造性的出路
    C. 广告为消费者提供产品信息
    D. 广告为新企业提供从现有企业吸引顾客的手段
14. 下列哪一种企业做广告的激励最小？（　　）。
    A. 冰箱制造商　　　　　B. 餐厅
    C. 护肤品生产者　　　　D. 原油批发者
15. 使用品牌的支持者认为品牌（　　）。
    A. 给企业维持高质量的激励　　B. 提供了产品质量的信息
    C. 在不同的经济体制中都适用　D. 以上各项都对

（三）判断正误

1. 垄断竞争是存在几家出售相似物品的企业的市场结构。（　　）
2. 寡头是存在许多出售相似但不同物品的企业的市场结构。（　　）
3. 与垄断者类似，垄断竞争企业面临一条向右下方倾斜的需求曲线。（　　）
4. 像一个完全竞争行业中的企业一样，一个垄断竞争行业中的企业愿意以任何等于或高于边际成本的价格出售产品。（　　）
5. 在垄断竞争企业达到长期均衡时，企业得到零利润，此时没有新企业进入的激励也没有原企业退出的激励。（　　）
6. 垄断竞争市场上的长期均衡特点之一为价格等于平均总成本。（　　）
7. 垄断竞争市场具有完全竞争市场所具有的全部合意的特点。（　　）
8. 即使看起来没有包含什么物品信息的广告也是有用的，因为它提供了有关物品质量的信号。（　　）
9. 广告是一种社会浪费，因为广告仅仅增加了生产一种物品的成本。（　　）
10. 广告的批评者认为广告限制了竞争；广告的支持者认为广告促进了竞争，并降低了消费者的价格。（　　）

(四) 简答题

1. 不完全竞争的两种类型分别是什么？分别描述。
2. 描述垄断竞争的三个特点。哪些特点像垄断？哪些特点像完全竞争？
3. 垄断竞争企业如何选择使其利润最大的产量和价格？
4. 垄断竞争的长期均衡有效率吗？并解释。
5. 请分别阐述支持广告和品牌的观点。

(五) 应用题

1. 把下列市场分为完全竞争、垄断和垄断竞争市场，并解释。
   (1) 花生酱
   (2) 电力市场
   (3) 矿泉水
   (4) 蔬菜市场
   (5) 酒店

2. 斯帕克是牙膏市场中众多的企业之一，它处于长期均衡。
   (1) 画出表示斯帕克的需求、边际收益、平均总成本与边际成本曲线的图形。标出斯帕克利润最大化的产量和价格。
   (2) 斯帕克的利润是多少？解释原因。
   (3) 用图形说明从购买斯帕克牙膏中所得的消费者剩余。
   (4) 如果政府强迫斯帕克在有效率的产量水平上进行生产，企业会发生什么变动？顾客数量会发生什么变动？

3. 下面哪个例子中的广告可能有经济上的作用，或者是经济上的浪费？请结合本章理论加以解释。
   (1) 宣传羽绒服保暖的广告
   (2) 宣传波司登羽绒服保暖的广告
   (3) 宣传吃维C片的益处的广告
   (4) 宣传吃养生堂维C片的益处的广告
   (5) 说明一个水管工或者电工从业时间的广告

(六) 拓展思考题

1. 30年前肉鸡市场是完全竞争的。后来福克兰·珀杜以他的名字为品牌销售肉鸡。
   (1) 你认为珀杜如何创造了肉鸡的品牌？他这样做的好处是什么？
   (2) 社会从有品牌的肉鸡中得到了什么好处？社会的损失是什么？

2. 泰诺止痛药的制造商做了大量的广告，并拥有非常忠诚的顾客。与此相比，无品牌止痛药的生产者不做广告，他们的顾客购买只是因为他们的价格低。假设泰诺止痛药和无品牌止痛药的边际成本是相同的，且保持不变。
   (1) 画出表示泰诺的需求、边际收益和边际成本曲线的图形。标出泰诺的价格与高于边际成本的价格加成。
   (2) 按(1)的要求画出无品牌止痛片生产者的图形。这两个图形有什么不同？哪个公司有更多的价格加成?解释原因。

(3)哪一个公司有认真控制质量的更大激励?为什么?

五、习题答案

(一)术语解释

1. 寡头:只有几个提供相似或相同产品的卖者的市场结构。
2. 垄断竞争:存在许多出售相似但不相同产品的企业的市场结构。
3. 产品差异:每个企业生产的一种产品至少与其他企业生产的这种产品略有不同。
4. 自由进出:企业可以无限制地进入或者退出市场的状态。
5. 有效规模:使平均总成本最小的产量。

(二)单项选择

1. D 2. D 3. A 4. C 5. B 6. C 7. B 8. B 9. A 10. C
11. D 12. C 13. B 14. D 15. D

(三)判断正误

1. × 2. × 3. √ 4. × 5. √ 6. √ 7. × 8. √ 9. × 10. √

(四)简答题

1.【考查要点】 不完全竞争的类型。

【参考答案】 不完全竞争的两种类型分别是寡头和垄断竞争。寡头是只有几个提供相似或相同产品的卖者的市场结构。垄断竞争是存在许多出售相似但不相同产品的企业的市场结构。

2.【考查要点】 垄断竞争的特点。

【参考答案】 垄断竞争具有三个特点:许多卖者、产品差别和自由进出。(1)许多卖者:有许多企业在争夺相同的顾客群体。例如一条美食街上有许多卖者,一个受欢迎的度假胜地有许多旅馆。(2)产品差异:每个企业的产品都略有差异。这种差异使每个卖者都拥有一定的决定自己价格的能力,所以企业面临一条向右下方倾斜的需求曲线。(3)自由进出:拥有自己差异产品的企业可以自由进入或退出市场,因此经济利润降为零。其中,许多卖者、自由进出等两个特点更靠近完全竞争,而产品差别更靠近垄断。

3.【考查要点】 垄断竞争市场中企业利润最大化规则。

【参考答案】 选择使 $MC = MR$ 的产量(边际成本曲线与边际收益曲线的交点所对应的产量),再用需求曲线找出与这种产量一致的价格。

4.【考查要点】 垄断竞争与社会福利。

【参考答案】 没有。因为价格高于边际成本,存在生产不足。市场上企业的数量不是理想的,可能过多或过少,因为进入市场时会引起正外部性(如产品多样性)和负外部性(如抢走业务)。

5.【考查要点】 广告和品牌的作用。

【参考答案】 广告提供了产品价格等销售信息,为新企业提供吸引顾客的手段,并可作为高质量的信号。品牌提供了物品质量的信息,并向生产者提供了保持高质量的激励。

(五) 应用题

1.【考查要点】 完全竞争、垄断和垄断竞争市场三者的概念、特点区分。

【参考答案】 (1) 花生酱属于垄断竞争市场。因为存在不同的产品质量特征与产品品牌。

(2) 电力市场属于垄断市场。因为只能向一个企业购买。

(3) 矿泉水属于垄断竞争市场。因为有许多生产矿泉水的企业,并且每一个企业生产的矿泉水在包装、品牌上都有所不同,即产品存在一些差异。

(4) 蔬菜市场属于完全竞争市场。因为蔬菜市场产品同质化,出售的都是相同的产品。

(5) 酒店属于垄断竞争市场。因为许多酒店都在提供相似但又有差别的住宿服务。

2.【考查要点】 垄断竞争下长期均衡状态的市场特点。

【参考答案】 (1) 如下图所示:

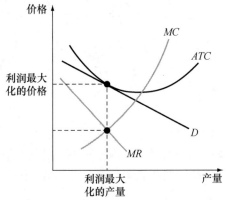

(2) 斯帕克的利润是零。因为牙膏市场是一个垄断竞争市场,如果现存市场中的企业有利润,会吸引其他企业进入该市场,使得市场上牙膏产品增多,价格下降;如果现存市场中的企业亏损,部分企业会退出,使得市场产量减少,价格上升。所以在长期均衡下价格等于平均总成本,企业利润为零,市场上不再有企业进出。

(3) 如下图所示:

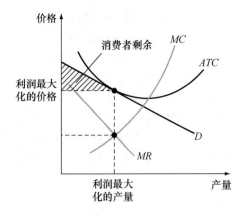

(4) 如果政府强迫斯帕克在有效规模水平上进行生产,企业会亏损,长期下去企业将退出市场。同时因为在有效规模水平上生产,产量上升导致价格下降,顾客会得到更多消费者剩余,顾客数量增加,但长期下去顾客会因企业的退出而可能买不到斯帕克产品。

3.【考查要点】 广告的经济作用。

【参考答案】 (1) 广告具有经济作用。因为这类广告着眼于羽绒服的保暖作用。

(2) 广告是经济上的浪费。因为这类广告强调波司登的羽绒服强于其竞争品牌的羽绒服,但这两类产品在保暖上是没差别的。

(3) 广告具有经济作用。因为这类广告是着眼于维C片对身体带来的保健作用。

(4) 广告是经济上的浪费。因为这类广告强调养生堂的维C片强于其竞争品牌的维C片,但这两类产品在给消费者带来的保健作用上是没差别的。

(5) 广告具有经济作用。因为从业时间的长短给潜在的顾客提供相关服务质量的信息。

(六) 拓展思考题

1.【考查要点】 品牌的作用;品牌给社会带来的好处与损失。

【参考答案】 (1) 珀杜通过对他所销售的肉鸡命名,使自己的肉鸡区别于其他生产者提供的肉鸡,从而创造了肉鸡的品牌。他这样做的好处是:由于他的产品与其他产品有了差别,他就不再是一个单纯的价格接受者,而可以收取高于边际成本的价格了。

(2) 品牌本身是一种质量的保证与承诺,消费者可以根据品牌比较可靠地选择高质量产品。品牌也是生产者维护自己产品质量的激励。这是社会从品牌肉鸡中得到的好处。品牌鸡的出现使肉鸡市场竞争减弱,品牌鸡的生产者可以收取有价格加成的价格,整个社会资源会有浪费,这是社会的损失。

2.【考查要点】 垄断竞争市场的长期均衡;品牌的激励作用。

【参考答案】 (1) 如下图所示:

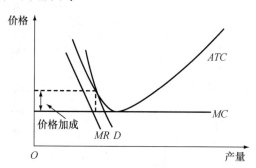

(2) 如下图所示:

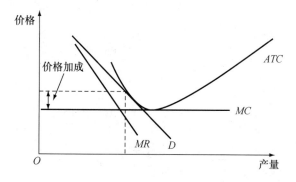

与(1)相比,(2)的需求曲线更富有弹性,厂商所得到的价格加成更少。因为泰诺的生产者做了大量的广告,使自己的产品在消费者心目中有了与其他止痛片不同的地位,拥有非常忠诚的顾客。它的需求曲线比较缺乏弹性,生产者可以收取较多的价格加成。无品牌的止痛片不做广告,也没有固定的消费群体,顾客只是因为价格低才买它。因此,它的需求曲线比较富有弹性,生产者不能收取很多的价格加成,否则就会失去大量顾客。

(3) 泰诺公司更有认真控制质量的激励。因为一旦顾客发现泰诺产品有质量问题,公司苦心建造起来的品牌和信誉就会毁于一旦,而且,消费者很有可能从此不再信任该公司的产品。泰诺公司不但失去了高的价格加成,而且可能失去大部分市场。泰诺公司因质量问题所付出的代价比无品牌止痛片的制造商惨痛得多。因此,公司会尽力去维护自己的品牌。

第17章
寡头

一、学习精要

(一) 教学目标

1. 掌握寡头市场的基本特征,以及寡头市场可能出现的结果,理解寡头市场引起与垄断市场同样结果的条件。
2. 理解囚徒困境的定义及其在寡头市场和其他情况下的运用,领会如果博弈可以反复进行,囚徒困境的结果是否会改变及其原因。
3. 领会反托拉斯政策是如何促进寡头市场的竞争并降低垄断,考察看似价格勾结的经营做法是否有合理的商业目的。
4. 掌握纳什均衡、占优策略等博弈论的基本知识,以及其在寡头市场中的应用。

(二) 内容提要

第14章和第15章分别讨论了市场结构中的两种极端形式——完全竞争和垄断。在竞争跟垄断之间的市场结构称为不完全竞争。第16章论述不完全竞争市场中的垄断竞争,而本章则讨论不完全竞争市场中的寡头。在这个市场结构中,只有几个提供相似或相同物品的卖者。与竞争和垄断市场不同,寡头市场中任何一家企业的决策都会影响市场上其他企业的定价和生产决策,因而寡头企业相互依存。

1. 只有少数几个卖者的市场

(1) 双头是只有两个企业的寡头。勾结是市场上的企业之间就生产的产量或收取的价格达成的协议。卡特尔是联合起来行事的企业集团。如果双头勾结并形成一个卡特尔,市场就仿佛是一个垄断者,而且,两个企业分割垄断利润。寡头之间常常不能合作,因为反托拉斯法禁止勾结,或者因为利己而在如何分割利润上难以达成一致。

(2) 没有约束性协议时,每个寡头在其他企业生产水平既定的情况下使自己的利润最大化。纳什均衡是在所有其他主体选择的策略为既定的情况下,相互影响的经济主体各自选择自己最优策略的情况。纳什均衡是一种寡头均衡。当寡头单独为了个人利润最大化选择生产水平时,其产量大于垄断的生产水平,但小于竞争的生产水平,而且,收取的价格低于垄断价格,但高于竞争价格。

(3) 寡头数量越多,则越难形成一个卡特尔,并像一个垄断企业那样行事。寡头在选择使自己利润大化的产量时,需要综合考虑产量效应和价格效应之后才能做出是否多生产一单位产品的决策。产量效应是由于价格高于边际成本,那么在现行价格时多销售一单位就将增加利润。价格效应是多生产一单位增加总销售量,但它将降低价格,并减少所有已销售出去的其他单位的利润。

(4) 针对寡头企业,如果产量效应大于价格效应,寡头将多生产一单位,并一直增加产量,直至这两种效应平衡为止。寡头市场上卖者数量越多,价格效应越小,因此产量水平越高。随着寡头市场上卖者的数量越来越多,价格接近于边际成本,而且,数量接近于社会有效水平。当有大量企业时,价格效应会完全消失,且市场变为安全竞争。

2. 合作经济学

(1) 囚徒困境是两个被捕的囚徒之间的一种特殊"博弈",它说明了为什么即使合作有利于双方,但合作仍然是困难的。这个博弈适用于寡头,因为寡头企业合作总会使其状况变好,但他们往往无法合作。

(2) 囚徒困境的内容是:两个罪犯被抓住了。如一个坦白而另一个保持沉默,则坦白者自由,而沉默者被长期囚禁。如果两个人都坦白,他们各自得到一个中间型刑期。如果两个人都保持沉默,他们每个人都只会有很短的刑期。如果这两个罪犯可以合作,最优策略是每个人都保持沉默。但是,由于他们在被捕以后不能保证合作,每个人的最优策略是坦白,即坦白是占优策略。占优策略是指在博弈中,无论其他参与者选择什么策略,对一个参与者都为最优的策略。

(3) 囚徒困境的道理可以运用于寡头。如果两个寡头合作起来保持低产量并分享垄断利润,它们的状况都会更好。但是,在达成协议之后。每个人的占优策略是违约,并生产多于它们协定的产量,以增加自己个人的利润。结果反而是两个人的利润都减少。利己使维持合作变得困难。

(4) 合作难以维持,但并非不可能。如果博弈反复进行,或许可以解决囚徒困境,并可以维持协议。如果博弈是基于时期的,那么"一报还一报"的简单策略会引起更大的合作的可能性。

(5) 囚徒困境还可以运用于军备竞赛、公共资源。前者指每个国家都希望世界和平,但占优策略是加强军备,导致世界更不安全;后者指共同限制对公共资源的使用对公众应该更加有利,但占优策略是过分使用资源,导致共同利益受损。这些都属于合作有害于社会的例子,但寡头企业对于生产水平缺乏合作对寡头不利,但从整个社会的角度来看反而是好的。

3. 针对寡头的公共政策

若寡头之间合作,则会导致产量减少和价格提高,因此政府决策者就努力使寡头市场上的企业竞争而不是合作。1890年的《谢尔曼反托拉斯法》和1914年的《克莱顿法》都是针对寡头的政策,均把价格勾结视为违法。但一些经济学家认为某些看似价格勾结的经营做法或许有其合理的商业目的,譬如转售价格维持、掠夺性定价、搭售等。

4. 结论

寡头介于垄断和竞争之间,囚徒困境说明即使合作符合寡头利益,但也难以维持。通常情况下,决策者会用反托拉斯法来反对价格勾结,但是反托拉斯法在其他领域的应用存在较大争议。

(三) 关键概念

1. 寡头:只有少数几个卖者提供相似或相同产品的市场结构。
2. 双头:只有两个卖者的寡头。

3. 博弈论:研究在策略状况下人们如何行为的理论。
4. 勾结:市场上的企业之间就生产的产量或收取的价格达成的协议。
5. 卡特尔:联合起来行事的企业集团。
6. 纳什均衡:相互作用的经济主体在假定所有其他主体所选策略为既定的情况下选择他们自己最优策略的状态。
7. 囚徒困境:两个被捕的囚徒之间的一种特殊"博弈",说明为什么甚至在合作对双方都有利时,保持合作也是困难的。
8. 占优策略:无论其他参与者选择什么策略,对一个参与者都为最优的策略。

(四) 拓展提示

1. 形成寡头市场的主要原因有:某些产品的生产必须在相当大的生产规模上进行才能达到最好的经济效益,行业中几家企业对生产所需的基本生产资源的供给的控制,政府的扶植和支持等。由此可见,寡头市场的成因和垄断市场很相似,只是在程度上有所差别。

2. 相互依存是寡头市场的基本特征。由于厂商数目少而且占据市场份额大,不管怎样,一个厂商的行为都会影响对手的行为以及整个市场。所以,每个寡头在决定自己的策略时,都非常重视对手对自己这一策略的态度和反应。作为厂商的寡头垄断者是独立自主的经营单位,具有独立的特点,但是他们的行为又互相影响、互相依存。这样,寡头厂商可以通过各种方式达成共谋或协作,形式多种多样,可以签订协议,也可以暗中保持默契。

3. 寡头的市场结构有一点与垄断竞争相类似,即它既包含垄断因素,也包含竞争因素。但相对而言,它更接近于垄断的市场结构,因为少数几个企业在市场中占有很大的份额,使这些企业具有相当强的垄断势力。寡头行业可按不同方式分类。根据产品是同质的还是有差别的,可以分为两类,前者有时被称为纯粹寡头垄断,后者则被称为有差别的寡头垄断。此外,还可按厂商的行动方式分为有勾结行为的(合作的)和独立行动的(不合作的)不同类型。

4. 寡头通过形成一个卡特尔并像垄断者一样行事以使自己的总利润最大化。当寡头单独为了个人利润最大化选择生产水平时,其产量大于垄断的产量,但小于竞争的产量,而且,收取的价格低于垄断的价格,但高于竞争的价格。寡头市场上企业数量越多,产量和价格越接近于完全竞争市场的水平。

二、新闻透视

(一) 新闻透视 A

俄白钾肥垄断卡特尔瓦解　价格下降将使中国和印度得利

世界最大钾肥价格联盟瓦解,垄断格局被打破,中国和印度将成最大受益者。

2013年7月30日对全球各大钾肥生产企业的老总来说都是异常忙乱的一天。这一天,全球最大钾肥生产商乌拉尔(Uralkali)宣布退出与白俄罗斯方面长达8年的销售联盟——白俄罗斯钾肥公司(BPC),由此也宣告了全球两大钾肥价格联盟之一的轰然瓦解。打个比方,乌拉尔公司退出钾肥价格卡特尔,好比沙特阿拉伯退出欧佩克,由此带来的行业地震超乎预期。消息一出,从纽约、法兰克福到以色列,主要钾肥生产企业的股价全线暴跌。有预测称,钾肥价格可能在现有水平基础上再跌近三成,从而终结钾肥业的"暴利"时代。

多年来,全球钾肥市场基本被两大销售联盟主导,一个是BPC,另一个是北美的Canpotex,后者由加拿大钾肥公司、Mosaic和Agrium等三家公司组成。7月30日,全球最大钾肥生产商俄罗斯乌拉尔宣布退出与白俄罗斯Belaruskali公司联合成立的销售企业——BPC。

据乌拉尔首席执行官拉季斯拉夫·鲍姆加特纳表示,退出原因是上述联盟的另一位成员——白俄罗斯国家钾肥厂违反协议,绕开联盟自行出售钾肥,因此,乌拉尔也决定自行销售,并且将着力扩大产量,将2015年的出口目标从1050万吨提高至1400万吨。

"这是全球钾肥市场的一次重大再平衡。"俄罗斯阿尔法银行的分析师多罗格夫说,在一大价格卡特尔瓦解后,钾肥行业的现有全球市场结构将被推倒重来。

在全球总规模近220亿美元的钾肥市场,两大巨头控制着三分之二的份额。其中,仅BPC就控制了全球钾肥市场43%的份额,而乌拉尔公司的钾肥产量约占全球的五分之一。

据统计,每年中国、印度、巴西三国钾肥消耗数量约占全球产量的60%,为获得资源不得不支付高昂的采购价格。两大联盟几乎垄断了全球绝大多数的钾肥营销、销售和运输。为了获得最大化的利益,两大价格联盟也一直配合默契,在中国、印度和巴西等全球最大的钾肥消费市场制定完全统一的钾肥售价。因此,价格垄断被打破,中国将会是最大受益者之一。

钾肥价格要跌三成?对于过惯了好日子的钾肥巨头们而言,行业垄断被打破以及价格可能大跌的前景,让企业高管们坐立不安。

7月30日一早,来自Canpotex销售联盟三家成员企业的高管召开了紧急电话会议,商讨此事的影响和下一步的对策。BPC的倒塌,也让一些人为另一钾肥联盟Canpotex的命运捏了一把汗。随着价格卡特尔瓦解,钾肥的市场价格可能走低,进而会刺激钾肥生产商们加大生产抢占市场份额,最终可能进一步压低价格。

比如,乌拉尔公司已表示,考虑到接下来钾肥价格可能进一步走低,为了弥补由此带来的收入下降,该公司将努力提高销售量。乌拉尔公司已将明后两年的钾肥销售目标分别定在1300万和1400万吨,而今年的销量预计为1050万吨。乌拉尔预计,其退出BPC的决定可能会导致全球钾肥价格在2013年下半年从目前的每吨400美元降至300美元以下,降幅最多可能接近三成。

资料来源:观察者网,2013年8月2日。

【关联理论】

卡特尔是指联合起来行事的企业集团。卡特尔最典型的一个例子是限制石油生产的石油输出国组织(OPEC)。卡特尔是一种串谋,有相同利益的几个集团联盟,形成同业联盟,以扩大共同利益为目标,通过某些协议或规定来控制该产品的产量和价格。如果寡头合作起来保持低产量并分享垄断利润,它们的状况都会更好。但在达成协议之后,每个人的占优策略都是违约,并生产多于它们协定的产量,以增加自己个人的利润。结果反而是两个人的利润都减少,利己使维持合作变得困难。尽管寡头企业对于生产水平缺乏合作对寡头不利,但从整个社会的角度来看反而是好的。

【新闻评析】

在以上新闻中,全球两大钾肥价格联盟正如石油输出国家组织(OPEC)的情形一样,实际上就是一个卡特尔。一直以来,钾肥市场由两家销售联盟控制着生产与供给,以便维持价格于高位。这两个组织都受到秘密条款保护,能免除它们接受反垄断制裁。两家卡特尔限制产出,维持高价。

卡特尔内部成员所具有的欺骗动机导致卡特尔具有天然的不稳定性,这是一个典型的"囚徒困境",给定其他企业的生产数量和价格都不变,那么一个成员企业偷偷地增加产量将会获得额外的好处,这会激励成员企业偷偷增加产量,如果每个成员企业都偷偷增加产量,显然市场总供给将大量增加,市场价格必然下降,卡特尔限产提价的努力将瓦解。如果卡特尔不能有效解决这个问题,最终将导致卡特尔的解体。事实上,经济学家研究得出,世界上卡特尔的平均存续期约为6.6年,最短的两年就将瓦解。这一点在以上新闻中也得到充分体现。乌拉尔公司退出钾肥价格卡特尔,好比沙特阿拉伯退出欧佩克,其主要原因是上述联盟的另一位成员——白俄罗斯国家钾肥厂违反协议,绕开联盟自行出售钾肥。

尽管寡头企业对于生产水平缺乏合作对寡头不利,但从整个社会的角度来看反而是好的。一旦乌拉尔公司退出钾肥价格卡特尔,决定自行销售并扩大产量,将2015年的出口目标从1 050万吨提高至1 400万吨,对于进口钾肥大国的中国、印度等国家而言,确实可以大大降低成本并从中获益。中国、印度、巴西三国钾肥消耗数量约占全球产量的60%,为获得资源不得不支付高昂的采购价格。近年来,中国的钾肥进口商无论是中国农化集团还是中农集团都难盈利,原因就在于高价从国外进口且相对低价在国内出售。2013年上半年的进口价为400美元/吨(返运费后为390美元,约合2 300元),但国内钾肥售价仅为2 000元/吨。根据以上新闻,此次乌拉尔与BPC的瓦解,钾肥价格可能在现有水平基础上再跌近三成,钾肥业的"暴利"时代的终结自在预料之中。

(二) 新闻透视 B

互联网寡头之争,能给我们带来什么呢

最近爆出腾讯入股京东的消息之后,网上传得沸沸扬扬,BAT(百度、阿里、腾讯)三大寡头的资源之战,即将在今明两年内全面爆发,并达到高潮。

在腾讯入股京东之前,腾讯和京东各自都没有和阿里系一争高低的资本。腾讯有资源,但是不善于运营,电商这块一直做不起来,虽然和阿里是一个级别的寡头,但是在电商方面,阿里从来没有把腾讯的电商业务当成一个竞争对手;再说说京东,在电商方面确实做得不错,但是资源不足,不管是在用户群还是在资金方面和阿里相比,都没有可比性,这种情况下,作为第二大电商平台的京东,阿里方面虽然比较重视,但是也可以不放在眼里,毕竟阿里巴巴方面占据绝对优势。但是京东和腾讯走到一起,却是阿里不希望看到的局面,腾讯有和阿里一样的用户群,可以为京东导入巨大的流量,而且资金方面,腾讯作为一方可以和阿里相提并论的老大,对京东方面也是一个强有力的支撑,所以阿里方面必须全力应对,以保证所拥有的利益不会受到侵害。

那么这在今明两年内会对我们这些普通人有什么好处呢?这就要从他们争夺的目标开始说明,每一次资源方面的争夺战,就是为了抢占用户,谁拥有了用户的支持,谁就能够赢得胜利。

首先,巨头开始争夺资源的时候,可以让普通大众都得到实惠。在这方面他们如果真正开始争夺地盘,最先会在价格战方面进行,因为人们在别的情况都相同时,会选择比较便宜实惠的,所以他们一旦开战,必定会尽可能在价格上做文章,那时,人们应该能买到物美价廉的东西。

其次，对于一些导流网站会加大支持力度。在互联网摸爬滚打的站长朋友都知道，淘宝为了限制一些导流网站，从美丽说、蘑菇街开始大力封杀淘宝客网站，前一阵更是给淘宝客导流的中间环节加入了一个中间页面——爱淘宝，使小商家、淘宝客以及用户都感觉到很不方便，笔者认为，淘宝可能是想进一步扩大利润，减少淘宝客收入，但是在京东大规模进攻的条件下，淘宝也会再度启用淘宝客为淘宝商家引流，这个时候谁丢失客户，谁就有可能失败。而京东方面估计也会采取一些用导流网站进行导流的策略，毕竟现在是资源争夺战，主要任务是抢占商家和买家，淘宝和京东方面均会出足够好的条件让一些淘宝客站长加盟自己的阵营，到时候就看各位淘宝客的眼光了。

再次，相信他们会提供更好的服务。对比一下京东及淘宝的优势和劣势，可以发现，京东方面主打的招牌就是京东上不会卖假货，而淘宝在这方面却做得很不足，很多网友反映，现在的淘宝都快成为假货集中营了，相信在以后会有所改观。如果大家都不去淘宝买东西的话，那么淘宝会被京东干掉的；而淘宝的优势是固有流量很大，在淘宝上卖东西比在其他地方要容易卖得多，所以商家多，因为商家多，所以货全，导致买家一般买东西都首选淘宝了；在京东方面恰好相反，虽然京东承诺没有假货，但是都是一些大的卖家（京东主要做的是B2C），价格比较高，而且京东流量要少很多，所以货不好卖，卖的人就少，导致货不全，结果恶性循环。但是以后情况估计会改变，淘宝会舍弃"我是老大我说了算"的心态，尽量去讨好小卖家和小买家，让人们都留在淘宝，而京东肯定也会做出一定的动作，招揽更多的货源和买家去京东。

那么对我们来说最好的情况是什么呢？不管如何，京东即使获得腾讯的全力支持也没有办法直接干掉阿里，毕竟阿里在电商这一块的老大位置一时半会都不会被动摇。最好的情况就是京东和腾讯的联姻可以抢占电商的一小部分市场份额，让阿里系有一些压力，只有有了竞争，我们才可以得到更多的实惠，这个实惠不一定是由于价格战带来的直接利益，因为价格战导致卖家利益受损，也会伤害到所有人的利益。现在随着人们生活水平的提高，人们需要更好的服务，有了竞争，谁都想多抢占这块蛋糕，所以互联网寡头之争必定给人们带来更好的服务，更多的创新。让我们等着这一天的到来吧。

资料来源：http://www.mofei.com.cn/h/201403/416850.shtml，2014年3月13日。

【关联理论】

寡头之间常常不能合作，因为反托拉斯法禁止勾结，或者因为利己而在如何分割利润上难以达成一致。没有约束性协议时，每个寡头在其他企业生产水平既定的情况下使自己的利润最大化。寡头市场上卖者数量越多，价格效应越小，因此，产量水平越高。随着寡头市场上卖者的数量越来越多，价格接近于边际成本，而且，数量接近于社会有效水平。寡头企业对于生产水平缺乏合作对寡头不利，但从整个社会的角度来看反而是好的。

【新闻评析】

寡头是只有少数几个提供相似或相同物品的企业的市场结构。腾讯入股京东导致电商行业寡头局面形成——BAT（百度、阿里、腾讯）。这种寡头局面，对普通消费者而言有利有弊，但市场竞争程度的提升给消费者带来的结果一定是利大于弊。

如果寡头企业间相互合作，并形成一个卡特尔，市场就仿佛是一个垄断者，价格和产量维持在垄断水平，而且，寡头企业分割垄断利润。因此，消费者将不得不支付较高的价格购买物品或服务，这使消费者福利受到不利影响。但是，寡头也许不能合作，因为反托拉斯法禁止勾结，或者如同囚徒困境所反映的道理，即使合作是互利的，但利己使维持合作变得困难。没有约束性协议时,每个寡头在其他企业生产水平既定的情况下使自己的利润最大化。当寡头单独为了个人利润最大化选择生产水平时,其产量大于垄断的生产水平,但小于竞争的生产水平,而且,收取的价格低于垄断价格,但高于竞争价格。对于普通消费者而言,却能在企业间的激烈竞争中享受到更优惠的价格和更完善的服务。譬如在淘宝上购物遇到的假货会减少,而在京东上购物的货品更齐全,消费者选择余地增加,而且无论淘宝还是京东都会提供价格更低的产品。这些会使消费者福利大大提高。

此外,从企业的角度来看,腾讯入股京东,腾讯会在手机 QQ 和微信开放移动入口输出流量,京东在产品组合、线上营销和物流配送方面可以提升规模效应,进一步降低成本,提高经营效益以及长期竞争力。腾讯的微信支付可以开拓更广泛的商家和用户基础,商家可以透过京东实物电商入口和微信公众账号入口,多渠道触达用户,并在客户账号管理、营销和支付方面获得平台级的技术支援,形成一个更繁荣的电商生态系统。

三、案例研究

(一) 案例研究 A

雷克航空公司的搏斗

1977 年,一个冒失的英国人弗雷迪·雷克闯进航空运输市场,开办了一家名为"雷克"的航空公司。他经营的是从伦敦飞往纽约的航班,票价是 135 美元,远远低于当时的最低票价 382 美元。毫无疑问,雷克公司一成立便生意不断,1978 年雷克荣获大英帝国爵士头衔。到 1981 年"弗雷迪爵士"的年营业额达到 5 亿美元,简直让他的对手们(包括一些世界知名的老牌公司)气急败坏。但是好景不长,雷克公司于 1982 年破产,从此消失。

出了什么事?原因很简单,包括泛美、环球、英航和其他公司在内的竞争对手们采取联合行动,一致大幅降低票价,甚至低于雷克。一旦雷克消失,他们的票价马上回升到原来的高水平。更严重的是这些公司还达成协议,运用各自的影响力量阻止各大金融机构向雷克公司贷款,使其难以筹措借以抗争的资金,进一步加速雷克的破产。

但"弗雷迪爵士"并不甘心,他依照美国反垄断法提出起诉,指责上述公司联手实施价格垄断,为了驱逐一个不愿意接受其"游戏规则"的公司,竟然不惜采用毁灭性价格来达目的。1985 年 8 月,被告各公司以 800 万美元的代价同雷克达成庭外和解,雷克随即撤回起诉。1986 年 3 月,泛美、环球和英航三大公司一致同意设立一项总值 3 000 万美元的基金,用于补偿在雷克公司消失后的几年中,以较高票价搭乘这几家公司的航班飞越大西洋的 20 万旅客的损失。

资料来源:改编自美国斯蒂格利茨《经济学》小品与案例。

【关联理论】

当一个企业降价,打算把竞争对手挤出市场,以便自己成为垄断者并大大提价时就出现了掠夺性定价。掠夺性定价是一种不公平的低价行为,实施该行为的企业占有一定的市场支配地位,具有资产雄厚、生产规模大、分散经营能力强等竞争优势,所以有能力承担暂时故意压低价格的利益损失,而一般的中小企业势单力薄,无力承担这种牺牲。严格意义上的掠夺性定价的案例并不多见,其往往与兼并、合谋、价格操纵和卡特尔等因素纠缠在一起。

【案例解剖】

正如教科书中理论所表述的那样,某企业以降价的方式将竞争对手踢出市场,从而使得自己成为垄断者,最后不断提高价格,这就是掠夺性定价。掠夺性定价是以排挤竞争对手为目的的故意行为,实施该行为的企业以低于成本价销售,会造成短期的利益损失,但是这样做的目的是吸引消费者,以此为代价挤走竞争对手,行为人在一定时间达到目的后,会提高销售价格,独占市场。《中华人民共和国反垄断法》(以下简称《反垄断法》)第十七条明确规定禁止具有市场支配地位的经营者从事滥用市场支配地位的行为,其中第二款"没有正当理由,以低于成本的价格销售商品"所指的行为被通称为"掠夺性定价"。

严格意义上的掠夺性定价的案例并不多见,其往往与兼并、合谋、价格操纵和卡特尔等因素纠缠在一起,而其中绝大多数案件的被告都打赢了官司,以上案例即很好地说明了这一点。在雷克航空公司的案例中,泛美、环球、英航和其他公司在内的竞争对手们采取联合行动,一致大幅降低票价,甚至低于雷克。而且,这些公司还达成协议,运用各自的影响力量阻止各大金融机构向雷克公司贷款,使其难以筹措借以抗争的资金,进一步加速雷克的破产。一旦雷克消失,这些公司的票价马上回升到原来的高水平。实际上,这种降价即为掠夺性定价,因为这种降价的目的是把竞争对手雷克公司赶出航空运输市场,并在赶出雷克公司后又提高机票价格。但"弗雷迪爵士"依照美国反垄断法提出起诉之后,被告各公司以 800 万美元的代价同雷克达成庭外和解,泛美、环球和英航三大公司一致同意设立高达 3 000 万美元的基金用于补偿在雷克公司消失几年中旅客的损失。

赔款达到和解不等于认罪。从技术上讲,官方没有认定"弗雷迪爵士"是被垄断价格驱逐出航空市场的。但是这个案例已经明显地透露出威胁信号,那就是如果其他任何人企图加入跨越大西洋的航空市场分一杯羹,必须认真考虑到其中可能面临的破产危险。从来没有其他公司尝试提供低廉的越洋机票,至少没有做到雷克公司做到的地步。包括泛美、环球、英航和其他公司在内的企业之间的这种价格联盟,其实质就是一个卡特尔,市场仿佛就是一个垄断者,价格和产量维持在垄断水平,而且,寡头企业分割垄断利润。因此,消费者将不得不支付较高的价格购买物品或者服务,消费者是最终的受害者。寡头之间合作,会导致产量减少和价格提高。因此,各国政府决策者都有反托拉斯法以限制寡头企业的垄断行为,努力使寡头市场上的企业竞争而不是合作。

(二) 案例研究 B

学术界象牙塔里的串谋

1989 年 8 月,司法部对美国最有声望的 23 所私立大学进行调查。原因是据说他们参与了提高学费和限制给学生经济资助的阴谋活动。

在学费方面,他们被指控在学费涨价前交流有关信息。例如,哈佛大学的一位行政人员告诉他的耶鲁大学的同行,他们打算在下一学年把学费提高 6%。于是,耶鲁大学就可以利用这一信息以及从其他名牌大学得到的累积信息来确定自己的学费水平。

经济资助的问题则相对复杂一些,许多年来,美国名牌大学的代表常在一起开会协调对申请过两个以上大学的优秀学生进行经济资助的金额。结果,学生们从每个学校得到的资助金额基本上是相同的。这样一来,就使得最优秀的学生的资助减少了。

案例来源:〔美〕H.克雷格·皮得森,W.克里斯·刘易斯,管理经济学,中国人民大学出版社。

【关联理论】

正式的勾结在一起共同运作的一群企业被称为卡特尔,它谋取利益的通常做法是限制其成员的产量以抬高价格。一个稳定的卡特尔组织必须要在其成员对价格和生产水平达成协定并遵守该协定的基础上形成。如果合作的潜在利益是大的,卡特尔成员将有更大的解决他们组织上的问题的意愿。这一点对企业如此,对社会上其他组织亦是如此。

【案例解剖】

在寡头市场中,企业之间的激烈竞争往往会导致价格下降和利润减少。因此,寡头企业总是希望避免价格竞争。其中一个办法就是进行勾结,操纵价格,即按垄断的价格水平或者接近垄断的价格水平定价,以获取高额垄断利润。勾结是市场上的企业之间就生产的产量或收取的价格达成的协议。如果勾结并形成一个卡特尔,市场就仿佛是一个垄断者。在这个"垄断"市场上,所有寡头企业分割垄断利润。

尽管在形成协议和瓜分利润上会有许多困难,但成功的勾结对所有参与的企业都有很大的好处,因此,寡头企业之间就自然有产生勾结的倾向。但是这种勾结也是十分脆弱的。一方面,通过勾结,企业可以避免价格竞争,从而增加利润。另一方面,每个企业都有牺牲价格联盟其他成员的利益,通过制定稍低的价格和增加市场份额来提高自己利润的动机,这样一来寡头之间的联合就会破裂。卡特尔必须具有提高行业价格的能力。只有在预计卡特尔会提高价格并将其维持在高水平的情况下,企业才会有加入的积极性,高校也是一样。案例中提到美国最有声望的23所私立大学,为了提高学费和限制给学生提供经济资助,会在学费涨价前交流有关信息,并开会协调对申请过两个以上大学的优秀学生进行经济资助的金额。美国这些大学的行为和生产产品的企业的勾结行为的性质是一样的,都是对市场进行操纵价格的合作,司法部对美国最有声望的23所私立大学进行调查也是基于这一原因。由于寡头企业操纵市场价格的行为降低效率并损害消费者利益,因此世界各国都会施行反托拉斯法来改善这种不合意的结果。

(三) 案例研究 C

两国之间的贸易博弈

假设世界上有A、B两个国家之间存在贸易关系。如果A国采取低进口关税政策,B国采取低进口关税政策,则A国收益1000亿元,B国收益1000亿元;如果A国采取低进口关税政策,B国采取高进口关税政策,则A国收益400亿元,B国收益1200亿元;如果A国采取高进口关税政策,B国采取低进口关税政策,则A国收益1200亿元,B国收益400亿元;如果A国采取高进口关税政策,B国也采取高进口关税政策,则A国收益700亿元,B国收益700亿元。

下表中A、B两个国家的收益取决于它们所选择的贸易政策。

		A 国	
		低进口关税	高进口关税
B 国	低进口关税	A 国收益 1 000 亿元 B 国收益 1 000 亿元	A 国收益 1 200 亿元 B 国收益 400 亿元
	高进口关税	A 国收益 400 亿元 B 国收益 1 200 亿元	A 国收益 700 亿元 B 国收益 700 亿元

在 A、B 两个国家之间的贸易博弈中，A 国和 B 国是否有占优策略？存在纳什均衡吗？如果两国一致同意降低进口关税，你认为这样做合乎理性吗？

【关联理论】

占优策略指的是无论其他参与者选择什么策略，对一个参与者都为最优的策略。纳什均衡又称为非合作博弈均衡，是在所有其他主体选择的策略为既定的情况下，相互影响的经济主体各自选择自己最优策略的情况。纳什均衡并不意味着博弈双方达到了一个整体的最优状态，在一个博弈中可能有一个以上的纳什均衡，而囚徒困境中有且只有一个纳什均衡。

【案例解剖】

在本案例中，A 国和 B 国的占优策略都是实行高进口关税。无论 A 国选择高进口关税还是低进口关税，B 国的最优策略都是高进口关税。无论 B 国选择高进口关税还是低进口关税，A 国的最优策略也都是高进口关税。

纳什均衡是在所有其他主体选择的策略为既定的情况下，相互影响的经济主体各自选择自己最优策略的情况。实际上，纳什均衡指的是参与人的这样一种策略组合，在该策略组合上，任何参与人单独改变策略都不会得到好处。换句话说，如果在一个策略组合上，当所有其他人都不改变策略时，没有人会改变自己的策略，则该策略组合就是一个纳什均衡。在本案例中存在纳什均衡，即两个国家都实行高进口关税政策。实际上 A 国和 B 国已陷入囚徒困境，即 A 国和 B 国均采取低进口关税政策，会对两个国家产生更大贸易好处，然而现实却是都选择高关税政策，利己使得合作变得困难。囚徒困境所反映出的深刻问题是，人类的个人理性有时能导致集体的非理性——聪明的人类会因自己的聪明而作茧自缚。也就是说，如果两国一致同意降低进口关税，当然最合乎理性了。

四、课外习题

（一）术语解释

1. 寡头
2. 勾结
3. 卡特尔
4. 囚徒困境
5. 占优策略

(二) 单项选择

1. 网球市场只有四个卖家,这个市场是( )。
   A. 竞争的　　　　B. 垄断的　　　　C. 寡头　　　　D. 垄断竞争
2. 存在少数几个出售相似或相同产品的卖者的市场结构是( )。
   A. 完全竞争　　　B. 垄断　　　　　C. 寡头　　　　D. 垄断竞争
3. 如果寡头进行勾结,并成功地形成一个卡特尔,市场结果是( )。
   A. 和垄断市场结果一样　　　　　B. 和完全竞争市场结果一样
   C. 有效的,因为合作提高了效率　D. 纳什均衡
4. 假设一个使其利润最大化的寡头,如果额外生产单位产品的产量效应大于价格效应,那么,这个寡头( )。
   A. 应该退出该行业　　　　　B. 应该生产这一单位产品
   C. 不应该生产这一单位产品　D. 有最大利润
5. 随着寡头市场上卖者的数量越来越多,寡头市场看起来更像( )。
   A. 垄断　　　　B. 垄断竞争　　　C. 完全竞争　　D. 卡特尔
6. 当一个寡头单独地选择使其利润最大化的生产水平时,则它生产的产量( )。
   A. 大于垄断市场的水平,而小于竞争市场的水平
   B. 小于垄断市场的水平,而大于竞争市场的水平
   C. 大于垄断或竞争市场的水平
   D. 小于垄断或竞争市场的水平
7. 当一个寡头单独地选择使其利润最大化的生产水平时,则它收取的价格( )。
   A. 大于垄断市场的水平,而小于竞争市场的水平
   B. 小于垄断市场的水平,而大于竞争市场的水平
   C. 大于垄断或竞争市场收取的价格
   D. 小于垄断或竞争市场收取的价格
8. 随着寡头市场上卖者数量增加,( )。
   A. 勾结更可能发生　　　　　B. 市场上的价格会越来越偏离边际成本
   C. 市场上的产量会越来越少　D. 市场上的价格会越来越接近边际成本
9. 相互影响的寡头每一家都在所有其他寡头选择的策略为既定时选择其最优策略的状态称为( )。
   A. 勾结　　　　B. 卡特尔　　　　C. 纳什均衡　　D. 占优策略
10. 囚徒困境的理论可以用于解释( )。
    A. 完全竞争市场　　B. 垄断市场
    C. 垄断竞争市场　　D. 寡头市场
11. 如果卡特尔解体,结果将是( )。
    A. 价格上升,产量下降　　B. 价格上升,产量上升
    C. 价格下降,产量上升　　D. 价格下降,产量下降
12. 下表表明某小镇上只有两家蛋糕店的双头可能获得的利润。每一家企业可以自由选择营业多长时间。请用囚徒困境的理论回答张三和李四的占优策略:( )。

		张三的蛋糕店	
		长时间营业	短时间营业
李四的蛋糕店	长时间营业	李四得到 14 万元 张三得到 14 万元	李四得到 18 万元 张三得到 12 万元
	短时间营业	李四得到 12 万元 张三得到 18 万元	李四得到 16 万元 张三得到 16 万元

A. 两家都短时间营业

B. 两家都长时间营业

C. 张三长时间营业,而李四短时间营业

D. 张三短时间营业,而李四长时间营业

13. 下表表明某小镇上只有两家蛋糕店的双头可能获得的利润。每一家企业可以自由选择营业多长时间。如果张三和李四勾结使其利润最大化,并且两人可以多次进行上述博弈,并对违背协议者进行处罚。根据囚徒困境的理论,这个博弈可能的结果是(   )。

		张三的蛋糕店	
		长时间营业	短时间营业
李四的蛋糕店	长时间营业	李四得到 14 万元 张三得到 14 万元	李四得到 18 万元 张三得到 12 万元
	短时间营业	李四得到 12 万元 张三得到 18 万元	李四得到 16 万元 张三得到 16 万元

A. 两家都短时间营业

B. 两家都长时间营业

C. 张三长时间营业,而李四短时间营业

D. 张三短时间营业,而李四长时间营业

14. 下述哪种市场更接近于寡头市场(   )。

　　A. 自来水　　　　B. 小麦　　　　C. 香烟　　　　D. 小说

15. 囚徒困境说明了(   )。

　　A. 维持互利的合作是很容易的

　　B. 维持互利的合作是很困难的

　　C. 做错事要坦白,因为坦白从宽

　　D. 做错事不能坦白,因为要接受严厉的惩罚

(三) 判断正误

1. 寡头是存在许多出售相似但不相同物品的企业的市场结构。(   )

2. 当寡头企业相互合作时,这通常对整个社会是好的。(   )

3. 当寡头勾结并形成一个卡特尔时,市场的结果类似于完全竞争市场引起的结果。(   )

4. 寡头市场上企业数量越多,市场结果越接近于垄断市场。(   )

5. 一个寡头的占优策略是:无论其他寡头做什么,与团体合作并维持低生产。（   ）
6. 寡头市场独特的特点是一个卖者的行为对市场上所有其他卖者的利润有主要影响。（   ）
7. 当寡头企业相互合作时,这通常对合作企业是好的。（   ）
8. 纳什均衡产生的价格和数量比卡特尔产生的价格和数量更接近于竞争市场。（   ）
9. 原油市场是寡头市场的一个例子。（   ）
10. 在一个寡头市场上,合作容易维持,因为合作使每个企业的利润最大。（   ）

(四) 简答题

1. 如果寡头勾结并形成一个卡特尔,寡头市场的结果是什么？请加以解释。
2. 如果寡头勾结起来,他们的状况会更好,为什么他们往往无法合作？
3. 如果寡头勾结起来,整个社会状况会变好,还是会变差？为什么？有哪些方法可以阻止寡头之间的合作？
4. 什么是囚徒困境？囚徒困境和寡头市场有什么关系？
5. 寡头市场和垄断市场的价格、产量有什么不同？寡头市场和完全竞争市场的价格、产量有什么不同？

(五) 应用题

1. 请用囚徒困境的知识解释国家之间的军备竞赛。
2. 什么是掠夺性定价？经济学家如何看待掠夺性定价？为什么？
3. 什么是转售价格维持？请举例加以说明。

(六) 拓展思考题

1. 张三和李四是两个寡头企业的总经理,在决定企业是扩张还是维持现状时面临如下情形:

		张三的决策	
		企业扩张	企业维持现状
李四的决策	企业扩张	张三得到 2 000 万元 李四得到 3 000 万元	张三得到 2 万元 李四得到 8 000 万元
	企业维持现状	张三得到 3 000 万元 李四得到 1 万元	张三得到 4 000 万元 李四得到 6 000 万元

(1) 张三有占优策略吗？为什么？
(2) 李四有占优策略吗？为什么？
(3) 定义纳什均衡,此时有没有纳什均衡？如果有的话,是什么？请解释原因。

2. 在商业活动中会出现各种囚徒困境的例子。以广告竞争为例,假设两个公司互相竞争,两个公司的广告互相影响,即一公司的广告较被顾客接受则会夺取对方的部分收入。但若两者同时期发出质量类似的广告,收入增加很少但成本增加。但若不提高广告质量,生意又会被对方夺走。这两个公司可以有两种选择,一是互相达成协议,减少广告的开支(合作),二是增加广告开支,设法提升广告的质量,压倒对方(背叛)。一般来说,这两家公司会选择怎么做？为什么？

五、习题答案

（一）术语解释

1. 寡头：只有少数几个卖者提供相似或相同产品的市场结构。
2. 勾结：市场上的企业之间就生产的产量或收取的价格达成的协议。
3. 卡特尔：联合起来行事的企业集团。
4. 囚徒困境：两个被捕的囚徒之间的一种特殊"博弈"，说明为什么甚至在合作对双方都有利时，保持合作也是困难的。
5. 占优策略：无论其他参与者选择什么策略，对一个参与者都为最优的策略。

（二）单项选择

1. C　2. C　3. A　4. B　5. C　6. A　7. B　8. D　9. C　10. D
11. C　12. B　13. A　14. C　15. B

（三）判断正误

1. ×　2. ×　3. ×　4. ×　5. ×　6. √　7. √　8. √　9. √　10. ×

（四）简答题

1. 【考查要点】　勾结与寡头市场的结果。

【参考答案】　勾结是市场上的企业之间就生产的产量或收取的价格达成的协议。卡特尔是联合起来行事的企业集团。如果寡头勾结并形成一个卡特尔，此时寡头市场的结果和垄断市场一样，寡头企业分割垄断利润，生产水平被限制在垄断水平。

2. 【考查要点】　寡头企业合作困境。

【参考答案】　如果两个寡头合作起来保持低产量并分享垄断利润，它们的状况都会更好。但是，在达成协议之后，每个人的占优策略是违约（无论其他企业是违约还是遵守协议），并生产多于它们协定的产量，以增加自己的利润。结果是寡头企业的利润都减少，利己使维持合作变得困难。

3. 【考查要点】　勾结及反托拉斯法。

【参考答案】　如果寡头勾结起来，整个社会状况会变差。寡头通过形成一个卡特尔并像垄断者一样行事以使自己的总利润最大化，此时整个市场产量更低，而且价格更高。可以利用反托拉斯法阻止企业之间的勾结，因为反托拉斯法使企业之间的勾结行为变成非法。

4. 【考查要点】　囚徒困境。

【参考答案】　囚徒困境是两个被捕的囚徒之间的一种特殊"博弈"，它说明了为什么即使合作有利于双方，但合作仍然是困难的。在囚徒困境的例子中，尽管囚徒双方若可以合作并保持沉默，则均会有很短的刑期，但双方的占优策略是坦白。囚徒困境以下述方式运用于寡头：同一市场上的寡头在力图达到垄断结果时的博弈类似于两个处于两难处境的囚徒的博弈。如果寡头企业合作起来保持低产量并分享垄断利润，它们的状况都会更好。但是，在达成协议之后。每个人的占优策略都是违约,并生产多于它们协定的产量,因而利己使寡头企业维持合作变得困难。

5.【考查要点】 寡头与垄断、竞争之间的比较。

【参考答案】 如果寡头企业勾结并形成一个卡特尔,则寡头和垄断的价格、产量相等低于竞争产量。如果寡头企业单独选择利润最大化的产量,则寡头价格低于垄断价格,高于竞争价格,产量高于垄断产量,低于竞争产量。

(五) 应用题

1.【考查要点】 囚徒困境理论及其应用。

【参考答案】 囚徒困境是两个被捕的囚徒之间的一种特殊"博弈",它说明了为什么即使合作有利于双方,但合作仍然是困难的。囚徒困境理论可应用于军备竞赛等领域的分析。如果两个国家都裁军,彼此都会更好。但每个国家的占优策略都是加强军备。

2.【考查要点】 掠夺性定价。

【参考答案】 掠夺性定价是指为了把竞争对手挤出市场,以便自己成为垄断者而采取的一种降价行为。一些经济学家认为,这种行为是不可能的,因为受伤害最大的正是实行掠夺性定价的企业。

3.【考查要点】 转售价格维持。

【参考答案】 转售价格维持或公正贸易是一个制造商要求零售商收取某种价格。例如,创维公司以 800 元/台的价格把电视机批发给零售商,同时要求零售商以 1 000 元/台的价格出售给顾客,就可以认为创维公司在进行转售价格维持。

(六) 拓展思考题

1.【考查要点】 占优策略和纳什均衡的理论和应用。

【参考答案】 (1) 张三没有占优策略。如果李四选择企业扩张,张三也应该选择企业扩张。如果李四选择企业维持现状,张三也应该选择企业维持现状。

(2) 李四有占优策略。占优策略是无论其他参与者选择什么策略,对一个参与者都为最优的策略。无论张三选择企业扩张还是维持现状,李四的最优策略都是企业扩张。

(3) 纳什均衡是在所有其他主体选择的策略为既定的情况下,相互影响的经济主体各自选择自己最优策略的情况。此时有纳什均衡,是两个企业都选择扩张。因为李四将选择其占优策略(企业扩张),所以,张三也选择企业扩张。

2.【考查要点】 囚徒困境及其应用。

【参考答案】 最终两家相互竞争的企业都花费大量资金用于广告宣传,希望以此能抢夺对方的市场,但双方广告的作用相互抵消,结果两家企业的利润最终因为投放广告的成本而下降。因为即使合作有利于双方,但合作仍然是困难的。若两公司不信任对方,背叛成为支配性策略时,必将陷入广告战,而广告成本的增加损害了双方收益,这就是囚徒困境。在现实中,要两个互相竞争的公司达成合作协议是较为困难的,多数都会陷入囚徒困境。

第18章
生产要素市场

一、学习精要

(一) 教学目标

1. 理解劳动需求是一种派生需求,掌握竞争的、利润最大化企业的劳动需求的决定因素;掌握为什么边际产量值曲线就是劳动需求曲线,以及哪些事件将引起劳动需求曲线移动。

2. 领会劳动供给背后的家庭决策,理解劳动供给曲线为什么向右上方倾斜,以及哪些事件将引起劳动供给曲线移动。

3. 理解为什么均衡工资等于劳动的边际产量值,掌握劳动市场均衡工资如何受外部事件的影响,会根据劳动需求或劳动供给的变动分析劳动市场均衡的变化。

4. 考察一种要素供给的变动如何改变所有要素的收入,以及一种要素供给的变动如何改变其他要素的边际产量值。

5. 领会劳动市场和其他生产要素市场之间的相似性,掌握要素供求理论在土地、资本市场的运用及其拓展。

(二) 内容提要

生产要素是用来生产物品和服务的投入,劳动、土地和资本是其中最重要的投入。本章是论述劳动市场经济学中的第一章,其主要目的是基于劳动市场的研究,提出一个生产要素市场的分析框架,为包括劳动、土地和资本在内的生产要素市场提供理论基础。

1. 劳动的需求

(1) 我们分析的基本逻辑在于,劳动的价格(工资)由劳动的供给与需求决定。假设物品市场和劳动市场都是完全竞争的,且企业的目标是利润最大化,而劳动的需求是一种派生需求,即劳动的需求取决于企业在物品市场上供给物品的决策。

(2) 为了推导劳动需求,首先必须确定劳动的使用如何影响企业生产的产量。生产函数表示用于生产一种物品的投入量和该物品产量之间的关系,而劳动的边际产量表示在所有其他要素投入不变时,增加一单位劳动所增加的产量。生产函数表现出边际产量递减,即随着投入量增加,所带来的这种投入的边际产量递减的特征。

(3) 企业在考虑要不要多增加一个工人时,需要对比增加这个工人所额外带来的成本和收益。额外带来的成本是工资,由于劳动市场是竞争的,因此工资既定,而额外带来的收益可以用边际产量值表示。边际产量值是一种投入的边际产量乘以该物品的价格,边际产量值的另一个名称是边际收益产量。由于物品市场是竞争的,无论生产和销售多少产量,价格由整个市场决定而保持不变,因此随着投入量增加,边际产量和边际产量值同时减少。

(4) 当边际产量值大于工资时,增加一个工人是有利可图的。当边际产量值小于工资时,减少一个工人是有利可图的。因此,一个竞争的、利润最大化的企业雇用的工人数要达到劳动的边际产量值等于工资的那一点为止,边际产量值曲线是竞争的、利润最大化企业的劳动需求曲线。

(5) 由于劳动的需求曲线是劳动的边际产量值曲线,因而引起劳动的边际产量值变动的任何因素发生变化都会导致劳动需求曲线的移动,包括物品价格、技术变革及其他要素供给等三种情况:其一是物品价格,即物品价格上升增加边际产量值,从而导致劳动需求曲线向右移动;物品价格下降减少边际产量值,从而导致劳动需求曲线向左移动。其二是技术变革,即技术进步会增加劳动的边际产量,从而导致劳动需求曲线向右移动。其三是其他要素的供给,即生产中与劳动同时使用的要素供给的增加会提高劳动的边际产量,导致劳动需求曲线向右移动,反之向左移动。

2. 劳动的供给

(1) 劳动的供给产生于个人工作和闲暇之间的权衡取舍。向右上方倾斜的劳动供给曲线意味着,人们对工资增加的反应是少享受闲暇和多工作。劳动供给曲线并非在所有情况下都向右上方倾斜,但在这里我们将假设它向右上方倾斜。

(2) 导致劳动供给曲线发生移动的事件主要包括以下三点:其一是爱好变动,即对工作态度的改变,如人们更愿意外出工作而不是留在家里。其二是可供选择机会的变动,即如果在其他劳动市场上出现了更好的机会,则原市场上的劳动供给将减少。其三是移民,即当移民进入某个国家时,该国的劳动供给曲线将会向右移动。

3. 劳动市场的均衡

(1) 在竞争的劳动市场上,工资调整使劳动的供给与需求平衡,此时,工资等于劳动的边际产量值。任何一个改变劳动供给或需求的事件必定改变均衡工资,并等量地改变边际产量值,因为这两个量必定相等。

(2) 请记住以下两个劳动市场均衡变动的例子:其一,若对一个行业中企业生产的物品需求增加,这引起该物品价格上升和劳动的边际产量值增加,引起劳动的需求增加,劳动的需求曲线向右移动,最终必将提高均衡工资和劳动的边际产量值及就业水平。其二,移民引起本国劳动供给增加,劳动的供给曲线向右移动,最终必将降低均衡工资和劳动的边际产量值及就业水平。

(3) 劳动需求分析表明,工资等于劳动的边际产量值。生产率高的工人的工资收入高于生产率低的工人。此外,实际工资增加与生产率提高息息相关。美国的统计数据支持这一结论,当生产率增长迅速时,实际工资也会跟着迅速增加。

4. 其他生产要素:土地和资本

(1) 企业的生产要素分为三类——劳动、土地和资本。其中,资本是用于生产物品和服务的设备和建筑物的存量。一种要素的租赁价格是在一个有限时期内使用该生产要素所支付的价格,而一种要素的购买价格则是无限期地拥有该生产要素所支付的价格。

(2) 由于工资是劳动的租赁价格,劳动市场与其他生产要素市场的分析具有相似性,可以把要素需求理论运用于土地和资本市场。对于土地和资本市场,企业要把雇佣量增加到要素的边际产量值等于要素的租赁价格时为止,因此每种要素的需求曲线是该要素的边际产量值曲线。

（3）资本通常由企业所拥有，而不由家庭直接拥有。资本收入往往先支付给企业，然后再以利息的形式支付给借给企业钱的家庭，以股利的形式支付给在企业拥有股权的家庭。此外，企业还保留一些资本收入，以购买更多资本，这一部分资本收入称为留存收益。无论资本的收入如何分配，其总价值都等于资本的边际产量值。

（4）土地和资本的购买价格取决于它引起的租赁收入流。因此，土地或资本的购买价格取决于那种要素当前的边际产量值和预期未来会有的边际产量值。由于边际产量递减，供给充足的要素边际产量低，从而价格也低；而供给稀缺的要素边际产量高，价格也高。但当一种要素供给变动时，它还影响其他要素市场，因为在生产中要同时使用这些要素。

5. 结论

本章所提出的劳动、土地、资本如何得到报酬的理论称为新古典分配理论。它表明，一种要素的收入量取决于供给与需求，一种要素的需求取决于其边际生产率。在均衡时，每种要素的价格都等于其边际产量值。

（三）关键概念

1. 生产要素：用于生产物品和服务的投入。
2. 派生需求：由企业供给另一种物品所派生出的对一种生产要素的需求。
3. 劳动的边际产量：增加一单位劳动所引起的产量增加量。
4. 边际产量递减：一单位投入的边际产量随这种投入量增加而减少的性质。
5. 边际产量值：一种投入的边际产量乘以该产品的价格。
6. 资本：用于生产物品和服务的设备和建筑物。
7. 要素的租赁价格：在一个有限时期内使用某生产要素所支付的价格。
8. 要素的购买价格：无限期地拥有某生产要素所支付的价格。

（四）拓展提示

1. 生产要素是在生产经营活动中利用的各种经济资源的统称，一般包括土地、劳动、资本、技术和信息等。市场经济要求生产要素商品化，以商品的形式在市场上通过市场交易实现流动和配置，从而形成各种生产要素市场。生产要素市场的培育和发展，是发挥市场在资源配置中的基础性作用的必要条件。

2. 竞争的、以利润最大化为目标的企业在某要素的边际产量值等于其租赁价格这一点上使用该要素，支付给每种要素的价格的调整使该要素的供求趋于平衡。由于要素需求反映了该要素的边际产量值，在均衡时每种要素根据其对物品和服务生产的边际贡献得到报酬。由于生产要素是同时使用的，因此，任何一种要素的边际产量都取决于可以得到的所有其他要素量。因此，一种要素数量的变动会影响所有要素的边际产量和均衡收入。

3. 对于一个竞争的、利润最大化的企业，一种要素的需求与其产出的供给密切相关，因为生产函数把投入和产出联系在一起。如果 W 是工资，MC 是边际成本，MPL 是劳动的边际产量，则 $MC = W/MPL$，即边际产量递减与边际成本递增相对应。而一个竞争的、利润最大化的企业雇用的工人数要达到劳动的边际产量值等于工资的那一点为止，即 $P \times MPL = W$。整理该式，即为 $P = W/MPL$。因此，很容易得出 $P = MC$。因此，当一个竞争企业雇用的劳动达到边际产量值等于工资的那一点时，产量就达到价格等于边际成本的那一点。

二、新闻透视

(一) 新闻透视 A

互联网公司人才需求飙升　跨国外企光环大不如前

近年来,互联网行业各种创新的或模仿的商业模式层出不穷,以团购网站为例,去年年初才刚刚萌生的电子商务细分行业,在一年多的时间里就已发展至4 000多家同类网站。去年下半年开始的中国互联网第五波上市热潮,造就了一个个互联网巨头,也鼓励了互联网界更多的参与者进入。这种近乎疯狂的发展状态,使互联网行业人才需求大幅增加。

合肥打造互联网产业园　互联网人才需求飙升

计算机互联网行业一直稳居招聘行业排名的第一位,尤其是互联网的迅猛发展,更让该行业稳坐头把交椅。合肥包河互联网产业园重点发展电子商务、移动互联网、网络娱乐等新兴互联网产业,通过联合国内外著名互联网企业,共建综合服务平台。

据相关资料显示,合肥2012年部分高校IT、语言类、金融类、电子商务类、管理类人才在校生总数为335 410,毕业生总数为72 325。

互联网公司成90后新宠,跨国企业光环褪色

在大学生就业的企业类型选择上,国企占比最多,占大学生比例的27.6%;紧随其后的是外企,占比24.3%;大型民企排在第三位,占比22.8%;合资企业占比17.9%,排第四;其他占比7.4%。

值得一提的是,对比往年数据,外企虽仍然排在第二位,但是所占比重减少了3%,而大型民企的比重则上升了4%。

国企凭借相对稳定的饭碗与待遇,仍然最受大学生的青睐;而外企由于在华业务的不稳定、对语言掌握程度的高要求,以及大型民企工资的快速赶超,已经不再具备以往的光环。

而在民企中,互联网公司成为大学生毕业后就业去向的新宠,行情看涨,待遇和成长氛围成为吸引大学生的主要因素。而一些"小巧"的互联网创业型公司,也凭借一腔热情吸引了众多高校毕业生的加入。

资料来源:合肥热线,2015年1月29日。

【关联理论】

生产要素市场类似于物品与服务市场,但对生产要素的需求是一种派生的需求,即是企业向物品市场供给物品的决策派生出来的。很显然,从劳动的需求取决于企业在物品市场上供给物品的意义上来说,劳动需求也是一种派生需求。

【新闻评析】

派生需求是由阿尔弗雷德·马歇尔在其《经济学原理》一书中首次提出的经济概念,是指对生产要素的需求,意味着它是由对该要素参与生产的产品的需求派生出来的,又称"引致需求"。具体地说,产品市场上的需求和生产要素市场上的需求具有很不相同的性质。在产品市场上,需求来自消费者。消费者为了直接满足自己的吃穿住行等需要而购买产品。因此,对产品的需求是所谓"直接"需求。与此不同,在生产要素市场上,需求不是来自消费者,而是来自厂商。厂商购买生产要素不是为了自己的直接需要,而是为了生产和出售产品以获得收益。更进一步来看,厂商通过购买生产要素进行生产并从中获得收益,部分要取决于消费者对其所生产的产品的需求。如果不存在消费者对产品的需求,则厂商就无法从生产和销售产品中获得收益,从而也不会去购买生产资料和生产产品。例如,如果没有人去购买汽车,就不会有厂商对汽车工人的需求;对医生和护士的需求,则受到对保健服务的需求的影响。由此我们可以理解,厂商对生产要素的需求是从消费者对产品的直接需求中派生出来的。

互联网行业的劳动需求取决于互联网公司在互联网产品市场上供给互联网产品的决策。互联网产品的概念是从传统意义上的"产品"延伸而来的,是在互联网领域中产出而用于经营的商品,它是满足互联网用户需求的无形载体。简单来说,互联网产品就是指网站为满足用户需求而创建的用于运营的功能及服务,它是网站功能与服务的集成。互联网公司人才需求飙升,即互联网行业劳动需求的快速增长,主要原因在于互联网产品市场上联网产品及相关服务的大幅增加。随着21世纪以来互联网的迅猛发展,普通家庭与企业互联网普及率提高,实际应用存在较大提升空间。2015年2月3日,中国互联网络信息中心(CNNIC)第35次《中国互联网络发展状况统计报告》显示,仅2014年,我国就新增网民3 117万人,互联网普及率的省间差异从1997年的3.37下降到2014年的0.24,平板电脑的娱乐性和便捷性使其成为网民的重要娱乐设备,2014年年底使用率已达34.8%,并在高学历、高收入人群中拥有更高使用率。网络电视逐渐成为新兴的家庭娱乐模式,截至2014年12月,网络电视使用率已达15.6%。2014年,中国网民手机商务应用发展大爆发,手机网购、手机支付、手机银行等用户年增长率远超其他手机应用增长幅度。长期处于低位的手机旅行预订,2014年用户年增长达到194.6%,是增长最为快速的移动商务类应用。截至2014年12月,购买过网络理财产品的网民规模达到7 849万,较2014年6月增长1 465万人。此外,在使用互联网办公的企业中,固定宽带的接入率连续多年超过95%,但互联网实际应用水平仍存在很大提升空间。传统企业与互联网企业的分界越来越模糊,互联网将成为企业日常经营中不可分割的部分。对互联网行业的劳动的需求是一种派生需求,是互联网企业向物品市场供给物品的决策派生出来的。随着互联网产品及服务的需求的迅速增加,必然导致互联网行业的劳动需求的大幅飙升。

类似地,我们也可以理解,跨国外企光环大不如前,即跨国外企人才需求的下降,其主要原因也必然在于外企由于在华业务的不稳定以及外企所提供物品及服务的数量的减少。

(二)新闻透视 B

如何看待制造业的薪资上涨

根据最新官方数据,2012年中国私营部门工资水平增长14%,高于2011年12.3%的增速,招聘活动也愈加活跃,这表明中国政府正致力于让国内老百姓更富裕,提高国内消费者购买力。然而,在这段时间,中国年度经济增速却从9.3%下降到7.8%,似乎劳动力成本上升会损害企业盈利能力和出口竞争力。已有人士担心,中国制造业的主导地位有可能会被邻近国家所取代,从而对整体经济发展带来风险。

最近,新一代中国领导人加大力度扶持就业。最近的国务院常务会议要求各地通过拓宽就业渠道、鼓励自主创业、开展就业帮扶等措施,为应届毕业生搭建就业"绿色通道"。与此同时,制造就业和提高工资水平也是中国领导人关注的重点。

中国国家统计局数据表明,自 2008 年以来,中国制造业工资水平已经上涨了 71%。但据世界银行估计,中国劳动生产率大约以每年 8.3% 的速度提高。也就是说,劳动生产率的提高仅抵消了一小部分工资上涨所带来的压力。随着劳动力成本上升,全球零售商开始寻求可以替代中国的生产地,孟加拉国、柬埔寨和越南等国家的服装制造业规模都得到了扩大。

随着劳动力成本上升,中国制造业传统优势逐渐减弱,2012 年工业利润总体处在萎缩状态,出口增速从 2011 年的 20.3% 降至 7.9%。虽然在海外直接投资方面,中国仍是获得海外直接投资最多的发展中国家,去年中国吸引了 1 120 亿美元的外商直接投资,但这一数字同比下降了 3.7%。包括亚洲最大的服装连锁品牌优衣库、皮货连锁企业 Coach 和鞋类制造商 Crocs 在内的多家国外制造商纷纷将制造业务从中国撤离到邻近劳动力成本较低的国家。

摩根大通中国经济学家朱海斌表示,目前房地产、基础设施和服务业给就业岗位的大幅增加提供了支撑,但如果中国主要制造业继续低迷,利润不增长,工资上涨也将难以为继;如果企业依然疲软,那么工资的快速上涨将无法持续。

然而一些专家却对此持有乐观态度,认为无须担忧中国劳动力成本上升可能使其失去制造业优势。供应链的联动、强大的基础设施,以及进入中国市场的宽广渠道都是中国制造业发达的优势。

虽然利润率受到了挤压,大多数在中国运营的制造商仍然能够盈利。奈特不认为制造商在逃离中国,在中国生产的优势仍然非常强大。

总的来说,一方面,只有薪资水平提高,中国消费者购买力才能提高,从而才能拉动内需,摆脱经济对出口和投资作为拉动力的依赖。另一方面,又要控制劳动力成本上升对制造业造成的损害,因为制造业低迷也不能为薪资提高带来持续动力。

资料来源:北大纵横,如何看待制造业的薪资上涨,2014 年 6 月 6 日。

【关联理论】

当边际产量值大于工资时,增加一个工人是有利可图的。当边际产量值小于工资时,减少一个工人是有利可图的。因此,一个竞争的、利润最大化的企业雇用的工人数要达到劳动的边际产量值等于工资的那一点为止。

【新闻评析】

依据均衡工资决定理论可知,制造业的均衡薪资水平最终必然取决于制造业企业雇用工人的边际产量值,而边际产量值是劳动的边际产量乘以该物品的价格。在包含制造业产品价格的国内物价上升有限的前提下,制造业的均衡工资水平也就取决于制造业企业雇用工人所带来的边际产量了。

在制造业低迷的背景下,技术进步放缓,企业多雇用一个工人所带来的边际产量没有太大变化,则其边际产量值几乎维持不变,因而在理论上应该导致制造业的均衡工资水平上涨缓慢。但根据中国国家统计局数据,2008 年以来中国制造业工资水平已经上涨 71%,而中国劳动生产率大约以每年 8.3% 的速度提高,也就是说,边际产量值的提高仅抵消了一小部分工资上涨所带来的压力。因此,如果中国主要制造业继续低迷,工资上涨也将难以为继,即制造业低迷不能为工资提高带来持续动力。中国政府要在扶持就业环境和工资水平的同时,控制制造业成本。而对于企业来说,面对这样的两难处境,实行升级转型是不可避免的大趋势。短期内抓紧内需扩大的机遇,实现短期盈利以得到足够资金更好地发展。长期来说,需要从技术革新、先进管理等方面寻求低成本以外的优势,从而大幅提高企业雇用一个工人所带来的边际产量值,并从长远可持续方向提高自身竞争力。

当然,在政策层面,制造业的工资上涨有一个重要的目标在于,政府可能想通过提高制造业的工资水平实现中国经济的再平衡。由于工资水平的增速超过了经济其他领域,部分家庭获得的社会财富比重也在增大。这样就有希望借此带动消费水平的提升,帮助中国经济摆脱对出口和投资作为增长动力的依赖。但我们必须关注的是,工资上涨过快也可能会伤害制造业。2013年11月,中国社科院人口与劳动经济研究所在"中国—欧洲就业与发展"演讲会上发布了《2013人口与劳动绿皮书》。该报告主编、中国社科院副院长蔡昉认为,中国的刘易斯拐点于2004年到来之后,工资上涨迅速,将超越劳动生产率的限度,将加速减弱中国经济在制造业的比较优势,导致经济因工资减速过于剧烈,这无异于一种休克疗法。其意思无非是,工资上涨现象是好事,它能改善收入分配,但是过快的上涨也意味着有过多的制造业企业会变得困难。这种说辞,从民意角度听,似乎有点不那么讨喜,但其实不过是句大白话:在任何时候,工资增长"过快",超过了GDP或者企业积累的增速,分配秩序就已经失衡,造成伤害在所难免。

(三) 新闻透视 C

招工难象征劳动力走向短缺

正月十五一过,"用工荒"问题开始显现。据来自华东地区最大的劳务集散地南京安德门民工市场的消息称,初七开业以来,每天进场人数仅千人左右,只有去年同期的一半不到,岗位多人少的问题凸显。

苏北的许多县,民工从过去净流出开始向流入变化。苏北的一些县级开发区现在还要托外地的职介机构帮助招人。一些老板带所有领导层上班第一天鞠躬迎候,到员工食堂发红包,都折射出企业主对普通劳动者的重视。

无锡一家长期从事跨省劳务中介的公司负责人告诉记者,现在不仅江苏的劳务输出县出不来人,连欠发达的西部地区劳动力供应都在收缩。一些劳动力缺口较大地方,为了安然渡过年初的用工荒,争抢"人头",不仅用工企业要给职介公司按人数付费(前年700元一个人,去年800元,今年涨到1000元),有的地方财政也临时出台补贴政策。

即便这样,一些公司想招到合适的人也很不容易,"初五我们就派人往河南、四川及西北等地招工,往年能做到4 000人的规模,今年乐观估计只能招一半多一点,人实在不好招!"他说。

从世界经济发展史看,进入工业化中期的国家,都面临劳动力供需数量和质态的矛盾。用工荒逐年加剧的背后,是过去较长时间内,洪水般无限供给的农村剩余劳动力供应正在日渐断流。劳动力由剩余向短缺转变的刘易斯拐点正在加速出现,其对经济和社会的影响是深远的。

过去三十年间,中国经济起飞的一个重要动力源是廉价劳动力。劳动力在数量上的无限供给和自身议价能力低,听话、吃苦耐劳,随你选、任你挑,工钱随你赏,赚钱就存,这种以低工资和低保障为特征的"人口红利"支撑起了中国经济30年的低成本增长。当然,由此形成的高储蓄水平和高资本积累,使得基于高投入的增长方式支撑起中国经济的腾飞。

"刘易斯拐点"的经济学前提是发展中经济体普遍存在的二元经济格局,经济发展初期,由于农业人口众多,农村劳动力以低成本持续大规模地向非农产业转移,等到非农产业把农村剩余劳动力吸收殆尽,二元经济就会发展成为一体化相对均衡的现代经济体。应该说,经济增长和城乡一体化程度的提高,是"刘易斯拐点"到来的根本原因。而这一拐点的临近又倒逼了政策的调整和产业的转型升级。

2004年以前,进城务工农民的工资普遍较低,从区区三五百元到现在的三千元,标志着社会底层劳动者的工资水平进入一个相对公平的时期。当然,这中间也数度有过激烈的劳资博弈,农民工对长期的低工资和恶劣就业环境有无声的反抗,有对城市高成本生活的无奈逃离。

但是现代工业文明发展到今天,随着城乡一体化进程的加快,中国作为世界第二大经济体,如果企业主仍幻想民工可以一天工作10个小时,一周工作6天,拿最低标准的工资,不签劳动合同,不缴社保,继续在恶劣环境下工作,那这样的时代已经离我们远去。

资料来源:陈志龙,新浪财经专栏·意见领袖,招工难象征劳动力走向短缺,2014年2月20日。

【关联理论】

引起劳动的边际产量值变动的任何因素发生变化都会导致劳动需求曲线的移动,包括物品价格、技术变革及其他要素供给等三种情况,导致劳动供给曲线发生移动的事件主要包括爱好变动、可供选择机会的变动以及移民等三种情况。劳动需求曲线或者劳动供给曲线的移动均会导致劳动市场均衡发生改变,即劳动的均衡数量及工资水平出现变化,也就是说,任何一个改变劳动供给或需求的事件必定改变均衡工资。

【新闻评析】

引起劳动的边际产量值变动的任何因素发生变化都会导致劳动需求曲线的移动,包括物品价格、技术变革及其他要素供给等三种情况:其一是物品价格,即物品价格上升增加边际产量值,从而导致劳动需求曲线向右移动;物品价格下降减少边际产量值,从而导致劳动需求曲线向左移动。其二是技术变革,即技术进步会增加劳动的边际产量,从而导致劳动需求曲线向右移动。其三是其他要素的供给,即生产中与劳动同时使用的要素供给的增加会提高劳动的边际产量,导致劳动需求曲线向右移动,反之向左移动。导致劳动供给曲线发生移动的事件主要包括以下三点:其一是爱好变动,即对工作态度的改变,如人们更愿意外出工作而不是留在家里。其二是可供选择机会的变动,即如果在其他劳动市场上出现了更好的机会,则原市场上的劳动供给将减少。其三是移民,即当移民进入某个国家时,该国的劳动供给曲线将会向右移动。劳动需求曲线或者劳动供给曲线的移动均会导致劳动市场均衡发生改变,即劳动的均衡数量及工资水平出现变化。

在本新闻中,"用工荒"问题开始显现,招工难背后的劳动力市场的短缺,其根本原因在于民工劳动需求稳中有增,而民工劳动供给却大幅减少,即民工劳动需求曲线向右稳步移动,而民工劳动供给却大幅向左移动,从而导致民工均衡供求数量下降,而民工工资水平上涨。其中民工劳动需求稳中有增的原因是随着物品价格上涨和技术进步,而民工劳动供给大幅减少的原因在爱好变动、可供选择机会的变动以及移民等三种情况上亦表现得非常明显。譬如民工输出意愿下降,就地创业就业意愿上升,民工对外出务工的态度发生改变,"凤还巢"式的创业就业成为分流主渠道,可以解释爱好变动。而随着产业转移的加快,当地制造业迅速崛起,地方政府每年都出台政策,留住本地青壮年劳动力,鼓励家门口创业就业,表明当地劳动市场有更好的工作机会,可以解释可供选择机会的变动。

工业化中后期以新型劳资关系和社会保障的完善为特征,全社会劳动力工资上涨是必然趋势,转型经济体都会经历劳动力从富余向短缺突变的"刘易斯拐点"。现在,这个拐点的脉络已经清晰地呈现在我们眼前。工业化过程中，随着农村富余劳动力向非农产业的转移加快，农村富余劳动力日渐减少。"刘易斯拐点"的到来有助于倒逼人口政府的调整，如多个省市已经对计划生育政策进行灵活调整，"二胎"问题开始破冰。"刘易斯拐点"对推进传统产业优化、促进企业在员工待遇和福祉上的改进，也有利于促进劳动密集型产业转型升级。当然，要解决"用工荒"问题，必须从根本上加快转变经济发展方式，通过终身教育提高全民劳动技能，同时要打破户籍藩篱，破除城乡自由流动壁垒，让农民公平而有尊严地融入城市。

三、案例研究

（一）案例研究 A

华为的神话、坦桑尼亚的效率工资

在深圳，华为公司新建的华为城分为生活区、科研开发区和生产厂房三个部分，均由来自美国、德国和中国香港的工程师规划和设计。这个设施齐全、技术先进、环境优美的现代化工业城为员工提供"比这个城市的其他人相对优越的生活和待遇"。华为是个创造神话的企业。它不仅创造超过20亿元的年销售额，而且创造出一批敬业高效、贴着"华为创造"标签的华为人。3万名华为员工用自己的全部青春和热情，日复一日地过着两点一线的生活。据猎头公司介绍，摩托罗拉和贝尔等外资企业要想挖华为的人很难，但华为要挖他们的人就容易多了。其中，钱是重要的因素。一名刚毕业的硕士生可拿到10万元的年薪；一位刚工作两年、本科毕业的技术或市场人员可派发8万股内部股票；一个总监级的员工（约占公司人数的2%），平均拥有300万的内部股票。华为的基本管理费用都比竞争对手——如中兴通讯要高。

总之，高薪和一个巨大的持股计划，使得华为员工都很关心公司的市场前景和发展，也使他们愿意用自己的努力创造企业的神话。

类似的情况还可以考虑东非坦桑尼亚的经验。1964年，大部分工资收入者在大种植园工作，和非洲的普遍情况一样，大多数工人是移民，每年要从种植园回农村家乡几次，工人生产效率低，工资也不高。独立后，政府宣布种植园工人的工资提高3倍。种植园主预言这是一场灾难，因为这会使他们支付的劳动价格大幅上升而导致种植园破产。但政府根据效率工资理论的预言是，高工资将引起高效率和稳定的劳动力。结果政府的预言是正确的。例如，在效率工资政策之下，西沙尔麻（一种可用于制作绳子和纤维的坚韧的白色纤维）的整个生产增加了4倍。其原因并非由于所得到的实物资本发生了变化，而是因种植园主雇用了更积极且更有技术的工人。但是，工资提高几年之后，坦桑尼亚西沙尔麻行业的就业从12.9万人减少到4.2万，这说明效率工资会增加失业。

资料来源：根据斯蒂格利茨《经济学》小品与案例资源改编和整理。

【关联理论】

在完全竞争的条件下，厂商使用要素的原则是利润最大化，竞争企业在它雇用的劳动的工资等于劳动边际产量值那一点时利润最大化，也就是此时要素价格等于使用要素的"边际收益"即边际产量值。在竞争的劳动市场上，工资调整使劳动的供给与需求平衡，当均衡工资被打破时，必然会改变劳动供给或劳动需求。

【案例解剖】

在上述华为公司和东非坦桑尼亚的例证中可以看出，它们支付给员工的工资（或收入水平）高于市场上的平均工资水平，其目的在于给工人以激励，从而提高工人的生产率，但是这个工资水平不应该高于华为使用劳动这种要素的均衡工资。从经济学的角度进行分析，原因可归结为以下两个方面：

第一，在完全竞争的条件下，厂商使用要素的原则是利润最大化，它满足如下条件：使用要素的"边际成本"即要素价格等于使用要素的"边际收益"即边际产量值。此时，厂商使用的要素数量为最优要素数量。根据上述厂商使用要素的一般原则，可得到厂商对要素的需求曲线。该需求曲线与边际产量值曲线重合。要素需求曲线反映要素价格与要素使用量成反方向变化，并且当要素价格变化时，要素的边际产量值也随之变化。回到上面的例子中，公司支付一个较高的工资，那么将会得到生产更有效率的工人，其创造的边际产量值也就更高。

第二，效率工资理论认为，效率工资的含义之一——雇主可通过增加工资得到更有效率的劳动。对此，马歇尔也曾经说过："高工资的劳动一般说来是有效率的，因此不是昂贵劳动。"这是因为通过提供效率工资：① 可招收到高质素的工人；② 工人会努力工作，从而效率会更高；③ 可减少偷懒，因为偷懒的风险太大；④ 工人的流动性小。

总之，效率工资是企业激励机制的一个重要组成部分。支付高工资可降低劳动成本，提高生产效率，从而为企业创造更多的利润。

（二）案例研究 B

涨工资，当务之急是提高劳动生产率

我们现在最应该重视的就是提高劳动生产率，我们讲的劳动生产率是指每人每年创造的增加值。我们说实体经济是创造财富的源泉，实体经济大概是三部分，一部分是农业、一部分是工业、一部分是传统服务业，农业和工业属于生产经济，传统服务业属于消费经济，金融等属于虚拟经济。实体经济是创造财富的源泉，我们的实体经济情况怎么样呢？

中国是农业大国，根据世界银行的数据，10个农业大国大概可以分成三大。第一大是美国、法国、日本，每人每年创造的增加值是3万到5万美元。第二大是俄罗斯、巴西、土耳其，每人每年创造的增加值是3 000到5 000美元。第三大是中国、印度、印度尼西亚、尼日利亚，每人每年创造的增加值只有300到500美元。除了提高农民的财产性收入之外，如果不提高农业的劳动生产率，农民收入就很难提高。

那么工业呢？如果按照现价计算的话，中国每人每年创造的价值大概是11万元，也就是不到2万美元。那么这个数大概是德国的五分之一，是美国的八分之一，所以我们说真正依靠消费拉动经济、真正要提高人民群众的收入，必须要努力提高每个人创造的财富，如果长期工资增长超过劳动生产率的增长，那是难以为继的。

怎样去提高劳动生产率？要提高综合要素的生产率，综合要素生产率第一包括科技进步。科技进步对我们来说永远是推动提高劳动生产率非常重要的因素，而且在某种情况下，例如美国在20世纪90年代的一段时间，可以实现高增长、低通胀，所以我们说一定要让企业成为创新的主体，一定要让企业努力地推动科技创新，从科技创新里提高劳动生产率，从而提高职工的收入。

第二就是我们要强调提高职工的素质，因为现代工业的发展对职工的技术素质要求越来

越高，必须要不断加强培训、提高职工本身的素质，当然这个素质不但包括技术素质，也包括思想素质、责任心等。

第三就是要加强我们企业的管理，我们的企业管理应该说有不少进步。我国每年都组织搞中国管理模式杰出奖，每年评 5 家企业，确实有很多好企业，但是也应该承认确实有很多企业的管理比较差。我们一定要在提高职工的素质、加强管理上下工夫。

有一个例子。我们出口给德国高压泵，对方每检验一百台，总有两三台不合格，对方就提出到我们这里安装，结果德国工人安装一百台，一百台合格，德国就提出来出口零件，我们派工人到德国实习，来提高我们工人的水平。我们去的工人实习情况也不错，安装水平也提高了。有一天星期六他们出去玩，回来以后厂长说你们星期五走的时候工具没有放好、地也没有扫干净，这样我不接受你们实习。尽管是一个小例子，可以看到我们确实是在严谨性方面不如德国。希望我们的企业都能够树立一个高标准、严要求的精神，这种精神对于企业管理是必不可少的。

资料来源：新华网，2014 年 1 月 3 日。

【关联理论】

生产要素的报酬一般也是由市场中该生产要素的供给与需求决定的。而劳动作为一种生产要素，其价格就是由劳动的供给与需求决定的。劳动供求分析表明，工资等于劳动的边际产量值。生产率高的工人比生产率低的工人赚得多，实际工资增加与生产率提高相关。

【案例解剖】

经济学十大原理之一是，一国的生活水平取决于它生产物品和服动的能力，即生活水平取决于生产率。劳动需求理论也表明，工资等于用劳动的边际产量值衡量的生产率。简言之，生产率高的工人其工资也高，生产率低的工人其工资也低。实际工资增加与生产率提高相关，美国等相关国家的数据支持这一结论。当美国生产增长迅速时，实际工资增长也比较快。正如上述案例所表明的，涨工资，当务之急是提高劳动生产率。

如何提高劳动生产率？主要方法包括：一是促进技术进步，政府或者企业应该采取措施鼓励各种技术创新活动。二是不断加强教育和培训、提高职工本身的各种素质，如技术操作水平、学习能力、责任心等。三是对员工采取各种有效的激励措施，激发和调动员工的工作积极性和创造性。四是加强企业文化建设，以文化为纽带，把不同经历、不同年龄、不同知识层次、不同利害关系的人组织起来，为共同目标去努力工作。

四、课外习题

（一）术语解释

1. 生产要素
2. 派生需求
3. 劳动的边际产量
4. 边际产量递减
5. 边际产量值

(二) 单项选择

1. 最重要的生产要素是( )。
   A. 货币、股票和债券　　　　　　B. 水、地球和知识
   C. 管理、财务和营销　　　　　　D. 劳动、土地和资本
2. 劳动的边际产量值是( )。
   A. 物品价格乘以劳动的工资　　　B. 劳动的工资乘以劳动量
   C. 物品价格乘以劳动的边际产量　D. 劳动的工资乘以劳动的边际产量
3. 对一个竞争的、利润最大化的企业,资本的需求曲线是企业的( )。
   A. 资本的边际产量值曲线　　　　B. 生产函数
   C. 边际成本曲线　　　　　　　　D. 资本的供给曲线
4. 劳动的供给减少,将导致( )。
   A. 增加劳动的边际产量值,并提高工资
   B. 减少劳动的边际产量值,并降低工资
   C. 增加劳动的边际产量值,并降低工资
   D. 减少劳动的边际产量值,并提高工资
5. 农用拖拉机供给减少产生的影响,下面哪一项不可能出现?( )。
   A. 拖拉机的边际产量值增加　　　B. 农用土地的租金率下降
   C. 农业工人的工资下降　　　　　D. 农业工人的工资上升
6. 对一个企业物品需求减少,会导致( )。
   A. 企业和所用要素的经济状况都变坏
   B. 企业的经济状况改善,但企业所用要素的经济状况变坏
   C. 企业的经济状况变坏,但企业所用要素的经济状况改善
   D. 企业和所用要素的经济状况都改善
7. 草莓需求增加会产生一些影响,下面哪一项不可能出现?( )。
   A. 草莓的价格上升　　　　　　　B. 摘草莓的工人的边际产量值增加
   C. 摘草莓的工人的工资增加　　　D. 雇用的摘草莓工人人数减少
8. 如果生产要素市场、物品和服务市场都是完全竞争的,企业追求利润最大化,那么,在市场均衡时每种生产要素赚到( )。
   A. 相等的产量份额　　　　　　　B. 政治过程分配的量
   C. 等于物品价格乘以其产量　　　D. 其边际产量值
9. 竞争的、利润最大化的企业应该雇用工人达到这样的情况:( )。
   A. 劳动的边际产量值等于工资
   B. 工资、资本租赁价格和土地租赁价格都相等
   C. 工资大于资本租赁价格
   D. 工资小于土地租赁价格
10. 自行车价格下降会导致对自行车工人的需求( )。
    A. 向右移动,工资增加　　　　　B. 向左移动,工资增加
    C. 向右移动,工资减少　　　　　D. 向左移动,工资减少

11. 如果资本由企业直接拥有,而不是家庭直接拥有,资本收入可以采用以下任何一种形式,除了( )。

   A. 股票　　　　B. 留存收入　　　C. 利息　　　　D. 股利

12. 如果发生瘟疫,会对生产要素的价格产生影响,( )最有可能出现。

   A. 工资上升,租金率上升　　　　B. 工资上升,租金率下降
   C. 工资下降,租金率下降　　　　D. 工资下降,租金率上升

13. 根据下表回答,当企业雇用工人数量从 2 个增加到 3 个时,劳动的边际产量是( )。

劳动工人的数量	每小时的产量
0	0
1	10
2	18
3	24
4	28
5	30

   A. 0　　　　　B. 6　　　　　C. 12　　　　　D. 10

14. 根据下表回答,如果物品的价格是每单位 30 元,当企业雇用的工人数量从 3 增加到 4 时,劳动的边际产量值是( )。

劳动工人的数量	每小时的产量
0	0
1	10
2	18
3	24
4	28
5	30

   A. 10　　　　B. 50　　　　C. 70　　　　D. 120

15. 根据下表回答,如果利润最大化企业在一个竞争市场上以每单位 20 元出售其物品,而且,在竞争市场上以每小时 80 元雇用劳动,则企业应该雇用( )。

劳动工人的数量	每小时的产量
0	0
1	10
2	18
3	24
4	28
5	30

   A. 3 个工人　　B. 5 个工人　　C. 4 个工人　　D. 1 个人

(三) 判断正误

1. 可以把生产要素的需求看作派生需求,因为它由企业在另一个市场上供给物品的决策派生出来。(　　)
2. 对于一个竞争的、利润最大化的企业而言,一种要素的需求曲线是该要素的边际产量值曲线。(　　)
3. 如果土地的均衡租金增加了,那么土地的边际产量值就必定增加了。(　　)
4. 网球需求的增加将增加网球工人的边际产量值。(　　)
5. 手机需求的增加将会改善手机生产企业和技术工人的经济状况。(　　)
6. 资本的边际产量值是资本的边际产量乘以其所生产的物品的价格。(　　)
7. 资本供给增加将提高资本的边际产量和资本的租赁价格。(　　)
8. 提高一种生产要素边际产量值的唯一方法是提高这种生产要素所生产的物品的价格。(　　)
9. 劳动供给减少降低了劳动的边际产量值,降低了工资,减少了就业。(　　)
10. 生产要素是劳动、土地和货币。(　　)

(四) 简答题

1. 劳动需求曲线和劳动的边际产量值曲线有何联系?
2. 为什么劳动需求曲线向右下方倾斜?
3. 哪些因素会使劳动需求曲线向右移动?
4. 哪些因素会使劳动供给曲线向右移动?
5. 为什么资本量增加会降低资本的租金率?

(五) 应用题

1. 假设大学入学人数增加,这引起教材需求的增加。在教材出版中所用到的劳动和资本市场会发生什么变动?为什么?
2. 你的姑妈自己创业开了一家蛋糕店,这家蛋糕店雇用了3个工人,工人每天的工资是90元,每个蛋糕卖5元。如果你的姑妈追求利润最大化,她雇用的最后一个工人的边际产量值是多少?这个工人的边际产量是多少?
3. 如果把大量的林地改造为农业用地,
(1) 农用土地的边际产量和租赁价格会发生什么变动?
(2) 对农业工人市场产生什么样的影响?农业工人的边际产量和工资会发生什么变动?

(六) 拓展思考题

1. 假设政府要求所有人每人每天吃一个苹果,以改善身体素质。
(1) 该项政策如何影响苹果的需求和均衡价格?
(2) 该项政策如何影响摘苹果的工人的边际产量、边际产量值和工资?
2. 说明以下每个事件对电脑制造业的劳动市场的影响。
(1) 政府为每个大学生购买电脑。
(2) 更多的大学生选学计算机专业。

(3) 电脑企业建立新的工厂。

五、习题答案

(一) 术语解释

1. 生产要素:用于生产物品和服务的投入。
2. 派生需求:由企业供给另一种物品所派生出的对一种生产要素的需求。
3. 劳动的边际产量:增加一单位劳动所引起的产量增加量。
4. 边际产量递减:一单位投入的边际产量随这种投入量增加而减少的性质。
5. 边际产量值:一种投入的边际产量乘以该产品的价格。

(二) 单项选择

1. D   2. C   3. A   4. A   5. D   6. A   7. D   8. D   9. A   10. D
11. A   12. B   13. B   14. D   15. C

(三) 判断正误

1. √   2. √   3. √   4. √   5. √   6. √   7. ×   8. ×   9. ×   10. ×

(四) 简答题

1.【考查要点】 劳动的需求曲线和劳动的边际产量值曲线之间的联系。

【参考答案】 当边际产量值大于工资时,增加一个工人是有利可图的;当边际产量值小于工资时,减少一个工人是有利可图的。因此,一个竞争的、利润最大化的企业雇用的工人数要达到劳动的边际产量值等于工资的那一点为止。由于边际产量值曲线决定了企业在每种工资时将雇用多少工人,因此边际产量值曲线是竞争的、利润最大化企业的劳动需求曲线。

2.【考查要点】 劳动需求曲线的形状。

【参考答案】 边际产量值曲线是竞争的、利润最大化企业的劳动需求曲线。边际产量值是一种投入的边际产量乘以该物品的价格。由于物品市场是竞争的,因此无论生产和销售的产量是多少,物品价格是不变的。随着越来越多的劳动增加到生产过程中,劳动的边际产量递减,边际产量值也递减,因此劳动需求曲线向右下方倾斜。

3.【考查要点】 劳动需求曲线的影响因素。

【参考答案】 由于劳动需求曲线是劳动的边际产量值曲线,因而引起劳动的边际产量值变动的任何因素发生变化都会导致劳动需求曲线的移动,包括物品价格、技术变革及其他要素供给等三种情况:其一是物品价格,即物品价格上升增加边际产量值,从而导致劳动需求曲线向右移动。其二是技术变革,即技术进步会增加劳动的边际产量,从而导致劳动需求曲线向右移动。其三是其他要素的供给,即生产中与劳动同时使用的要素供给的增加会提高劳动的边际产量,导致劳动需求曲线向右移动。

4.【考查要点】 劳动供给曲线的影响因素。

【参考答案】 导致劳动供给曲线向右移动的因素主要包括以下三点:其一是爱好变动,即对工作态度的改变,如人们更愿意外出工作而不是留在家里。其二是可供选择机会的变动,即如果在其他劳动市场上出现了更少的机会,则原市场上的劳动供给将增加。其三是移民,即当移民进入某个国家时,该国的劳动供给曲线将会向右移动。

5.【考查要点】 资本的边际产量递减规律。

【参考答案】 由于随着所用的资本增加,资本的边际产量递减,因此资本增加减少了资本的边际产量及其租金率。

(五) 应用题

1.【考查要点】 劳动与资本市场的均衡分析。

【参考答案】 由于教材需求增加导致教材价格上升,导致教材出版中所用到的劳动和资本的边际产量值增加,劳动和资本的需求曲线向右移动,从而导致工资和租金率上升。

2.【考查要点】 竞争企业利润最大化条件及边界产量值的概念。

【参考答案】 一个竞争的、利润最大化的企业雇用的工人数要达到使劳动的边际产量值等于工资的那一点为止,即 $P \times MPL = W$ 成立时。因此,如果你的姑妈追求利润最大化,她雇用的最后一个工人的边际产量值应该等于工资 90 元。根据边际产量值的定义(一种投入的边际产量乘以该物品的价格),由于每个蛋糕的价格是 5 元,因此这个工人的边际产量是 18。

3.【考查要点】 土地市场及劳动市场的均衡变动分析。

【参考答案】 (1)根据对土地市场的供求分析,把林地改造为农业用地,会增加农用土地的供给,即农用土地的供给曲线右移,从而减少了农用土地的边际产量和租赁价格。

(2)根据对农业劳动市场的供求分析,农用土地供给的增加提高了劳动的边际产量,并使劳动的需求曲线向右移动,从而工资上升。

(六) 拓展思考题

1.【考查要点】 物品市场与生产要素市场相结合的均衡变动分析。

【参考答案】 (1)该项政策将增加苹果需求,即苹果需求曲线右移,从而苹果的均衡价格和数量都增加。

(2)因为摘苹果的工人的边际产量不变,根据边际产量值是一种投入的边际产量乘以该物品的价格,由于苹果价格上升,导致摘苹果的工人的边际产量值上升。因为边际产量值曲线即为竞争的、利润最大化企业的劳动需求曲线,因此摘苹果的工人的劳动需求曲线向右右移,均衡工资上升。

2.【考查要点】 物品市场与生产要素市场相结合的均衡变动分析。

【参考答案】 (1)该项政策将增加电脑需求,即电脑需求曲线右移,从而电脑的均衡价格上升。边际产量值是一种投入的边际产量乘以该物品的价格,电脑价格上升会使电脑的边际产量值上升。边际产量值曲线是竞争的、利润最大化企业的劳动需求曲线,边际产量值曲线右移,即电脑制造业对劳动的需求曲线右移,从而均衡工资上升,就业增加。

(2)该项事件意味着电脑制造业的劳动供给将增加,因此,劳动市场的均衡工资会下降。

(3)该项事件将增加资本供给,从而增加电脑制造业劳动的边际产量和边际产量值,即劳动需求曲线右移,均衡工资上升。

第 19 章
收入与歧视

一、学习精要

(一) 教学目标

1. 领会工资报酬如何会因工作特点不同而不同,掌握决定均衡工资的若干因素。
2. 理解教育的人力资本理论与信号理论,考察为什么在某些职业中少数超级明星能赚到极高的收入。
3. 掌握工资上升到供求均衡水平之上的原因,了解为什么衡量歧视对工资的影响是困难的。
4. 掌握何谓歧视经济学。理解什么时候市场力量可以对歧视提供一种自然的补救方法,而什么时候又不能。

(二) 内容提要

本章的目的是扩展在第 18 章中提出的新古典劳动市场理论,并超越第 18 章的供求模型框架,以有助于解释我们在经济中看到的悬殊的工资差别。本章主要内容包括两大部分,其一是决定均衡工资的若干因素,其二是歧视经济学。

1. 决定均衡工资的若干因素

一般理论认为:工资由劳动供给与劳动需求决定。劳动需求反映了劳动的边际生产率,在均衡时,每个工人都得到了他在经济中生产物品与服务过程的边际贡献的价值。要想真正理解社会生活中所看到的收入之间的巨大差别,必须得突破这个一般框架,更准确地考察什么因素决定不同类型劳动的供给与需求。工人和工资的特点会影响到劳动供给、劳动需求和均衡工资。主要体现在:

(1) 补偿性工资差别主要是指不同工作的非货币特性所引起的工资差别。

(2) 人力资本的多寡也会影响收入,人力资本较多的工人的平均收入高于人力资本较少的工人。

(3) 能力、努力和机遇虽然很难衡量,但是它们在决定工资的过程中非常重要。

(4) 教育的信号理论也可以解释受教育多的人往往比受教育少的人赚得多,此理论认为受教育更多的人得到高工资并不是因为教育提高了其生产率,而是因为有更高天赋的工人把教育作为一种向雇主显示他们高能力的信号。

(5) 超级明星现象可以解释一定市场上同一职业存在的收入差距。

(6) 最低工资法、工会和效率工资都会使工资上升到均衡工资之上。

2. 歧视经济学

（1）歧视是工资差别的另一个来源。

（2）劳动市场上的歧视对不同工人群体的收入确实有影响，但是影响有多大却难以衡量，即经济学家对工资差别有多少是由于歧视所造成的看法并不一致。经济学家唯一一致的结论是：由于不同群体之间平均工资的差别部分反映了人力资本和工作特性的差别，因此这些差别本身并不能说明劳动市场上到底存在多大歧视。

（3）有些人把歧视性工资差别归咎于雇主，经济学家怀疑此看法，他们相信，竞争性市场经济的利润动机对雇主的歧视提供了一种自然的矫正方法。由于在与那些既对赚钱感兴趣又关心歧视的企业的竞争中，只对赚钱感兴趣的企业处于优势地位，因此没有歧视的企业取代了有歧视的企业。

（4）利润动机是消除歧视性工资差别的强大动力，但也存在着对这种矫正能力的限制，其中两个重要的因素是顾客偏好与政府政策。

（三）关键概念

1. 补偿性工资差别：为抵消不同工作的非货币特性而产生的工资差别。
2. 人力资本：对人的投资的积累，如教育和在职培训。
3. 工会：与雇主谈判工资和工作条件的工人协会。
4. 罢工：工会有组织地从企业撤出劳动。
5. 效率工资：企业为了提高工人的生产率而支付的高于均衡工资的工资。
6. 歧视：对仅仅由于种族、民族、性别、年龄或其他个人特征不同的相似个人提供不同的机会。

（四）拓展提示

1. 用供给和需求解释不同劳动者的工资差别。人和工作的特点会对每个劳动市场上的劳动供给、劳动需求，以及均衡工资产生影响，譬如教育、经验和努力工作提高了工人的边际生产率值，增加劳动需求，进而会增加他们的工资。而工作的不合意性、教育支出和从事某项工作要求的能力的提高则会减少愿意并能够从事某种工作的工人数量，也就是市场上的劳动供给减少，也会提高这类工作者的工资。甚至还可以用供求理论来解释超级明星。由于超级明星可以同时通过电视、电影、音乐CD等来满足每一位顾客，因此他们的边际产量就极大，从而对他们的劳动需求也极大，所以超级明星可能会有天文般数字的收入。

2. 不同群体的工资差别本身并不能解释劳动市场上到底存在多大歧视，因为不同群体之间平均工资的差别还部分反映了人力资本和工作特征的差别。在某种程度上，工资差别是对人工作特性的补偿。当然，有时候工资会高于均衡工资，这种差别主要可能是由于最低工资法、工会和效率工资三个原因。

3. 竞争市场包含了一种自发矫正雇主歧视的方法，这种矫正方法被称为利润动机。如果一些工人的工资由于与边际生产率无关的原因而低于另一工人群体，那么非歧视企业将比歧视企业盈利更多。在与只关心歧视的企业的竞争中，只关心赚钱的企业处于优势，因此不进行歧视的企业取代了进行歧视的企业。也就是说，企业的利润最大化行为可以减少歧视性工资差别，竞争的市场以这种方法提供了解决雇主歧视的合理措施。

4. 工资差别的另一个来源是补偿性工资差别。一些分析家提出，平均而言，女性从事的工作比男性轻松,而且这个事实解释了男人与女人之间的部分收入差别。例如,女性更可能当秘书,而男性更可能当卡车司机。秘书与卡车司机的工资差别部分取决于每种工作的工作条件。由于这些非货币内容是难以衡量的,因此,要确定补偿性工资差别在解释我们所观察到的工资差别中的实际重要性也是困难的。

二、新闻透视

(一) 新闻透视 A

新闻片段1:博士生论文:女性每高1厘米工资最高涨2.2%

相貌和收入到底有没有关系?在一篇署名为华中科技大学管理学院江求川、张克中的论文中,作者通过复杂的数学计算给出答案:女性身高每增加1厘米其工资收入会提高1.5%—2.2%。

1984年出生的江求川,在该校读博三,主要研究人口老龄化和收入分配。他昨日告诉记者,之所以做"美貌经济学"的研究,是因为感到现实中部分企业存在外貌歧视的问题。

整个研究根据中国健康和营养调查数据库(CHNS)中的城镇居民收入和体检数据,江求川以身高、体重这两个重要的外表特征为指标,建立数学公式并进行多次计算和推导,得出了身高、体重的变化对个人工资收入的具体影响。

研究期间,他们对9 788位的样本数据多次筛选,最后用于数据推导计算的只有1 300个样本,其中包括748位男性和552位女性。样本中男性和女性受访者的平均身高分别约为168.8厘米和158.8厘米,平均体重分别为68.8千克和57.8千克。

通过负责的计算和分析,研究最后得出的主要结论是:我国劳动力市场对女性的外表特征存在明显歧视。身材"偏胖"对女性的工资收入和就业都有显著的负面影响;女性身高每增加1厘米,其工资收入会提高1.5%—2.2%。在不同收入水平上,身高和体重对收入的影响存在差异,身材对中等收入阶层女性的收入影响最为明显。身材对男性就业和收入的影响并不明显。

资料来源:长江日报,2013年8月15日。

新闻片段2:澳职场性别歧视严重　高水平工作均由男性控制

9月5日是男女同工同酬日。职场性别歧视问题在澳大利亚明显存在。据澳大利亚"新快网"9月5日报道,澳大利亚"工作场合性别平等管理局"(Workplace Gender Equality Agency)宣称,产业隔离和"无意识的偏颇"正导致澳大利亚的男女工资性别差异越来越大,女性如果希望获得和同工男性一样的收入,需要每个财政年多干64天。

管理局主席康韦(Helen Conway)说:"这里存在着赤裸裸的歧视,一些歧视可能是无意识的,另一些则是有意识的。薪水存在性别差异,有时候在于薪水的制定,有时候则通过其他方面影响薪水。"

她说:"一些组织可能会给从事同样岗位的男女同样的工资,但更大范围内的薪水性别差异存在,是因为妇女通常会在高级管理岗位内缺乏,大多处于低收入的岗位中。"高水平的工作全部由男性控制,这意味着妇女必须跨过更多的障碍才能获得同样的薪水。康维说,"在以女性为主的产业里,工人们的薪水通常低于那些男性为主的产业。"

最近澳大利亚统计局的数据显示,澳大利亚男女薪酬的性别差异达到了10年的新高。自1994年开始统计该数据以来,女性的工资和同样工作的男性工资差别达到18.2%。据统计局称,澳大利亚全职工人的平均周薪是1 559.1澳元(约合8 942.8人民币),而女性仅仅是1 275.9澳元(约合7 318.4人民币)。在过去的12个月内,男性的平均薪水增加了2.9%,而女性仅仅增加了1.9%。

联邦政府和企业正面临着处理这一薪水差异的关键阶段。Economic Security Women组织主席玖普(Sally Jope)说,让很多年轻女性进入非传统的行业,比如采矿、建筑等,是帮助处理这一问题的关键,妇女没有理由回避这些产业的工作。

研究还显示,大部分女性很早就开始经历薪水差异的问题。来自澳大利亚毕业生组织的报告显示,2013年大学毕业女生的平均起薪是5.16万澳元(约合29.6万人民币),而男性是5.5万澳元(约合31.5万人民币),其中差别最大的行业是建筑和工程,达到6 500澳元(约合3.7万人民币)。妇女的养老金水平也较低,平均退休金仅仅是男性的三分之一。

资料来源:环球网,2014年9月5日。

【关联理论】

劳动市场理论中的歧视指的是对仅仅由于种族、民族、性别、年龄或其他个人特征不同的相似个人提供不同的机会。当市场向那些仅仅因为种族、民族、性别、年龄或其他个人特征不同的相似个人提供不同的工作机会或者不同的工资水平时就出现了歧视。但劳动市场上的歧视对不同群体的收入影响大小是难以确定的。

【新闻评析】

歧视是一个很敏感但是又被经常谈论的话题,性别、种族、相貌歧视是工资差别众多原因中较为常见的。工资会由于歧视程度的不同而不同,歧视对工资差别的影响有多大难以衡量,目前没有统一的意见,但是不可否认的是由于各种歧视造成的"同工不同酬"现象在各国都存在。

通过对新闻片段1的分析,我们发现,作者的调查在一定程度上说明了我国劳动市场上存在歧视。而透过新闻片段2,则揭示世界上其他国家亦如此,劳动市场上因劳动者的性别、身高、相貌等而使其获得的报酬和机会不同。世界上各个国家的劳动力市场上性别、相貌等方面的歧视的经济原因都很多,比如现存信息技术不够导致信息成本过高影响甄选,女性生理原因以及传统社会文化因素带来的附加成本,还有现行的法律法规难以起到保障的作用,维权成本太高等。在我国,企业现在出于经济利益的驱动对女性的歧视程度更深了,在市场化机制下,男女收入差距呈现不断扩大的趋势。女性工作者在工作时与男性待遇差距扩大,如果将女职工提前退休所带来的收入以及相关社会福利待遇减少的状况进行综合考虑,那么男女收入的实际差距会更大。不仅如此,在不同收入水平上,身高和体重对收入的影响存在差异,身材对中等收入阶层女性的收入也可能会产生一定影响。我国反对性别歧视的法律法规不完善,不能适应新的就业形势的要求及目前劳动就业形势发展的需要。但是,社会终归在进步,随着我国相关立法的逐步完善,也有很多在工作中受到歧视的人勇于拿起法律武器维护自己的正当权益。

(二) 新闻透视 B

记者调查遂宁各行业工资收入

收入高不高　晒晒你的工资表

近日,网上曝出农民工年薪10万元的新闻,这让大家对自己的工资收入水平到底如何产生了浓厚兴趣。记者随即对遂宁一些行业的工资及待遇进行了调查。

通过调查发现,随着供需关系的变化,社会各行业工资变化很大,农民工及服务行业的收入翻倍增加,而教师、公务员等传统职业工资增长幅度较小。

医生月薪6 100元

工作状态:李杨毕业于川北医学院,是遂宁市区某医院负责影像诊断的医生。10年来,他从一名普通的医生成为一名主治医生,现在每月的基本工资是1 100元,绩效工资5 000元左右,收入看起来不错,但其中的艰辛只有李杨自己清楚。"早上8点至晚上6点都在看各类CT片子,分析诊断。平均4天轮一次班,每次24小时全天在院,除8小时工作外随时还有重大病情诊断,节假日随时会有被占用的可能。"除了工作忙碌外,李杨还必须利用业余时间不断学习、考证。光有各类证件还不行,医生职业的特殊性还需要外出进修深造。10年里,李杨外出进修了2次,每次1年左右,收入自然也受到了一定影响。

教师月薪3 300元

工作状态:莫老师是市内某中学的语文老师。每天6点30分起床,陪学生们早自习,一天平均有2节课。因为当了班主任,她每天晚上9点学生下晚自习后才能回家。虽说教师寒暑假加起来大概有3个月假期,但也常常补课。莫老师的工资由三个部分构成:岗位工资+薪级工资+绩效工资(课时费),每个月大概有3 300多元。

公务员月薪2 500元

工作状态:2012年年底,小田参加了应届大学生国家公务员考试,进入遂宁某局级单位。小田告诉记者,他第一个月的工资不到2 100元(扣除保险和住房公积金后);第二个月因补发了一部分拿到了2 500多元。小田的工作时间为每天早上8:00—12:00,下午2:00—6:30,主要工作是将文件上传下达、写各种材料配合上级检查。"有时候也很忙,比如7月和8月,我们经常都在外面执法检查,有段时间是天天检查。在双休,特别忙碌的时候也会加班。"

理发师月薪6 000元

工作状态:林林做美发造型师,每月的工资旺季1万多元,淡季4 000多元,平均每月6 000元左右。林林说,每天他接待的顾客最多时有五六十人,最少也有二三十人,主要是给他们剪发做造型。"总体是忙碌的,每天早上9点或10点一直要工作到晚上9点,而且一周只有一天休息。"由于法定假日正是市民消费的高峰期,因此他常常没法陪家人。林林每年至少有四五次外出培训学习的计划。

农民工月薪6 000元

工作状态:唐坤从20多岁开始就出门打工,主要是贴瓷砖。唐坤说,他现在的工资是200元钱一天,一般从早上8点前开始上班,中午可休息2个小时,下午6点过下班,工资都是按天结算。因为唐师傅技术过硬,有些包工头在请他做事时会让其负责工程的技术指导。这样的话,他每天的工资会比一般的工人高出100元。除了自己手上的工作,他还要负责安排和指导工地上其他人做事。

银行职员月薪4 000元

工作状态：蒋涛是市内某银行的员工，每天早上8：30准时上班，中午休息2个半小时，下午6点下班。蒋涛说这是单位规定的上下班时间，实际上加班是常有的事，有时还会通宵加班。蒋涛每个月发到手的钱不多，但其他福利待遇好，住房公积金一年就有3万多元，年终还能领5万元左右，一年的工资算下来有10多万元。

资料来源：改编自熊燕，冉启香，遂宁日报，2013年9月13日。

【关联理论】

在理论上，决定均衡工资的因素有若干，不同个体之间的工资差别具有多种解释。一方面，人和工作的特点影响每个劳动力市场上的劳动供给、劳动需求及均衡工资。另一方面，补偿性工资差别，人力资本，能力、努力和机遇，最低工资法、工会和效率工资这些因素也会使得不同行业和不同个体之间的工资存在差别。

【新闻评析】

在理论上，不同个体之间的工资差别可以解释为对工作特性的补偿（如艰苦、乏味等）、累积的人力资本、受教育年限和经验、能力和努力（甚至机遇）、教育显示的"信号"、最低工资法、工会和效率工资等，还一定程度上归于种族、性别或其他因素的歧视。而在现实中世界各国存在的种种工资收入差距，客观上是由多种机制综合作用的结果，针对不同国家又具有其特殊性。

在上述新闻中，记者调查的遂宁6个不同行业工作人员的工资收入差距在某种程度上是中国社会不同行业收入之间差距的一个缩影。行业企业间差距、城乡间差距、地区差距、高管和普通职工差距这四方面的工资收入差距是我国当前工资收入差距的主要体现。一般来说，有五种因素对中国的收入差距形成重要影响：其一，劳动者提供的劳动数量和质量有差别，这是决定工资报酬水平及工资差距的核心因素。技术含量比较高的复杂劳动、生产流程中责任大的岗位等往往工资报酬要高一些。其二，商品市场及价值规律会对劳动差别产生放大或缩小的扭曲作用，比如经济效益好的企业的员工可能工资会高一些。其三，人力资源市场会对工资产生调节作用，供大于求的劳动者劳动力价格会偏低，供不应求的劳动者劳动力价格会偏高。其四，生产要素市场的调节作用也不小。在"强资本弱劳动"的时代，资本要素在财富分配中所得份额相对较多，劳动要素在财富分配中所得份额相对较少。其五，国家收入分配制度政策大环境会起导向作用。一方面要反对平均主义，允许一部分人先富起来，另一方面要警惕贫富分化，缩小收入差距，实现共同富裕。

三、案例研究

（一）案例研究A

漂亮的收益

美国经济学家丹尼尔·哈莫米斯与杰文·比德尔在1994年第4期《美国经济评论》上发表了一份调查报告。根据这份调查报告，漂亮的人的收入比长相一般的人高5%左右，长相一般的人又比丑一点的人收入高5%—10%左右。为什么漂亮的人收入高？经济学家认为，人的收入差别取决于人的个体差异，即能力、勤奋程度和机遇的不同。漂亮程度正是这种差别的表现。

个人能力包括先天的禀赋和后天培养的能力，长相与人在体育、文艺、科学方面的天才一样是一种先天的禀赋。漂亮属于天生能力的一个方面，它可以使漂亮的人从事其他人难以从事的职业(如当演员或模特)。漂亮的人少，供给有限，自然市场价格高，收入高。漂亮不仅仅是脸蛋和身材，还包括一个人的气质。在调查中，漂亮由调查者打分，实际是包括外形与内在气质的一种综合。这种气质是人内在修养与文化的表现。因此，在漂亮程度上得分高的人实际往往是文化高、受教育高的人。两个长相接近的人，也会由于受教育不同表现出不同的漂亮程度。所以，漂亮是反映人受教育水平的标志之一，而受教育是个人能力的来源，受教育多，文化高，收入水平高就是正常的。漂亮也可以反映人的勤奋和努力程度。一个工作勤奋、勇于上进的人，自然会打扮得体，举止文雅，有一种朝气。这些都会提高一个人的漂亮得分。漂亮在某种程度上反映了人的勤奋，与收入相关也就不奇怪了。最后，漂亮的人机遇更多。有些工作，只有漂亮的人才能从事，漂亮往往是许多高收入工作的条件之一。就是在所有的人都能从事的工作中，漂亮的人也更有利。漂亮的人从事推销更易于被客户接受，当老师会更受到学生热爱，当医生会使病人觉得可亲，所以，在劳动市场上，漂亮的人机遇更多，雇主总爱优先雇用漂亮的人。有些人把漂亮的人机遇更多，更易于受雇称为一种歧视，这也不无道理。但有哪一条法律能禁止这种歧视？这是一种无法克服的社会习俗。两个各方面条件大致相同的人，由于漂亮程度不同而得到的收入不同，漂亮的人的收入高于一般人。

这种由漂亮引起的收入差别，即漂亮的人比长相一般的人多得到的收入称为"漂亮津贴"。收入分配不平等是合理的，但有一定限度，如果收入分配差距过大，甚至出现贫富两极分化，既有损于社会公正的目的，又会成为社会动乱的隐患。因此，各国政府都在一定程度上采用收入再分配政策以纠正收入分配中较为严重的不平等问题。

资料来源：根据梁小民《西方经济学》教材相关案例改编和整理。

【关联理论】

天生的能力、努力和机遇也是决定收入差距的一个关键因素。微观经济理论认为，劳动收入是个人收入中的主要组成部分，它取决于个人所提供的劳动的质量与数量。而个人提供的劳动数量与质量又与个人的能力、努力程度及机遇有关，个人的长相不同在某种程度上正反映了这种差别。另一方面，以貌取人是一种歧视，而在劳动市场上存在的这种歧视也是造成工资收入差距的另一个因素，这一点在现实当中无法回避。

【案例解剖】

天生的能力、努力和机遇有助于解释工资差别。一些人比另一些人聪明而强壮，他们由于天生的能力而得到高报酬。一些人比另一些人工作更努力，他们由于努力而得到高报酬。如果技术革新使一个人失去了工作，那么机遇使这个人的教育和经验变得毫无价值。漂亮也许是天生的能力，因为吸引力会使某种职业的生产率更高。这也可能是一个聪明的人努力使自己外表更具魅力的一个信号，而且这可能说明，这个人在其他事情上也能获得成功。

人与人的能力在许多方面不同，其中有一种差别就是他们的魅力不同。很多调查研究结果显示："漂亮值钱"。伦敦吉尔德霍尔大学研究人员 Killings 指出：长相一般的秘书比起漂亮的秘书，收入要少 15%。研究还发现，被认为是缺乏吸引力的男子较英俊的同事少赚 15%；姿色较差的女子亦较漂亮的同事少赚 11%。估计每个国家都能找出诸多例子。美貌不仅是一项技能，还是一项产出。无论什么时候，雇主只需通过观察就能很容易地监督这种产出的质量。但是,由于对这种产出几乎总是供不应求,因此,漂亮的人就能为这种产出索要较高的报酬。

在本案例中调查显示漂亮的人的收入比长相一般的人高5%左右,长相一般的人又比丑陋一点的人收入高5%—10%左右。人的收入差别取决于人的个体差异,即能力、勤奋程度和机遇的不同,漂亮程度正是这种差别的表现。那么"漂亮值钱"怎么来解释呢？按照上述分析,我们大致可以从以下三个方面得到可能的解释:其一,长相是一种天赋,它可以提供高质量的劳动,而且具有漂亮外貌的劳动的供给本身就是稀缺的。同时长相又与后天培养的能力有关,因为某人漂亮,还包括她的气质和修养,而这又取决于其所受的教育(学习与经验积累),因此漂亮的外貌本身也是决定生产率和工资的内在能力之一；其二,外貌是对其他类型能力的间接衡量；其三,现实生活中确实存在很多喜欢"以貌取人"的人,即所谓的"外貌协会"。虽然受教育年限、经验和工作特性都像理论所预期的那样影响收入,但仍有许多收入差别不能用经济学家可以衡量的东西来解释。因此有些经济学家把无法解释的变动解释为天生的能力、努力和机遇,而漂亮的人可能在某些方面更胜一筹。

(二) 案例研究 B

美国不同教育程度人群收入差距有多大

在美国,接受过大学教育的人一生工作的收入要比高中毕业的人多出百万美元,这一趋势在20世纪70年就已显现,到了20世纪90年代,由于高科技产业的兴起和经济全球化,社会对高科技、商业管理人才的需求量大增,大学毕业生收入增长的幅度远远超过高中毕业生收入增长的幅度,也使得教育与收入成正比成为普遍现象。

教育程度与收入成正比是社会发展的趋势,这也反映出21世纪经济发展中高科技产业和管理人才对社会生产力提高所起的重要作用,劳动密集型产业虽然可以为文化程度不高的人群提供大量就业机会,但在竞争力和经济产值上却难以成为朝阳工业。美国人口普查局和许多机构的研究表明,民众接受教育的程度越高,其收入也就越高,这一趋势从20世纪末就变得更加突出。根据美国人口普查局的统计,在1992年美国约有60%的高中毕业生进入大学。虽然人们进入大学的动机不一样,但其中最引人注目的动机是期待在接受高等教育后能够奠定自己未来的经济地位。教育的经济价值是什么,过去很少有人谈及,似乎一谈及教育的经济价值就是忽略了教育培养人才的真正目的。但在全球经济陷入危机、大学生失业率攀升、大学生工资向体力劳动者接近的时候,教育作为最宝贵的人力资源投资,如果没有回报率或是回报率极低,社会就应当去反思,因为这是关系到人的素质的大问题。教育的经济价值是指一个人高中毕业或是大学毕业,他在这种教育中所得到的附加值,教育与收入的关系以及这两者关系的结果对人力资源素质的影响。在2000年,美国人的教育水平按统计学的意义来说已经很高,25岁以上的成年人有84%高中毕业,26%的人有大学以上学位。相比之下,在1975年,25岁以上的成年人有63%高中毕业,14%的人有大学以上学位。越来越多的人获得大学学位表明,受过高等教育的人更易于进入收入较高的行业,而教育程度的不同也使人们在收入上拉开差距。

在美国25岁至65岁人群中,他们的平均年收入为34 700美元,没有高中毕业的人群,平均年收入为23 400美元,高中毕业生的平均年收入为30 400美元,上过大学但没有毕业者的平均年收入为36 800美元,大专毕业生的平均年收入为38 200美元,大学毕业生的平均年收入为 52 200 美元,硕士毕业生的平均年收入为 62 300 美元,博士毕业生的平均年收入为 89 400 美元,而像医生、律师这样职业性学位获得者的平均年收入为 109 600 美元。在过去 30 多年,接受不同程度教育的人群在收入上的差距明显拉大。在 1975 年,一个全职大学毕业生的年收入是一个全职高中毕业生收入的 1.5 倍,到 1999 年,这一比例上升到 2.6 倍。这一方面反映出接受高等教育的人数增多,另一方面说明就业市场更加青睐接受过高等教育者。而随着新兴产业的发展,具有高技能的人才愈加具有竞争力,而且在收入上也大幅提高。接受教育程度的不同,不仅会产生短期的收入差异,而且更重要的是对人一生的收入产生的影响更大。2000 年美国人口普查局在对教育程度与收入情况经过统计后预测,在人的一生中(按工作 40 年计算),一个大学毕业生的总收入会比一个高中毕业生高出近百万美元。一个没有高中毕业的人,其一生的收入约为 100 万美元,高中毕业生一生的收入约为 120 万美元,上过大学但没有毕业的人一生的收入约为 150 万美元,大专毕业生一生的收入约为 160 万美元,大学毕业生一生的收入约为 210 万美元,硕士毕业生一生的收入约为 250 万美元,博士毕业生一生的收入约为 340 万美元,职业性学位获得者一生的收入约为 440 万美元。

资料来源:新浪教育,http://www.sina.com.cn,2009 年 9 月 15 日。

【关联理论】

人力资本是对人的投资的积累,最重要的人力资本类型是教育。一般而言,人力资本较多的工人的平均收入高于人力资本较少的工人。企业——劳动需求者——愿意向教育水平高的工人支付更高的工资,因为受教育程度高的工人有着较高的边际生产率。工人——劳动供给者——只有在受教育能得到回报时才愿意支付受教育的成本,因为任何理性人在决策时都会进行成本—收益的衡量。因此,从供给和需求的角度可以很容易地说明为什么教育提高了工资。

【案例解剖】

人力资本虽然没有物质资本那么具体,但是对经济生产同样非常重要,它在决定工资收入差别中的作用同样不容小觑。人力资本较多的工人的平均收入高于人力资本较少的工人,累积人力资本的收益是很高的,而且在过去 20 年来一直在增加。当前我们已经进入知识型社会,无论从哪个角度说,知识都能给人们带来好处,收入就是最明显的表现。不管是在上述案例中的美国,还是我们的中国,不同学历从业者收入差距还是比较明显的。

与所有资本形式一样,教育代表着为了提高未来生产率而在某一时点的资源支出。但与对其他资本形式的投资不同,教育投资是与一个特定的人相联系的,这种联系使教育成为人力资本。虽然学历不等于个人工作能力,但是不得不承认,受过高等教育及学历较高的人,接受新知识快,有较强的适应能力,工作能力也明显较强。受教育程度与收入成正相关的趋势也越来越明显,尤其是当今世界由传统经济走向知识经济的时代,这种趋势亦更加明显。许多研究证明,过去 20 年来,高技能工人与低技能工人之间的收入差距一直在扩大。实际上,受教育程度较高的工人与受教育程度较低的工人之间的工资差别可以被看作对受教育成本的补偿性工资差别。

四、课外习题

(一) 术语解释

1. 人力资本
2. 补偿性工资差别
3. 工会
4. 歧视
5. 绩效工资

(二) 单项选择

1. 如果一个在煤矿工作的人的收入高于有相似背景和技能,但在一个安全工作岗位上工作的人,那么( )。
   A. 我们有对煤矿之外的工人歧视的证据
   B. 我们观察到了补偿性工资差别
   C. 煤矿工人应该比其他人有更多人力资本
   D. 煤矿工人必定比其他工人更有魅力

2. 根据教育的人力资本理论,教育( )。
   A. 增加了人力资本和工人的工资
   B. 只有助于企业把工人分为高能力工人和低能力工人
   C. 对工人的人力资本没有影响
   D. 可以使任何一个工人成为超级明星

3. 根据教育的信号理论,教育( )。
   A. 增加了人力资本和工人的工资
   B. 只有助于企业把工人分为高能力工人和低能力工人
   C. 对工人的人力资本没有影响
   D. 可以使任何一个工人成为超级明星

4. 在一个完全竞争市场上,以下哪一项最不可能是持久性歧视工资差别的来源?( )。
   A. 顾客   B. 政府
   C. 雇主   D. 以上各项都可能

5. 在最近二十年间,美国熟练工人与非熟练工人的工资差距( )。
   A. 缩小了   B. 扩大了
   C. 保持相同   D. 先增加而现在缩小

6. 以下哪一种关于有魅力的工人与没有魅力的工人收入的说法是正确的?( )。
   A. 有魅力的人往往赚得少,因为人们会认为有魅力的人浅薄,而且更自我欣赏,从而生产率低
   B. 有魅力的人往往赚得少,因为有魅力的人通常人力资本少
   C. 有魅力的人往往赚得多,因为他们实际上可能有更高的边际产量值

D. 有魅力的人往往赚得多，因为他们通常有更多的人力资本
7. 美国非熟练工人相对工资下降可能是由于(   )。
   A. 可以得到的非熟练工人人数由于工人所受教育少而相对增加
   B. 可以得到的非熟练工人人数由于到美国的移民而相对增加
   C. 非熟练工人的需求由于工人所受教育少而相对减少
   D. 非熟练工人的需求由于技术进步和国际贸易增加而相对减少
8. 以下哪一种职业更可能产生超级明星的收入？(   )。
   A. 最好的医生   B. 最好的教授
   C. 最好的会计师   D. 最好的作家
9. 当一个雇主向只根据个体的以下不同而向其提供不同机会时，不能认为是歧视(   )。
   A. 种族   B. 性别   C. 生产率   D. 年龄
10. 一个市场要成为支持超级明星的市场，它必须具有以下哪一个特征？(   )。
    A. 必须包括职业运动员
    B. 每位顾客都想要最优的生产者提供的物品，而且必须存在最优的生产者能以低成本向每位顾客供给的技术
    C. 每位顾客都必须愿意为物品支付大量的钱，而且，该物品应该是必需品
    D. 每位顾客必须对他们支付的价格漠不关心，而且，卖者必须是该物品市场上的竞争者
11. 以下哪一种关于歧视的说法是不正确的？(   )。
    A. 在一个竞争的劳动市场上不会存在雇主歧视
    B. 只有顾客愿意为保持歧视做法付费或政府要求歧视，才能在一个竞争市场上保持歧视
    C. 执迷不悟的雇主是竞争市场上持久性歧视工资差别的主要来源
    D. 不同群体中工资差别的存在是劳动市场歧视的有力证据
12. 竞争市场往往会(   )。
    A. 减少劳动市场歧视，因为不歧视的企业将雇用更廉价的劳动，赚到更多利润，并把歧视企业赶出市场
    B. 对劳动市场歧视没有影响
    C. 增加了劳动市场歧视，因为执迷不悟的雇主为了弥补他们的歧视成本而在竞争市场上收取他们想收取的价格
    D. 增加了劳动市场歧视，因为在竞争市场上，一些工人对自己劳务收取的价格可以高于另一些工人
13. 各群体的工资差别本身不能成为劳动市场歧视的证据，因为不同集团有(   )。
    A. 不同的教育水平
    B. 对他们愿意从事的工作类型有不同的偏好
    C. 不同的工作经验水平
    D. 以上各项都是
14. 以下哪一项不是一些工人得到的工资高于均衡工资的原因？(   )。
    A. 最低工资法   B. 漂亮

C. 工会　　　　　　　　　　D. 效率工资

15. 以下哪一项可能会引起补偿性工资差别？（　　）。
    A. 一个雇员比另一个雇员更有魅力
    B. 一个雇员比另一个雇员努力
    C. 一个雇员更愿意上夜班,而另一个不愿意
    D. 一个雇员所受教育比另一个更多

（三）判断正误

1. 补偿性工资差别是支付给受歧视工人和不受歧视工人的工资差别。（　　）
2. 夜班工人得到补偿性工资差别以抵消夜晚工作的不合意性。（　　）
3. 在美国最近二十年间,非熟练工人与熟练工人的工资差距缩小了。（　　）
4. 企业愿意向人力资本多的工人支付更高的工资是因为人力资本多的工人的边际产量值高。（　　）
5. 人力资本通过教育和在职培训而增加。（　　）
6. 学徒工从事较低工资的工作是因为学徒工的一部分工资是以在职培训的形式支付的。（　　）
7. 一些超级明星赚到了天文数字的薪水,这是因为在一些市场上,每个人都想得到由最优的生产者提供的物品,而且,技术使得最优的生产者以低成本满足每一个顾客成为可能。（　　）
8. 如果教育的信号理论是正确的,那么增加工人教育的政策将增加所有工人的工资。（　　）
9. 有魅力的人得到的工资高于无魅力的人得到的工资表明,劳工市场歧视无魅力的人。（　　）
10. 能力、努力和机遇在工资决定中起着重要作用,因为不到一半的工资差别可以用工人的教育、经验、年龄和工作特征来解释。（　　）

（四）简答题

1. 为什么那些通过教育获得了更多人力资本的人比人力资本较少的人赚得多？
2. 提出一些要求正的补偿性工资的工作的特征。
3. 如果竞争市场上保持歧视性工资差别,那么这种工资差别是由于雇主一方的歧视,还是必定产生于其他来源？为什么？
4. 为什么裁缝学徒工的工资总是低于裁缝师傅？
5. 阐述三个工资高于均衡工资的原因。

（五）应用题

1. 大学生有时通过暑期实习为私人企业或政府部门工作,但许多这类工作工资很少或几乎没有工资。请根据此背景回答以下问题：
    (1) 从事这种工作的机会成本是什么？
    (2) 解释为什么学生愿意接受这些工作。
    (3) 如果把做过暑期实习与做过工资较高的暑期工作的工人们以后一生的收入进行比

较,你预计会发现什么?

2. 假设某人向你提出一种选择:你可以在世界上最好的大学学习4年,但你必须为你在那里上学保密。或者你可以从世界上最好的大学得到一个正式的学位,但你不能实际去那里上学。你认为哪一种选择能更多地提高你未来的收入?你的回答为教育的信号与人力资本的争论作何注脚?

3. 经济学家June O'Neill认为:"在家庭角色较为平等之前,女性不会有与男性同样的市场工作形式与收入。"她说的市场工作"形式"是指什么?这些工作和职业特性如何影响收入?

(六) 拓展思考题

1. (1) 在一些大学里,经济学教授的薪水高于一些其他学科的教授。为什么这种情况可能是真实的?也有一小部分大学制定对所有学科教授支付相同工资的政策,但在这些学校中,经济学教授的教学负担比一些其他学科的教授轻,教学负担的差别起了什么作用?

(2) 当艾伦·格林斯潘(后来成为美联储主席)在20世纪60年代经营一家经济咨询公司时,他主要雇用女经济学家。他曾经在《纽约时报》上说:"我总是给予男性与女性同样的评价,而且我发现,由于其他人不这样评价,好的女经济学家就比男经济学家雇用成本低。"格林斯潘的行为是利润最大化的吗?这种行为值得赞赏还是应该谴责?如果更多的雇主像格林斯潘这样,男性与女性之间的工资差别会发生什么变动?为什么当时的其他经济咨询企业没有遵循格林斯潘的经营战略呢?

2. 请阅读以下案例,并结合本章理论对"性别歧视造成的收入差距"的观点加以评析,要求观点明确且论述充分。

中、英、美、韩等四国由于性别歧视造成的收入差距

中国男女收入差距较大 农村女性收入仅有男性一半

全国妇联副主席、书记处第一书记宋秀岩在国务院新闻办公室召开的新闻发布会上表示,中国妇女社会地位调查发现,男女两性的劳动收入差距比较大。城镇和农村在业女性年均劳动收入分别是男性的67.3%和56%。

资料来源:和讯新闻网,2011年10月21日。

英国男女高管收入差恐持续百年

英国一项研究显示,男女高级管理人员因性别差异形成的"收入鸿沟"可能会持续将近100年。研究人员调查将近3.5万名高管薪资状况,发现男性高管去年平均收入比女性高管多出1万多英镑,这一差距呈现扩大趋势。

2011年8月31日发布的调查结果显示,男性高管去年平均年收入42 441英镑,与上一年相比增加2.3%;女性高管平均年收入31 895英镑,比上一年增加2.8%。在初级管理层,女性赚取薪水稍多于男性;总体而言,女性高管薪水增长率快过男性;不过,按照当前速率,实现男女高管收入平等可能要花98年。

研究项目负责人彼得拉·威尔顿告诉法新社记者,处于初级管理阶层的女性收入已经赶上男性,让人颇为欣慰,不过,男女高管收入性别差异的鸿沟依然存在。"这种不良的管理(机制)正在损害英国商业,必须加以应对,"威尔顿说,"每名高管、每家机构和政府都有责任协助促成改变。"威尔顿敦促政府监督企业薪资支付环节、责成企业加大薪资公开力度、曝光那

些助长性别收入差距拉大的组织机构。

资料来源:新华网,2011 年 9 月 2 日。

美国男女收入差距最大的 10 种工作

据英国《每日邮报》11 月 10 日报道,虽然美国男女收入差距呈缩小趋势,但总体上女人的收入仅是男人收入的 82%。近日,分析网站 24/7 Wall St. 根据美国劳动统计局 2012 年发布的一份收入报告盘点出美国男女收入差距最大的 10 种工作。

按收入差距由大到小排序如下:1. 保险业(女员工收入占男员工比例为 62.5%);2. 零售业(64.3%);3. 房产中介(66.0%);4. 个人理财顾问(66.3%);5. 教育行政人员(67.2%);6. 内科与外科医生(67.6%);7. 市场营销经理(67.7%);8. 金融产品销售代理人(69.1%);9. 质检员(69.2%);10. 评估师(69.3%)。

资料来源:每日邮报,2013 年 11 月 11 日。

韩国日本男女收入差距为发达国家最大　比利时最小

根据世界经济论坛对所有工业化国家的男女收入的调查,韩国、日本的收入差距最大。具体数据为:捷克男女薪资差距为 18%,葡萄牙、芬兰、美国、瑞士为 19%,英国、加拿大为 21%,德国为 24%,日本为 33%,韩国最高为 38%。

而男女薪资差异最小的国家包括,芬兰 17%、瑞典 15%、爱尔兰 14%、匈牙利 13%、希腊 12%、丹麦 11%、新西兰和波兰 10%、比利时 9%。

资料来源:国际在线专稿,2010 年 5 月 12 日。

五、习题答案

(一) 术语解释

1. 人力资本:对人的投资的积累,如教育和在职培训。
2. 补偿性工资差别:为抵消不同工作的非货币特性而产生的工资差别。
3. 工会:与雇主谈判工资和工作条件的工人协会。
4. 歧视:对仅由于种族、民族、性别、年龄或其他个人特征不同的相似个人提供不同的机会。
5. 效率工资:企业为了提高工人的生产率而支付的高于均衡工资的工资。

(二) 单项选择

1. B　2. A　3. B　4. C　5. B　6. C　7. D　8. D　9. C　10. B
11. B　12. A　13. D　14. B　15. C

(三) 判断正误

1. ×　2. √　3. ×　4. √　5. √　6. √　7. √　8. ×　9. ×　10. √

(四) 简答题

1.【考查要点】 人力资本对均衡工资的影响。

【参考答案】 由于有更多人力资本的工人的生产率更高,企业愿意为边际产量值高的工人支付更高工资。此外,工人必须为教育本身的成本得到补偿。

2.【考查要点】 补偿性工资差别。

【参考答案】 企业为工作的不愉快和不合意性支付补偿性工资差别。其他条件相同时,如果工作枯燥、有噪声、有异味、孤单、不安全、艰苦、要求出差、要求夜班或倒班之类的加班,要求与令人不愉快的人一起工作等,就要支付更多工资。

3.【考查要点】 歧视经济学。

【参考答案】 如果顾客并不执迷不悟,而且,政府也不要求歧视,竞争将保证雇主不能一直歧视。如果存在工资差别,它必须是因为顾客愿意为歧视付费或政府要求歧视,不能简单地归咎于执迷不悟的雇主。

4.【考查要点】 人力资本对工资的影响。

【参考答案】 因为学徒的边际产量值少,也由于学徒以增加其人力资本和未来收入的形式得到了部分报酬。

5.【考查要点】 高于均衡工资的原因。

【参考答案】 最低工资法(政府设置工资下限)、工会的市场势力(以罢工威胁提高工资),以及效率工资(企业为了提高生产率而支付高于均衡工资的工资,因为高工资降低了流动性,增加了努力程度,并提高了求职者的素质)。

(五) 应用题

1.【考查要点】 机会成本与人力资本。

【参考答案】 (1) 从事这种工作的机会成本是大学生在暑假期间看书获得的知识或从事其他工作赚得的工资。

(2) 大学生为私人企业或政府工作的目的是积累工作经验,并希望通过从事这类工作换取在职培训,增加自身的人力资本。

(3) 预计做过暑假实习的工人今后一生的收入要高于那些做过工资较高的暑假工作的工人。

2.【考查要点】 人力资本观点的内涵。

【参考答案】 我认为第二种选择能更高地提高我未来的收入。因为根据教育的信号理论,世界上最好的大学的正式学位向雇主发出了我具有较高人力资本的信号。由于我不能实际上学,因此我并没有变得生产率更高,但我的学位向雇主发出了我高能力的信号。因为在雇主看来,高能力的人比低能力的人更容易得到世界上最好大学的正式学位。相反,第一种选择虽然可以提高我的生产率,但由于我必须为我的上学保密,因此我不能向雇主发出我具有较高人力资本的信号,最好的教育也不大可能提高我未来的收入。

3.【考查要点】 劳动市场上的歧视。

【参考答案】 在家庭角色较为平等之前,女性要生儿育女、承担家庭义务而且往往被迫中断其职业生涯,而男性则不会有这些家庭责任,他们主要是在外工作赚钱。社会习俗的这种差异使得女性不会有与男性同样的市场工作形式和收入。在相当长的时期内脱离了劳动市场,在家做家务和抚养孩子,降低了女性群体的技能水平,即使有一部分女性在外工作,她们也被排斥在律师、医生和工程技术等高收入职业之外,只从事简单、轻松的工作如秘书、护士等,这就是经济学家所指的工作形式,所以女性的收入比男人要低很多。随着晚婚、低生育率以及技术的发展,女性的家庭责任比以前减轻了许多,女性与男性在家庭中的角色越来越平等,因此女性有更多的时间和精力继续工作,已获得工作经验的女性收入的增加,使得年轻女性也比以前更注意对自己的人力资本投资,尤其体现在女性高等教育入学率的提高上。正规教育中的这种趋势加强了女性工作经验的提高,并有利于女性扩大市场工作形式,增加收入。

(六) 拓展思考题

1. (1)【考查要点】 决定均衡工资的若干因素。

【参考答案】 ① 因为在这些大学中,相对于其他某些领域的教授来说,经济学教授需求大于供给的矛盾更严重些,所以经济学教授得到的薪水要高于其他领域的教授。

② 较轻的教学负担用于弥补经济学教授由于低工资所带来的与经济学教授劳动市场均衡工资水平的差距。

(2)【考查要点】 竞争性市场经济对雇主的歧视提供了一种自然矫正方法,即利润动机。

【参考答案】 ① 格林斯潘的行为是追求利润最大化。

② 有些人可能谴责这种行为,因为他歧视男性经济学家;有些人赞赏这种行为,因为他在实现利润最大化并给予女性较好的工作机会。

③ 如果更多的雇主像他这样,越来越多的女经济学家会以这种低成本优势进入经济咨询市场。由于雇用男经济学家的经济咨询公司的成本比雇用女经济学家的经济咨询公司要高,因此,当它们与更多地雇用女经济学家的咨询公司竞争时就会亏损。亏损迫使雇用男经济学家的经济咨询公司用女经济学家替换男经济学家,最后经济咨询市场对女经济学家的需求增加,对男经济学家的需求减少,这个过程一直持续到男女经济学家的工资差别消失为止。

④ 当时其他经济咨询企业没有遵循格林斯潘的经营战略可能是因为他们的有些顾客更喜欢男性咨询员,愿意为这种差别付出更多的费用。

2.【考查要点】 性别歧视与工资差别。

【参考答案】 均衡工资受到补偿性工资差别、人力资本等因素的影响,现实生活中工资也受到歧视(性别、种族、民族、年龄、相貌等个人因素)程度的影响。劳动力市场上的歧视就是雇主和雇员完全出于主观思想上的看法而给予某些特殊群体成员在雇佣、晋升、报酬、工作条件等有关工作方面的与工作效率无关的区别对待,这种有意识的区别对待明显会损害这一特殊群体的切实利益。以上四则新闻侧重描述了中、英、美、韩等四国由于性别歧视造成的收入明显不对称现象。很显然,不仅仅在中国,世界上各个国家的劳动力市场上性别歧视的经济原因都很多,比如现存信息技术不够导致信息成本过高影响甄选,女性生理原因以及传统社会文化因素带来的附加成本,还有现行的法律法规难以起到保障的作用,维权成本太高等。但需要注意的是,由于不同群体之间的平均差别部分反映了人力资本和工作特征的差别,因此这些差别本身并不能说明劳动市场到底存在多大的性别歧视。

第 20 章
收入不平等与贫困

一、学习精要

(一) 教学目标

1. 了解社会中的收入不平等程度和贫困程度的大小。
2. 领会衡量不平等程度中出现的问题。
3. 熟悉有关政府在改变收入分配中所起作用的主要哲学观点。
4. 掌握反贫困的各种政策及其优缺点。

(二) 内容提要

本章主要论述收入分配衡量,并考察政府在调整收入分配中的作用。本章主要分三部分:第一,确定社会中不平等的严重程度;第二,考虑有关政府在改变收入分配中应该起到什么作用的不同观点;第三,讨论旨在帮助社会最贫困群体的各种公共政策。

1. 不平等的衡量

收入分配数据表明了我们社会中存在的巨大不平等。实物转移支付,经济生命周期,暂时收入与持久收入和经济流动性使不平等程度的衡量变得困难。当考虑这些因素时,经济福利的分配会比年收入的分配更平等。

(1) 家庭收入不平等的扩大在很多国家是常见的经济现象。根据美国的数据,从 1970 年到 2011 年,收入最低的 1/5 家庭(年收入 27 218 美元以下)的收入份额从 5.5% 下降到 3.8%,而收入最高的 1/5 家庭(205 200 美元以上)的收入份额从 40.9% 上升到 48.9%。这种收入不平等加剧的原因主要在于与低工资国家的国际贸易增长和技术变革倾向于减少对不熟练劳动的需求,并增加对熟练劳动的需求。因此,不熟练工人的工资相对于熟练工人的工资下降了,而且这种相对工资的变动加剧了家庭收入的不平等。

(2) 虽然各国贫富之间都相当不平等,但世界各国的不平等程度差别相当大。当各国根据收入不平等状况排序时,美国和中国都大约排在中间。与其他经济发达国家如日本、德国和加拿大相比,美国的收入分配较为不平等;但美国的收入分配比许多发展中国家如南非、巴西和墨西哥要平等。

(3) 常用的收入分配的判断标准是贫困率。贫困率是家庭收入低于一个被称为贫困线的绝对水平的人口百分比。贫困线是政府按照提供充足食物成本的大约三倍的标准确定的。贫困线根据价格水平的变动每年进行调整,同时它还取决于家庭规模。

(4) 虽然收入分配和贫困率数据有助于我们了解社会不平等的程度,但解释这些数据并不像看起来那么简单。这些数据是根据家庭年收入收集的。但人们所关心的并不是他们的收入,而是他们维持良好生活水平的能力。至少由于三个原因(实物转移支付、经济生命周期、暂时收入与持久收入),收入分配与贫困率数据所给出的生活水平不平等状况是不完全的。

(5)穷人和富人的经济身份不是固定不变的,不同收入阶层之间存在着相当常见的流动性。由于经济流动性如此之大,因此,许多低于贫困线的人处于贫困状态只是暂时的。对于相对少数的家庭来说,贫困是一个长期问题。由于暂时的贫困和持久的贫困很可能面临不同的问题,因此,旨在反贫困的政策需要对这两个群体进行区分。

2. 收入再分配的政治哲学

政治哲学家关于政府在改变收入分配中的作用的观点并不相同。功利主义者选择使社会中每个人效用之和最大化的收入分配;自由主义者认为政府的目标应该是使社会上状况最差的人的福利最大化;自由至上主义者认为政府的目标应该是保证机会的公平,而不是收入的公平。

(1) **功利主义**:功利主义者的出发点是效用,效用是福利的衡量指标,也是所有公共政策和私人行动的最终目标,他们认为政府的正确目标是使社会中每一个人的效用总和最大化。

(2) **自由主义**:自由主义者的目标是提高社会中状况最差的人的福利,他们认为通过把富人的收入转移给穷人,社会增进了最不幸者的福利。

(3) **自由至上主义**:自由至上主义者认为机会平等比收入平等更重要,政府应该强调个人的权利,以确保每个人有同样的发挥自己才能并获得成功的机会。一旦建立了这样的游戏规则,政府就没有理由改变由此引起的收入分配。

3. 减少贫困的政策

有许多旨在帮助穷人的政策——最低工资法,福利,负所得税,实物转移支付以及反贫困计划和工作激励。由于经济援助随着收入增加而减少,因此,穷人往往面临很高的有效边际税率,这种高有效税率不鼓励贫困家庭依靠自己的力量脱贫。

(1) **最低工资法**:最低工资法的支持者把最低工资作为帮助那些有工作的穷人而政府又不用花钱的一种方法,批评者把最低工资看成是对它想帮助的人的一种伤害。对那些技能水平低和经验不足的工人来说,较高的最低工资导致其工资高于供求平衡的水平,因此它提高了企业的劳动成本,并减少了这些企业需求的劳动量。结果是受最低工资影响的这些工人群体的高失业。虽然那些仍然就业的工人从较高工资中受益,但那些原本在较低工资时能就业的工人的状况变坏了。

(2) **福利**:福利是包括各种政府计划的一个广义术语。提高穷人生活水平的一种方法是政府补贴其收入,这主要通过福利制度来实现。反对福利计划的一种普遍观点是,它实际上在激励人们变成"需要帮助者"。

(3) **负所得税**:许多经济学家建议用负所得税来补贴穷人的收入。根据这种政策,每个家庭都要向政府报告自己的收入。高收入家庭根据他们的收入纳税,而低收入家庭将得到补助,换言之,这些低收入家庭将"支付"一种"负税"。在负所得税之下,贫困家庭不用表示需要就会得到经济帮助,得到帮助所需要的唯一资格就是收入低。这个政策的反对者认为负所得税会补贴那些仅仅是由于懒惰而陷于贫困的人。

(4) **实物转移支付**:直接向穷人提供提高生活水平所需要的某些物品和服务的帮助穷人的方法是实物转移支付。其支持者认为这种转移支付确保穷人得到他们最需要的东西,其反对者认为政府并不知道穷人最需要什么物品与服务,与其通过实物转移支付来为穷人提供他们可能并不需要的物品和服务,还不如给他们现金以购买他们认为最需要的东西,这样会使他们的状况更好。

(5) **反贫困计划和工作激励**:有许多旨在帮助穷人的不同政策——最低工资法、福利、负所得税及实物转移支付。虽然这些政策都帮助了一些家庭脱贫,但他们也有意料之外的副作用。由于经济援助随着收入增加而减少,因此穷人往往面临很高的有效边际税率。这种高有效税率不鼓励贫困家庭依靠自己的力量脱贫。根据反贫困计划批评者的看法,这些计划改变了工作态度,并创造了一种"贫困文化"。

(三) 关键概念

1. 贫困率:家庭收入低于一个称为贫困线的绝对水平的人口百分比。
2. 贫困线:由政府根据每个家庭规模确定的一种收入绝对水平,低于这一水平的家庭被认为处于贫困状态。
3. 实物转移支付:以物品和服务而不是以现金形式给予穷人的转移支付。
4. 经济生命周期:在人的一生中有规律的收入变动形式。
5. 机会成本:为了得到某种东西所放弃的其他东西。
6. 持久收入:一个人的正常收入。
7. 功利主义:一种政治哲学,根据这种政治哲学,政府应该选择使社会上所有人总效用最大化的政策。
8. 效用:衡量幸福或满足程度的指标。
9. 自由主义:一种政治哲学,根据这种政治哲学,政府应该选择被认为是公正的政策,这种公正要由一位在"无知面纱"背后的无偏见观察者来评价。
10. 最大最小准则:一种主张,认为政府的目标是使社会上状况最差的人的福利最大化。
11. 社会保险:旨在保护人们规避负面事件风险的政府政策。
12. 自由至上主义:一种政治哲学,根据这种政治哲学,政府应该惩罚犯罪并实行自愿的协议,但不应该进行收入再分配。
13. 福利:补贴贫困者收入的政府计划。
14. 负所得税:向高收入家庭征税并给低收入家庭补贴的税制。

(四) 拓展提示

1. 贫困率和贫困线是衡量收入不平等的重要指标,这些数据是根据家庭年收入收集的,但人们所关心的并不是他们的收入,而是他们维持良好生活水平的能力,由于实物转移支付、经济生命周期、暂时收入与持久收入等方面的原因,收入分配与贫困率数据所给出的生活水平不平等状况是不完全的。人们所处的各收入阶层不是固定不变的,有些人可能由于好运或勤奋工作而进入更高的收入层次,也有些人由于坏运或懒惰而掉入更低的收入层次。

2. 政府对经济不平等而进行的收入再分配不仅仅是经济学问题,在很大程度上是政治哲学问题,功利主义政治哲学认为政府应该选择使社会上所有人总效用最大化的收入再分配政策,自由主义认为政府应选择被认为是公正的政策,自由至上主义认为政府应惩罚犯罪并实行自愿的协议,但不应该进行收入再分配。

3. 贫困是决策者面临的最困难的问题之一,贫困家庭的成员更可能出现各种问题和犯罪。虽然很难把贫困的原因和结果分开,但毫无疑问,贫困与各种经济和社会病症相关。政府减少贫困的政策选择包括最低工资法、福利、负所得税和实物转移支付、工作激励等,但是这些政策在减轻和消除贫困上都存在各自的优点和缺点,难以从根本上减轻和消除贫困。

二、新闻透视

(一) 新闻透视 A

鞍山市"赚钱职业榜"发布

2013 年 8 月 13 日,鞍山市 2013 年部分职位(工种)劳动力市场工资指导价位正式出炉。本年共发布 284 个职位(工种)的劳动力市场工资指导价位,其中企业董事平均月薪达 10 812 元,位居榜首;酱油酱类制作工的平均月薪最低,为 1 220 元。同样一份工作,月薪高位数和月薪低位数最多相差 3 万余元。

本年度发布的工资指导价位,是通过调查全地区 246 户不同行业、不同规模、不同经济类型的企业,采集 12 267 名职工的 12.9 万条信息,并结合劳动力市场实际供求价位,经过筛选及加工整理形成的,此数据为在岗职工月平均工资收入水平。

根据此次公布的工资指导价位数据,调查范围内的职位(工种)平均月薪排名前十位按先后排序分别是:企业董事、企业经理(厂长)、人事经理、财务经理、银行信用卡业务员、银行信贷员、部分银行业务人员、银行清算员、研究和开发经理、生产或经营经理。与 2012 年的工资指导价对比来看,前十位的排序并无太大变化,仅是银行清算员的排名从第 7 位跌到第 8 位。2012 年工资指导价排名前十位的工种中,金融行业的工种占到了 4 个,2013 年依然如此。但 2013 年排名前十位的工种中,只有 6 个工种平均月薪有一定程度的上涨,而且上涨幅度非常小,最多的是企业董事,平均月薪上涨 43 元,银行信贷员只上涨了 5 元。四个工种平均月薪下降,下降幅度也都是个位数。

从 2013 年的工资指导价位表中可以看出,同样的工种,在不同的企业工资差距很大,很多被认为是高收入的职业人群内部,收入也存在一定的差距。比如企业董事这个职位,高位数月薪为 34 888 元,低位数月薪为 1 630 元,两者间相差 33 258 元;而企业经理(厂长)高位数月薪 25 987 元,低位数月薪为 1 530 元,两者间相差达 24 457 元。据相关人士介绍,差距这么大,是因为各企业的规模和经济效益不同。记者观察,还有些月薪差距较大的工种涉及职工的技术水平,比如车工,高位数月薪为 3 650 元,低位数月薪为 1 050 元,相差 2 600 元。相关人士介绍,技术水平高的工人相应来说月薪较高。同时,各个企业的效益、规模以及个人的能力,也与工资水平有密切的关系。

近年来,随着一些行业的兴起,有很多工种"异军突起",成为市场上的黑马,平均月薪超过了传统意义上月薪较高的行业。在 2013 年的指导价位中,投递员的平均月薪达到了 3 589 元,保育员的平均月薪为 2 880 元,相比一些传统的技术工种,月薪要高很多,比如车工的平均月薪为 1 943 元,工具钳工平均月薪为 1 735 元。有关人士分析,由于我市的保育员一直相对短缺,而持证有资质的保育员更是少之又少,一直处于供不应求的状态,造成了保育员的工资水平大幅度上升。同时,投递员等工种也一直供不应求,不少快递公司想招人都招不到。据了解,不少新兴工种均不同程度地出现了人员短缺状况。

2013年的工资指导价中,绝大多数的工种指导价位都有所上涨,仅有20个工种的指导价位有所下降,但下降的幅度都不是很大,降幅在几块钱至几十块钱,下降幅度最大的是广告和公关经理,平均月薪由4441元下降至4411元,下降了30元。而2013年的工资指导价位,各工种的涨幅也不太大,涨幅最大的是简单体力劳动工,平均月薪从1370元上涨至1520元,上涨幅度为150元。

2013年鞍山劳动力市场月工资指导价最高和最低的十大职业排行榜(单位:元/月)

工资指导价最高十大职业		工资指导价最低十大职业	
1. 企业董事长	10 812元	1. 酱油酱类制作工	1 220元
2. 企业经理(厂长)	5 769元	2. 食醋制作工	1 230元
3. 人事经理	5 664元	3. 花卉园艺工	1 252元
4. 财务经理	5 291元	4. 电池制造工	1 253元
5. 银行信用卡业务员	5 148元	5. 环境卫生人员	1 265元
6. 银行信贷员	5 135元	6. 保洁员	1 270元
7. 部分银行业务人员	5 124元	7. 浴池服务人员	1 280元
8. 银行清算员	5 121元	8. 餐厅服务人员	1 300元
9. 研究和开发经理	5 068元	9. 康乐场所服务人员	1 341元
10. 生产或经营经理	4 588元	10. 物业管理工	1 351元

资料来源:鞍山市2013年"赚钱职业排行榜"发布,千山晚报,2013年8月14日。

【关联理论】

一个人的收入取决于这个人劳动的供给与需求,供给与需求又取决于天赋、人力资本、补偿性工资差别和歧视等因素。因此,决定工资的因素也就是决定经济中总收入如何在各社会成员间分配的主要因素。换言之,这些因素决定了谁是穷人,谁是富人。此外,国际贸易和技术变革倾向于减少对不熟练劳动的需求,并增加对熟练劳动的需求,因此,不熟练工人的工资相对于熟练工人的工资下降了。

【新闻评析】

从2013年鞍山劳动力市场月工资指导价最高和最低的十大职业排行榜上可以看出,企业高层管理人员如董事长和经理(厂长)等的月薪排名靠前,而中层管理人员、研发人员及金融业白领的月薪水平排名居中,一般性制造业、加工业和服务业员工月薪排名靠后。最高月薪相当于最低月薪的约9倍。这种月薪收入的较大差距和不平等反映的是不同工作由于工作岗位职责、学历和工作经验、岗位技能要求及岗位供求关系的较大差别所形成的正常的劳动报酬的差别。企业中高层管理人员、研发人员及金融业白领一般来说都具有较高的学历、多年的工作经验和相当熟练的劳动技能,其中很多都是在基层工作过多年才走上管理岗位的,此外,这类工作人员还需要承担较大的工作责任,较高的收入和他们的高学历、高技能及更大的岗位责任所产生的高生产率和劳动价值往往是相匹配的。而最低十大收入排行榜上的职业都属于基层岗位,不要求劳动者具备高学历、高技能和较多工作经验,导致可以从事这些岗位工作的劳动者的数量非常大,加之这些劳动岗位的劳动价值也相应较低,这样的话劳动报酬自然也会低。因此,上面两类高收入者和低收入者体现在月薪上就是收入高者月入过万,收入低者月入仅仅一千出头。

（二）新闻透视 B

2013年大学生月薪平均3 378元，拖后腿了没

2014年全国高校毕业生规模将达727万，在这个"史上更难就业季"到来之际，准确了解2013年高校毕业生的就业状况，无论是对接下来的高校毕业生就业工作，还是对教育相关部门和高校的教育决策都能提供更丰富有效的信息，为此《光明日报》独家对2013年高校毕业生的就业状况进行了统计分析并得出如下调查报告。

收入是反映就业状况的关键指标之一。在本次调查中，由已经确定就业单位的毕业生对自己的起薪进行了估计。为了排除奇异值，我们只统计了月起薪在500—20 000元之间的观测值。统计结果显示，2013年高校毕业生月起薪的算术平均值为3 378元。

毕业生的起薪具有以下特点：

第一，学历越高起薪越多。从算术平均值看，专科生为2 285元；本科毕业生为3 278元；硕士为5 461元；博士为8 800元。

第二，性别之间存在差异：从算术平均值看，男性为3 579元，女性为3 094元，两者相差485元。

第三，学校类型之间存在差异：从算术平均值看，"211"重点高校为3 157元，一般本科院校为3 793元，高职院校为3 291元，民办高校和独立学院为2 610元。这一结果表明学校层次高并不能直接带来高收入，收入差异主要因学历、职业、就业地点等而不同。另外，统计结果也与所选样本有关。

第四，就业地区之间存在差异：从算术平均值看，京津沪为5 419元，东部地区为3 148元，中部地区为2 882元，西部地区为3 167元。地区之间呈现中部低、两头高的特点。最高与最低收入之比为1.88倍。

第五，就业地点之间存在差异：省会城市或直辖市的平均收入最高，为3 791元；地级市的平均收入为3 033元；县级市或县城的平均收入为2 656元；乡镇和农村的平均收入分别为2 518元和2 485元。最高与最低收入之比为1.53倍。

第六，工作单位性质之间存在差异，11个单位类型按照平均起薪由高到低的排列顺序依次为：(1) 科研单位4 620元；(2) 三资企业4 420元；(3) 高等学校4 025元；(4) 国有企业3 703元；(5) 国家机关3 536；(6) 其他事业单位3 195元；(7) 其他企业3 121元；(8) 医疗卫生单位3 030元；(9) 中小学2 983元；(10) 私营企业（民营、个体）2 914元；(11) 乡镇企业2 347元。最高与最低收入之比为1.97倍。

第七，工作类型之间存在差异：企业管理工作、专业技术工作、国家机关及党群组织、事业单位管理人员的收入位居前三甲，分别为3 724元、3 597元和3 577元；商业和服务人员、办事人员和有关人员的收入居中，分别为3 139元和3 012元；最低的是生产运输设备操作人员及有关人员、农林牧渔水利业生产人员，收入分别只有2 577元和2 386元。最高与最低收入之比为1.56倍。

第八，行业之间存在差异，19个行业按照平均起薪由高到低的排列顺序依次为：(1) 信息传输、计算机服务、软件业为4 501元；(2) 金融业为4 181元；(3) 科学研究、技术服务、地质

勘查为3 770元;(4) 房地产为3 590元;(5) 水利环境公共设施管理为3 576元;(6) 文化体育娱乐为3 469元;(7) 电力、煤气和水的生产和供应业为3 310元;(8) 公共管理与社会组织为3 285元;(9) 采矿业为3 221元;(10) 卫生、社会保障与福利为3 109元;(11) 教育为3 090元;(12) 建筑业为2 956元;(13) 制造业为2 935元;(14) 交通运输、仓储和邮政为2 907元;(15) 农林牧渔为2 876元;(16) 租赁和商务服务业为2 736元;(17) 批发零售为2 718元;(18) 居民服务为2 708元;(19) 住宿餐饮为2 600元。最高与最低收入之比为1.73倍。

资料来源:光明日报,2013年10月20日。

【关联理论】

一般而言,人们在不同工作阶段的收入是有较大差别的。人的一生中收入总在变动。从个体工作者的自身收入来看,当一个人在青年时期,尤其是刚从大学毕业进入就业市场时,收入往往是较低的,随着学历、工作年龄和工作经验增加,收入会相应增加,在50岁左右达到最高,然后在退休时收入又大幅度减少。这种有规律的收入变动形式被称为经济生命周期。而从行业横向来比较的话,同样学历的工作者由于各种其他非学历因素造成的起始收入差距也是较大的。

【新闻评析】

刚毕业的大学生由于性别、毕业学校的性质和专业、就业地区(地点)、工作单位和行业及岗位性质差异等一系列因素的影响,工作起薪会存在一定的差别,该差别一般在两倍以内。应该说这种差别是属于合理范围的,不论是在像中国这样的发展中国家,还是在像美国那样的发达国家都较普遍存在着。因为上述导致这种收入差别的因素在一定程度上反映了大学毕业生的专业技能水平的差别以及工作的地区、行业、工作单位和岗位的薪酬福利水平的固有差别,所以大学毕业生应该正视这种收入差别的存在,不必为这种差别的存在而抱怨工作单位或者社会的不公平,在各行各业的本职工作中,如果能继续致力于提升自己的工作能力和工作绩效,大学生薪酬水平必将会随着自身工作能力和工作绩效的提高而相应提高。"三百六十行,行行出状元",对大学毕业生而言,行业的劳动供求关系和行业的发展前景往往比起薪水平更为重要,"是金子,在哪里都能发光",因而大学毕业生要更多关注如何提高自己的含金量。只要选好和坚定自己的职业方向,付出努力,大学毕业生的工作所得自然会和自身的薪酬期望更趋一致。

(三) 新闻透视C

中国贫困线标准仍落后于国际水平

2012年5月23日,世界银行在发布《东亚经济半年报》时提到,其划定贫困线的标准是每天生活费2美元。与此相比,中国最新的扶贫标准——人均年纯收入2 300元差距较大。

年收入2 300元,以目前人民币对美元汇率计算,约合每天1美元。这低于联合国及世界银行此前的贫困线标准——日生活费1.25美元。联合国千年发展目标确定的标准是,日均消费低于1美元就属于"绝对贫困"。

根据温家宝总理在第65届联合国大会上的发言,2008年年底贫困线调整之前,中国政府确定的贫困线为人均年收入785元。中国于2008年将两个扶贫标准——绝对贫困标准和低收入标准合一,统一使用1 067元作为扶贫标准。以后随着消费价格指数等相关因素的变化,2009年至2011年,标准逐年上调至1 196元、1 274元、2 300元。目前,全国贫困人口数量和覆盖面由2010年的2 688万人扩大至1.28亿人,占农村总人口的13.4%。

既使考虑汇率、货币购买力及收入状况改善等因素,中国历年的扶贫标准线与联合国和世界银行确定的名义国际贫困标准相差较大。

国务院扶贫办主任范小建2011年11月在接受《人民日报》采访时表示:"有人拿我国的扶贫标准与所谓的'国际标准'比较,说我国扶贫成绩大是因为标准低,扶贫标准提高后,扶贫对象大规模增加,我国扶贫成绩也应打折扣,这是一种误解。"

他认为,扶贫成绩与标准之间没有必然联系。新的扶贫标准"不仅考虑了吃饭、穿衣、住房等基本生存的需要,也考虑了部分发展的需要"。不过他承认,与中国经济发展水平和全面建设小康社会的要求相比,以往的扶贫标准是比较低。

世界银行东亚太平洋地区副行长柯佩玲5月23日在发布报告时表示,东亚太平洋地区日生活费2美元贫困线下的人口在过去10年减少了一半。世行认为,中国是推动取得这一成果的主要因素。

尽管取得这一成功,但东亚地区还有大约三分之一的人口,即约5亿的男女老少仍然生活在贫困之中。

世行对中国以往的减贫成果表示赞扬。范小建称,世行曾发表过一个研究报告,指出过去25年全球减贫成绩的70%左右来自于中国。他称:"可见中国的减贫成就举世公认。"

资料来源:财新网,2012年5月24日。

【关联理论】

贫困线是由一国政府根据该国每个家庭规模确定的一种收入绝对水平,低于这一水平的家庭被认为处于贫困状态。由于贫困线是绝对标准而不是相对标准,因此,随着经济增长和人们绝对收入的提高,把整个收入分配向上推动,更多的家庭或个人被推到了贫困线之上。

【新闻评析】

各国经济发展水平差别很大,给贫困线确定的标准也就自然而然同样存在很大的差别,发达国家的贫困线标准按官方汇率计算的金额如果放到发展中国家很可能是发展中国家高收入阶层水平的收入标准。像中国这样的发展中大国,由于区域经济发展的不平衡,在经济欠发达和落后的广大中西部地区,尤其是这些地区的农村,还存在着大量的贫困人口。这些地区的某些民众由于历史和自身因素,生活状况依然贫困,年收入在2 000元人民币左右(约合每天1美元左右的生活费)的贫困人口仍然有一定的数量。尽管中国的贫困线标准在逐年提高,但是和发达国家的贫困线标准,甚至和国际平均的贫困线标准相比还存在不小的差距。不过,不可否认的是,近些年来由于中国各级政府对减少贫困问题的重视、持续不断的对贫困人口的转移支付以及各种扶贫政策的实施,使得中国处于绝对贫困线以下的人口大幅减少。虽然中国不少刚超过贫困线人口的绝对收入确实增加了,但是相对全国个人和家庭收入的平均增加额及增加幅度,这一群体的收入状况却是相对落后了。因此,中国的扶贫和减贫工作依然任重道远。

三、案例研究

(一) 案例研究 A

解密基金经理职业现状:2013 年平均年薪为 80 万

目前中国的公募基金总数为 1 466 只,资产总规模达 28 133 亿元,而这些资产则由 817 名基金经理在掌管,人均管理资产多达 35 亿元。如此巨大的资金总额与掌舵者之间的悬殊数据,是人们对这个行业感到好奇的地方,也是人们对这些行业精英倍感羡慕的原因所在。此外,基金经理的高收入也使大多数求职者成为他们的拥趸,那么中国基金经理的真实现状到底如何呢?

年龄——年轻化的中国基金经理

调查显示,在已披露出生年月的 235 名现任基金经理中,基金经理的平均年龄为 38.2 岁,70 后基金经理占总人数的 63.03%,80 后基金经理占 33.56%;但整体来看基金经理的年龄可能更趋于年轻化,平均年龄可能低于 33 岁。与就业年龄成正比的还有基金经理们的从业年龄。从目前的就业状况来看,基金经理平均从业年限仅为 2.74 年,另有约 1/4 的基金经理从业年限不满 1 年。具体来看,从业不满 1 年的人数为 191 人,比例高达 26.27%;1 年以上 3 年以内的从业人员为 149 人,比例为 20.50%。从这两方面分析来看,基金行业在中国依然呈现出年轻化的特性来。对于很多年轻人来讲,这依然是一个很好的机会。

学历——基金经理的教育背景

和其他专业性较强的行业一样,要想成为一名优秀的基金经理,除了必须具备较高的综合素质以外,还必须储备丰富的金融知识,具有扎实的金融学知识功底。这一点从基金经理的教育背景上完全可以反映出来。目前的基金经理绝大多数受过良好的教育,学历普遍集中在硕士以上水平。基金行业是一个高智商人群聚集的行业,他们绝大多数都是同龄精英,中国有 50% 的基金经理来自北大、复旦、清华、上海财大等知名学府的相关专业,并且大多具备美国特许金融分析师资质(CFA)、美国金融风险管理师资质(FRM)以及注册会计师资格证书(CPA)等职业资格证书。

薪资——不得不说的基金经理的薪资

基金经理的高收入和高回报,或许是绝大多数求职者蜂拥的最主要原因。近年来中国基金经理的薪资平均涨幅超过 15%,远超通货膨胀,这使得基金行业的从业者们具有令人羡慕的高品质生活。相关分析表明,2003 年平均年薪为 20 万,行业顶尖薪资水平为 100 万;2008 年平均年薪为 60 万,行业顶尖薪资水平为 500 万;2013 年平均年薪为 80 万,行业顶尖薪资水平为 1 000 万。与其他行业相比,从薪资上来看,这是一个比绝大多数行业都更令人羡慕的职业。

成才——如何成为一名优秀的基金经理

如何才能成为一名基金经理或许是很多人的疑问。要想成为一名基金经理特别是优秀的基金经理,除了必须储备大量金融知识的前提外,最重要的不是专业和学历,而是保持一颗永不疲倦的好学之心,在专业知识上坚守基本面研究之道,充分掌握定量和定性分析的基本工具和方法,保持宽广的视野,积累各个行业和领域的知识和经验,在个性上保持自己的独立判断，以客观而专业的立场从事研究和分析，不轻易为他人的观点所左右；在职业道德上，恪守职业规范，避免卷入任何可能导致利益冲突和道德风险的活动。

资料来源：中国证券网，2014年1月6日。

【关联理论】

收入不平等衡量标准之一是最富有的1/10人口得到的收入与最穷的1/10人口得到的收入的比率。从20世纪80年代开始，无论是发达国家还是发展中国家，收入不平等总体在加剧。

造成收入不平等的原因除了劳动者个体的差异如学历和智力、工作能力和社会关系等因素外，还和一国经济、政治制度及政府政策密切相关。

【案例解剖】

根据中国基金经理的收入，他们很显然在中国属于最富有的1/10人口中的一部分。不少收入统计报告指出，近些年中国最富有的1/10人口得到的收入与最穷的1/10人口得到的收入的比率大约是13倍到15倍。基金经理如此超高的收入是否合理呢？根据国际惯例来看，很多国家的基金经理的收入在本国都属于超高一族。基金经理的高收入与他们所管理的基金的规模和投资回报率有密切的联系，基金规模越大，投资收益越高，基金经理获得的相应的绩效奖励也越高，总收入也就越高，好的基金经理能够为基金份额的持有人创造较高的投资收益率，一般情况下可达到5到10倍于一年期银行定期存款的利息；而投资管理能力不佳的基金经理也可能出现投资回报不高，甚至投资亏损的情况，不但不能给基金份额的持有人带来高于银行存款利率的投资收益，还可能带来损失，这将直接导致他们所管理的基金的规模缩小和口碑不佳，再加上基金管理公司对基金经理进行年度业绩考核的压力，很有可能使投资管理能力不佳的基金经理收入大幅缩水，更有甚者被基金公司解雇。因此，基金经理的职业风险是较高的，两极分化较为严重，高收入伴随着高风险。

（二）案例研究 B

中国近1/4老年人生活在贫困线以下

根据北京大学"中国健康与养老追踪调查"（CHARLS）项目研究人员所进行的一项最新调查，中国有将近四分之一的老年人生活在贫困线以下。这项调查是在对中国28个省份17 708名年龄在45岁以上的人士进行面对面的访谈后得出的。这些访谈是在2011年和2012年进行的。

报道称，在以人均消费水平来衡量贫困程度的情况下，研究人员发现，60岁以上的受访者中有22.9%生活在贫困线以下，而相比之下，年龄在45岁至59岁的受访者中生活在贫困线以下的比例为15.1%。中国有大约1.6亿年龄在60岁以上的人口，这相当于有超过4 200万老年人生活在贫困中。当研究人员用收入水平来计算贫困程度的时候，相关数据变得更为触目惊心。按照这一指标，老年人的贫困率上升到了28.5%，而45岁至59岁年龄组的贫困率则为19.6%。不过鉴于很多老年人并没有稳定的收入，这一衡量标准对于老年人而言并不是那么准确。中国官方公布的农村地区贫困率为13.9%。CHARLS调查的对象包括了农村和城镇地区的居民，这在理论上应该会使贫困率有所降低，因为中国城镇地区的穷人通常会比农村地区少一些。考虑到研究人员还发现"在健康与富裕程度之间存在着非常强烈的正相关性:那些富裕程度较低的人健康状况也较差",老年人群中很高的贫困率尤其令人震惊。例如,在贫困老人中日常起居需要他人协助的比例为26.2%,相比之下在非贫困老人中的这一比例则为22.7%。此外,生活在贫困线以下的60岁以上农村和城镇老人拥有医疗保险的可能性都相对较低,尽管绝大多数的受访者都自称拥有某种程度的医保(城镇地区老年人拥有医保的比例为92.1%,农村地区则为94%)。

该调查还发现若干其他因素与健康存在高度相关性,其中包括性别。研究人员发现,尽管中国女性的寿命比男性长,但她们的平均健康状况却不及男性。该调查报告称,这一点与其他国家的调查结果是一致的。报道指出,这项调查凸显了中国政府在照料其日益增多的老年人口方面将面临巨大的挑战。据估计,中国的老年人口比例将从2010年的8%上升到2050年的25%。报告指出,尽管欧美发达国家和日本也面临着类似的挑战,但中国将不得不在其发展过程的更早阶段就面临老龄化的人口。报道说,如果不对政策做出改变,城镇化进程很可能会加剧这些趋势,因为老年人通常会留在农村地区,即便他们的子女迁移到了城市就业。这一点十分重要,因为调查发现,独居老年人遇到健康和财务问题的可能性明显高一些。此外,在自诉日常起居需要他人协助的受访者中,有88.7%的人目前接受的是家庭成员的帮助。据报道,"中国健康与养老追踪调查"每两年更新一次。除中国外,世界其他30多个国家也有类似的调查。

资料来源:参考消息网,2013年6月5日。

【关联理论】

由于经济收入存在生命周期,一般情况下,一个人进入老年后收入较之中青年时期会大幅度减少,尤其是退休以后基本上靠养老金和个人储蓄来维持生活开支的话。此外,老年人健康状况在老年期的下降导致医疗护理开支的大幅增加,也会加剧老年人可能会面临的生活水平下降的情况。

【案例解剖】

老年贫困现象在中国呈现一个较高的比例,这主要是由于中国存在着两种差别较大的养老体系。中国的贫困老年人有少部分生活在城市地区,更多的是居住在农村地区,这主要是因为农村老年人没有像城市里曾多年工作和正常退休的老年人一样被政府纳入国家统筹发放退休金和提供医疗保障的养老福利体系中,所以在农村的老年人如果没有具有一定经济收入的子女可以依靠的话,就更容易陷入贫困境地,尤其是在患病和身体状况较差的条件下,往往由于自己需要支付高额的医疗费而耗尽一生积蓄并"因病致贫"。所以,要降低中国老年人的贫困率和提高相关群体的老年生活水平和质量,政府需要在国家财政收入持续不断增长的背景下加大对贫困老年群体提供的各种退休福利的支持力度,扩大老年退休人员所享受的各类社会福利和救助的覆盖范围,把那些没有在所谓的体制内享受退休待遇的贫困老年人也纳入社会养老的范围,通过各种方式增加相关经费支出,按照政府救助和社区社会互助相结合的原则,构筑多层次、多元化、多项目的老年人贫困救助网络,及时而准确了解贫困老年人的福利需求变化,以便于能够高效、合理地分配和利用福利资源,促进对贫困老年人服务水平和质量的提高,以帮助贫困老年人安度晚年。

（三）案例研究 C

收入差距：辛苦几十年不如分套房

目前，我国城乡之间、地区之间和行业之间的收入差距较大，一些行业薪酬明显高于全社会平均工资水平。人们盼望革除不合理因素带来的收入鸿沟，让劳动、资本、技术和管理等生产要素按贡献大小得到公平合理的回报，缓解收入分配矛盾。

而根据最新公布的数据，2013年一季度，江苏城镇居民人均可支配收入9 666元，苏南经济发达地区还会高一些。

来自安徽农村的王素芬是苏南一家电子装配制造企业的产业工人，公司近两年连续加薪，月工资从1 500多元涨到2 000多元，但最忙的时候，每天加班加点工作，月收入也只有2 500多元。"我不期待每月六七千元的高薪，可是每月2 000多元的收入，根本融入不了城市生活。"是返乡，还是留下来？小王陷入了两难。

不仅产业工人、外来务工人员等城镇中低收入者收入水平低，不同地域、行业、企业之间收入差距也在拉大，一些所谓优势行业，比如金融、通信、电力等行业职工薪酬水平明显高于全社会平均工资水平。

国家统计局公布的数据显示，2012年，全国私营单位平均工资仅为非私营单位的61.5%，最高与最低行业平均工资之比是3.96∶1。在城镇非私营单位就业人员中，占全部就业人员41.2%的制造业、建筑业就业人员，其年平均工资不仅低于金融业的8.97万元，也比平均工资水平分别低0.51万元、1.03万元。

中南财经政法大学2012年4月发布的一份调查研究表明，我国城乡之间、地区之间和行业之间的收入差距仍在扩大，农村内部的收入差距大于城镇内部。收入越高，其收入增长速度越快；反之，收入增长速度越慢。

硕士研究生毕业后，金融学专业的邢娟在北京一家事业单位干财务工作。由于人少活多，她常常要加班。两年过去了，她的工资从上班之初的3 000多元涨到了6 000元，和自己比，她觉得还算满意。然而，最近一次同学聚会，让邢娟感受到了"行业有别"。邢娟说，同班同学小范毕业后去了一家金融机构，工作强度与她类似，上班之初，月薪也只有3 000元，两年过去了，月薪涨到了1.2万元，几乎是她的2倍，这还不算年底的奖金。

在生活压力下，很多上班族既担心收入增长的速度赶不上经济发展的速度，又纠结于行业收入有别，自己"被平均"、"被增长"。收入差距拉大，越来越成为人们的一种现实焦虑。

除了劳动关系中福利有别、"同工不同酬"外，由于市场化改革不到位，一些企业、机构钻制度空子，打政策"擦边球"，通过权力寻租、垄断经营等非公平因素，拉大收入差距，也加重了部分群体的焦虑情绪。

"辛辛苦苦几十年，不如单位一套房。"6年前，大学毕业的周妍与北京望京一家外企签订了工作合同，虽然工资不低，但没有住房，一直租住单位附近的一套小居室。同学王姝进入了一家国有单位，工资比周妍低一些，但王姝一上班，就以低于市场1/3左右的价格，分到了单位"团购"来的一套100多平方米的商品房。

几年下来，虽然周妍的月薪还是比王姝高一些，但由于房价上涨，王姝的家庭财富已相当于周妍的两三倍。和周妍一样，不少在城市打拼的人，用勤劳的双手创造着财富，却在无形中输给了靠"财富致富"的人。"有房子，还是没有房子"、"有一套房，还是几套房"，已成为家庭财富的最大差别。

资料来源:中国网,2013年5月31日。

【关联理论】

不同行业性质不同、对经济的贡献度不同,收入水平存在一定差距,在情理之中。收入水平还与经济发展水平紧密相关,我国东、中、西部经济发展水平不同,人们的收入也会存在一定差距。但是,目前中国收入水平差距拉大还源于制度设计不合理、体制机制不配套等多种不合理因素。比如,由于用工制度不同,有些人因为身份、编制的不同,干同样的工作,收入却不相同,这就让人感到不公平。

【案例解剖】

当今中国贫富差距的根源看上去是收入差距的增加,但实际上其深层次源头很大程度上来自于机会不平等。中国的机会不平等问题很多是从一开始受教育时候的机会不平等开始,造成了将来择业时候的机会不平等,再加上在选人和用人上的体制性不平等因素,择业的机会不平等又进一步造成了收入的不平等。而要减少不合理因素造成的收入不平等,政府就应该注意缩小收入差距,促进社会公平,并应通过收入调节税等各种手段把过大的收入差距缩小在社会一般可接受的范围内,并加大各个领域的社会保障力度,尤其对于低收入群体,实现其社会保障水平与平均水平的接近,降低基尼系数。

此外,收入差距过大和收入分配不公也是中国现在的收入分配体制的两大问题,特别是收入分配不公,更为迫切地需要解决。而这有待政府出台一系列改革措施,从根本上遏制腐败收入、寻租收入和垄断性收入带来的收入分配不公。政府应该致力于消除工作岗位,尤其是政府部门和国有大中型企业的工作岗位在用人问题上的不正之风,不断加大面向社会公开、公平和公正选人用人的力度,以此对整个社会的用人之风施加影响。需要指出的是,对于劳动者个人通过勤劳和智慧创造的远高于一般民众的巨大收入和财富,政府应当继续鼓励和支持。

四、课外习题

(一) 术语解释

1. 贫困率
2. 贫困线
3. 实物转移支付
4. 效用
5. 福利

(二) 单项选择

1. ( )是向高收入家庭征税并给低收入家庭补贴的税制。
   A. 正所得税　　　B. 负所得税　　　C. 累退税　　　D. 累进税
2. 功利主义认为政府应该选择使社会上所有人( )最大化的政策。
   A. 总收益　　　B. 总收入　　　C. 总效用　　　D. 总利润

3. 经济流动性是指人们在各( )阶层之间的变动。
   A. 岗位　　　　B. 阶级　　　　C. 工作　　　　D. 收入
4. 对于那些技能水平低和经验不足的工人来说,较高的最低工资导致其工资高于( )的水平。
   A. 供求平衡　　B. 国际标准　　C. 国内标准　　D. 本地标准
5. 自由至上主义者的结论是( )比收入平等更重要。
   A. 经济平等　　B. 政治平等　　C. 身份平等　　D. 机会平等
6. 通过各种政府计划,穷人得到了许多( ),包括食品券、住房补贴和医疗服务。
   A. 现金　　　　　　　　　　　B. 实物转移支付
   C. 支票　　　　　　　　　　　D. 福利
7. 由于人们能以( )来平缓收入的生命周期变动,因此他们在任何一年的生活水平更多地依赖于一生中的收入,而不是当年的收入。
   A. 抵押品　　　　　　　　　　B. 银行贷款
   C. 借款和储蓄　　　　　　　　D. 信用卡
8. 贫困是一种影响所有人口群体的( ),但对各群体影响的大小并不同。
   A. 痼疾　　　　B. 经济病症　　C. 毒瘤　　　　D. 常见现象
9. 收入分配数据表明我们社会中存在巨大的( )。
   A. 不平等　　　B. 财富　　　　C. 中产阶级　　D. 穷人群体
10. 许多低于贫困线的人处于贫穷状态只是( )。
    A. 永久的　　　B. 暂时的　　　C. 中期的　　　D. 短期的
11. 很多国家的资料表明的( )不平等比年收入的不平等要小得多。
    A. 持久收入　　　　　　　　　B. 一生收入
    C. 实际生活水平　　　　　　　D. 月收入
12. 很多国家的贫困线会根据价格水平的变动每年进行调整,同时它还取决于( )。
    A. 政府税收　　B. 家庭规模　　C. 政府开支　　D. 政府预算
13. 帮助穷人的一种方法是直接向他们提供提高生活水平所需的某些( )。
    A. 物品和服务　　　　　　　　B. 方法
    C. 金融工具　　　　　　　　　D. 知识
14. 提高穷人生活水平的一种方法是政府补贴其收入,这主要通过( )来实现。
    A. 财政预算　　　　　　　　　B. 福利制度
    C. 收入调节税　　　　　　　　D. 岗位津贴
15. 如果政府承诺使收入完全平等化,人们就没有( )的激励,社会的总收入就将大大减少,而且最不幸者的状况肯定会更加恶化。
    A. 学习　　　　B. 上班　　　　C. 交税　　　　D. 勤奋工作

(三)判断正误

1. 最大最小准则认为政府的目标应该是使社会上状况最差的人福利最大化。( )
2. 社会保险是旨在保护人们规避负面事件风险的政府政策。( )
3. 自由至上主义认为政府应选择被认为是公正的政策,这种公正要由一位在"无知面纱"背后的无偏见观察者来评价。( )

4. 自由主义认为政府应惩罚犯罪并实现自愿的协议,但不应该进行收入再分配。（　　）

5. 贫困家庭的成员比一般人更可能经历无家可归、毒品依赖、健康问题、青少年怀孕、文盲、失业和受教育程度低等问题。（　　）

6. 许多旨在帮助穷人的政策可能对鼓励穷人依靠自己的力量脱贫有意想不到的不利影响。（　　）

7. 反对福利计划的一种普遍观点是,它实际上激励了人们变成"需要帮助者"。（　　）

8. 功利主义者支持收入再分配是根据边际效用递增的假设。（　　）

9. 家庭购买物品和服务的能力主要取决于其持久收入,即正常的或平均的收入。（　　）

10. 很多国家的数据表明不熟练工人的工资相对于熟练工人的工资下降了,而且这种相对工资的变动加剧了家庭收入的不平等。（　　）

（四）简答题

1. 什么是最大最小准则？
2. 简述有些反贫困计划起不到鼓励穷人工作的原因。
3. 简述实物转移支付方法帮助贫困人口受到支持的原因。
4. 简述现金转移支付方法帮助贫困人口受到支持的原因。
5. 收入分配的数据说明了社会的平等还是不平等？

（五）应用题

1. 经济学家通常把收入中的生命周期变动作为人的一生收入或持久收入的暂时变动的一种形式。在这种意义上说,如何比较你的现期收入与持久收入？你认为你的现期收入能正确地反映你的生活水平吗？

2. 功利主义者、自由主义者和自由至上主义者对收入不平等的许可程度有何差别？

3. 试提出一个减少反贫困计划不鼓励穷人工作的障碍的办法。如果你所提出的办法存在不利之处的话,请一并指出。

（六）拓展思考题

1. 2013 年国家统计局局长马建堂公布了过去十年中国基尼系数,尽管中国基尼系数在 2008 年达到顶峰 0.491 之后逐步回落,但 2012 年中国基尼系数仍达到 0.474,超过国际公认的 0.4 的警戒线。请结合阅读材料,论述中国家庭收入差距及如何缩小这一差距的对策建议。

2. 2010 年台湾社会贫富差距创历史新高,贫富家庭收入差距倍数高达 8.22 倍,这意味着富人越富、穷人越穷。一些家庭收入较低的单亲妈妈们的日子一年比一年难过,除了穿别人给的旧衣服,还得靠朋友救济米、油等必需品,并常向朋友借钱。试结合所学相关理论和台湾社会经济状况分析台湾家庭贫富差距加大的原因。

五、习题答案

（一）术语解释

1. 贫困率：家庭收入低于一个称为贫困线的绝对水平的人口百分比。
2. 贫困线：由政府根据每个家庭规模确定的一种收入绝对水平，低于这一水平的家庭被认为处于贫困状态。
3. 实物转移支付：以物品和服务而不是以现金形式给予穷人的转移支付。
4. 效用：衡量幸福或满足程度的指标。
5. 福利：补贴贫困者收入的政府计划。

（二）单项选择

1. B 2. C 3. D 4. A 5. D 6. B 7. C 8. B 9. A 10. B
11. C 12. B 13. A 14. B 15. D

（三）判断正误

1. √ 2. √ 3. × 4. × 5. √ 6. √ 7. √ 8. × 9. √ 10. √

（四）简答题

1.【考查要点】 最大最小准则。

【参考答案】 它强调的是使社会上状况最差的人的福利最大化，但它不会带来一个完全平等的社会，它仍然允许收入不对称，因为这种不对称可以增强激励，从而提高社会帮助穷人的能力。

2.【考查要点】 反贫困计划与工作激励。

【参考答案】 有许多旨在帮助穷人的不同政策——最低工资法、福利、负所得税及实物转移支付等。虽然这些政策都帮助了一些家庭脱贫，但它们也有意料之外的副作用。由于经济援助随着收入增加而减少，因此穷人往往面临很高的有效边际税率。这种高有效税率不鼓励贫困家庭依靠自己的力量脱贫，很难起到鼓励穷人工作的作用。

3.【考查要点】 实物转移支付。

【参考答案】 实物转移支付的支持者认为最贫困社会成员中的嗜酒和吸毒与整个社会中存在的这种情况相比更为普遍，通过向穷人提供食物和居住场所，社会可以确保自己不是在助长这些恶习。这是实物转移支付比现金支付在政治上更受欢迎的一个原因。

4.【考查要点】 现金转移支付。

【参考答案】 现金转移支付的支持者认为，政府并不知道穷人最需要什么物品和服务。许多穷人是运气不好的普通人。尽管他们不幸，但由他们来决定如何提高自己的生活水平是最适当的。与其通过实物转移支付来为穷人提供他们可能并不需要的物品和服务，还不如给他们现金以购买他们认为最需要的东西，这样会使他们的状况更好。

5.【考查要点】 收入分配。

【参考答案】 收入分配数据表明了我们社会中存在的巨大不平等。最富有的1/5家庭的收入是最贫穷的1/5家庭的收入的十倍还多。

(五) 应用题

1. 【考查要点】 暂时收入与持久收入。

【参考答案】 人一生的收入不仅仅因为预期的生命周期而变动,还因为随机的和暂时的力量而变动。正如人们能以借款和存款来平缓收入的生命周期变动一样,他们也能以借款和存款来平缓收入的暂时变动。在某种程度上,家庭在收入状况好的年份储蓄,而在收入状况差的年份借款(或动用储蓄)。在这个意义上,收入的暂时变动就并不一定影响他们的生活水平。家庭购买物品与服务的能力主要取决于其持久收入,即正常的或平均的收入。因此,我认为我的现期收入不一定影响我的生活水平,我的持久收入才会影响我的生活水平。

2. 【考查要点】 功利主义、自由主义、自由至上主义。

【参考答案】 功利主义者认为要实现效用最大化,而这意味着政府应该努力达到更平等的收入分配,但功利主义者否定收入的完全平等化;自由主义者认为应该提高社会中状况最差的人的福利,使最小效用最大化,而不是像功利主义者所主张的那样使每个人效用的总和最大化,自由主义者强调的是社会上最不幸的人,主张通过把富人的收入转移给穷人来增进最不幸者的福利,它要求的收入再分配比功利主义者更多;自由至上主义者认为政府不应该为了实现任何一种收入分配而拿走一些人的收入并给予另一些人,只要决定收入分配的过程是正义的,那么分配结果无论如何不平等都是公正的。

3. 【考查要点】 反贫困计划和工作激励。

【参考答案】 一个简单的解决问题的办法是:随着贫困家庭收入的增加,逐渐减少对他们的补贴。比如,如果一个贫困家庭每赚1元钱就减少0.3元补贴,那么它就面临30%的有效边际税率。虽然这种有效边际税率在某种程度上降低了工作的努力程度,但并没有完全消除对工作的激励。这种解决方法存在的不利之处是:它会大大增加反贫困计划的成本。

(六) 拓展思考题

1. 【考查要点】 家庭收入不平等。

【参考答案】 目前中国的贫富差距不仅体现在城乡居民收入差距的扩大化,还体现在不同行业和不同区域之间。从各国经济的发展历程来看,高基尼系数是经济高速发展过程中的常见现象,是市场有效配置资源的自然结果。在短期内要缩小收入差距可以通过政府的二次分配政策来实现,完善社保体系;而在长期则需要通过全面提高教育水平以实现机会均等。

2. 【考查要点】 家庭收入差距及成因。

【参考答案】 全球很多国家和地区都有贫富差距扩大的趋势,中国台湾地区也不例外。拥有房屋、土地、设备、技术等生产性财富的人,越来越富;产业的资本密集度增加,高科技公司扩大投资,但雇用人数增加有限;其次,在全球化影响下,劳工技术的高低落差扩大,高科技公司需要大量工程师,迄今仍供不应求;但低技术劳工的工作机会却越来越少。此外,小家庭和单亲家庭在台湾的增多,也导致容易扩大收入差距。要缩小贫富差距,台湾当局必须加大实施各种社会补助的力度和范围,包括各种对中低收入户的生活津贴补助、各项社会保险保费补助等。

第 21 章
消费者选择理论

一、学习精要

（一）教学目标

1. 领会预算约束线如何表示消费者可以支付得起的消费组合，无差异曲线如何表示消费者的偏好。
2. 理解消费者的最优选择是如何决定的。
3. 理解消费者如何对收入变动和价格变动做出反应，学会把价格变动的影响分解为收入效应和替代效应。
4. 掌握消费者选择理论运用于有关家庭行为的三个问题。

（二）内容提要

本章阐述了一种描述消费者如何做出购买决策的理论。本章首先提出预算约束线和无差异曲线，然后以此为基础来分析消费者的最优化选择，包括收入变动和价格变动对消费者选择的影响，以及收入效应和替代效应，并推导需求曲线，最后将理论应用于有关家庭行为的三个决策问题：是否所有的需求曲线都向下倾斜，工资如何影响劳动供给，利率如何影响家庭储蓄。

1. 预算约束：消费者能买得起什么

（1）预算约束线表示在收入与物品价格既定时，消费者可以支付得起的消费组合。如果用横轴和纵轴分别表示一种物品，预算约束线即为一条在每种物品价格和消费者收入既定时可以购买的物品的最大数量连接而成的直线。

（2）消费约束线的斜率即为消费者可以用一种物品换到另一种物品的比率，因此预算约束线的斜率等于两种物品的相对价格。

2. 偏好：消费者想要什么

（1）无差异曲线表示给消费者相同满足程度的消费组合，也就是说，在任何一条既定的无差异曲线的所有点上，消费者的满足程度相同。如果用横轴和纵轴分别表示一种物品，无差异曲线应该向右下方倾斜。

（2）无差异曲线上任意一点的斜率即为消费者愿意用一种物品替代另一种物品的比率，称为边际替代率（MRS）。也就是说，边际替代率是在保持满足程度不变时，消费者愿意用一种物品交换另一种物品的比率。

（3）无差异曲线具有以下四个特征：其一，消费者对较高无差异曲线的偏好大于较低无差异曲线,消费者的无差异曲线束给出了消费者偏好的完整排序,因为消费者通常偏好消费更多而不是更少的物品;其二,无差异曲线向右下方倾斜,因为如果要减少一种物品的消费量,为了得到相同的满足,就必然增加另一种物品的消费量;其三,无差异曲线不可能相交,因为它表明消费者的偏好一致;其四,无差异曲线凸向原点,反映了消费者更愿意放弃他已大量拥有的一种物品去交换另一种物品。

(4) 无差异曲线的形状告诉我们消费者用一种物品交换另一种物品的意愿。当物品很容易相互替代时,无差异曲线呈现较小的凸性;当物品难以替代时,无差异曲线呈现极大的凸性。如果两种物品是完全替代品,则无差异曲线是直线;如果两种物品是完全互补品,则无差异曲线是直角形。

3. 最优化:消费者选择什么

(1) 消费者的选择不仅取决于他的预算约束,而且取决于他对这两种物品的偏好。因此,把预算约束线和无差异曲线结合在一起,就能解决消费者购买决策的最优选择。消费者通过选择既在预算约束线上又在最高无差异曲线上的一点而实现最优,此时最高的无差异曲线正好与预算约束线相切。

(2) 在最优点上,无差异曲线的斜率(物品之间的边际替代率)等于预算约束线的斜率(物品的相对价格)。实际上消费者在做出自己的消费选择时,通常把两种物品的相对价格作为既定,然后选择使他的边际替代率等于这种相对价格的最优点。

(3) 如果把相对价格看作市场上能够用一种物品交换另一种物品的比率,把边际替代率看作消费者愿意用一种物品交换另一种物品的比率,在消费实现最优选择时,不同物品的市场价格就反映了消费者对这些物品的评价。

(4) 另一种描述偏好和最优化选择的方法是用效用的概念。假若把效用看作是从一组物品中得到的幸福或满足程度的抽象衡量,那么无差异曲线实际上就是等效用曲线。任何一种物品的边际效用是消费者从多消费一单位该物品中得到的效用的增加。随着一种物品消费的增加,额外一单位该物品所提供的边际效用会越来越低,即表现出边际效用递减规律。

(5) 两种物品的边际替代率取决于它们的边际效用,说得准确一点,应该是边际替代率必然等于两种物品的边际效用之比,即 $MRS = MU_X/P_X = MU_Y/P_Y$;又因为在消费者最优时,边际替代率等于两种物品价格之比,即 $MRS = P_X/P_Y$。因此在消费者在最优时,对于 X 和 Y 两种物品有 $MRS = MU_X/MU_Y = P_X/P_Y$,整理可得:

$$MU_X/P_X = MU_Y/P_Y$$

上式可以解释为:在最优时,用于 X 物品支出的每单位货币的边际效用等于 Y 物品支出的每单位货币的边际效用,即用于所有物品的每单位货币的边际效用都是相等的。也可以说无差异曲线与预算约束线相切。

4. 收入和价格变动如何影响消费者的选择

(1) 假设消费者收入增加,而两种物品相对价格不变,那么消费者可以消费更多的两种物品,因此收入增加会使预算约束线平行向外移动,此时消费者可以在一条更高的无差异曲线上达到最优。最常见的是消费者将选择消费更多的两种物品,此时这两种物品都是正常物品;但亦可能出现其中某种物品消费得比以前少的情况,此时这种物品就是一种低档物品。

(2) 假设一种物品的价格下降,如果消费者把他所有收入用于购买价格下降的物品,则可以购买更多的该种物品。如果消费者把他所有收入用于购买价格不变的物品,则他购买的这种物品的数量不会发生变化。因此,这将会引起预算约束线只在价格下降的物品的轴上向外旋转。

（3）一种物品价格变动对消费者选择的影响可以分解为收入效应和替代效应。收入效应是价格变动引起的消费变动（消费者实际购买力发生变化，消费者比以前更富有或更贫穷），使消费者移动到更高或更低的无差异曲线上。替代效应是价格变动引起的消费变动（鼓励消费者更多地购买价格下降的物品，或更少地购买价格上升的物品），使消费者沿着一条既定的无差异曲线移动到不同边际替代率上的一点上。

（4）需求曲线可以从预算约束线和无差异曲线得出的消费者最优决策中推导出。收入效应和替代效应的结合表明了一种物品价格变动引起的需求量的总变动，当把这些值画在价格—数量图上时，这些点就形成了消费者的需求曲线。用这种方法，消费者选择理论为消费者需求曲线提供了一个理论基础。

5．三种应用

消费者选择理论可以运用于许多情况。它可以解释为什么需求曲线有可能向右上方倾斜，为什么高工资既可能增加也可能减少劳动供给量，为什么提高利率可能增加也可能减少储蓄等。

（1）所有的需求曲线都向右下方倾斜吗？ 需求定理表明，一般而言，当一种物品价格上升时，其需求量下降，反映在需求曲线的向右下方倾斜上。但在理论上和现实中，需求曲线有时也会向右上方倾斜，此时消费者违背需求定理。如果一种物品的价格上升，收入效应大于替代效应（非常低档的物品），那么这种物品的价格上升就会引起需求量增加，这种物品被称为吉芬物品。

（2）工资如何影响劳动供给？ 消费者选择理论可以运用于工作和闲暇之间的配置决策。预算约束线表明个人可以享有的所有消费和闲暇的组合，无差异曲线表明个人对消费和闲暇的偏好。预算约束线和无差异曲线决定了个人选择的消费和闲暇的最优点，它即为预算约束线和最高可能的无差异曲线的切点。

工资提高会带来收入效应和替代效应。一方面，高工资的替代效应鼓励个人更多工作，用消费来替代闲暇，因为闲暇相对于消费而言变得更加昂贵。另一方面，高工资的收入效应导致个人的状况比以前更好，如果消费和闲暇都是正常物品，他会倾向于利用这种福利增加来享受更高消费和更多闲暇，因而个人会减少工作。由此，我们得出结论：高工资的替代效应会增加劳动供给，而高工资的收入效应会减少劳动供给。

工资提高对劳动供给的影响，既取决于收入效应，又取决于替代效应。如果替代效应大于收入效应，个人就增加工作，劳动供给曲线向右上方倾斜；如果替代效应小于收入效应，个人就减少工作，劳动供给曲线向右下方倾斜。证据表明，从长期来看，劳动供给曲线实际上是向右下方倾斜的。

（3）利率如何影响家庭储蓄？ 消费者选择理论可以用于今天的消费和为明天的储蓄的决策。如果用横轴代表年轻时的消费，纵轴代表年老时的消费，个人必须在这两种物品之间做出选择。利率决定了这两种物品的相对价格，预算约束线表示个人选择的所有可能组合，而无差异曲线表明个人对两个时期消费的偏好。预算约束线和无差异曲线决定了个人选择的两个时期消费的最优点，它即为预算约束线和最高可能的无差异曲线的切点。

利率上升会带来收入效应和替代效应。一方面，高利率的替代效应鼓励个人更多地储蓄，用年老时的消费替代年轻时的消费，因为年轻时的消费相对于年老时的消费而言变得更加昂贵。另一方面，高利率的收入效应导致个人的状况比以前更好，如果两个时期的消费都是正常物品,他会倾向于利用这种福利增加来享受两个时期的消费,因而个人会减少储蓄。由此,我们得出结论:高利率的替代效应会增加储蓄,而高利率的收入效应会减少储蓄。

利率上升对家庭储蓄的影响,既取决于收入效应,又取决于替代效应。如果替代效应大于收入效应,个人就增加储蓄;如果替代效应小于收入效应,个人就减少储蓄。因此,消费者选择理论说明:利率上升既可能鼓励储蓄也可能抑制储蓄。

(三) 关键概念

1. 预算约束线:表示在收入与物品价格既定时,消费者可以支付得起的消费组合。
2. 无差异曲线:表示给消费者相同满足程度的消费组合。
3. 边际替代率:在保持满足程度不变时,消费者愿意以一种物品交换另一种物品的比率。
4. 完全替代品:边际替代率始终不变的两种物品,此时无差异曲线为直线。
5. 完全互补品:必须组合在一起共同提供效用的两种物品,此时无差异曲线为直角形。
6. 正常物品:收入增加引起需求增加的物品。
7. 低档物品:收入增加引起需求减少的物品。
8. 收入效应:当一种价格变动使消费者移动到更高或更低的无差异曲线时所引起的消费变动。
9. 替代效应:当一种价格变动使消费者沿着一条既定的无差异曲线变动到有新的边际替代率的一点时所引起的消费变动。
10. 吉芬物品:价格上升引起需求量增加的物品。

(四) 拓展提示

1. 预算约束线表明消费者在收入与物品价格既定时所能买得起的物品组合。消费者的无差异曲线代表他的偏好。消费者的选择不仅取决于他的预算约束,而且还取决于他对物品的偏好。
2. 在现实世界中,大多数物品既不是完全替代品(像 5 角硬币和 1 元硬币),也不是完全互补品(像右脚鞋和左脚鞋)。更典型的情况是,无差异曲线凸向原点,但不像直角形那样凸向原点。
3. 从图形上来看,替代效应是相对价格变动引起的消费变动,它使预算约束线沿着一条既定的无差异曲线旋转,消费者沿着一条既定的无差异曲线移动到不同边际替代率上的一点上,但消费者的福利或满足程度没有发生任何变动;收入效应使预算约束线平行移动,引起消费变动到新的无差异曲线上所得到的新的最优点。
4. 在经济现实中,由于对利率上升的收入效应和替代效应孰大孰小仍有争论,对利率如何影响储蓄在研究领域还没有一致的看法,因此并没有对利息税收的公共政策是否能达到预期效果的确切建议。
5. 消费者选择理论描述了人们如何做出决策,它有广泛的适用性。但它并不是对人们如何做出决策提供一种具体的描述,它仅仅是一个模型。看待消费者选择理论的最好方法是把它作为消费者如何做出决策的一个比喻,消费者选择理论试图用清晰的经济学分析方法来描述这种隐含的心理过程。

二、新闻透视

（一）新闻透视 A

杭州农民拆迁一夜暴富：10%的人赌博吸毒返贫

财富是柄双刃剑：拆迁让农民一夜骤富，无度挥霍也让人一夜返贫。杭州江干区某镇，原是钱塘江北岸的一个农业镇。2003年以来，随着杭州城市东进步伐的加快，这里建起了客运中心、地铁站，迎来拆迁高潮。这里的农民除了得到上百万元的房屋拆迁补偿款之外，还按照每人60平方米的标准分配了安置房，户均分配住房最低2套，最多4套。

拆迁补贴，让农民过上了从未有过的幸福生活；然而，面对从未有过的巨额财富，不少农民不知所措，只顾眼前，得过且过。还有部分人沉湎于赌博，甚至染上毒瘾。某社区的许某原先做豆类生意，经济情况在当地属"上乘"。拆迁后，他拿到上百万的拆迁补偿款和两三套房子，就停了小生意，从此吃喝嫖赌、醉生梦死，没几个月跌落为村里的"破落户"。债主天天上门要债，许某东躲西藏，耄耋之年的父母每天以泪洗面。这个镇目前记录在案的吸毒人员比2003年翻了一番。一位镇干部说，当地拆迁户一夜暴富后又因为赌博、吸毒等原因而返贫者，保守估计有10%。

多少年了，习惯于稼穑耕耘；而今，这一切都成了过去，手中呢，又攥着大把的钞票，该怎样去生活？不少拆迁农民感到迷茫。一位镇干部介绍，当地被征地拆迁农民中"4050"劳动力占近四成左右，但有固定职业的不足1/3。囿于拆迁农民的能力，政府能为他们提供的就业岗位只能是一些清洁员、保安之类的服务型岗位。但是，几百万元的拆迁款再加上几套回迁房，靠房租、靠村集体经济分红都能有不菲的收入。如此，就业心态发生变化也就在所难免。拆迁农民中，许多人宁愿失业也不愿干保安保洁工作。"难道开着好车扫大街去？丢不起这人！"有农民这样说。

没有固定的职业，难免精神空虚，而精神空虚，便给不法分子以可乘之机。"那些放高利贷的人知道你是拆迁户，手里有钱，便开始打你的主意，引诱你去赌博、引诱你去吸毒，手头钱不凑手就先借你5万、10万，爽快得很。开始还让你尝点甜头，可一旦踏上这条路想回头，就很难了。"一位社区干部说。当地警方对于城郊村一带的"黄赌毒"现象先后开展了好几次打击行动，但效果并不理想。杭州城郊一所小学的家庭情况调查表上，父母职业一栏，有的孩子竟写"打麻将"。

随着城市化进程，新一批的农转非人口正在各地诞生。如何把拆迁农民的短期富裕变成长期收益、让他们不是"富裕一阵子"而是"幸福一辈子"呢？

资料来源：王慧敏、冯益华，人民日报，2012年07月15日。

【关联理论】

假设消费者收入增加，而两种物品相对价格不变，那么消费者可以消费更多的两种物品，因此收入增加会使预算约束线平行向外移动，此时消费者可以在一条更高的无差异曲线上达到最优。最常见的是消费者将选择消费更多的两种物品，此时这两种物品都是正常物品；但亦可能出现其中某种物品消费得比以前少的情况，此时这种物品就是一种低档物品。

【新闻评析】

杭州农民拆迁一夜暴富,为何10%的人赌博吸毒返贫?解析上则新闻,可以运用收入变动对消费者选择的影响等相关理论。假设拆迁农民消费工作和闲暇两种物品,而且他必须在这两种物品中做出选择,因为他们要么选择工作,要么享受闲暇,这不仅仅针对拆迁农民,实际上对社会中任何个人都同样成立。

在工业化和城市化发展中,拆迁补偿使拆迁农民的财富和收入极大增加。在拆迁人口管理制度建设不完备的条件下,拆迁农民自身职业技能和就业能力没有得到改善,从事的还是以前的工作,其工资也就不可能发生变化。因此这种情况下,其预算约束线大大向外平行移动,此时拆迁农民可以在一条更高的无差异曲线上达到最优。一般来说,如果工作和闲暇对于农民来说都是正常物品的话,拆迁农民将选择更多的工作和更多的闲暇。但对于一夜骤富的拆迁农民而言,就业心态一旦发生变化,目前的工作俨然已经变成低档商品,就像新闻中提到的"难道开着好车扫大街去?丢不起这人!"因此,因拆迁补偿而富起来的村民选择不工作或少工作,而选择享受更多闲暇。当然,村民选择不工作或少工作亦可以用劳动供给的收入效用来加以解释,因拆迁获大额补偿与因彩票或大额奖金一夜暴富并无二致。没有固定的职业,难免精神空虚,而精神空虚,便给不法分子以可乘之机。如此一来,杭州城郊村一带的"黄赌毒"现象也就在情理之中了。

支付补偿款征地,是让农民交出了世代拥有土地的权利,一夜暴富表面下,实质是一夜顿失永久立身之所。一旦拆迁农民因为挥霍征地补偿款而返贫,许多问题会转嫁到政府和社会身上,影响社会稳定和发展。如何把拆迁农民的短期富裕变成长期收益、让他们不是"富裕一阵子"而是"幸福一辈子"呢?从消费者选择理论出发,最根本的是要通过各种手段将拆迁之后村民的工作由"低档商品"转变为"正常商品",这就需要大力加强拆迁人口管理的制度建设。这里不仅要通过帮扶失地农民提升素质、增强创业就业能力、完善就业服务平台等手段提升拆迁农民的就业能力,而且要关注他们的精神生活,帮助他们转变思想,引导其树立健康的消费和投资观念,必要时还要做好对失地农民的警示教育,提高拆迁人口的综合素质。从这个意义上来讲,我们社会对征地补偿绝不能是"一锤子买卖",地方政府要完了地,还要从头到尾管好人。

(二)新闻透视 B

中国为何利率越低 储蓄越多

国际货币基金组织(IMF)的一项研究发现,中国的银行支付的存款利率越低,中国人的储蓄率越高。自20世纪90年代中期开始,中国城市家庭的储蓄占可支配收入的比重从19%上升至30%,同期中国人均收入增长了四倍。按理说,人们越富裕,储蓄率越低才对。可是中国的情况正好相反。这是为什么?

一些经济学家认为,中国人增加储蓄是因为中国的养老和医保体系还很不完善。中国人清楚,一旦生病他们就要大把花钱。其他人则认为中国人储蓄是想买房,中国政府在20世纪90年代末实施了住房商品化改革。然而还有一些人说,生了男孩儿的家庭储蓄尤其多是因为父母想帮助儿子更容易地娶到媳妇。

对此,IMF的经济学家纳巴(Malhar Nabar)有不同看法。他说,中国人心中有一个储蓄目标,因为他们有买房、购置家电、支付医保账单等一系列支出。无论发生什么情况,他们总会努力实现这个目标。

因此,当银行减少支付的利息之后(经通胀因素调整),中国居民会增加储蓄。而银行增加支付的利息后,中国居民便会减少储蓄,这是因为他们会更容易地实现自己的储蓄目标。

自1996年以来,中国商业银行支付的存款利率日益降低,这意味着存款利率和通货膨胀率的差距越来越大。因此,中国人的储蓄率越来越高。

纳巴写道,持续提高银行存款利率并拓宽居民进行其他投资的渠道能令中国家庭更易实现他们的储蓄目标。换句话说,如果银行能提高存款利率,中国家庭就会降低储蓄率。

资料来源:南方都市报,2011年9月28日。

【关联理论】

利率上升会带来收入效应和替代效应。一方面,高利率的替代效应鼓励个人更多地储蓄,用将来的消费替代现在的消费。另一方面,高利率的收入效应导致个人的状况比以前更好,他会倾向于利用这种福利增加来享受两个时期的消费,因而个人会减少储蓄。利率上升对家庭储蓄的影响,既取决于收入效应,又取决于替代效应。如果替代效应大于收入效应,个人就增加储蓄;如果替代效应小于收入效应,个人就减少储蓄。

【新闻评析】

消费者选择理论说明:利率变化会带来收入效应和替代效应。利率上升既可能鼓励储蓄,也有可能抑制储蓄。最终利率上升到底导致储蓄增加还是减少,关键取决于利率上升带来的替代效应和收入效应之间的大小比较。虽然从经济理论的角度看这样的结论是令人感兴趣的,但遗憾的是,对利率如何影响储蓄在研究领域还没有一致的看法。针对中国为何利率越低而储蓄越多的原因,IMF的经济学家纳巴所说,由于有买房、购置家电、支付医保账单等一系列支出,中国人心中有一个希望努力去实现的储蓄目标。而这一目标的实现将受到利率高低不同的影响。如果利率上升,这个目标更容易实现,因而中国居民便会减少储蓄。相反,如果利率下降,这个目标就较难实现,因而中国居民会增加储蓄。实际上,纳巴做出这一结论之前,已经假定中国利率上升带来的替代效应是大于收入效应,否则这一结论不可能成立。

当然,出现中国利率越低而储蓄越多的情况,即储蓄之所以逆势上扬可能还有其他原因。譬如倘若分析具体储蓄数据,主因可能在于广大散户,百姓的投资或消费观念很弱,至少不成熟。此外,在银行利率上升时,可能也会出现经济过热、投资过多、通货膨胀过高、物价上升,民众手头吃紧;反之,银行利率下降时,可能也会出现经济不活跃、可投资的地方比较少、物价偏低,此时民众手头宽裕。最后,考虑利率对家庭储蓄的影响,还须关注企业储蓄、公共储蓄与家庭储蓄的相关性。

(三) 新闻透视 C

城市住房是吉芬商品吗

2010年年初,一位房地产大佬曾在自己的博客上分析房价必然上涨的几个原因,通过一系列数据,他"证明"得出了一个被众人诟病的结论:"收入的增长远远高于了房价的增长。"大多数人对其观点反应强烈但又不知道怎样去反驳。笔者认为,这是因为人们对住房价格高企的反应与"吉芬商品现象"相关。

所谓"吉芬商品现象",是由英国学者罗伯特·吉芬发现的一个有悖于社会常理的现象,亦称"买贵现象"。1845年爱尔兰发生灾荒,造成了土豆价格的上涨,按常理讲,当价格上涨的时候,人们理应减少消费,但当时人们反倒要消费更多的土豆。这种违背需求定理的现象就是著名的"吉芬反论"。

提起"吉芬商品现象",人们马上会联想到,近年来,房价越来越高,而人们对住房的需求却有增无减。那么,城市住房是"吉芬商品现象"吗?

对于人们打着雨伞挤在一起排队等待领取楼盘销售放号的不正常现象,已经有人质疑其合理性,或认为那是开发商采取的请"托"策略,但是大量出现这类现象的根源又是什么?

笔者认为,究其原因不难发现,在住房需求上,存在着房价上涨导致需求增加的实际状况,即所谓类似于吉芬商品的低档品的需求曲线随着价格的上升而需求量增加,城市住房需求与住房价格的变动恰恰与"吉芬商品"的不正常行为相吻合。但是否就能够断言城市住房是一种吉芬商品?对此我持否定态度。从表象上看这是一种"视角"(类似关联),即事件的特征和行为表现在表面上看起来非常相似,包括其行为轨迹图、特定路径、类似事件的共性等,但二者的前提条件是不同的,应具体分析类似关联的根源是什么。

那位房地产大佬的博客观点,折射了城市住房需求与吉芬商品实质关联的本质,他把住房平均计算的方式放在所有人身上,但事实上,并不是所有人都需要买房,即使所有城市人都买房,他们收入增长的倍数也被吃穿用行的需求分解了,且每个类别的增幅都不小。这样,人们在住房上的购买力就下降为一个较低的层次,以至于多数人感到房价虚高难以招架,其根源在于可支配收入中用在住房上的资金上涨远远小于房价的上涨。

毋庸讳言,另一方面,城市住房又的确表现出了吉芬商品的众多特性。比如,特质商品的特殊性。土豆在饥荒发生时成为人们生存需求的根本之物,具有不可替代的作用,成为人们追求的一种"必然";经济繁荣时期的城市住房作为大件商品,是人们吃饱穿暖之后的另一种"必然"追求,二者的表现没有根本差别。

又如,追高、从众、恐慌心理的制约。饥荒时人们预期土豆价格还会再涨,于是对土豆存在着饥渴性的追求,一系列的连锁反应构成了"吉芬商品现象"。而经济繁荣时期,无论房价怎样上涨,人们在唯恐更高的心理支配下,一味追求住房的"拥有",致使住房需求与"吉芬商品现象"相似。

再如,市场作为看不见的手无形中发挥着"劫贫济富"的负面作用。开发商相对于购房者就是资源的掌控者,在市场中发挥着主导作用,正是他的主导性导致了资源更集中于开发商等人手中,"劫贫济富"的效应发生了,财富集中到了开发商或经营商手中,这样的表现让城市住房与吉芬商品在资源控制上如出一辙。

资料来源:中青在线—中国青年报,2010年9月27日。

【关联理论】

所谓吉芬商品就是在其他因素不改变的情况下,当商品价格上升时,需求量增加,价格下降时,需求量减少,这是西方经济学在研究需求的基本原理时,19世纪英国经济学家罗伯特·吉芬对爱尔兰的土豆销售情况进行研究时定义的。吉芬商品是因低档商品中的收入效应足够强以至于使该商品的价格与需求量发生了同方向的变动。

【新闻评析】

在理论上和现实中,需求曲线有时也会向右上方倾斜,此时消费者违背需求定理。如果一种物品(非常低档的物品)的价格上升,收入效应大于替代效应,那么这种物品的价格上升就会引起需求量增加。一般而言,吉芬商品是因低档商品中的收入效应足够强以至于使该商品的价格与需求量发生了同方向的变动。

到底城市住房是不是吉芬商品?单作一种现象而言,天底下到处都有吉芬商品或者吉芬现象。不仅仅是城市住房,譬如雨天的雨伞、股票、外汇等,价格上涨,购买的数量会上升。但是,这类商品是否与需求定律相悖,是否应该算作需求定律的例外?实际上,我们在理解吉芬商品的含义时,应特别关注最容易忽视的那个前提,即"其他条件不变"。这里的其他条件不变,至少应该隐含消费者群体这个核心因素。就城市住房而言,随着近年来适婚人口的逐年增长,中国居民对城市住房的刚性需求量必定逐年加大。如果把城市住房看作是吉芬商品,则显然忽略了消费者群体变化因素。

走出城市住房的"吉芬商品现象"误区,至少应该应把握以下三点:其一,抑制不正常的房价。把城市住房与吉芬商品挂钩的一个重要原因是住房刚性需求带来的房价虚高和捂盘、惜售引起的供给量减少。其二,扭转追高心理。从众追高的社会心理在一定程度上是病态,而民众中存在过多非理性行为,"羊群效应"的危害不言而喻。其三,严格抑制土地财政政策。房价居高不下的一个很重要原因是基层政府的土地财政政策,地方税收的相当比例均来自土地税收,国务院发展研究中心的一份调研报告显示,土地直接税收占地方预算内收入的40%,而土地出让金净收入占政府预算外收入的60%以上。也就是说,不能漠视地方政府通过土地财政对人们财富的"占用"行为,这才是房价奇高的根源。

三、案例研究

(一) 案例研究 A

中国法定公休日和节假日演变历程 从一周休一天到一年休 115 天

1949—1994 年 每周只休礼拜天

1949 年至 90 年代初期,中国实行一周六天工作制,每周礼拜天休息。法定节假只有元旦和五一放假 1 天,春节放假 3 天,国庆放假 2 天等全体公民假期。

1995—1999 年 从大礼拜到双休日

1994 年 3 月 1 日,国家开始试行"1+2"休假制度,即每天工作八小时,平均每周工作 44 小时的工时,每逢大礼拜休息两天,而在小礼拜就只休息一天。

1995 年 5 月 1 日,完全意义上的双休日工作制正式实施。

1999—2007 年 一年三个黄金周

1997 年发生东南亚金融危机。为了刺激消费,拉动国内经济,促进国内旅游,1999 年,国务院决定将春节、"五一"、"十一"的休息时间与前后的双休日拼接,形成 7 天长假。2000 年 6 月正式确立"黄金周"假日制度。

"黄金周"迅速推动了我国旅游市场和经济发展。第一个"十一"黄金周全国出游人数达到 2 800 万人次。到 2005 年国庆黄金周全国共接待旅游者突破 1 亿人次。但由于节假日过于集中,致使黄金周人员流动数量庞大,交通拥挤,旅游安全隐患增大,不断有专家呼吁取消黄金周。

2006年,以蔡继明为负责人的清华大学假日制度改革课题组认为,黄金周制度该功成身退了。2007年"两会"期间蔡继明再次提案呼吁取消"五一"、"十一"黄金周。

2008年至今　增传统节日和小长假

2007年12月,国务院决定,从2008年起取消"五一"黄金周,改为3天短假期,相应增加清明、端午、中秋三个传统节日,通过拼接双休日,形成三天小长假。

但实行小长假后,常出现休息3天后连续工作七八天、一个月内休息和工作时间脱节等情形,关于取消小长假的呼声渐渐高涨。

资料来源:央视,长江日报,新浪安徽整合,2013年11月27日。

【关联理论】

工资提高会带来收入效应和替代效应。一方面,高工资的替代效应鼓励个人更多地工作,用消费来替代闲暇。另一方面,高工资的收入效应导致个人的状况比以前更好,因而会倾向于利用这种福利增加来享受更高消费和更多闲暇,个人将会减少工作。工资提高对劳动供给的影响,既取决于收入效应,又取决于替代效应。如果替代效应大于收入效应,个人就增加工作,劳动供给曲线向右上方倾斜;替代效应小于收入效应,个人就减少工作,劳动供给曲线向右下方倾斜。证据表明,从长期来看,劳动供给曲线实际上是向右下方倾斜的。

【案例解剖】

向右下方倾斜的劳动供给曲线乍看起来似乎仅仅是一个理论上的新奇想法,但实际上并非如此。中国法定公休日和节假日演变历程即说明了这一点,从新中国成立到现在,中国人的休闲时间一直逐步增加,尤其是20世纪90年代以来增加明显。自1995年起实行五天工作制,1999年10月起又实施春节、"五一"、"十一"三个长假日,使得中国的法定假日增加到115天。2007年国家法定节假日调整方案实施后,除了春节、"十一"两个黄金周之外,一年中将形成元旦、清明、端午、五一、中秋五个分布比较均匀的"小长假"。在闲暇时间这种稀缺资源增加后,人们自然会追求尽可能多的自主支配时间来满足自己休闲放松的需要。来自中国的数据,即为劳动供给曲线在长期是向右下方倾斜的最好证据。

经济学家可以这样解释这种历史趋势:长期中技术进步提高了工人的生产率,从而增加了劳动需求。劳动需求的增加提高了均衡工资,并增加了工人的报酬。当工人的工资水平提高到一定程度之后,工资提高带来的收入效应大于替代效应。大多数工人对此的反应不是工作更多,而是以更多闲暇的方式分享自己的成功。中国法定公休日和节假日公共政策的演变,正好顺应了中国民众更多地分享经济高度发展成果和享受丰富闲暇生活的迫切意愿。

(二) 案例研究B

吃三个面包的感觉

美国总统罗斯福连任三届后,曾有记者问他有何感想,总统一言不发,只是拿出一块三明治面包让记者吃,这位记者不明白总统的用意,又不便问,只好吃了。接着总统拿出第二块,记者还是勉强吃了。紧接着总统拿出第三块,记者为了不撑破肚皮,赶紧婉言谢绝。这时罗斯福总统微微一笑:"现在你知道我连任三届总统的滋味了吧?"这个故事揭示了经济学中的一个重要的原理:边际效用递减规律。

记者不再吃第三个面包是因为再吃不会增加效用,反而是负效用。再如,水是非常宝贵的,没有水,人们就会死亡,但是你连续喝超过了你能饮用的数量时,那么多余的水就没有什么用途了,再喝边际价值几乎为零,或是在零以下。现在我们的生活富裕了,我们都有"天天吃着山珍海味也吃不出当年饺子的香味"的体验,这就是边际效用递减规律。设想如果不是递减而是递增会是什么结果,吃一万个面包也不饱。吸毒就接近效用递增,吸毒越多越上瘾。吸毒的人觉得吸毒给他的享受超过了其他消费的各种享受。所以吸毒的人会卖掉家产,抛妻弃子,宁可食不充饥,衣不遮体,毒却不可不吸。所以说,幸亏我们生活在效用递减的世界里,在消费达到一定数量后因效用递减会停止下来。

【关联理论】

如果把效用看作是从一组物品中得到的幸福或满足程度的抽象衡量,那么无差异曲线实际上就是等效用曲线。任何一种物品的边际效用是消费者从多消费一单位该物品中得到的效用的增加。边际效用递减规律表明,随着消费者消费的某种物品逐渐增多,消费额外一单位该物品给他带来的边际效用就越来越低。

【案例解剖】

总效用是消费一定量某物品与服务所带来的满足程度。边际效用是增加一单位某种物品的消费量所增加的满足程度。我们就从罗斯福总统让记者吃面包说起。假定记者消费一个面包的总效用是10个效用单位,2个面包的总效用为18个效用单位,如果记者再吃3个面包总效用还为18个效用单位。记者消费第1个面包的边际效用是10个效用单位,第2个面包的边际用为8个效用单位,第3个面包的边际效用为0个效用单位。这几个数字说明记者随着消费面包数量的增加,边际效用是递减的。

从边际效用理论的角度看,"端起碗来吃肉,放下筷子骂娘"是十分正常的。由于经济的发展,人们碗里的肉越来越多,而且很容易满足,对于很多人来讲,肉的边际效用非常低,价值也不高。他们放下筷子骂娘骂得并不是碗里的肉少,而是边际效用高的东西,比如工作不如别人好、福利不如别人高等。也就是说,人们的生活好了之后,追求边际效用高的诸如医疗服务、物业管理等软的东西。这就要求政府要从过去只是关注人们碗里的肉转变到要关注堵车、看病难、福利等民生工程上来。

四、课外习题

(一) 术语解释

1. 无差异曲线
2. 边际替代率
3. 收入效应
4. 低档物品
5. 吉芬物品

(二) 单项选择

1. 个人的消费机会由( )决定。
   A. 生产可能性曲线　　　　　　　　B. 需求曲线
   C. 无差异曲线　　　　　　　　　　D. 预算约束线

2. 小钱只买衣服和粮食,他有固定收入,不能借钱,如果他购买的组合在预算约束( ),他将( )他的全部收入。
   A. 内,用完　　　　　　　　　　　B. 外,未用完
   C. 上,未用完　　　　　　　　　　D. 上,用完

3. 预算约束线的斜率取决于( )。
   A. 消费偏好　　　　　　　　　　　B. 商品的价格
   C. 无差异曲线的形状　　　　　　　D. 消费者的支付能力

4. 假设消费者必须在面包和蛋糕之间做出选择。如果我们用横轴表示蛋糕数量,纵轴表示面包数量,而且蛋糕的价格是10元,而面包的价格是5元,那么预算约束线的斜率是( )。
   A. 5　　　　　B. 10　　　　　C. 2　　　　　D. 0.5

5. 小汪只买衣服和粮食,他有固定收入,不能借钱,在他的预算约束线上,所有的粮食和衣服的组合( )。
   A. 产生了相同的总效用　　　　　　B. 产生了等量的边际效用
   C. 小汪都同样喜欢　　　　　　　　D. 花费了小汪的固定收入

6. 商品 X 和 Y 的价格以及消费者的收入都按同一比率同方向变化,预算约束线( )。
   A. 向左下方平行移动　　　　　　　B. 向右上方平行移动
   C. 不变动　　　　　　　　　　　　D. 向左下方或右上方平行移动

7. 如果消费者消费啤酒和花生,花生的价格上升引起( )。
   A. 啤酒的相对价格上升　　　　　　B. 啤酒的价格也上升
   C. 啤酒的相对价格下降　　　　　　D. 花生的相对价格下降

8. 无差异曲线反映了( )。
   A. 消费者的收入约束　　　　　　　B. 所购商品价格
   C. 消费者的偏好　　　　　　　　　D. 价格与需求之间的关系

9. 同一条无差别曲线上的不同点表示( )。
   A. 效用的水平不同,但所消费的两种商品组合比例相同
   B. 效用的水平相同,但所消费的两种商品组合比例不同
   C. 效用的水平不同,所消费的两种商品组合比例也不同
   D. 效用的水平相同,所消费的两种商品组合比例也相同

10. 无差异曲线为斜率不变的直线时,表示相结合的两种商品是( )。
    A. 可以替代的　　　　　　　　　　B. 完全替代的
    C. 可以互补的　　　　　　　　　　D. 完全互补的

11. 在消费者均衡点以上的无差异曲线的斜率( )。
    A. 大于预算线的斜率
    B. 小于预算线的斜率

C. 等于预算线的斜率

D. 可能大于、小于或等于预算线的斜率

12. 如果消费者收入增加引起消费者增加了对一种物品的购买量,这种物品是(　　);如果消费者收入增加引起消费者减少了对一种物品的购买量,这种物品是(　　);如果价格上升引起消费者增加了对一种物品的购买量,这种物品是(　　)。

  A. 低档物品　正常物品　吉芬物品　　B. 低档物品　吉芬物品　正常物品

  C. 正常物品　低档物品　吉芬物品　　D. 正常物品　吉芬物品　低档物品

13. 当一种价格变动使消费者沿着一条既定的无差异曲线变动到有新的边际替代率的一点时,所引起的消费变动被称为(　　)。

  A. 收入效应　　B. 替代效应　　C. 正常效应　　D. 吉芬效应

14. 如果闲暇是一种正常物品,工资增加,则(　　)。

  A. 总会增加劳动供给量

  B. 总会减少劳动供给量

  C. 如果收入效应大于替代效应,就增加劳动供给量

  D. 如果替代效应大于收入效应,就增加劳动供给量

15. 以下关于消费者消费者最优化选择的说法,错误的是(　　)。

  A. 消费者通过选择既在预算约束线上又在最高无差异曲线上的一点而实现最优,此时最高的无差异曲线正好与预算约束线相切

  B. 在消费实现最优选择时,不同物品的市场价格就反映了消费者对这些物品的评价

  C. 随着一种物品消费的增加,额外一单位该物品所提供的边际效用会越来越高,即表现出边际效用递增规律

  D. 消费者在最优时,对于两种物品的每单位货币的边际效用都是相等的

(三) 判断正误

1. 消费者最优点或者说均衡点是无差异曲线与预算约束线的相切点。(　　)

2. 无差异曲线上每一点都表示消费者消费物品的数量组合相同。(　　)

3. 无差异曲线的形状告诉我们消费者用一种物品交换另一种物品的意愿。当物品很容易相互替代时,无差异曲线呈现较小的凸性;当物品难以替代时,无差异无线呈现极大的凸性。(　　)

4. 需求曲线可以从预算约束线和无差异曲线得出的消费者最优决策中推导出,消费者选择理论为消费者需求曲线提供了一个理论基础。(　　)

5. 高利率的替代效应会减少储蓄,而高利率的收入效应会增加储蓄。利率上升对家庭储蓄的影响,取决于替代效应和收入效应孰大孰小。(　　)

6. 预算约束线的斜率可以表示为两种商品价格之比的负值。(　　)

7. 吉芬物品是一种低档物品,但低档物品不一定是吉芬物品。(　　)

8. 消费者的最优选择或者说消费者的效用最大化要求预算约束线与无差异曲线相交。(　　)

9. 预算约束线的平行移动说明消费者收入发生变化,价格没有发生变化。(　　)

10. 吉芬物品是价格上升引起需求量增加的物品。(　　)

(四) 简答题

1. 无差异曲线的特征是什么？
2. 简要分析边际替代率递减的原因。
3. 试用替代效应和收入效应之间的关系解释低档物品和吉芬物品之间的区别。
4. 试用无差异曲线解释收入效应和替代效应。
5. 试用消费者选择理论解释需求曲线向下倾斜的原因。

(五) 应用题

1. 某消费者收入为120元，用于购买X和Y两种商品，X商品的价格=20元，Y商品的价格=10元，请回答以下问题：

  （1）计算出该消费者所购买的X和Y有多少种数量组合，各种组合的X商品和Y商品各是多少？

  （2）所购买的X商品为4，Y商品为6时，在不在预算约束线上？它说明了什么？

  （3）所购买的X商品为3，Y商品为3时，在不在预算约束线上？它说明了什么？

2. 若消费者张某的收入为270元，他在商品X和Y的无差异曲线上斜率为$-20/Y$的点上实现均衡。已知X和Y的价格分别为2和5，那么此时张某将消费X和Y各多少？

3. 如何理解正常物品、低档物品和吉芬物品的替代效应和收入效应，并进一步说明这三类物品的需求曲线的特点，试作图加以详细分析。

(六) 拓展思考题

1. 钻石对人的用途很有限而价格昂贵，生命必不可少的水却很便宜。请运用所学经济学原理解释这一价值悖论。

2. 请仔细阅读载于《国际金融报》的关于张五常、汪丁丁等经济学大师的需求定律之争的一篇短文，结合本章学习的消费者选择理论，谈谈读后感受或启发。

天下有没有"吉芬物品"

2001年以来，我国经济学界就需求定律问题展开了一场争论，参战高手之多，讨论时间之长，影响范围之广，极为罕见。而今，尘埃似将落定，但这场争端并无结果，对于广大读者或经济学界人士而言，还是一头雾水：需求曲线是否必定向右下方倾斜？世界上到底有没有"吉芬商品"？张五常和薛兆丰等坚持认为，需求曲线必定向下。例如在某大学的演讲中，张五常表示："我知道汪丁丁对这个需求曲线的说法，我知道黄有光对它的说法。可是，你们听我说：第一，需求曲线和需求定律是不一样的，曲线走哪个方向都可以，需求定律呢，也就是说需求曲线一定是向下倾斜，这是第一点。第二，这条需求曲线可不可以向右上升，逻辑上，可以，绝对可以。但是呢，那就不是需求定律了。"汪丁丁、黄有光等则认为存在向上倾斜的需求曲线。例如，汪丁丁认为，在特定的成本分摊方式和激励机制下，确实可以出现"越贵越买"的现象，如对"文凭"的需求，在特定社会条件下，可以出现"向上倾斜"的情况。到底谁对谁错？似乎很难判断，一是双方都有似乎很有说服力的论证；二是双方的学术背景都不容小觑，如张五常是新制度经济学派的主要开创人物之一，而且诺贝尔经济学奖得主阿尔钦等也赞同这个观点；黄有光在国外很有名气，是新兴古典经济学的奠基者之一，汪丁丁是北京天则经济所的学术委员会主席。

其实,吉芬物品是否存在,一直是经济学上没有解决的难题。即使在美国学术界,也一直存在争论。如 2001 年华夏出版社出版的中译本《经济学的困惑与悖论》,就有专文讨论这个问题,但依然没有定论。在当前国内外的经济学教科书上,"吉芬物品"都是作为需求定律的例外存在的。在笔者看来,现实世界存在这样一种现象:当学者研究问题越深入,浅显的问题越难把握。实际上,上述双方乃至古今中外所有学者所争论的问题,解决起来非常容易——他们在处理逻辑与现实的关系问题上陷入泥潭,所以都出现了偏差。从标准教科书看,需求定律指的是,在其他条件不变时,需求价格与需求量成反比。用坐标图表示,若用横坐标表示需求量,纵坐标表示价格,那么需求定律就可以描绘成一条从左上角到右下角的曲线,就是"向右下倾斜"。这个定律应该是很好理解的,但出问题的往往在于我们最容易忽视的那个前提,即"其他条件不变"。这很关键,之所以说"需求定律",而不说是"需求公理",就在于"定律"是有条件的,"公理"是无条件的。比如,几何上有个公理,说的是"两点之间直线的距离最短",这个描述之所以是"公理",就是因为无论我们在北京还是纽约,在地球还是月球,这个规律都是成立的,不必去证明了。但定律就不一样,必须依托一定的前提条件,没有前提条件,得出的结论必然是错的,比如牛顿定律,如果在极微观和极宏观的条件下,都不成立。所以,瓦尔特·尼科尔森在《中级微观经济学:理论与应用》一书的第一章,反复强调注重前提条件的必要性和重要性。

回过头来分析"需求定律之争"。如果其他条件都不变,则该定律 100% 成立。但是,应用在实践中,则需要考虑"其他条件"了。比如,用张五常在其《经济解释》中的一个例子:如果大雨连天,雨伞的价格上升,而其需求量也增加了。从现象看,这显然是与需求定律不容,这是否意味着需求定律是错的?不是,因为我们还没有考虑"其他条件"。张的解释是:"雨伞的需求量上升,不是因为其价格上升,而是因为连天大雨。"汪丁丁的观点,其实也没有推翻需求定律,他说的是考虑了"质量"这个"其他条件"后的情形。所以,我们可以得出结论:(1) 其他条件不变,则需求曲线必定向右下倾斜;(2) 如果考虑其他条件,则需求曲线不一定向右下倾斜。雨伞的例子就是铁证。以此类推,股票价格上涨,买的人反而多了,是因为存在"其他条件",如投资者预期该股票的价格还会上涨,有钱可赚(有人用数学公式推导,计算结果是每股价格实际上是降低的,纯粹属于异想天开)。同理,土豆价格上涨,需求量反而上升,是因为消费者收入较低,买不起其他食品,或者说,消费的主食因收入的限制而只好采用土豆,当土豆价格上涨时,他们预期价格还会涨,于是就去抢购了。其实,在我国短缺经济时代,就存在商品价格上涨,百姓抢购的事实。在这些抢购事例中,也是因为存在"其他条件"在变化的事实。文凭问题,同理。从以上事例看,如果剔除"其他条件",则这些产品的需求曲线必定向右下倾斜,但考虑"其他条件"后,需求曲线就向右上倾斜了。而考虑了"其他条件",并不等于推翻了需求定律。分析到这里,那些学者们所争论的问题的答案再也清楚不过了。黄有光、汪丁丁等所说的情况,是考虑了"其他条件"的,但错将这些情况当"定律"或者说,是把"事实"当"理论"了。张五常等坚持认为不存在的"吉芬物品",之所以存在(不仅仅是逻辑上的存在),是因为张五常等人将"其他条件"忘记了,将"定律"当成了"公理",极端化了。但既然张五常教授承认"雨伞问题"的存在性,为什么就不承认"吉芬物品"?天下竟然有如此自相矛盾的!

案例来源:刘正山,天下有没有"吉芬物品"?——评张五常、汪丁丁需求定律之争,国际金融报,2002 年 8 月 16 日。

五、习题答案

(一) 术语解释

1. 无差异曲线:表示给消费者相同满足程度的消费组合。
2. 边际替代率:在保持满足程度不变时,消费者愿意以一种物品交换另一种物品的比率。
3. 收入效应:当一种价格变动使消费者移动到更高或更低的无差异曲线时所引起的消费变动。
4. 低档物品:收入增加引起需求减少的物品。
5. 吉芬物品:价格上升引起需求量增加的物品。

(二) 单项选择

1. D 2. D 3. B 4. C 5. D 6. C 7. C 8. C 9. B 10. B
11. A 12. C 13. B 14. D 15. C

(三) 判断正误

1. √ 2. × 3. √ 4. √ 5. × 6. √ 7. √ 8. × 9. × 10. √

(四) 简答题

1.【考查要点】 对无差异曲线特征的理解和识记。

【参考答案】 无差异曲线具有以下四个特征:其一,消费者对较高无差异曲线的偏好大于较低无差异曲线;其二,无差异曲线向右下方倾斜;其三,无差异曲线不可能相交;其四,无差异曲线凸向原点。

2.【考查要点】 对边际替代率递减规律的深入理解。

【参考答案】 商品的边际替代率递减规律是指,消费者在维持效用水平不变的前提下,随着一种商品的消费数量的连续增加,消费者为得到每一单位的这种商品所需要放弃的另一种商品的消费数量是递减的。发生这种现象的原因在于,当一种商品的数量逐步增加时,增加一单位这种商品对消费者的重要程度或能给他带来满足的程度也越来越低,而他为了多获得一单位的这种商品而愿意放弃的另一种商品的数量就会越来越少。

3.【考查要点】 低档物品和吉芬物品之间的主要区别。

【参考答案】 当某低档物品的价格下降时,替代效应倾向于增加此物品的需求量,但收入效应则倾向于减少此物品的需求量。如果替代效应强于收入效应,此低档物品的需求曲线的斜率为负,这是最常见的情形;但如果收入效应等于替代效应,需求直线呈垂直;如果替代效应弱于收入效应,需求曲线的斜率为正,此物品被称为吉芬物品。由此可见,低档物品不一定为吉芬物品,低档物品是指收入和需求量之间的反向关系;而吉芬物品是因低档物品中的收入效应足够强以至于使该物品的价格与需求量发生了同方向的变动。

4.【考查要点】 价格变动对消费的影响的效应的分解。

【参考答案】 一种物品价格变动对消费者选择的影响可以分解为两种效应:收入效应和

替代效应。收入效应是价格变动引起的消费变动,使消费者移动到更高或更低的无差异曲线上。替代效应是价格变动引起的消费变动,使消费者沿着一条既定的无差异曲线移动到不同边际替代率上的一点上。

5.【考查要点】 消费者选择理论解释需求曲线向下倾斜。

【参考答案】 需求定理表明,一般而言,当一种物品价格上升时,其需求量下降,反映在需求曲线向右下方倾斜上。如果一种物品的价格上升,收入效应引起物品的需求量增加,替代效应引起物品的需求量减少,一般情况下,替代效应大于收入效应,那么这种物品的价格上升就会引起需求量减少,需求曲线向下倾斜。

(五) 应用题

1.【考查要点】 对预算约束线的理解。

【参考答案】 (1) 由 $20Q_X + 10Q_Y = 120$ 得: $Q_Y = 12 - 2Q_X$,因此消费者所购买 X 和 Y 可能的数量组合有:

Q_X	0	1	2	3	4	5	6
Q_Y	12	10	8	6	4	2	0

(2) 在预算约束线以外。$20 \times 4 + 10 \times 6 = 140$,超过既定收入 20 元,无法实现。

(3) 在预算约束线以内。$20 \times 3 + 10 \times 3 = 70$,可以实现,但没有用完 120 元的收入,因此不是最大数量的消费组合。

2.【考查要点】 消费者的最优选择(消费者均衡)的条件。

【参考答案】 因为经过均衡点的切线斜率等于预算线的斜率,则有 $-20/Y = -2/5$,可以求出在均衡点上 Y 的消费量为 50。然后将 Y = 50 代入预算线方程,即可算出 X = 10。

3.【考查要点】 替代效应和收入效应的理解,正常物品、低档物品和吉芬物品的联系与区别。

【参考答案】 (1) 一种物品的价格发生变化时,所引起的该物品需求量的变化可以分解为收入效应和替代效应。替代效应是由物品的价格变化所引起的物品相对价格的变动,进而引起物品需求量的变动。收入效应是由物品的价格变动所引起的实际收入水平的变动,进而引起的物品需求量的变动。

(2) 正常物品:如图所示。初始预算线为 AB,与无差异曲线 U_1 相切于均衡点 a,令物品 1 价格下降,预算约束线移至 AB′,与更高的无差异曲线 U_2 相切于均衡点 b。从 a 点到 b 点,物品 1 的消费数量从 X_1' 增加到 X_1''',这就是价格变化所引起的总效应。作一条平行于 AB′ 且与无差异曲线 U_1 相切的补偿预算线 FG,切点为 c,该点表示当物品 1 价格下降,消费者为维持原有效用水平而增加对物品 1 的购买从而减少对物品 2 的购买,从 X_1' 到 X_1'' 即为替代效应。再考虑价格变化导致的实际收入的变化:将补偿预算线向上平移至 AB′,与更高的无差异曲线 U_2 相切于均衡点 b。由 c 点到 b 点物品 1 的消费数量从 X_1'' 进一步增加到 X_1''',即为收入效应。对于正常物品来说,替代效应和收入效应均与价格变化成反向变动,因此需求曲线必定向右下方倾斜。

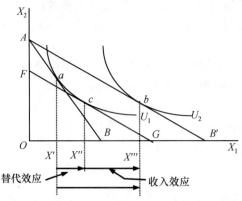

(3) 低档物品和吉芬物品：可参照正常物品的图示分析,此处略去具体图示(一般低档物品 b 点落在 a 点和 c 点之间,吉芬物品 b 点落在 a 点的左侧)。这两类物品的替代效应和正常物品一样,都与价格成反向变化,但是收入效应却和价格成同向变化。一般低档物品的收入效应小于替代效应,因此需求曲线依然右下倾斜。但是吉芬物品是一种特殊的低档物品,其特殊性在于其收入效应非常大以至于超过了替代效应,因此导致了向右上方倾斜的异常需求曲线。

(六) 拓展思考题

1. 【考查要点】 用效用理论来描述偏好和最优化选择的方法。

【参考答案】 这一悖论可以从需求和供给两方面来说明,因为价格是由需求和供给决定的。从需求方面看,价格取决于商品的边际效用,而不是总效用。虽然人们从水的消费中所得的总效用很大,但由于世界上水资源数量很大,因此其边际效用很小,人们愿意支付的价格非常低。相反,钻石的用途虽远不及水大,但世界上钻石数量很少,因此其边际效用很大,价格也就相应地昂贵。从供给方面看,由于水资源数量很大,生产人类用水的成本很低,因而其价格也低。相反,钻石是非常稀缺的资源,生产钻石的成本也很大,因而钻石价格就相应地昂贵。综合需求和供给两方面的理论,关于水和钻石的"价格悖论"也就不难理解了。

2. 【考查要点】 吉芬物品及其相关理论的开放式理解与考查。

【参考答案】 吉芬是19世纪的英国经济学家,他在研究爱尔兰土豆的销售情况时发现,当土豆价格上升的时候,需求量增加,而价格下降以后,需求量也随之减少,研究结果表明,土豆价格上升意味着消费土豆的人群收入减少,只好更多地消费廉价的土豆。而土豆价格的下降说明人们实际收入水平的提高,使他们有多余的钱去消费一些更好的食品,对土豆的需求反而减少了。这种违反需求定律的反常现象就是人们称为"吉芬之谜"的现象。吉芬物品是指价格下降后收入的负效应相当大,使收入负效应所引起的对物品需求量的减少超过替代效应所引起的购买量的增加,其净结果为价格下跌,需求量反而下降。西方经济学把价格下跌后需求量反而减少的物品称为吉芬物品。显然,吉芬物品一定是低档物品,而低档物品不一定是吉芬物品。关于吉芬物品讨论是非常多的,本案例整理了张五常、汪丁丁等经济学大师的需求定律之争,吉芬物品之争,读后应该有所启发。

第22章
微观经济学前沿

一、学习精要

(一) 教学目标

1. 了解微观经济学研究的前沿论题。
2. 领会经济学家如何拓展对经济运作、人类行为和社会发展的理解。
3. 掌握不对称信息经济学、政治经济学和行为经济学研究领域的一些基本概念和观点。
4. 激发进一步学习经济学的兴趣,提高运用经济理论分析实际经济问题的能力。

(二) 内容提要

经济学是一个不断发展的学科,它以特有的方式不断扩展人们对人类行为和社会的理解。本章介绍了微观经济学的三个前沿论题,分别是不对称信息经济学、政治经济学和行为经济学,其中,不对称信息经济学研究经济关系中一方当事人比另一方当事人拥有更多信息时的情况,政治经济学研究政府的运作过程及其对市场的影响,行为经济学运用心理学的一些基本观点来研究经济问题。

1. 不对称信息

信息的不对称是指获取相关知识的差别。当信息不对称时,市场也许不能有效配置资源,而公共政策改善市场结果也并不明显。此时市场不是最优的。信息不对称有两种,具体可分为隐蔽性行为和隐蔽性特征两种情况。

(1) 隐蔽性行为可能会在委托—代理关系中出现。当一个人(称为代理人)受另一人(称为委托人)委托完成某项工作时,假如委托人不能完全监督代理人的工作,代理人往往会偷懒,即通过隐蔽性行为,导致工作结果不符合委托人的期望。代理人从事不适当或"不道德"行为的风险或"危险",被称为道德风险。委托人为了减少道德风险问题,可以采取更好的监督、高工资和延期支付等解决机制。

(2) 隐蔽性特征常常表现在二手车市场、劳动力市场和保险市场上。当卖者对所出售物品的特性了解得比买者多时,就存在隐蔽性特征,在这种情况下,买者要承担物品质量低的风险,这样,在无信息的买者看来,所出售物品的"选择"可能是逆向的,即出现了逆向选择。

(3) 面对信息不对称问题,市场主要以发信号和筛选的方式做出应对。当有信息的一方采取行动向无信息的一方披露信息时即为发送信号,发送信号对买者和卖者都是理性的;当无信息的一方采取行动使有信息的一方披露信息时即为筛选。

(4) 显然,当存在信息不对称时,市场配置资源的有效性就会打折扣。因此,那些认为市场是万能的观点是值得怀疑的。

2. 政治经济学

在本章,政治经济学是公共选择理论的另一种称呼,主要介绍了康多塞投票悖论、阿罗不可能性定理、中值选民定理、政治家也是人共四个方面的内容。

(1) 康多塞投票悖论表明,多数规则下的两两投票并不会产生可传递性的社会偏好,其一个含义是,投票的顺序会影响结果。从康多塞投票悖论中可以得出两个结论,狭义的结论是,当有两种以上选择时,确定议程会对民主选举结果产生重大影响;广义的结论是,多数投票通过本身并没有告诉我们社会真正想要什么结果。

(2) 阿罗不可能性定理表明,在一组假设条件下,没有能把个人偏好加总为一组正当的社会偏好的方案。阿罗不可能性定理中这组假设条件有五个:第一,自由三元组条件,即社会中的个人对各种可能的结果(三种及以上)都有偏好;第二,确定性;第三,传递性;第四,其他不相关选择的独立性;第五,没有独裁者。多数原则并不一定能满足传递性,博达计算一般不能满足其他不相关选择的独立性。

(3) 如果阿罗不可能性定理中的假设条件适当放松,还是可以找到能把个人偏好加总为一组正当的社会偏好的方案,这是中值选民定理的一个重要启示。中值选民定理表明,如果选民具有单峰特性,即如果选民沿着一条线选择一个点,每个选民都想选择离自己最偏好的点最近的点,那么,多数原则将选择中值选民最偏好的点。此定理的一个含义是,如果两党各自努力使自己当选的机会最大化,那么,他们就要使自己的立场接近中值选民;其另一种含义是,少数人的观点不会被过多重视。

(4) 政治家也是人。有的政治家是有目标的,追求整个社会的福利最大化,然而,也有政治领导人受利己动机驱使,可能会牺牲国家和社会利益。政治经济学的研究结果似乎从一个角度向我们表明,尽管政府有时可以改善市场结果,但需更谨慎地对待政府的解决办法。

3. 行为经济学

(1) 行为经济学认为,人并不总是理性的,不应把人作为理性最大化者,而应作为满意者。人仅仅是"接近理性",或者表现出"有限理性",会犯一些系统性错误,比如,过分自信,过分重视从现实生活中观察到的细枝末节,不愿改变自己的观念。

(2) 行为经济学通过一些实验表明,人们关注公平,人们有时是前后不一致的。人们可能出于某种公正意识,而不是正常的利己。但由于人们往往想要即时的满足,因此他们不能遵循费力或引起不适的做事计划。

(3) 行为经济学的研究提示我们,要更谨慎地对待依靠人的决策的任何一种制度,包括市场和政府。

(三) 关键概念

1. 道德风险:一个没有受到完全监督的人从事不忠诚或不合意行为的倾向。
2. 委托人:让另一人(称为代理人)完成某种行为的人。
3. 代理人:一个为另一人(称为委托人)完成某种行为的人。
4. 逆向选择:从无信息一方的角度看,无法观察到的特征组合变为不合意的倾向。
5. 发信号:有信息的一方向无信息的一方披露自己私人信息所采取的行动。
6. 筛选:无信息的一方所采取的引起有信息的一方披露信息的行动。
7. 康多塞投票悖论:多数原则没有产生可传递的社会偏好。

8. 阿罗不可能性定理：一个数学结论，表明在某些假设条件下，没有一种方案能把个人偏好加总为一组正当的社会偏好。

9. 中值选民定理：一个数学结论，表明如果选民沿着一条线选择一个点，而且，每个选民都想选择离自己最偏好的点最近的点，那么，多数原则将选择中值选民最偏好的点。

（四）拓展提示

1. 道德风险问题与隐蔽性行为有关，会在委托—代理关系中出现；逆向选择与隐蔽性特征有关，会在二手车市场、劳动力市场和保险市场上出现。

2. 发信号是有信息的一方采取的解决信息不对称问题的方式，筛选是无信息的一方采取的解决信息不对称问题的方式。

3. 本章所讲的政治经济学特指公共选择理论，是用经济学方法来研究政府运作的一门学科，与我国目前学科目录中的政治经济学是两个不同的概念。

4. 仔细揣摩书中的具体例子，是理解康多塞投票悖论、阿罗不可能性定理和中值选民定理的便捷途径。

5. 微观经济学前沿研究表明，在经济运作过程中，总存在不完善之处。不对称信息经济学提示我们要更谨慎地看待市场结果，政治经济学提示我们要更谨慎地看待政府解决方案，行为经济学提示我们要更谨慎地看待人的决策。

二、新闻透视

（一）新闻透视 A

中介机构、银行职员和第三方支付企业涉入信用卡套现活动

信用卡套现是指用 POS 机刷信用卡进行虚假消费，向持卡人直接支付现金并收取手续费的行为，是我国法律明令禁止的犯罪行为，会给他人财产、银行信用安全等带来巨大风险。

天津顺达投资管理有限公司工作人员透露，只要提供身份证、房产证和工作证明，他们就能以"行长推荐"的方式办理数张总额度 50 万元的大额信用卡，可"搞定"的银行有光大银行、民生银行、兴业银行等。"要收取总额度的 10% 作为手续费，一部分是要用来打点关系的。"

同时，作为套现工具的 POS 机也能购买到。按照相关规定，申请 POS 机需要提供营业执照、税务登记、身份证明等多项资料，并经严格审核才能发放。然而，记者在搜索引擎输入"POS 机刷卡"，即出现了大量办理 POS 机的中介。记者随机联系了一家名为"北京勤研 POS 机办理中心"的机构，一名自称雷经理的工作人员说，只需提供身份证、银行卡扫描件即可办理，其他手续都能制作。当记者表示要从事信用卡套现业务时，雷经理提醒："刷卡套现最好不要刷整数，否则会引起银行的怀疑。"此外，从事 POS 机销售、收单业务的第三方支付企业也是一个重要环节。一家第三方支付企业员工赵先生透露，由于销售 POS 机、用户刷卡都会给企业带来收益，易宝支付、富友、卡友等支付企业明知买者是用做信用卡套现的，也愿意把 POS 机卖给他们，一些经常更换 POS 机的不法分子反而成了销售企业的大客户。

作案工具唾手可得，导致这一犯罪活动屡禁不止。除了在网络上招揽生意，宣传信用卡

套现的小广告四处散发，交易地点十分隐蔽，往往在水果店、理发店甚至普通住宅。广州警方破获了一起重大信用卡套现案件：从2012年年底开始，犯罪嫌疑人冼某某二人在广州市区某大厦隐蔽位置租用两间办公室，利用POS机为他人刷信用卡套现，不到一年时间套现金额达2.6亿元，非法获利数百万元。如今泄露及倒卖公民个人信息的案件时有发生，犯罪分子非法获取他人身份证复印件、家庭住址、工作单位等信息后，再以他人名义办理信用卡实施套现犯罪。央行统计显示，截至2013年年末，我国信用卡坏账总额251.92亿元，比上年年末新增105.34亿元，增幅达71.86%。

专家指出，在同一家银行办卡，各卡信用额度往往可以共享，而在不同银行办卡，额度并不共享；为争夺市场，一些银行对持卡人争相授信，导致信用额度被多次放大，超出其偿还能力，增加了持卡人非法套现的机会。另外，由于POS机发放等环节审查不严，同时对公民个人信息保护力度不够，导致了信用卡套现犯罪滋生。

资料来源：赵宇飞、邓中豪，信用卡套现已成灰色产业链——中介机构、银行职员、第三方支付企业均涉其中，新华每日电讯，2014年3月26日，第6版。

【关联理论】

如果委托人不能完全监督代理人的行为，代理人就不会倾向于像委托人期望的那样工作，产生道德风险问题。道德风险问题之所以难以避免，与解决委托人和代理人之间信息不对称问题的机制缺乏或者不健全有关。

【新闻评析】

银行信用卡业务的有效开展离不开相关中介机构、银行职员和第三方支付企业的支持，在这项业务中，银行其实是一个委托人，而相关中介机构、银行职员和第三方支付企业是代理人。银行因相互间的市场竞争而争相授信，在一定程度上放松了对代理人的监管，相关中介机构、银行职员和第三方支付企业作为代理人，受自身利益驱动，在监管不严的情况下，往往会做出不利于银行的行为，最终导致信用卡套现行为滋生。

要防止信用卡套现行为的发生，关键是要完善机制，克服银行与中介机构、银行职员和第三方支付企业的信息不对称问题，比如，严格审核申请POS机所需的营业执照、税务登记、身份证明等多项资料；在不同银行办卡，各卡信用额度可以共享等。

（二）新闻透视B

一场由更名引发的银行挤兑危机

江苏射阳农村商业银行（以下简称"射阳农商行"）为射阳县域体量最大的金融机构，在省内外有44个分支机构，截至2013年年末，其总资产达到125亿元，各项存款余额超100亿元。2014年3月下旬该行庆丰分理处发生了挤兑危机。

射阳农商行除了在射阳县设立网点外，还向县域外扩展，近期在申请盐城市区的另一个网点，但名字尚未批下来，作为一个变通，射阳农商行准备将同在市区的庆丰分理处名称借用到新设网点，而将现在的庆丰分理处改名为利民分理处。与此同时，射阳农商行希望通过对现在的庆丰分理处改名，把周边担保公司以现在的庆丰分理处名头和虚假印章四处蒙骗的行为与分理处割离开来。

然而，这一调整却着实留下了一个不稳定"因子"，盐城市区居民反映，市民本来就对射阳农商行这样的外来银行不很了解,现在又要更名,让储户产生了一种不安全感。一位银行人士指出,盐城高利贷公司多,一般这类公司更名往往意味着老板要赖账。

挤兑源起于24日中午,有一储户要取20万元现金,但射阳农商行庆丰分理处以未预约为由拒绝了对方的要求,随后,"射阳农商行要倒闭"的传言在坊间传开,当日下午,提款人云集,加上附近过来看热闹的居民,人数多时达到数百人。庆丰分理处24日下午立即向总行汇报,当日傍晚,射阳农商行董事长亲自押着"运钞卡车"赶到分理处,带来约4 000万现金。不过,尽管庆丰分理处柜台摆上了半人高的现金,但挤兑的储户仍没有散去的迹象,兑付工作一直持续到25日凌晨三点,分理处才宣布营业结束。25日,除了庆丰分理处,射阳农商行特庸镇、盘湾镇、黄尖镇、兴桥等网点均出现了大量储户集中兑现情况。

3月25日,央行针对此情况开通了绿色通道保证资金的送达,各方紧急调动备用资金约13亿元。26日,射阳县县长发表电视讲话,强调将确保储户的利益任何时候不受影响;受波及乡镇的政府领导到现场呼吁储户不要听信谣言;中国银行业协会也公开发表声明,将积极采取措施,切实维护会员单位和广大储户的合法权益。26日下午,事态得以平息。

资料来源:乔加伟,射阳农商行挤兑始末:一场由传言、"更名"引发的危机,http://finance.21cbh.com/2014/3-29/1NMDA1ODlfMTExNDU1NA.html,2014年3月29日;财经观察:谣言为何引发银行储户挤兑,http://finance.qq.com/a/20140327/023452.htm,2014年3月27日。

【关联理论】

发信号是有信息的一方披露自己私人信息的行为,有效的信号是有成本的,对于优秀的企业来说,这种成本是低廉的;对于不良企业来说,这种成本是高昂的。如果一个企业不能有效地发送信号,人们往往会对这个企业的生产经营状况产生怀疑。

【新闻评析】

射阳农商行庆丰分理处改名的过程是一个发信号的过程,射阳农商行应通过各种方式把改名的相关信息及时地告诉广大储户,使他们对庆丰分理处改名情况有一个充分的了解,增强他们对银行的信心。射阳农商行事实上并没有向储户交代庆丰分理处的改名情况,而在当地储户看来,这种改名意味着要赖账,因此,当一储户取20万元现金的要求没有得到有效回应时,出现众多储户挤兑银行的局面也就不足为怪了。

从射阳农商行的挤兑危机中可以看出,即使是像改名这种似乎很细小的事,企业也应认真对待。恰恰由于事情细小,企业又没有很好地去做,给消费者的感受是,企业做这样的事情很困难,即企业发送信号的成本很高,因此,消费者就会认为企业的经营状况不佳,并采取相应的自保行为,结果危及企业的生存和发展。

三、案例研究

(一) 案例研究 A

一种炫贫行为:争当贫困县

2012年1月,湖南省新邵县政府打出宣传牌,热烈庆祝入选国家集中连片特困地区。新邵县的炫贫行为受到了社会舆论的广泛关注和质疑,很快相关国家部门把新邵县从贫困县名单中去除。新邵县的炫贫事件虽然过去了,但留下了长长的思考:为什么要争当贫困县呢?

最先,美国俄亥俄州在扶贫实践中,总结出以一定区域为基本单元、整合扶贫资源进行扶贫开发的扶贫经验。我国于1986年成立"国务院扶贫领导小组",开始建立区域式集中连片的扶贫开发机制,由此拉开了设立贫困县的序幕。为了防止有限的扶贫资金分散使用,1986年年底,国家按1985年人均收入低于150元的标准,确定了331个贫困县。1994年分税制改革后,我国把人均纯收入低于400元的县全部纳入国家级贫困县。1995年开始,我国把集中连片贫困地区单列出来,作为"国家扶贫工作重点县"(简称"国家级贫困县"),给予相当数量的财政资金补助。之后,我国贫困县的确定标准和贫困县的数量多次调整,截至2013年年底,在全国近3 000个县(市、区)中,有国家级贫困县592个。近年来,国家的扶贫力度不断加大,2013年中央财政专项扶贫投入406亿元,较2008年的197亿元,翻了一番多。

争当贫困县,是现实政治经济生态中的一景,其中的一个原因是获得贫困县称号后中央财政拨款的诱惑。比如新邵县,一旦被列入国家武夷山集中连片扶贫攻坚重点县,则会获得国家财政下拨的5.6亿元扶贫开发款,相当于2010年新邵县财政收入的1.4倍。根据调查,新邵县在人均GDP和人均财政收入这两项指标上都要高于其他贫困县,一些经济指标被人为压低,通过"大量艰苦细致的衔接协调工作",希望能获得贫困县帽子。

扶贫是我国的一项长期任务,但新邵县的一些官员把贫困县称号当作某种政治奖励来激励自己,无疑给自己断了退路,最终的结局必定是这样的"政治奖励"遭到剥夺。

资料来源:万海远,为什么争当贫困县? 南风窗,2014年第5期。

【关联理论】

逆向选择是拥有隐蔽性特征信息的人或组织的自我利益最大化行为,对整个市场和社会来说,是一种效率缺失行为。要避免整个市场和社会的效率缺失,就必须克服逆向选择行为,其中的关键是完善信息机制和公共政策。

【案例解剖】

总的来说,我国贫困县的扶贫效果是显著的,但在分权财政的刺激下,也存在一些县市通过瞒报数据等方式进入贫困县名单,以争当贫困县为荣,出现了逆向选择行为。

逆向选择行为的出现与信息不对称有关。拥有隐蔽性特征信息的人或组织,为了谋取自身利益,往往会逆向选择。因此,要防止扶贫工作中的逆向选择,一个重要的手段是强化信息的公开。在贫困县的入选上,要实行阳光操作,包括贫困县的设定标准、申报、初选、入选都要向社会公示,接受社会监督,防止假冒的贫困县出现。当然,要克服贫困县名单确定过程中的逆向选择,还可以采取进一步完善公共政策的手段,如减少贫困县的数量、激励贫困县限时脱贫,从根本上杜绝争当贫困县的不良现象。

(二) 案例研究 B

企业的"碳中和"意识

在2013年下半年,全国主要经济发达地区出现了严重的雾霾天气,引起了全社会的广泛关注。在各地的治理中,均将汽车的尾气(主要是碳化物、硫化物等)定义为产生PM 2.5的主要因素之一。汽车企业目前已在油耗、排放标准、新能源汽车上积极进行研发,减少汽车尾气排放,除此之外,还在通过"碳中和"的方式,消极尾气的不良影响。

"碳中和"是根据计算出的二氧化碳排放总量,通过植树造林等方式把这些排放量吸收掉,以达到环保目的。它最初由环保人士倡导,在国际上,现已形成成熟的做法,成为涉碳排放企业履行社会责任、实现减排的重要方式。在汽车行业,"碳中和"要求企业在再生能源和植树造林等项目上进行应有的投资,以产生相应的减排效果。目前,奥迪的碳汇林项目和东风汽车的"碳平衡"生态经济林项目,在实现碳中和方面已有了进步。

奥迪的碳汇林项目是由一汽—大众奥迪与山水自然保护中心从2010年9月开始联合发起的一项倡导低碳减排的环保公益项目,先期种植林木面积2 000亩。这2 000亩林木在项目期内可以吸收4万吨二氧化碳,以抵消部分一汽—大众工厂、奥迪英杰汇成员的车辆碳排放。该项目位于极度贫困的高寒彝族聚集区,其实施过程中的整地、栽植、抚育和管护等活动,可为当地村民创造6 000天的短期工作机会和持续的非木材产品收益,促进当地经济的发展。

东风汽车的"碳平衡"生态经济林项目于2012年3月在湖北恩施启动,是当时国内汽车行业首个植树固碳冲抵企业碳排放的减排模式,至2013年年底,已完成10 000亩的示范基地建园任务,其中营造油茶林9 000亩,核桃林1 000亩。林区的建成既改善了当地的生态环境,也实现了工程碳排放的自我冲抵,同时还促进了当地农民就业和经济发展。

资料来源:岳伟,碳中和能否进入车企社会责任?国际商报,2014年3月21日。

【关联理论】

经济学家经常做理性假设,认为人是理性的,作为企业管理者,他们使利润最大化;作为消费者,他们使效用最大化。然而,现实比假设要复杂得多,社会经济生活中的人有着其他的考量,未必是理性最大化者。

【案例解剖】

我国在经济快速发展的同时,环境问题日益凸显出来,社会对环境治理的呼声也日益高涨,在这样的情景下,企业不再被一些管理者看作单纯的利润生产机器,在生产经营活动中开始考虑自己的社会责任,注重清洁生产和消费,保护环境。

奥迪的碳汇林项目和东风汽车的"碳平衡"生态经济林项目是一汽—大众和东风汽车两家企业履行社会责任、实现减排的表现,这些项目与企业的利润最大化目标并不完全一致,这表明,企业在一定条件下,并不完全谋求利润最大化,企业的管理者也并非是理性最大化者。

(三) 案例研究C

"中国大妈"的故事

由国家语言资源监测与研究网络媒体中心、商务印书馆、中国网络电视台联合主办的"汉语盘点2013"于2013年12月20日在京揭晓,"中国大妈"位居2013年"十大网络用语"之首。"中国大妈"是一个中国家庭主妇群体的代名词,她们因在2013年黄金价格暴跌中大量收购黄金、引起全球金价变动而闻名,美国《华尔街日报》专门创设英文单词"dama"来形容"中国大妈"。

2013年,华尔街金融大鳄们出手做空黄金,黄金价格下跌,4月12日和4月15日经历了一次震撼暴跌,直接从1550美元/盎司(约合人民币307元/克)下探到了1321美元/盎司(约合人民币261元/克),以金饰和金条为主的国内实物金价也纷纷下调。随后,以"中国大妈"为代表的中国消费者掀起了抢购狂潮,各地金店被"大妈"们围得水泄不通。在中国内地"抢"得不过瘾还跑到中国香港去"抢"。以往用"克"做计量单位的黄金,在当时则以"斤"成交买卖。在短短几日内,"中国大妈"以 1 000 亿元人民币狂扫 300 吨黄金,消费需求促使国际金价快速回暖,26 日起出现一波幅度较大的反弹期,2013 年 4 月 29 日已收于 1 467.4 美元/盎司。

"中国大妈"的巨大黄金购买力在一定程度上改变了黄金市场的做空预期,在这场多空对决中,世界五百强之一的高盛集团宣布停止做空黄金。汇丰证券分析师 James Steel 认为,实物黄金需求,特别是中国的旺盛消费,将是未来支撑黄金价格的主要力量,黄金跌破每盎司 1 200 美元将吸引大量中国买家入场。不过,2013 年黄金价格总体走低,现货黄金价格创下 30 年以来最大跌幅,并且成为 2000 年以来首个年度价格下跌的年份,许多"中国大妈"被套。

自从"中国大妈"在黄金市场声名鹊起,人们发现,"中国大妈"在购物领域的身影随处可见。无论是在巴黎的香榭丽舍街区,还是在纽约第五大道,或是在香港的海港城,只要有"中国大妈"的地方,便会出现排队现象。美国香奈儿专卖店的一位导购表示:"如果没有限购规则,我们店里大概 90% 的商品会被她们买去。即使存在限购,她们也会想办法向他人借护照,以求多买两个。"

"中国大妈"除了在黄金市场、购物领域表现不凡外,还经常现身其他类别的市场。

2013 年下半年,"中国大妈"听闻比特币涨幅惊人,又再次出手投资电子货币。自 2013 年开始,比特币价格从 13 美元一路飙升到 250 美元,此后又迅速下跌。在投资者的追捧下,虚拟比特币的单位币值于 2013 年 11 月突破 900 美元大关。虽然不懂比特币的技术,但是"大妈"们却无惧风险频频现身比特币江湖。一位大妈称:"不用懂它背后的复杂机制,只要能赚钱就成。"

此外,一些"大妈"们最钟情的莫过于银行理财产品和商业保险了。上海工商银行网点某理财经理指出,在他一天所办理的理财客户中,"大妈"所占的比例占七成。在商业保险营业大厅里,总能看见这样一个场景:一群妈妈们,正积极地向保险业务员咨询着各类保险产品,她们或为儿女购买教育险,或为丈夫购买健康险,或为自己购买分红险,或为父母购买意外险。

而另类投资市场中,"中国大妈"也是常客。2013 年 5 月,沈阳第七届国际珠宝展如期开幕。据珠宝展组委会统计,展会以来,翡翠的交易额将近达 3 000 万元,"大妈"们是绝对的大买主。

一位港媒人士表示,"大妈"是一群居食无忧、主管家中财务大权、有一定闲钱投资金融产品的中年女性,或是因为居食无忧,她们具有一定的风险承担能力,但是,这并不意味着她们精通投资理财,事实上,其可能对投资知之甚少。一位专业人士指出,实际上,"中国大妈"的涵盖面已超出中年妇女,它更广义地代表了欠缺投资理财常识、容易跟风的投资者群体,其手中持有一定可投资资金,并急切希望找到能为其财富保值和增值的途径,在此群体中,还包括部分手握巨额财富的富裕人士。

资料来源:淘金易,2013 年现货黄金价格走势图,回顾黄金暴跌行情,http://www.taojinyi.com/xh-hj/jiage/1401/79709.html,2014 年 1 月 2 日;中国大妈背后的经济现象:抢购黄金下手快准狠,上海证券报,2014 年 3 月 27 日。

【关联理论】

现实中的人是有血有肉的人,并非冷冰冰的只懂得计算收益最大化的理性人,他们是有感情的,甚至可能是冲动的、矛盾的,仅仅是"接近理性"或"有限理性",并不总是选择最好的行为过程,而是做出仅仅足够好的决策。

【案例解剖】

"中国大妈"的投资行为表现出前后不一致,一方面,她们有投资保值增值的愿望;另一方面,她们在购买黄金、各种理财产品时,往往缺乏审慎的考虑,凭一时的冲动就下单购买,比如,在黄金市场价格总体下跌过程中疯狂买进,无惧风险炒作比特币。

单纯就行为本身而言,"中国大妈"的这些行为并不是一种理性的表现,因为她们事实上欠缺投资理财常识。"中国大妈"是"接近理性"或"有限理性"的人,是容易跟风和前后矛盾的人,她们做出投资行为和购买行为,更多的是基于满意原则,而非理性原则。

四、课外习题

(一)术语解释

1. 道德风险
2. 逆向选择
3. 发信号
4. 筛选
5. 中值选民定理

(二)单项选择

1. 王伟今年1月被公司董事会聘任为经理,在这一聘用关系中,王伟是( )。
   A. 委托人　　　B. 代理人　　　C. 发信号者　　　D. 筛选者
2. 李佳明已取得了机动车驾驶证,他想买一辆二手小汽车,于是请了汽车工程师张海一道到汽车城看车。李佳明请张海帮助购车的行为称为( )。
   A. 委托　　　B. 代理　　　C. 发信号　　　D. 筛选
3. 以下哪种不是解决道德风险问题的方法?( )。
   A. 更好的监督　　　　　　　B. 高工资
   C. 延期支付　　　　　　　　D. 放任自流
4. 逆向选择不会出现在以下哪种情况中?( )。
   A. 委托—代理关系　　　　　B. 保险市场
   C. 二手车市场　　　　　　　D. 劳动力市场
5. 有效的信号发送( )。
   A. 是无成本的
   B. 任何人都可以很方便地运用
   C. 对拥有高质量产品的人来说是低成本的
   D. 对拥有低质量产品的人来说是低成本的
6. 在两两多数投票中,如果A优于B,B又优于C,那么,A优于C,这称为( )。
   A. 独立性特征　　　　　　　B. 传递性特征
   C. 确定性特征　　　　　　　D. 关联性特征

7. 在阿罗不可能性定理中,任何两个结果 A 和 B 之间的排序不应取决于是否还可以得到某个第三种结果 C,这个特征叫( )。
   A. 确定性　　　　　　　　　　B. 传递性
   C. 其他不相关选择的独立性　　　D. 没有独裁者

8. 当选民沿着一条线寻找一点,而且每个选民的目的都是自己最偏好的一点时,下列哪种说法是正确的?( )
   A. 中值选民偏好的结果获胜
   B. 会出现康多塞悖论
   C. 根据阿罗不可能性定理,没有明确的结果
   D. 多数选民偏好的结果获胜

9. 博达计算不能满足阿罗不可能性定理中的( )。
   A. 确定性　　　　　　　　　　B. 其他不相关选择的独立性
   C. 传递性　　　　　　　　　　D. 没有独裁者

10. 康多塞悖论的一个含义是( )。
    A. 投票的顺序会影响结果
    B. 多数原则将引起中值选民最偏好的结果
    C. 有些政治活动者的动机不是为了增进国家利益,而是为了再次当选
    D. 总能找到一种完美的社会机制,把社会成员的偏好加总起来

11. 理性的人是一个( )的人。
    A. 过分自信
    B. 过分重视从现实生活中观察到的细枝末节
    C. 不愿改变自己观念
    D. 使效用最大化

12. 在最后通牒博弈中,对具有划分权的玩家 A 和具有拒绝权的玩家 B 来说,下列哪种利益划分是理性的?( )
    A. 99∶1　　B. 70∶30　　C. 50∶50　　D. 无解

13. 一个吸烟者决定戒烟,但没过几天,他又忍不吸起烟来,这表明,人( )。
    A. 并不总是理性的　　　　　　B. 关注公平
    C. 有时是前后不一致的　　　　D. 是理性的

14. 不对称信息经济学提示我们要( )。
    A. 更谨慎地看待人的决策　　　B. 更谨慎地看待市场结果
    C. 更谨慎地看待政府解决方案　D. 更谨慎地看待各种制度

15. 第一位从事经济学和心理学边缘研究的社会学家哈伯特·西蒙(Herbert Simon)提出,应该把人看作( )。
    A. 理性最大化者　　　　　　　B. 利他者
    C. 利己者　　　　　　　　　　D. 满意者

(三) 判断正误

1. 在生活中,有时候一个人对正在发生的事情知道得比另一人多,这种获得相关知识的差别就是信息不对称。( )

2. 道德风险是指从无信息买者的角度看,无法观察到的特征组合变为不合意的倾向。( )
3. 有好产品的企业为信号(广告)付费是理性的。( )
4. 私人市场有时可以用发信号和筛选的组合,来解决信息不对称问题。( )
5. 在分析经济政策时,我们最好假设政治领导人以追求整个社会福利最大化为目标。( )
6. 中值选民定理的一个含义是,少数人的观点会被过多重视。( )
7. 根据康多塞投票悖论,多数投票通过本身并没有告诉我们社会真正想要什么结果。( )
8. 人们倾向于用证据来坚定自己已有的信念,这是人理性的表现。( )
9. 市场的不完善要求政府有所作为,因为政府比私人各方拥有更多的信息。( )
10. 经济学家经常假设理性的一个原因是,虽然这一假设不是完全真实,但仍然相当接近真实。( )

(四) 简答题

1. 有什么办法解决逆向选择问题?
2. 一项行动需满足什么条件才能成为有效信号?
3. 哪些事实使政府在解决不对称信息问题中的作用显得有限?
4. 政治经济学(公共选择理论)从哪些方面揭示了西方政府是一种不完善的制度?
5. 尽管行为经济学怀疑理性人的存在,为什么经济学家还经常坚持理性假设呢?

(五) 应用题

1. 某地区计划明年实施一项居民认为最急需的公共工程,民意调查显示,有40%的居民认为,A工程急需上马,B工程其次,C工程再次;有35%的居民则认为,B工程急需上马,C工程其次,A工程再次;还有25%的居民认为,C工程急需上马,A工程其次,B工程再次,具体见下表。该地区决定通过两两投票,根据多数原则选出居民认为明年最急需实施的公共工程。

选择的急切程度	甲类居民 (占40%)	乙类居民 (占35%)	丙类居民 (占25%)
第一选择	A	B	C
第二选择	B	C	A
第三选择	C	A	B

问:(1) 如果先在A工程和B工程之间进行选择,然后与C工程进行比较,那么,明年最终会实施哪项工程?
(2) 如果先在A工程和C工程之间进行选择,然后与B工程进行比较,那么,明年最终会实施哪项工程?
(3) 如果先在B工程和C工程之间进行选择,然后与A工程进行比较,那么,明年最终会实施哪项工程?
(4) 你能从上面3个问题的解答中得出什么结论?

2. 中午时分,三位朋友想找一家饭馆去吃饭,附近有三味鲜、四方缘和五方斋共三家饭馆。王小帅最想去三味鲜,最不愿意去五方斋;冯大刚最想去四方缘,最不愿意去三味鲜,王海清最想去五方斋,最不愿意去四方缘。

问:(1) 如果采用博达计算进行选择,会出现什么结果?

(2) 王小帅提议,用黑白配方式(注:一种决胜方式,用手掌和手背分别表示大家约定的两个事物,同时出手,看手掌朝上和手背朝上哪种情况多,多者所代表的事物获胜),先在四方缘和五方斋之间做个选择,然后与三味鲜相比,做出最终决定。王小帅的这个提议会得到冯大刚和王海清的同意吗?为什么?

(3) 你觉得他们能找到一种完美的决定方式吗?为什么?

3. 一场台风过后,我国东南沿海很多家庭到保险公司办理了财产保险,你觉得这些家庭理性吗?为什么?

(六) 拓展思考题

1. 某地政府正在考虑推出一个扶贫发展计划,一种方案是发放扶贫款给贫困地区,另一种方案是向该地区提供一个恰当的生产经营项目,你觉得发放扶贫款和提供生产经营项目各有什么优点?

2. 夏日,在一公里长的海滩上有两家卖同一种矿泉水的摊位,假定海滩上的人们是均匀分布的,请你想一想,这两家卖矿泉水的摊位会设在什么位置?为什么?

五、习题答案

(一) 术语解释

1. 道德风险:一个没有受到完全监督的人从事不忠诚或不合意行为的倾向。
2. 逆向选择:从无信息一方的角度看,无法观察到的特征组合变为不合意的倾向。
3. 发信号:有信息的一方向无信息的一方披露自己私人信息所采取的行动。
4. 筛选:无信息的一方所采取的引起有信息的一方披露信息的行动。
5. 中值选民定理:一个数学结论,表明如果选民沿着一条线选择一个点,而且,每个选民都想选择离自己最偏好的点最近的点,那么,多数原则将选择中值选民最偏好的点。

(二) 单项选择

1. B   2. D   3. D   4. A   5. C   6. B   7. C   8. A   9. B   10. A
11. D   12. A   13. C   14. B   15. D

(三) 判断正误

1. √   2. ×   3. √   4. √   5. ×   6. ×   7. √   8. ×   9. ×   10. √

(四) 简答题

1. 【考查要点】 逆向选择问题的破解。

【参考答案】 解决逆向选择问题的办法主要有两类,一是运用发信号和筛选相组合的市场信息机制,二是运用公共政策。

2.【考查要点】 有效信号的条件。

【参考答案】 一项行动需满足两个条件才能成为有效信号:第一,有成本;第二,对不同的人来说,成本是不同的,其中,对拥有高质量产品的人来说,成本较低;对拥有低质量产品的人来说,成本较高。

3.【考查要点】 政府作用的有限性。

【参考答案】 有三个事实使政府在解决不对称信息问题中的作用显得有限:第一,市场可以用发信号和筛选组合自己解决不对称信息问题;第二,政府并不比私人各方有更多的信息;第三,政府本身也是一种不完善的制度。

4.【考查要点】 西方政府的不完善性。

【参考答案】 虽然政府可以弥补市场不足,但政府本身也是一种不完善的制度。康多塞悖论表明,多数原则并不能形成有传递性的社会偏好;阿罗不可能性定理表明,不存在一种完美的投票制度;中值选民定理表明,无论少数人的观点有多强烈,也不会被过多重视;政治活动者的利己动机使得公共政策偏离国家和社会的整体利益。

5.【考查要点】 经济学的理性假设。

【参考答案】 经济学家还经常坚持理性假设的原因主要有两个:第一,这一假设虽不完全真实,但仍然相当接近真实;第二,经济学家本身也不是理性最大化者。

(五) 应用题

1.【考查要点】 康多塞投票悖论。

【参考答案】 (1) C 工程。(2) B 工程。(3) A 工程。(4) 投票的顺序会影响结果,多数投票本身并没有告诉我们社会真正想要什么结果。

2.【考查要点】 阿罗不可能性定理。

【参考答案】 (1) 采用博达计算进行选择,将会出现平局。(2) 王小帅的提议不会得到冯大刚和王海清的同意,因为通过变更选择顺序,冯大刚和王海清能得到各自最想要的结果。(3) 他们不能找到一种完美的决定方式,因为阿罗不可能性定理表明,在一组假设条件下,没有一种方案能把个人偏好加总为一组正当的社会偏好。

3.【考查要点】 人的理性。

【参考答案】 这些家庭不大理性,因为对我国东南沿海的许多家庭来说,对台风的风险是清楚的,即使这次台风不来,该参加的保险还得参加,这次台风来了以后,不该参加的保险仍不必参加。当然,对于那些刚来我国东南沿海居住的家庭来说,这次台风使他们增加了对台风风险的认识,台风过后就参加保险的行为是理性的。

(六) 拓展思考题

1.【考查要点】 信息不对称。

【参考答案】 贫困地区最了解自己的状况,发放扶贫款,有利于他们去购买自己最需要的东西,提高他们的效用;提供生产经营项目有助于政府了解贫困地区的生产发展状况,知道援助的扶贫效果。

2.【考查要点】 中值选民定理。

【参考答案】 这两家卖矿泉水的摊位会设在海滩的中间,因为这样每家至少能赢得一半以上的顾客。